D0226550

Le désespoir des singes

FRANCOISE
HARDY

Le désespoir des singes
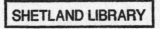
... et autres bagatelles

© Éditions Robert Laffont, 2008

Pour Thomas

1

Je suis née pendant une alerte, le 17 janvier 1944, vers vingt et une heures trente, à la clinique Marie-Louise, en haut de la rue des Martyrs[1], dans le IXe arrondissement de Paris, où, quelques mois plus tôt, un certain Jean-Philippe Smet avait vu le jour. Ma mère a souvent raconté que j'avais pleuré chaque nuit du premier mois de ma vie, mais qu'elle n'était jamais venue. Au bout d'un mois, se vantait-elle, fière de n'avoir pas cédé à ce qu'elle prenait pour un caprice, j'avais compris et ne pleurais plus. Je pense aujourd'hui que j'avais compris que plus vous appelez, moins on vient, qu'il faut ravaler ses larmes et ne rien demander à personne.

Comment en vouloir à ma mère ? Elle n'avait que vingt-trois ans et croyait bien faire. Elle croyait sans doute bien faire aussi en cédant à son désir d'enfant, exacerbé par un avortement récent, alors qu'elle n'était même pas amoureuse de mon père, un homme marié, qui jouissait d'une situation sociale très supérieure à la sienne. Sans doute en avait-elle déduit qu'il ferait un

---

1. Après le concert de mon fils Thomas à La Cigale, le 11 décembre 2007, je suis passée rue des Martyrs et j'ai constaté que la clinique se trouvait dans une impasse fermée par une grille. L'association alerte, martyrs, impasse, grille m'a fait rire.

bon père, au moins capable d'assurer le confort matériel de sa progéniture.

Leur rencontre fut aussi banale que pittoresque. La beauté exceptionnelle de ma mère attirait d'autant plus les regards qu'elle mesurait un mètre soixante-dix-huit, ce qui, dans les années quarante, était peu courant. Subjugué à la seconde même où il l'aperçut dans la rue, mon père entreprit de la suivre et ma mère, qui l'avait vite repéré, s'amusa à le faire marcher dans tous les sens du terme en l'emmenant d'un pas martial de la gare Saint-Lazare à la gare du Nord. Au bout d'une heure, elle ne put s'empêcher de rire devant sa constance et c'est ainsi que la glace fut rompue.

Mais que de disparités entre eux ! L'âge d'abord : vingt ans de différence. Le milieu social ensuite : grande famille bourgeoise originaire de Normandie et sise à Blois du côté de mon père qui dirigeait une entreprise de machines à calculer et dont les frères – amiral, père jésuite[1], médecin, éditeur-imprimeur... – avaient fait des études et reçu une formation musicale. Ma mère était, quant à elle, la troisième et dernière fille de petits employés de banque qui ne lisaient que le journal et maîtrisaient mal la langue française. Ils habitaient rue du Tilleul à Aulnay-sous-Bois, dans un modeste pavillon en meulière entouré d'un jardin où ils avaient élevé leurs trois filles en tirant le diable par la queue. Trop en chair, l'aînée, Suzanne, se maria avec le premier qui voulut d'elle, Louis, un ouvrier fraiseur qu'elle suivit au Blanc-Mesnil où ils firent neuf enfants coup sur coup, en ayant à peine de quoi les nourrir. De constitution plus fragile, Marie-Louise contracta la tuberculose à une époque où cette maladie se soignait mal

---

1. Pendant la guerre, le père Victor D. se porta volontaire en tant que prêtre ouvrier pour aller dans un camp aider ceux qui y étaient retenus prisonniers. Il mourut à Dachau.

et faisait de vous un pestiféré. Venue à Paris pour vivre sa vocation d'artiste peintre, elle adhéra au parti communiste et, malgré les intempéries et les crachements de sang, distribua *L'Humanité* chaque dimanche à la sortie des églises, le catholicisme étriqué de sa mère n'étant sans doute pas étranger à la radicalité d'un idéal politique qu'à aucun moment elle ne remettrait en cause. Après avoir obtenu son brevet, la cadette, Madeleine, chercha tout de suite un travail dans la capitale, en partie pour se dégager à son tour d'un environnement familial étouffant.

Le décalage le plus important entre mes parents concernait cependant les sentiments qu'ils éprouvaient l'un pour l'autre. Mon père était fou amoureux – le démon de midi, peut-être –, alors que ma mère se sentait seulement flattée qu'un homme de sa condition s'intéresse à elle. Il faut dire qu'elle n'avait pas reçu beaucoup d'affection de la part de sa propre mère qui, n'ayant ni sa beauté ni son allure, ne se reconnaissait pas en elle et lui lançait à longueur de temps des piques aussi agréables à entendre que « Pour qui elle se prend celle-là ? D'où elle sort ? »… Il n'en avait pas fallu davantage pour que ma mère finisse par se croire sortie d'une cuisse plus jupitérienne que celle de cette femme méprisante à qui elle ressemblait si peu, et se construise une personnalité dont l'individualisme, l'indépendance, l'orgueil constituaient les traits dominants et masquaient une terrible béance affective. Peu avant son décès, survenu en 1991, elle me confierait qu'elle craignait d'autant moins la mort qu'elle l'avait appelée de ses vœux dès son plus jeune âge.

La hargne de ma grand-mère visait également la gent masculine. À l'entendre, tous les hommes étaient des salauds qui ne cherchaient qu'à coucher avec les jeunes femmes. C'était d'autant plus paradoxal qu'après avoir été renvoyée du couvent par une mère supérieure qui n'avait pas décelé chez elle la moindre trace de vocation religieuse (« Mariez-vous ma fille », lui recommanda-t-elle), Jeanne Milot épousa Alexandre Hardy, un homme suffisamment « pur » et honnête à ses yeux, qui ne la tromperait jamais. Amoureux transi de cette rousse plantureuse qui allait s'avérer égocentrique, bornée, frigide et castratrice, mon grand-père se ferait continuellement rabrouer, en particulier chaque fois qu'il aurait pour elle des attentions touchantes de maladresse. Il finirait par se réfugier dans un mutisme total, ne se souciant plus que de son poulailler et de son jardin, tout en compensant ses frustrations par la lecture d'*Intimité* et de *Nous deux*. À sa décharge, ma grand-mère était orpheline de mère et avait, toute petite, été mise en pension par un père dépassé qui resterait l'unique personne à qui elle ait tenu et qu'elle appellerait jusqu'à la fin de sa vie « mon papa à moi ».

Mon grand-père m'adressa la parole une seule fois, en 1962, quand je fus brusquement propulsée sur le devant de la scène. Au moment où je partais, sur le pas de la porte du petit pavillon construit de ses mains, il me demanda soudain : « Es-tu heureuse au moins ? » Je ne devais plus revenir à Aulnay et j'ai du mal à contenir mon émotion quand j'en parle. Que de tendresse dans ces simples mots ! Et comme il était étrange de les entendre dans la bouche d'un homme qui avait dû taire ses sentiments depuis si longtemps qu'il semblait devenu indifférent à tout !

Lorsque, malgré elle, ma mère tomba à nouveau enceinte, à l'automne 1944, mon père rejeta catégoriquement la perspective d'un autre enfant, que la difficulté des temps et l'irrégularité de leur situation n'encourageaient guère. Après avoir pesé le pour et le contre, elle décida cependant de le garder. Michèle naquit le 23 juillet 1945 et ma mère, qui travaillait à mi-temps en tant qu'aide-comptable et peinait à joindre les deux bouts, la confia tout bébé à ma grand-mère. De là naquit une complicité entre elles deux dont je fis les frais. Dont, à la réflexion, nous fîmes toutes deux les frais.

Ma mère n'a jamais pu passer une seule nuit avec un homme. Elle évoquerait sa frigidité une seule fois, avant de mourir, sans être en mesure de la connecter à la façon dont elle avait dû se blinder pour pallier ses manques affectifs. Un soir où mon père avait été surpris par le couvre-feu en vigueur pendant l'Occupation, il vint frapper à la porte du deux pièces qu'il louait pour elle au 24 de la rue d'Aumale et elle refusa de l'héberger. Mais, se justifiait-elle, dès lors qu'elle avait eu des enfants avec lui, elle considérait leur lien comme indéfectible. Aussi tomba-t-elle de haut quand, au bout de quatre ans du traitement peu gratifiant qu'elle lui infligeait, elle découvrit que le père de ses enfants la trompait. Au prix de quelles ruses réussit-elle à rencontrer sa rivale pour lui montrer une photo de leurs deux petites filles ? Celle-ci fut si indignée qu'elle rompit aussitôt avec mon père, lequel prit définitivement ma mère en grippe. Ils ne se parlèrent plus qu'au téléphone et sur le mode du vouvoiement.

*
* *

Ma sœur et moi vécûmes une enfance et une adolescence en vase clos entre la maison d'Aulnay et le petit appartement du IXe arrondissement où ma mère ne recevait personne : tout au plus un amoureux éconduit, Jean Isorni, frère du célèbre avocat, puis, beaucoup plus souvent, à partir des années cinquante, Gilbert von Giannellia, un baron autrichien qui travaillait à l'OCDE et passait son temps libre aux courses hippiques où il perdait jusqu'à son dernier centime. Il fut probablement le seul homme dont ma mère ait été amoureuse et elle si belle, si fière, je la surprenais souvent en larmes au téléphone à cause de lui qui la mettait en devoir de l'aider financièrement alors qu'elle n'avait pas un sou. Je voyais donc d'un mauvais œil ce monsieur dont elle avait fait le parrain de ma sœur et qui tentait vainement d'obtenir mes bonnes grâces en m'affublant du détestable surnom de « Framboise ». À mon intense soulagement, ils ne vécurent jamais ensemble.

Je vouais à ma mère une passion d'autant plus exclusive qu'il n'y avait qu'elle à aimer et que j'étais la première personne pour qui elle éprouvait des sentiments profonds. Ma sœur m'inspirait d'autant moins la tendresse suscitée en principe par plus petit que soi, que j'aspirais confusément à avoir notre mère pour moi seule et fus mise beaucoup trop tôt devant mes responsabilités et devoirs contraignants d'aînée alors que notre différence d'âge était à peine d'un an et demi. Par la suite, le fossé allait se creuser entre Michèle, qui faisait sortir ma mère de ses gonds en lui désobéissant systématiquement, et moi, triste incarnation de l'ordre et de la discipline, qu'elle faisait tourner en bourrique. Autour de sa vingtième année, elle me confierait qu'elle n'avait jamais ressenti autre chose que de la crainte pour notre mère dont, en effet, l'inflexibilité en effrayait plus d'un et qui, des décennies plus tard, m'avouerait de son côté ne s'être jamais senti d'atomes crochus avec sa fille cadette.

Occupé à nourrir ses poules, ramasser ses œufs, tailler ses arbres, arroser ses légumes ou lire ses revues à l'eau de rose, mon grand-père semblait ignorer ses petits-enfants tandis que ma grand-mère faisait de moi la nouvelle cible de ses sarcasmes. Du style : « Tu feras pleurer à ta mère des larmes de sang » ou : « C'est bien la fille de son père, celle-là ! ». Cette dernière assertion m'incitait à idéaliser plus que de raison un homme que nous ne voyions pas souvent puisqu'il se contentait de venir déjeuner à Aulnay pendant les vacances de Noël, de Pâques et de la Pentecôte. Ses manières et sa conversation impressionnaient ma grand-mère au point qu'elle devenait soudain obséquieuse face à lui qu'elle s'empressait de dénigrer dès qu'il avait le dos tourné. De mon côté, j'entrevoyais confusément tout un monde inconnu peuplé de gens très différents des commères d'Aulnay ou des cousins du Blanc-Mesnil. Des gens d'autant plus attirants que mon père, qui m'appelait gentiment « Patchouli », semblait me préférer à ma sœur.

En dépit des rares visites paternelles auxquelles j'attachais un grand prix, j'ai toujours vu arriver les petites vacances avec de douloureux serrements de cœur. Déjà, je vivais mal l'obligation d'aller chaque samedi après l'école à l'annexe de la gare du Nord d'où Michèle et moi prenions le train pour Aulnay. Mais cette épreuve était adoucie par la perspective de la venue de ma mère le lendemain et du retour avec elle le soir à Paris, parfois dans la voiture du baron, le plus souvent par le train. Si le temps le permettait, nous renoncions à l'autobus pour rentrer à pied de la gare et je nous revois comme si c'était hier, descendant toutes les trois la rue de Maubeuge jusqu'à la rue Saint-Lazare d'où nous gagnions la rue Taitbout qui menait rue d'Aumale. Je nageais dans l'euphorie puisque ma mère chérie était à nouveau là et le serait jusqu'au samedi suivant, malgré l'entracte du jeudi où ma grand-mère honnie venait s'occuper de nous. Les occupations qu'elle nous imposait étaient cependant bien plus agréables à Paris qu'à Aulnay. À l'approche des fêtes, par exemple, elle nous emmenait admirer les fabuleuses vitrines animées des Galeries Lafayette ou du Printemps qui étaient une source d'émerveillement infini. Nous montions ensuite au rayon des jouets, mais je me souviens surtout des effluves enivrants du rez-de-chaussée de ces grands magasins, consacré à la parfumerie et aux cosmétiques. Dès l'arrivée des beaux jours, nous marchions jusqu'au jardin des Tuileries, avec des arrêts quasi rituels devant les devantures des pâtisseries dont, faute de mieux, nous mangions les gâteaux des yeux.

Les dimanches où ma mère rentrait à Paris sans nous étaient un tel déchirement qu'une fois seule dans mon lit, je sanglotais éperdument. Je détestais Aulnay et la maison de la rue du Tilleul où je n'avais personne à qui me raccrocher et qui toute ma vie – encore aujourd'hui – m'inspirerait des cauchemars. Ma sœur et moi avons dormi tour à tour dans l'une des deux sinistres petites chambres mal chauffées de l'unique étage. Une fois dans le noir, j'y éprouvais des peurs irrationnelles, entre autres à cause de la porte du soubassement à la droite du lit, derrière laquelle j'imaginais un personnage maléfique déterminé à m'assassiner dans mon sommeil. À cause aussi des incessants craquements du parquet et des meubles qui me semblaient autant de signes d'une présence menaçante. Heureusement, la voie ferrée était toute proche et chaque fois que j'entendais arriver un train, je me sentais provisoirement rassurée.

À Aulnay comme à Paris, tout était réglementé. Il y avait d'abord la toilette dans un petit cabinet pourvu d'un lavabo et bien plus tard d'une douche, mais pas d'un verrou. À partir de mes dix ans, ma grand-mère prit l'exaspérante habitude de faire irruption pendant que j'étais dans mon plus simple appareil, ce que je percevais comme une curiosité malsaine qui m'amenait à bloquer la porte d'une main pour l'empêcher d'entrer, tandis que je me lavais de l'autre. Par la suite, j'en arriverais à me demander si c'était le voyeurisme inhibant de ma grand-mère ou le désir inconscient de ne lui ressembler en rien qui me vaudrait l'absence de « formes » qu'elle ne se priverait pas de critiquer. Elle s'emploierait tout autant à me faire honte en se répandant sur mon gros ventre, en effet anormalement gonflé non seulement par les flageolets et les lentilles qu'elle nous servait chaque semaine, mais aussi par les émotions refoulées et les tensions trop fortes qui me nouaient les tripes. Je garde un souvenir cuisant des jupes à fronces qu'elle avait pris la peine de confectionner à l'aide de sa machine à coudre pour ma sœur et moi. La mienne était d'un vilain jaune criard et elle l'avait agrémentée d'un horrible pli plat destiné soi-disant à masquer ma disgrâce, alors qu'il ne faisait que la souligner.

Dans la matinée, il fallait faire notre lit, épousseter les pieds de la table de la salle à manger, ainsi que des chaises, du buffet, de la desserte... C'était aussi à nous de mettre la table, d'essuyer la vaisselle et, à la belle saison, d'équeuter les haricots verts ou d'écosser les petits pois. Mais ces corvées insignifiantes me déprimaient beaucoup moins que les visites au Blanc-Mesnil avec notre grand-mère, les promenades à bicyclette dans Aulnay avec notre grand-père ou les parties d'osselets, de marelle, de nain jaune, de dames, de dadas, que sais-je encore... auxquelles on m'obligeait à jouer avec ma sœur et l'un ou l'autre de nos cousins. Le temps me semblait désespérément long car seul m'importait le retour de ma mère et je comptais les heures interminables qui m'en séparaient, n'aspirant qu'à me cacher dans un coin pour échapper par la lecture à des occupations qui m'insupportaient. Mon inaptitude congénitale à me sentir concernée, de près ou de loin, par ce qui intéressait ou amusait les autres se traduisait par un sentiment de solitude dont, paradoxalement, l'extrême inconfort s'envolait dès que je réussissais à m'isoler avec un livre. C'est presque un résumé de ma vie : une vie par procuration, plus virtuelle que réelle, pas si éloignée que ça de celle de mon grand-père, finalement.

Pendant les repas, mes grands-parents écoutaient religieusement les informations diffusées par la TSF. Les enfants n'avaient pas droit à la parole, devaient mettre les mains sur la table, se tenir droits et étaient privés de dessert s'ils ne mangeaient pas leur morceau de pain jusqu'à la dernière miette ou ne finissaient pas ce qui était dans leur assiette. La dureté des temps obligeait à n'allumer l'électricité que lorsqu'on n'y voyait vraiment plus et à l'éteindre dès que possible. Il me revient aussi en mémoire l'obligation pour ma sœur et moi d'aller à la messe le dimanche et celle de faire notre prière chacune de notre côté avant de nous endormir. J'étais une petite fille très pieuse et suppliais donc chaque soir le bon Dieu de réconcilier mon papa et ma maman, comme ma grand-mère m'y incitait stupidement, alors qu'elle savait bien qu'il s'agissait là d'une cause perdue.

Quelques bons souvenirs éclairent pourtant ma vie à Aulnay-sous-Bois. Ils tournent autour des rosiers qui grimpaient le long des murs en meulière et sentaient merveilleusement bon, tout comme les fleurs des troènes donnant sur la rue. Ils me renvoient aux œufs colorés, aux friandises et aux babioles que l'on cachait le jour de Pâques dans les bordures de buis, et à la recherche desquels nous partions, ma sœur et moi, au comble de l'excitation. Autre vestige d'un paradis perdu, le cerisier revient régulièrement dans mes rêves : il donnait des cerises tellement noires, charnues, sucrées et juteuses qu'il me semble n'en avoir jamais mangé de meilleures de toute ma vie. Sans parler des tomates dont je ne réaliserais que rétrospectivement l'exceptionnelle succulence, rehaussée par le goût du cerfeuil, fraîchement cueilli lui aussi. À la fin du printemps ou au début de l'été, je ne sais plus, nous nous gavions des groseilles rouges et blanches, ainsi que de celles dites « à maquereau » dont le jardin regorgeait. Vers le mois de septembre, nous allions glaner des pommes de terre dans un champ entre Aulnay et Gonesse. S'étendant à perte de vue, il me donnait l'impression exaltante d'ouvrir tout à coup l'horizon bouché de la banlieue et j'étais émerveillée qu'on nous laisse ramasser tout ce que l'on trouvait sans rien nous demander en échange. Et puis, je dois avouer que ma grand-mère me devenait presque sympathique non seulement quand la maison embaumait du parfum de ses gelées de groseilles et de ses confitures d'abricots, mais plus encore quand elle se mettait en devoir de pétrir la pâte brisée destinée à la confection d'une tarte aux pommes toute simple et néanmoins délicieuse. Regarder pétrir puis étaler la pâte, sentir la bonne odeur qui s'échappait du four pendant la cuisson, me ravissait au point que je voulus m'y mettre dès que possible et qu'encore aujourd'hui, faire de la pâtisserie me procure un plaisir indicible.

Mes grands-parents économisèrent tant et si bien sur leur modeste retraite qu'ils furent parmi les premiers à être en mesure d'acquérir un téléviseur. Quel bouleversement ! D'un seul coup, le monde extérieur pénétrait dans leur lugubre demeure grâce à une boîte magique que nous n'arrivions pas à quitter des yeux, tétanisées à l'idée qu'on l'éteigne quand elle était allumée, brûlant d'impatience qu'on l'allume quand elle était éteinte. Hélas, de même que je n'avais pas accès à la plupart des livres que l'on trouvait dans la bibliothèque fermée à clé du petit salon jouxtant la salle à manger, de même ma sœur et moi n'avions pas le droit de regarder la télévision le soir et montions nous coucher la mort dans l'âme. Ce n'est que le dimanche après-midi que nous étions autorisées à regarder des films avec John Wayne, Cary Grant, Fernandel ou des émissions comme *La Séquence du spectateur* qui donnait un aperçu captivant de tous ces films que j'aurais tant aimé voir.

Illuminée par les précieux câlins maternels dispensés après chaque déjeuner et chaque dîner, la vie rue d'Aumale était rythmée par les horaires de l'école et ceux encore plus austères imposés par notre mère qui, persuadée qu'on travaille mieux le matin que le soir, nous envoyait au lit à dix-neuf heures trente quand nous n'avions pas encore sommeil, et nous réveillait à six heures du matin pour apprendre nos leçons alors que nous dormions profondément. Le soir, afin de tuer l'ennui, Michèle et moi jouions dans l'obscurité à la dame et à la marchande, en essayant de faire le moins de bruit possible. Elle s'appelait Mme Cafetier et moi Mme Desvents. Elle était boulangère, moi crémière, ce qui donnait lieu à des échanges interminables qui nous passionnaient, sur la qualité et le prix des baguettes, des gâteaux, du beurre et du fromage. C'était encore l'époque où l'on achetait le lait avec une boîte à lait que j'adorais faire remplir à la crémerie toute proche de la rue de La Rochefoucauld, où j'aurais pu rencontrer Jean-Philippe Smet qui habitait dans la rue voisine de la Tour-des-Dames. Le petit Jacques Dutronc grandissait non loin de là, au 67 de la rue de Provence, et nous nous sommes sans doute croisés sans le savoir au square de la Trinité où nous avons, l'un et l'autre, fait nos premiers pas. En 1944, ma mère qui m'y avait emmenée prendre l'air fut prise dans une fusillade et se jeta sur mon landau pour me protéger des balles.

Je troquais parfois mon activité fictive de crémière contre celle de vendeuse de parfumerie – à cause du rez-de-chaussée des grands magasins – ou de marchande de journaux – à cause de ma revue préférée, *Mireille*, dont je guettais impatiemment la parution hebdomadaire. La bande dessinée qui m'intéressait le plus s'intitulait *L'Orpheline du cirque* et son héroïne faisait du trapèze volant, ce qui peu à peu m'amena à des ambitions plus nobles. Faute de trapèze, je consacrai mon temps libre à préparer avec ma sœur, réquisitionnée pour la circonstance, des numéros d'acrobatie auxquels notre mère, effrayée, avait droit quand nous pensions être au point. Ces véritables exploits m'étonnent d'autant plus quand j'y pense que j'ai toujours été d'une grande maladresse. Entre autres, je tombais si souvent dans l'escalier ou ailleurs que cela me valut le surnom de « Mlle Poum ».

Mon addiction à ma mère me faisait guetter avec impatience son retour du bureau à dix-huit heures trente tapantes. Comme elle était très ponctuelle, le moindre retard m'angoissait. J'imaginais aussitôt qu'une voiture l'avait écrasée quand elle traversait la rue, et ne parvenais à chasser cette pensée obsédante que lorsque, après des minutes qui avaient passé comme des heures, j'entendais enfin sa clé dans la serrure. De même, les rares fois où elle nous demandait de déjeuner à l'école parce qu'elle couvait une grippe, je me sentais moins contrariée de devoir affronter l'ambiance cauchemardesque de la cantine que torturée à l'idée qu'elle était bien plus malade qu'elle ne le disait. Malgré sa constitution solide, elle me paraissait d'une extrême fragilité et la peur de la perdre me tourmenta pendant toute mon enfance.

Chaque année, ma mère se saignait aux quatre veines pour que ses filles aient un Noël de rêve. Je me rappelle avec émotion les soirs du 24 décembre où elle nous emmenait à la messe de minuit de l'église de la Trinité, après de mystérieux préparatifs dans la pièce qu'elle occupait à côté de la nôtre. La messe était beaucoup trop longue, mais l'état d'excitation dans lequel nous étions à l'idée de ce qui nous attendait au retour à la maison, nous maintenait éveillées. Dès le seuil franchi, nous devions encore patienter quelques minutes et, quand enfin la porte s'ouvrait, c'était l'émerveillement le plus total devant l'arbre de Noël qui embaumait, les guirlandes, les bougies et les cadeaux déposés devant la cheminée, à côté des chaussures que nous y avions laissées. Nous n'éprouvions aucune frustration de n'avoir qu'un cadeau, car nous l'avions aussi soigneusement choisi que longuement convoité. J'adorais les poupées et me souviens, entre autres, d'un baigneur très mignon, en plastique mou, qui faisait pipi et que j'avais baptisé « Georges », à cause de Georges Guétary, un chanteur de charme dont je m'étais entichée. Le tenir serré contre moi sur le chemin entre la gare et la maison d'Aulnay, où nous trottinions dans le froid et à la nuit tombée avec nos grands-parents qui nous ramenaient chez eux après le sacro-saint déjeuner de Noël rue d'Aumale, atténuait le chagrin de la fin de la fête qui me replongeait dans un univers hostile, loin de la seule personne au monde que j'aimais et qui m'aimait.

À ma vocation de trapéziste succéda celle de ballerine. Nous n'allions au cinéma qu'une fois par an, après le déjeuner de Noël, et c'est ainsi que je vis le ballet russe filmé de *Roméo et Juliette* avec la danseuse étoile Galina Oulanova. Ce fut une révélation qui m'éblouit autant qu'elle me déchira. Par la suite, chaque fois que je recevrais le choc de la beauté, je me sentirais écartelée entre l'élan qui m'aspire vers elle et l'impotence qui me cloue au sol. Quelle qu'en soit la manifestation, la beauté aura toujours été pour moi un bouleversant aperçu de la nature divine. Inaccessible et pourtant familière par son évidence même, elle est le révélateur du manque que nous cherchons à combler sans le savoir. Ne tenant qu'à un fil, fragile, éphémère dans sa forme, en même temps qu'intemporelle et éternelle dans son essence, elle renvoie au tragique de la condition humaine qu'elle sublime et justifie.

Les chaussons de danse dont je rêvais furent donc mon cadeau de Noël quand j'eus une dizaine d'années. Mon choix s'était porté sur d'austères chaussons de travail, plus crédibles à mes yeux que ceux en satin. Dès lors, aussitôt que j'en avais terminé avec mes leçons et mes devoirs, je m'esquintais les orteils à faire les pointes en tentant d'imiter les postures pleines de grâce d'Oulanova. Vers l'âge de vingt-cinq ans, quand l'argent n'était plus un problème et que j'eus un peu de temps devant moi, je me décidai à prendre des cours de danse classique dans un studio attenant au Théâtre des Champs-Élysées. La difficulté des exercices et la douleur physique me découragèrent vite. Je remerciai le ciel de ne pas m'avoir donné la possibilité de m'engager plus tôt ni plus avant dans une voie pour laquelle je n'étais pas faite.

Tout ce qui avait trait à mon père était encore plus réglementé que le reste et je compris vite qu'il fallait nous faire discrètes, ma sœur et moi, que personne dans son entourage ne devait être au courant, sinon de notre existence, du moins du lien de parenté qui nous unissait. En vacances, par exemple, il était interdit de lui envoyer des cartes postales ainsi que d'inscrire nos noms et adresse au dos d'une enveloppe. Mon père a été propriétaire quelque temps d'une papeterie rue Saint-Lazare où nous avions parfois le droit d'aller pendant la courte pause du déjeuner. D'aussi loin que je me souvienne, j'ai toujours été fascinée par les papeteries, m'arrêtant systématiquement au retour de l'école devant celle de la rue La Bruyère et ne pouvant détacher mes yeux des stylos, cahiers, carnets et autres objets magiques. Avoir accès à la boutique et à l'arrière-boutique de mon père revenait donc à entrer dans la caverne d'Ali Baba. Il nous laissait précautionneusement admirer les cartes de vœux ou d'anniversaire, examiner les crayons, les gommes, les règles, les trousses… et, comble du bonheur, feuilleter de gros albums où

nous trouvions la suite de nos bandes dessinées préférées.

À Paris comme à Aulnay, la lecture était mon passe-
temps favori. Celle des deux contes *La Dame au blanc
visage*[1] et *La Petite Sirène*[2] me marqua durablement. La
raison profonde m'en apparut des années plus tard :
une histoire bouleverse d'autant plus que, tout en étant
universelle, elle développe une problématique personnelle. Chacun à leur façon, l'un et l'autre récit traitaient
de l'amour fou, masochiste, impossible... « La souffrance remplit la plaie ouverte. La plaie est le péché et
la souffrance est la réponse », lit-on dans les *Dialogues
avec l'ange*[3]. N'est-il pas confondant qu'un enfant se fixe
spontanément sur ce qui illustre la plaie inconsciente
qui l'aimantera tout au long de sa vie vers les situations
et les êtres susceptibles de déclencher les souffrances
qui y répondent ? Comme si quelque chose en lui savait
d'ores et déjà qui il est et ce que sera la couleur de sa
vie...

*
*　*

J'ai détesté l'école. Mon père avait souhaité que ses
filles aillent dans une institution religieuse et nous
fîmes donc toute notre scolarité chez les sœurs trinitai-
res qui enseignaient au 42, rue La Bruyère, à cinq
minutes à pied de l'endroit où nous habitions. C'est
sans doute là que le sentiment de honte qui m'aura sans
cesse tourmentée prit définitivement racine. Tout y
concourait : la situation sociale de mes parents dont je
croyais naïvement qu'ils étaient divorcés, ce qui à l'épo-

---

1. *Contes verts de ma mère-grand*, de Charles Robert-Dumas, Boivin
et Cie.
2. *Contes* d'Andersen.
3. *Dialogues avec l'ange*, de Gitta Mallasz, Aubier.

24

que et dans un tel contexte était très mal vu mais plus acceptable que d'être une enfant « naturelle » ; les réclamations des bonnes sœurs que mon père payait en général avec un an de retard ; les divers décalages avec les autres filles – celui de l'âge car, pour je ne sais quelle mauvaise raison, on m'avait fait sauter une classe, d'où peut-être l'impression chronique que j'eus par la suite de n'être jamais prête ; le décalage financier qui me faisait constater que j'étais moins bien habillée que mes camarades avec mes jupes bon marché qu'il fallait user jusqu'à la corde... Il y avait surtout le malaise déjà évoqué de l'introverti qui ne se sent pas concerné par ce qui intéresse les autres, auxquels il n'arrive pas à s'intégrer. Au point que je pris l'habitude de me réfugier dans la chapelle de l'école pour échapper à l'épreuve insurmontable des récréations avec les parties de balle au prisonnier où j'étais sûre de faire perdre mon camp, sans parler des petits groupes qui s'y formaient et dont je me sentais exclue... Les bonnes sœurs crurent à une vocation religieuse précoce. Une petite fille sage, laborieuse, solitaire qui préfère la prière au jeu : il n'en fallait pas davantage pour que je devienne leur chouchou et que le fossé entre les autres et moi se creuse un peu plus.

Ma grand-mère me mit très tôt dans la tête que ma mère se sacrifiait pour nous élever, ma sœur et moi. Le moins que je pouvais faire pour la récompenser de sa peine était de lui obéir et de bien travailler en classe. Mes bons résultats lui firent imaginer que j'étais surdouée alors que je me forçais en tout et butais en permanence contre mes difficultés de compréhension et de mémorisation. Dès la plus petite classe, celle de douzième, je vécus comme un cauchemar les quelques fois où la maîtresse me demandait de réciter une leçon, pire, d'aller au tableau. Être performante en public me paralysait d'ores et déjà. Comble du paradoxe au regard de ce que serait mon activité professionnelle, je redoutais encore plus les cours de chant où, à tour de rôle, chacune de nous devait faire des vocalises. Je fus donc la seule élève qui s'inscrivit au cours facultatif de grec dispensé à la même heure. Cette langue ne m'attirait en rien, mais mon prestige grandit, malgré moi, auprès des professeurs et de ma mère. Les malentendus ont la vie longue : personne n'avait compris combien j'étais malheureuse à l'école, ni que je supportais cette épreuve en silence dans le seul but que ma mère soit contente de moi. Son exultation outrancière devant ce qu'elle prenait, à tort le plus souvent, pour l'un de mes exploits me gêna vite pourtant. Je compris peu à peu qu'elle me chargeait inconsciemment de lui donner les raisons de s'enorgueillir dont elle avait désespérément besoin pour compenser les insatisfactions de sa vie personnelle. Finalement, les surestimations illusoires de ma mère concoururent autant à mon inconfort que les critiques humiliantes de ma grand-mère, puisque je ne me reconnaissais ni dans les unes ni dans les autres.

Quelques souvenirs marquants émergent de mes années d'école. D'abord, ma communion privée à l'occasion de laquelle je reçus un lot d'images pieuses, l'usage voulant qu'on les distribue après la cérémonie aux parents et amis. Je mourais d'impatience d'en donner une à Agnès, une fille de ma classe que j'admirais en secret sans oser l'approcher. Le grand jour venu, je lui remis mon image préférée avec, sans doute, la maladresse qui me caractérise en général mais qui bat des records chaque fois que j'attache trop d'importance à quelque chose ou quelqu'un. Le lendemain, j'aperçus l'image en question au fond de la corbeille à papier de la classe. Ce fut mon premier chagrin d'amour et il préfigura plus ou moins ceux qui suivirent.

Il y eut ensuite ma communion solennelle. À cette époque – avant que l'on rende obligatoire le port d'une aube identique pour chaque fillette –, les grands magasins offraient un choix considérable de robes longues brodées, plus somptueuses les unes que les autres, avec leur voile assorti. Mon père dut faire un gros effort financier, car on m'acheta la robe qui me semblait la plus belle de toutes. Je ne fus pas peu fière de l'exhiber dans la petite chapelle de l'école remplie de lilas, de lis et d'hortensias blancs, avec au poignet la montre suisse dont je rêvais depuis des mois, puisque, selon la coutume, chaque communiant était censé recevoir sa première montre ce jour-là. Malgré mon fond mystique, l'aspect religieux de la cérémonie passa à l'arrière-plan. D'autant plus que chaque fois que j'assistais à une messe, j'étais au bout d'un moment en proie à un malaise physique qui m'obligeait à sortir précipitamment pour trouver de quoi m'allonger. Ce fut la seule petite ombre au tableau de ce beau dimanche de mai. On appelait ça « avoir mal au cœur » et j'avais systématiquement mal au cœur à la messe. Peut-être ma tension artérielle était-elle déjà un peu basse, ce que l'obligation d'être à jeun ne devait guère arranger...

Mlle Rès, le professeur de français de la classe de quatrième, avait l'habitude de monter avec ses élèves une pièce du répertoire classique. L'année où j'étais dans sa classe, elle opta pour *Le Cid* de Corneille et m'attribua le rôle de l'infante. Cette responsabilité inattendue me bouleversa de fond en comble. Mais quand, après quelques répétitions, il fut décidé que j'interpréterais le rôle féminin principal de Chimène, ma joie et mon appréhension n'eurent plus de bornes. Je devais avoir treize ans et ce fut un grand événement. Nous jouâmes la pièce au cinéma des Agriculteurs devant un public constitué en majeure partie de parents d'élèves. Curieusement, je me souviens moins du trac qui me rendit malade, moins de la représentation elle-même, que de la tristesse qui me submergea une fois le rideau tombé. Après l'exaltation des dernières semaines, mon existence perdait brusquement son sel. De là à imaginer que j'avais le feu sacré, il n'y eut qu'un pas que ma mère et moi franchîmes allègrement mais qui, comme pour la danse classique, tourna court. Ce n'était pas le feu sacré, juste le déchirement de la fin de la fête et le désir de la prolonger d'une façon ou d'une autre.

*
* *

Le baron Gilbert von Giannellia persuada ma mère que ses filles devaient apprendre l'allemand et passer leurs grandes vacances dans une famille autrichienne pour mieux assimiler cette langue difficile. De la mi-juillet à la fin août, ma sœur et moi séjournâmes sept ou huit fois de suite chez Mme Welser dont la maison, Plumeshof, difficile d'accès mais infiniment pittoresque avec ses murs blancs, son toit de tuiles rouges et ses traditionnelles persiennes vertes percées de petits cœurs, trônait au beau milieu d'une prairie entourée de sapins. De la colline où elle perchait, on avait vue d'un côté sur la vallée d'Innsbruck, de l'autre sur le village de Natters, et tout autour sur les montagnes majestueuses qui les surplombaient.

C'est l'*Orient-Express* qui nous amenait chaque année à Innsbruck. Après nous avoir conduites à la gare de l'Est, ma mère nous installait dans le wagon-lit où nous allions passer la nuit, surveillées de loin par le contrôleur auquel elle nous avait confiées. Lorsque le train s'ébranlait et que sa longue silhouette disparaissait peu à peu, je touchais le fond du désespoir et aurais tout donné pour rester à Paris avec elle. C'est sans doute de là et des séjours forcés à Aulnay qu'est venue mon horreur des voyages et des vacances. Une fois à Plumeshof, je guettais chaque jour l'arrivée du facteur dans l'espoir d'une lettre. Mon cœur pesait des tonnes quand le facteur ne venait pas, pis encore quand il arrivait sans la lettre tant attendue. Malgré leur banalité, mes chagrins d'enfant furent si profonds que chaque séparation que j'ai été amenée à vivre à l'adolescence puis à l'âge adulte m'aura dévastée de la même façon.

Hedwig Welser, que nous appelions Tante Hedi, avait perdu son mari et son fils aîné à la guerre. Elle vivait modestement de sa pension de veuve et élevait son fils cadet Gunni, qui avait mon âge, et sa fille Gertrud, un peu plus âgée. L'aîné, Kurt, qui mesurait deux mètres et avait un rire tonitruant, habitait en ville avec sa future femme, Lilo, une blonde aux yeux bleus, d'une grande beauté. Le dimanche, Lilo revêtait un costume tyrolien dont chaque pièce me ravissait : le tablier à fleurs noué à la taille, le corsage brodé avec les manches courtes bouffantes, le justaucorps qui prolongeait la jupe et mettait la poitrine en valeur... Je fantasmais sur le chapeau traditionnel en feutre vert orné d'une plume que je finis par acquérir bien plus tard, je ne sais plus exactement quand ni comment.

Nous étions encore petites lors de notre premier séjour chez les Welser qui ne parlaient pas un mot de français et m'appelaient « Franziska ». Au fil des ans et de leurs conversations à voix basse que je comprenais par bribes, je découvris que Kurt et les siens n'acceptaient pas que ce qu'ils persistaient à appeler le « Tyrol du Sud » ait été annexé à l'Italie. Il me sembla même deviner que Kurt faisait partie d'une organisation terroriste qui commettait des attentats afin que les deux Tyrol soient à nouveau réunis. J'appris son décès peu après avoir cessé d'aller à Plumeshof. Officiellement, il avait fait une chute en montagne, mais je ne pus m'empêcher de me demander si sa mort prématurée n'avait pas un rapport avec ses activités politiques illicites. Sa passion pour l'alpinisme toujours invoquée pour justifier ses absences répétées ne cachait-elle pas une tout autre réalité[1] ?

Des pommettes saillantes, des yeux vert pâle, une expression sévère mais bonne, donnaient au visage de Tante Hedi une noblesse peu conforme à la vie que je lui voyais mener puisqu'elle passait ses journées dans la cuisine avec son rouleau et sa planche à pâtisserie pour nous confectionner des *Mehlspeisen*, mets à base de farine, d'œufs et de lait qui faisaient nos délices. Ma prédilection allait à l'*Apfelschmarren*, une grosse crêpe que l'on cuisait et hachait avec des pommes, ainsi qu'aux *Zwetschkenknödel*, des quetsches – à défaut, des abricots – que l'on enrobait d'une pâte à base de pulpe de pomme de terre. On pochait quelques minutes dans l'eau bouillante les boulettes ainsi obtenues et on les servait arrosées de beurre fondu et saupoudrées de chapelure. J'en raffolais tellement que Gunni me mit au défi d'en manger plus que lui : je déclarai forfait au bout de trente *Knödel*, ce qui était tout à fait déraisonnable, puisque quatre suffisaient largement pour un repas. Dans les années soixante-dix, Michel Jonasz et moi évoquerions avec émotion les délicieuses boulettes en question dont, origines hongroises obligent, il se souvenait très bien, lui aussi.

Les insectes m'ont toujours gâché la vie. Il m'était impossible de rester dans la petite salle de bains pour y faire ma toilette si j'apercevais le moindre perce-oreille sur le mur – je me souviens même de toute une nuit passée dans un fauteuil à cause de la présence

---

1. Après avoir rédigé ce paragraphe, je suis allée sur Internet et y ai découvert un unique document en allemand concernant Kurt Welser qui confirme mon intuition. Il est mort dans l'explosion d'une charge de TNT qu'il transportait. J'y ai appris aussi que sa fille Katharina, que j'ai connue toute petite, a travaillé au théâtre et au cinéma en tant qu'actrice, puis productrice et scénariste.

importune de l'une de ces vilaines bêtes au-dessus du lit. Il était tout aussi inenvisageable de dormir la fenêtre ouverte par crainte que des papillons de nuit et autres effrayantes bestioles fassent irruption dans la chambre. C'était donc une guerre ouverte avec ma sœur qui ne partageait pas ma phobie et ouvrait la fenêtre dès que j'avais le dos tourné. Il lui arriva même de me poursuivre autour de la maison avec un papillon dans les mains jusqu'à ce que, hurlant de terreur, je réussisse à m'enfermer dans les toilettes en priant le ciel qu'aucun autre insecte n'y ait élu domicile. Nous avions par contre autant peur l'une que l'autre de Hansi, le corbeau apprivoisé qui venait chaque matin cogner obstinément du bec contre notre vitre et avait l'air très méchant. Ce disgracieux volatile aux petits yeux rusés pouvait devenir agressif au point de faire très mal avec son bec, mais quand Tante Hedi se résigna à le lâcher dans la nature à des dizaines de kilomètres de chez elle, il finit, à notre grande contrariété, par retrouver le chemin de Plumeshof.

Une fois par semaine, Michèle et moi descendions à Innsbruck. Nous allions à l'Institut français, à la périphérie de la ville, pour y emprunter des livres et c'est là que je découvris Simone de Beauvoir dont l'œuvre me passionna. Ou bien nous déambulions dans la rue principale pour examiner les affiches de cinéma et constater avec dépit que tous les films intéressants étaient interdits aux moins de douze ou dix-huit ans. Les noms des acteurs allemands ou autrichiens les plus célèbres de l'époque nous étaient familiers – Liselotte Pulver, Horst Buchholz, Karlheinz Böhm, Nadja Tiller, Peter Van Eyck, pour qui j'avais un faible, Tante Hedi étant plus sensible au charme du bel O.W. Fischer. Innsbruck était une petite ville où deux fillettes pouvaient se promener en toute sécurité et nous remontions à Plumeshof avant la fin de l'après-midi. D'autres fois, nous entreprenions avec Gertrud et Gunni une longue marche dans la forêt vers le lac où la baignade était de rigueur, ce qui pour moi qui préférais lire et ne pas bouger s'avérait aussi contraignant que les promenades à vélo d'Aulnay. Le dimanche, nous traversions d'immenses champs de maïs pour gagner l'église baroque de Natters. Là comme ailleurs, les sueurs froides du mal de cœur m'obligeaient vite à m'asseoir, mais entre l'église de la Trinité, trop sombre, trop ornementée, et celle du village autrichien, toute blanche, toute simple, ma préférence allait sans hésitation à cette dernière.

Il y avait aussi la ferme qui se trouvait en contrebas à quelques mètres de la maison de notre famille d'accueil. Nous allions de temps à autre y chercher le lait mousseux qui venait d'être trait. Un jour, Michèle, Gunni et moi eûmes l'idée de jouer à cache-cache dans la grange. Tout occupée à courir, je ne vis pas que les trappes par lesquelles on descendait le foin dans la mangeoire des vaches étaient ouvertes et tombai brutalement dans la première d'entre elles. Seuls mes bras et ma tête dépassaient de la trappe tandis que le reste de mon corps oscillait dans le vide. Le choc me fit perdre la parole pendant plusieurs minutes. Michèle, qui me cherchait, arriva enfin et éclata de rire à ma vue, plus encore quand elle constata mes vains efforts pour articuler un son. Je ris à mon tour en me remémorant l'incident et aurais sans doute réagi comme elle à sa place, mais, sur le moment, mon angoisse de tomber au fond de la mangeoire, deux mètres plus bas, jointe à celle de rester définitivement muette, fut telle que son manque de sollicitude m'indigna.

Je ne suis jamais retournée dans ce paradis perdu. Parfois, une envie soudaine me prend d'aller à la gare de l'Est, de monter dans l'*Orient-Express* et de refaire le chemin entre Innsbruck et Plumeshof. Comme j'en ai si souvent été témoin pour des amis plus ou moins proches de la famille Welser, je débarquerais à l'improviste dans la jolie prairie cernée par les sapins et grimperais jusqu'à la maison en pensant très fort à Tante Hedi qui, depuis longtemps, a rejoint au ciel ses deux fils aînés et leur père. J'y penserais si fort que je finirais par l'apercevoir encore une fois sur le pas de la porte, essuyant hâtivement ses mains enfarinées dans son tablier... Son regard opale s'éclairerait à ma vue... À peine remise de sa surprise, elle ouvrirait les bras en s'écriant joyeusement : « Franziska ! », et je courrais vers elle en m'écriant à mon tour : « Tante Hedi, Tante Hedi ! » Le rire contagieux de Kurt retentirait au loin... Lilo, souriante, étendrait le linge... Ils auraient encore toute une vie d'amour devant eux... Une délicieuse odeur de crêpes flotterait dans l'air... Le gros poêle en faïence, les édredons en plumes, les chaises en bois peint, percées d'un petit cœur comme les volets... rien n'aurait changé.

2

Ma grand-mère s'est si souvent appesantie avec
mépris sur mes défauts physiques que j'ai grandi avec
la conviction d'être plus laide que la moyenne, entretenant à ce sujet des complexes dont je n'ai jamais réussi
à me débarrasser complètement. C'est ainsi qu'à partir
de l'adolescence, me mettre en maillot de bain devint
un problème, tout comme enlever mon manteau.
Encore aujourd'hui, garder mon manteau est une façon
de me protéger en dissimulant aux regards malveillants
ce avec quoi on a cherché à me faire honte. La honte
s'est atténuée, quand bien même elle est rarement loin,
mais le réflexe de protection persiste. À l'inverse, ma
sœur s'entendait dire qu'elle était très jolie alors que je
découvrirais bien plus tard qu'elle l'était moins que
moi. Le décalage entre la réalité et la fausse image avec
laquelle elle s'est en partie construite a-t-il fini par lui
apparaître à elle aussi ? Si oui, cette révélation a-t-elle
joué un rôle dans la genèse de sa schizophrénie et du
ratage catastrophique qu'aura été sa vie ? Autant de
questions sans réponse, mais les comparaisons toujours à son avantage dont abusait ma grand-mère et
qu'habitée par un sentiment d'équité sans faille, ma
mère ne soupçonna pas incitèrent ma sœur à me traiter
avec une condescendance ironique qui m'exaspéra à la
longue. Mon agacement était sans doute réciproque :
elle était indisciplinée et provocatrice, moi docile et

craintive. Nous nous supportions tant bien que mal, ça n'allait pas plus loin. Et puis, dès que Michèle souhaitait obtenir quelque chose de moi, elle me portait soudain aux nues, se positionnant à l'autre extrême. Ce n'était plus « Ma pauvre Françoise… » mais sur un ton faussement cérémonieux « Toi, Françoise, qui es tellement ceci, tellement cela… aie pitié de ta pauvre sœur… ». Cette manipulation me plongea dans l'embarras pendant des années avant que je sois en mesure de l'identifier. Depuis, tout ce qui ressemble de près ou de loin à du chantage affectif me met hors de moi, quand bien même le procédé est inconscient et mû par de bonnes intentions, comme ce maire qui fit la grève de la faim pour empêcher la délocalisation d'une entreprise japonaise… Piéger quelqu'un en jouant avec sa compassion et sa culpabilité à des fins où ce genre de pression est hors de propos dénote un manque de scrupules ou de discernement qui, tel le ver à l'intérieur du fruit, mine les objectifs autant que les rapports humains.

*
*　*

Ma sœur fut réglée à onze ans, alors qu'à quatorze je ne l'étais toujours pas. Cela m'affecta tellement que ma mère, qui s'était en vain efforcée de me rassurer, finit par prendre rendez-vous chez le médecin. Nous n'eûmes finalement pas besoin d'y aller puisque les règles tant attendues apparurent la veille de la consultation. Mais ma silhouette resta désespérément androgyne, ce qui augmenta mon sentiment de n'être pas tout à fait normale et ma propension au repli sur soi.

Parallèlement, la radio prenait une place de plus en plus importante dans ma vie et les chansons sur lesquelles je me fixais exprimaient, comme il se doit, les états d'âme qui étaient et restèrent les miens. J'achetais

...tions pour les apprendre et me rappelle en parlant ...celle de *Je ne sais pas...* de Jacques Brel et de ...plainte de la Butte* dont Jean Renoir avait écrit les paroles sur une musique de Georges Van Parys. Mais s'il me fallait choisir une seule chanson parmi celles qui m'émouvaient alors et qui continuent de m'émouvoir, ce serait *La rue s'allume*, interprétée par Cora Vaucaire. Il y était question d'un homme au costume couleur de brume et à la personnalité imprécise. Le leitmotiv sibyllin : « Pourquoi ce soir ne puis-je supporter l'odeur des roses ? » me fascinait. J'imaginais une créature de rêve, alanguie et sophistiquée à laquelle j'aurais aimé ressembler.

Dans le petit train qu'il nous arrivait de prendre pour revenir d'Innsbruck, j'avais repéré un beau jeune homme aux yeux bleus qui occupait toutes mes pensées. Il ressemblait au Roger Moore de la série *Ivanhoé* que je voyais à la télévision chez mes grands-parents. J'ai dû vivre deux ou trois ans avec l'espoir de l'apercevoir durant ce court trajet, insistant auprès de ma mère pour retourner en vacances à Plumeshof dans ce seul but, alors que ma sœur et moi commencions à nous y ennuyer ferme. Mon secret était si envahissant et si douloureux que je finis par m'en ouvrir à Michèle qui s'esclaffa en me traitant de folle. Je regrettai amèrement de m'être confiée à elle : j'avais perdu l'eau de ma rivière[1] et ne pourrais plus m'isoler désormais sans encourir de nouvelles railleries.

J'étais bien trop jeune pour savoir que des fossés plus ou moins infranchissables séparent les êtres. Maintenant encore, bien que plus au fait de la force des conditionnements et du filtre déformant qu'ils placent entre le monde extérieur et nous, ce m'est un perpétuel

---

1. Gilles Vigneault : « Je perdrais l'eau de ma rivière si j'en parlais... »

36

sujet d'étonnement et d'interrogation que la perception d'une même situation, d'une même personne, d'un même propos, d'une même musique, varie autant d'une personne à l'autre. Constater que ce qui me touche au plus profond laisse l'autre indifférent, que ce qui me fait pleurer le fait rire ou que ce qui me rebute l'attire, continue de me troubler. Quel enfer ce serait pourtant si nous avions tous une sensibilité identique ! Au fil des innombrables malentendus dont j'aurais pris conscience trop tard – quand toutefois j'en prenais conscience –, j'ai peu à peu réalisé que mieux valait n'ouvrir son cœur qu'aux véritables âmes sœurs, la question de savoir si et jusqu'à quel point elles le sont restant l'une des plus complexes et des plus riches en coups de théâtre qui soient.

Les dialogues de sourds sont le thème de *La Route sanglante du jardinier Blott* de l'écrivain britannique Tom Sharpe. Avec son humour décapant, l'auteur y analyse dans le détail les vues longuement mûries, mais sans aucun rapport entre elles, que deux personnages ont l'un sur l'autre, avant d'arriver au clash de leur rencontre. Celle-ci s'avère, bien sûr, une suite de quiproquos d'autant plus hilarants pour le lecteur qu'ils restent inconscients pour chaque protagoniste, obnubilé qu'il est par ses élucubrations personnelles, au point de ne pas suspecter un seul instant leur incompatibilité absolue avec celles du vis-à-vis. Quand je rencontre quelqu'un sans en connaître les intentions, je suis partagée entre l'appréhension et le rire à l'idée de tous les malentendus possibles entre nous.

*
* *

C'est vers la fin des années cinquante qu'en tournant le bouton du poste de radio, je découvris une station qui diffusait sans interruption de la musique countryrock anglaise et américaine, interprétée par de très jeunes artistes auxquels je m'identifiai aussitôt puisqu'ils exprimaient la solitude et le malaise adolescents sur des mélodies beaucoup plus inspirées que leurs textes. Paul Anka chantait : *I'm just a lonely boy, Put your head on my shoulder* ou *Les filles de Paris sont les plus jolies du monde* et je vendis les quelques 78, 33 et super 45 tours que j'avais gardés de Georges Guétary pour acquérir un seul disque de ce chanteur américain. N'ayant pas les moyens d'assister au premier concert qu'il donna à Paris au théâtre de l'Étoile, je fis le pied de grue avec d'autres fans devant l'entrée des artistes de la rue Troyon, dans le vain espoir d'un autographe. L'ironie du sort voulut que, quelques années plus tard, un éditeur me convoque dans son bureau parisien où j'eus droit à un minirécital de Paul Anka s'accompagnant au piano. Il cherchait à placer ses nouvelles productions, mais ses meilleures chansons étaient déjà derrière lui.

Ma formation musicale a été des plus succinctes. Mon père jouait du piano et je reçus donc des cours de piano dans ma petite enfance, jusqu'à ce que je supplie ma mère de m'en dispenser après un passage éclair salle Gaveau, dont seule me reste en mémoire la terreur qui me submergea avant d'accéder à la scène où j'étais censée montrer mes talents. Espérant avoir mis au monde un enfant prodige, ma mère me céda à regret. Quand le baron autrichien entra dans sa vie, il lui offrit un pick-up et deux disques de musique classique : *Une petite musique de nuit*, de Mozart, qui me laissa définitivement froide, et la *Septième Symphonie* de Beethoven qui me transcenda tout aussi définitivement. Puis je tombai sous le charme de Georges Guétary que j'appréciais surtout dans *La valse des regrets*, une adaptation d'une valse de Brahms dont j'étais loin de me douter que je la chanterais à mon tour des décennies plus tard, accompagnée au piano par l'extraordinaire Hélène Grimaud.

La découverte quotidienne à la radio de mélodies plus enthousiasmantes les unes que les autres bouleversa mon existence : rien d'autre ne m'intéressait plus. Je filais régulièrement rue de la Chaussée-d'Antin, où, au fond d'une cour d'immeuble, se trouvait une boutique d'import de singles que j'achetais au compte-gouttes grâce aux cours d'allemand que je donnais à un garçon de quatorze ans. J'espérais y trouver *Three steps to heaven* d'Eddie Cochran, *So sad* des Everly Brothers, *I'm sorry* de Brenda Lee, *Oh Carol* de Neil Sedaka, *Travelling light* de Cliff Richard, *That's love* de Billy Fury..., mais le vendeur n'en avait jamais entendu parler. Malgré ma frustration, j'éprouvais une certaine fierté à être en quelque sorte d'avant-garde puisque personne d'autre que moi ne semblait connaître ces chefs-d'œuvre.

Parallèlement, je préparais le bac dont la perspective m'effrayait autant qu'une dizaine d'années plus tôt ma montée prématurée sur la scène de la salle Gaveau. Ma mère et moi évoquions ensemble des orientations professionnelles raisonnables : secrétaire de direction, secrétaire médicale, infirmière, pharmacienne... Je caressais en secret l'ambition de trouver une activité qui ait un rapport proche ou lointain avec le style de musique qui me passionnait depuis peu, mais l'influence maternelle, en particulier l'idée qu'il fallait gagner sa vie et ne rien devoir à personne, m'empêchait de m'accrocher à des chimères.

Contre toute attente, j'eus mes deux bacs à seize ans. Après avoir été miraculeusement reçue à l'écrit, ce que je m'empressai d'imputer aux grèves et à l'indulgence des correcteurs, je refusai énergiquement de me présenter à l'oral pour lequel, comme à mon accoutumée, je ne me sentais pas prête, mais ma mère et mes professeurs ne voulurent rien entendre. Comment je parvins à surmonter ma panique et à m'en sortir avec une mention assez bien, je l'ignore. C'était inespéré. Ma mère suggéra à mon père de marquer le coup et s'enquit de ce qui me ferait plaisir. J'hésitai longuement entre une guitare et un poste à transistors qui m'aurait permis d'écouter en tout temps et en tout lieu ma station anglaise bien-aimée. Pourquoi une guitare ? Aujourd'hui comme hier, je serais incapable de le dire. De ce choix crucial découlerait pourtant ma vie future, puisque, dès que j'eus le précieux instrument entre les mains, je me mis à grattouiller trois accords sur lesquels je chantonnais des bouts de mélodies de mon cru, inspirés de mes slow-rocks anglais et américains préférés.

*
* *

Mes deux années d'avance – en réalité deux années de retard sur le plan de la maturité – me donnaient implicitement le droit de consacrer plus de temps à la guitare qu'aux études. Mais, forte des mentions qui me dispensaient d'un examen d'entrée, ma mère, qui devait déjà m'imaginer ministre, m'emmena d'autorité m'inscrire à Sciences-Po où, à cause de mon réflexe conditionné de lui obéir en tout, je me retrouvai dès la rentrée 1960, à l'âge tendre de seize ans et demi. Affublée d'un imperméable en popeline bleu ciel à boutons dorés et de chaussures jaunes à talons hauts dont le mauvais goût me sauta vite au yeux dans ce nouveau contexte, je fus plus que jamais en proie au complexe du vilain petit canard. Ces jeunes gens aussi élégants que distants qui lisaient *Le Monde* et venaient d'un milieu si différent du mien, je n'étais pas préparée à les côtoyer. Encore moins à assimiler les cours de Georges Vedel ou les traités de Maurice Duverger. Déjà, je n'avais rien compris à la philosophie, alors la politique, les finances publiques, la Constitution française… Après avoir vaguement fantasmé sur le fils aîné d'André Malraux et de Josette Clotis, Gauthier, que j'apercevais dans l'amphithéâtre et dont les cheveux longs et les yeux clairs me rappelaient mon bel inconnu d'Innsbruck, je m'enfuis en courant et troquai la rue Saint-Guillaume pour celle des Écoles, le niveau de la Sorbonne étant nettement plus à ma portée.

C'est là que je me fis draguer par un jeune homme d'origine tunisienne, Kelil. Convaincue d'avoir un avenir de nonne et flattée de l'attention que me portait pour la première fois un garçon, je me crus amoureuse alors que j'étais seulement attirée par l'image de moi-même qui m'était renvoyée et réparait, si peu que ce soit, un narcissisme défaillant. Un après-midi, Kelil prit une chambre d'hôtel et je le suivis dans l'état d'esprit de quelqu'un qui doit subir une opération chirurgicale délicate ou se jeter à l'eau pour apprendre à nager. Bizarrement, je ne me souviens que des murs crasseux et de mon soulagement intense, presque joyeux, en sortant, à la pensée que l'opération était derrière moi et que j'avais effectué un premier pas vers la normalité… Le reste ne laissa aucune trace.

Comme ma candeur était sans bornes et que je ne cachais rien à ma mère qui, soit dit en passant, ne m'avait jamais donné l'once d'une information sur la façon de faire des enfants, je lui rapportai ce qui m'était arrivé avec une certaine euphorie : quelqu'un avait voulu de moi… Elle blêmit et ses cheveux blanchirent en l'espace de vingt-quatre heures. Quand je compris enfin son angoisse à l'idée, terrifiante en effet et qui ne m'avait pas effleurée, que je tombe enceinte, ne sachant comment la rassurer et oubliant fort mal à propos que Kelil avait utilisé un préservatif, je lui confiai en désespoir de cause que je n'avais éprouvé aucune sensation.

Tout cela en dit long sur l'immensité de mon ignorance, commune hélas à la plupart des jeunes filles de cette époque. Aussi mal informés que moi, mes malheureux cousins, si résolus pourtant à ne pas suivre l'exemple de leur mère pondeuse, engrossèrent à tour de rôle la première fille avec laquelle ils sortirent, se condamnant ainsi à un mariage forcé et une vie tracée d'avance. J'eus beaucoup plus de chance qu'eux, finalement.

*
* *

Les cours de la Sorbonne me laissaient assez de temps pour m'adonner sans réserve à ma frénésie de composition. Je m'enfermais dans la cuisine dont le carrelage permettait un retour de voix favorable à l'inspiration, et faisais jusqu'à trois ou quatre chansons par semaine. Un jour, *Les Potins de la commère* – une rubrique du quotidien le plus lu de cette époque, *France-Soir* – annoncèrent qu'une grande maison de disques souhaitait auditionner des débutants. Quelque chose de plus fort que moi me dit que si je ne saisissais pas cette opportunité, je le regretterais toute ma vie. Ayant trouvé dans l'annuaire le numéro de téléphone de la maison de disques la plus importante à mes yeux, Pathé-Marconi, j'eus la confirmation qu'il s'agissait bien d'elle, obtins rendez-vous et me rendis à l'audition comme on va à l'abattoir : l'exécution escomptée m'était indispensable pour tirer un trait sur le fantasme que j'entretenais secrètement d'enregistrer un disque. S'attendre au pire révèle une profonde incertitude sur l'adéquation entre ses rêves et ses possibilités, mais je n'ai rien trouvé de mieux pour ne pas tomber de trop haut et, à une époque où la positivité passe pour la clé du succès, l'état d'esprit inverse ne m'aura en fin de compte pas trop mal réussi.

J'arrivai chez Pathé-Marconi avec mes chansons simplettes et ma guitare dont je ne savais pas jouer. Non seulement les directeurs artistiques ne m'envoyèrent pas promener au bout de quelques mesures, mais ils me gardèrent une vingtaine de minutes. L'un d'eux, Jacques Slingand[1], me compara à Marie-José Neuville, une chanteuse dont le style trop français et l'allure de bonne sœur sans cornette me rebutaient. Mon timbre de voix ressemblait un peu trop au sien, déplora-t-il. Je partis du studio toute contente d'avoir retenu plus longtemps que prévu l'attention des spécialistes et me trouvais dans la rue lorsqu'on me rappela pour me demander si je m'étais déjà entendue. La perspective de cette épreuve de vérité m'emplit aussitôt d'une appréhension mortelle. Mais quand ma voix jaillit des haut-parleurs, elle me parut moins fausse, moins chevrotante que je ne le craignais, ce qui m'encouragea juste assez pour ne pas en rester là.

J'auditionnai peu après au Petit Conservatoire de Mireille dont j'avais noté les coordonnées à la télévision et qui se tenait dans un magnifique hôtel particulier appartenant à la Radiodiffusion française, avenue du Recteur-Poincaré, non loin de la future Maison de la radio. J'ignorais tout de Mireille : l'immense artiste qu'elle était, sa vie extraordinaire sur tous les plans, son importance majeure dans l'histoire de la chanson française, l'influence qu'elle avait eue, entre autres, sur Georges Brassens qui connaissait par cœur ses merveilleuses chansons alors qu'il oubliait facilement les paroles de celles qu'il avait composées lui-même. Elle me fit chanter devant ses élèves et m'adopta aussitôt,

---

1. À tout hasard, je viens de taper ce nom sur Google pour en vérifier l'orthographe et j'apprends, à ma grande surprise, que Jacques Slingand avait auditionné à la même époque Michel Berger, alors âgé de quinze ans, qui, comme moi, avait répondu à l'annonce de *France-Soir*.

m'invitant à prendre place parmi eux. Elle dirait plus tard qu'elle avait immédiatement su que je deviendrais quelqu'un. Comment, de mon côté, aurais-je pu deviner que je développerais avec elle et son merveilleux Théodore, l'écrivain Emmanuel Berl, une amitié qui durerait jusqu'à leur mort ?

Dépourvue de la facilité manifeste des autres à chanter ou à converser, beaucoup plus ambivalente qu'eux au fond, je me sentis autant en marge au Petit Conservatoire qu'à l'école. Mes aspirations ressemblaient cependant à celles de mes camarades, ce qui, malgré tout, nous rapprochait et atténuait mon malaise. Nous étions assis sur des bancs et je me cachais toujours au dernier rang pour attirer le moins possible l'attention. Mireille désignait un élève au hasard et faisait un point avec lui sur ses activités pour finir par lui demander un échantillon de ses dernières créations. En général, à peine l'élève commençait-il à chanter qu'elle l'interrompait de sa petite voix pointue pour lui faire diverses remarques sur ce qui n'allait pas. C'était une situation traumatisante que chacun d'entre nous souhaitait et redoutait pareillement. Mireille n'enseignait pas vraiment, et certainement pas le chant, mais elle s'informait sur les conditions matérielles de chacun, insistant sur la nécessité d'avoir un travail qui permette de se nourrir et de se loger si l'on ne vivait pas encore de la chanson. Elle s'attardait ensuite sur l'attitude générale, la présentation, la gestuelle, et, bien sûr, donnait un avis éclairé sur la qualité de ce qui était exprimé. Mais l'intérêt du Petit Conservatoire était avant tout d'offrir la précieuse opportunité de chanter avec un micro et devant un public. Si un élève faisait une prestation satisfaisante, il avait des chances qu'elle soit diffusée à la radio et pouvait même être invité à la refaire devant les caméras de télévision, dans le cadre de l'émission qui, autant que je m'en souvienne, avait lieu une fois par mois. Les critères de sélection de Mireille étaient aux antipodes de ceux de la *Star Academy* et autres émissions similaires d'aujourd'hui. Sans doute parce qu'elle était elle-même une créatrice qui – ainsi qu'avait ironisé Sacha Guitry – n'était pas « desservie par une grande voix[1] », elle s'intéressait moins aux prouesses vocales qu'à la personnalité. L'élève devait être différent, avoir un univers, un timbre, un physique, une façon d'être bien à lui. Le contraire des clones que la télé-réalité du troisième millénaire nous impose en général.

Sur ma lancée, je téléphonai à d'autres sociétés discographiques pour demander à passer une audition. La maison Vogue avait signé Johnny Hallyday dont la célébrité allait croissant. Je connaissais certaines de ses chansons, *Souvenirs, souvenirs*, *Mon septième ciel*, *Bien trop timide*…, qui me plaisaient bien malgré des orchestrations médiocres, dont j'avais déduit qu'on était moins exigeant chez Vogue que chez Pathé-Marconi. André Bernot, l'ingénieur du son que j'eus au bout du fil, m'apprit que Vogue recherchait un pendant féminin à Johnny et me conseilla d'être aussi rock and roll que possible. Le cœur battant, je me rendis à Villetaneuse où j'enregistrai avec ma guitare plusieurs chansonnettes de mon cru avec force onomatopées du style « yé yé », « oh oh » et compagnie, dont, par chance, le ridicule m'échappait. Un directeur artistique souhaita m'entendre avec une formation rythmique et me demanda d'apprendre *24 000 baisers*, une adaptation d'un rock italien à succès interprétée par Johnny. On me fit venir à la fin d'une séance de l'accordéoniste Aimable – le bien nommé – qui me manifesta une patience infinie en m'aidant à chanter avec sa formation, ce dont je me révélai incapable, croyant bêtement que l'orchestre suivait et à mille lieues d'imaginer que

---

1. Une célébrité oubliée du music-hall des années vingt ou trente, Rip, la surnommait le « petit Saxe aphone ».

le chanteur était tenu de respecter ce qu'on appelle la mesure pour que les musiciens l'accompagnent. Lorsque, répondant à ses questions, j'eus informé le directeur artistique que je venais de réussir l'examen de propédeutique lettres, il me conseilla gentiment de poursuivre mes études. Devant ma visible déception, il me suggéra alors de profiter des vacances d'été toutes proches pour travailler la mesure avec un pianiste.

*
* *

À la fin mai de cette année-là, je fus bouleversée d'entendre à la radio que les deux fils d'André Malraux s'étaient tués en voiture. L'aîné – le beau Gauthier aperçu à Sciences-Po – avait vingt ans et son frère dix-huit. J'ai découvert quatre décennies plus tard l'histoire tragique de Josette Clotis, la mère de ces deux infortunés jeunes gens, qui au moment même où sa vie avec Malraux, l'homme qu'elle aimait dans l'ombre depuis onze ans, semblait sur le point de se normaliser, avait eu les jambes broyées en glissant sous un train. C'était le 12 novembre 1944, elle avait trente-quatre ans. Durant son agonie de dix heures, elle était restée muette sur leurs deux petits garçons, Gauthier et Vincent, alors âgés de quatre ans et un an, n'ouvrant la bouche que pour réclamer qu'on la maquille afin qu'« il » la trouve belle une dernière fois. Malraux était arrivé trop tard d'Alsace-Lorraine où il dirigeait une brigade. La fatalité voulut qu'il perdît à peu de temps de distance la femme qu'il aimait, son frère, son demi-frère, son meilleur ami et que, par la suite, d'autres deuils dramatiques assombrissent son existence.

Mireille et Emmanuel Berl ont bien connu André Malraux et Josette Clotis puisqu'ils se cachaient les uns et les autres en Corrèze au début de la guerre, mais lorsque je lus la bouleversante histoire de Josette sur laquelle leur témoignage m'aurait tellement intéressée, ils n'étaient hélas plus là. À la fin de sa vie, j'avais emmené Mireille prendre le thé chez une amie de sa génération qui rêvait de la rencontrer. Une fois la glace rompue, elles s'étaient montrées aussi intarissables l'une que l'autre sur leurs années de guerre et d'Occupation. L'exode avait amené ma vieille amie Jacqueline à Tours, au moment où cette ville subissait d'intenses bombardements. Réfugiée avec de nombreuses personnes dans les caves d'un immeuble, elle n'avait dû qu'à son sixième sens, qui lui dicta soudain de débarrasser les lieux au plus vite, de ne pas périr dans l'incendie qui les ravagea peu après. Ayant tout perdu, sans nouvelles de son mari encore au front, enceinte de quelques mois et seule au monde au milieu de Tours en flammes, elle avait failli se jeter dans la Loire et fini par atterrir dans un commissariat où un médecin militaire allemand, remarquant une grosseur suspecte à son cou, avait diagnostiqué une tuberculose et décrété : « Ça, petite madame, très mauvais pour femme enceinte. » Les autorités allemandes avaient alors pris des dispositions pour qu'elle réintègre ses foyers désertés.

De son côté, Mireille nous gratifia d'un récit extraordinairement romanesque de son envoi en mission spéciale à Vichy, par un réseau de résistants auquel appartenait André Malraux. Le choix s'était porté sur elle à cause de son statut de chanteuse fantaisiste au-dessus de tout soupçon. Le prétexte utilisé concernait une demande de subsides pour monter des spectacles dans le cadre et au bénéfice de la Croix-Rouge. Au cours du dîner dansant organisé en son honneur, il était prévu que René Bousquet, secrétaire général de la police et responsable politique aussi influent qu'ambigu, l'invite une seule fois pour qu'à la faveur de leur danse, elle lui glisse à l'oreille les précieuses informations destinées à éviter le massacre programmé de maquisards corréziens[1]. Cette incroyable révélation éclairait d'un jour nouveau la relation tant critiquée entre François Mitterrand et René Bousquet : le premier savait forcément que le second avait profité de sa position dans le gouvernement de Vichy pour aider la Résistance quand il le pouvait. Mais ce sont des actes patriotiques antérieurs qui valurent à René Bousquet d'indéfectibles soutiens, ainsi que son acquittement lorsqu'il fut jugé en 1949 pour collaboration avec l'ennemi[2] par la Haute Cour qui, quatre ans plus tôt, avait condamné à mort le maréchal Pétain et Pierre Laval[3].

*
* *

Au retour des vacances de l'été 1961, André Bernot s'enquit auprès de ma mère de ce que je devenais et proposa de me donner des leçons de solfège. Inscrite en première année d'allemand à la Faculté des lettres, je continuais d'aller aux cours en semaine et à Aulnay le week-end. Je me rendis donc chaque samedi après-midi avenue de l'Opéra, à côté du cinéma Le Vendôme, aujourd'hui disparu. André me recevait dans la loge de concierge qu'il habitait avec sa mère et où trônait un magnifique piano à queue. Son idée était de me faire passer une deuxième audition, car, d'après lui, la première n'avait pas laissé le personnel dirigeant de Vogue indifférent. Nous choisîmes une chanson d'Elvis Presley, *I gotta know*, adaptée par Eddy Mitchell-Claude Moine qui la chantait avec son groupe, Les Chaussettes noires,

---

1. Mireille a raconté dans le détail cette aventure dans son autobiographie : *Avec le soleil pour témoin*, Robert Laffont.
2. René Bousquet fut, entre autres, l'un des responsables de la rafle du Vél' d'Hiv.
3. Pierre Laval avait été le chef du gouvernement du régime de Vichy et avait appelé publiquement de ses vœux la victoire de l'Allemagne.

sous le titre *Je t'aime trop*. M'accompagnant au piano, André m'apprenait à partir, m'arrêter et reprendre où il fallait.

La bande de ma seconde audition fut entendue par un autre directeur artistique, Jacques Wolfsohn, qui me fixa rendez-vous au 54 de la rue d'Hauteville, où se trouvaient les bureaux parisiens de la maison Vogue et des éditions Alpha dont il s'occupait. Mes dix-sept années en vase clos m'avaient aussi peu préparée à rencontrer quelqu'un de décontracté comme lui que les étudiants guindés de Sciences-Po. Mais, tandis que ces derniers m'avaient fait fuir, lui me fascina. Il était charismatique, direct, vif, follement original, et son humour dévastateur était quelque chose de totalement nouveau pour moi. Il était également auréolé du prestige d'avoir signé Johnny Hallyday et fait venir en France Marino Marini puis Petula Clark qui y étaient devenus très populaires. Il m'emmena dans une minuscule pièce vide et, se postant face à moi, m'invita à lui chanter quelque chose. Chanter devant dix mille personnes est moins difficile que devant une seule, mais mon inconscience me permit de me lancer. Il m'interrompit assez vite pour m'annoncer tout de go que j'étais engagée. De retour dans son bureau, il s'enquit de mon âge et, comme j'étais mineure, téléphona à ma mère pour la signature de mon contrat. Je n'en croyais pas mes oreilles : mon rêve impossible devenait réalité. Une fois seule dans la rue avec ma guitare, ma joie était si grande que j'avais envie de sauter au cou de tous les passants.

Je n'étais pas peu fière d'annoncer la nouvelle à Mireille : j'avais décroché un contrat avec une maison de disques. Sa réaction me fit redescendre sur terre : « Vous n'êtes pas prête », affirma-t-elle, sans se douter qu'elle prêchait une convertie de longue date qui ne pouvait qu'abonder dans son sens. Malgré tout, elle me programma aussitôt dans son émission de télévision. La séquence où elle me demande pourquoi je porte mon grand pull en V devant derrière et ce que signifie « yé-yé » est diffusée chaque fois que des animateurs de télévision retracent mon parcours. Contrairement aux enfants d'aujourd'hui, filmés en permanence par les caméras numériques de leurs parents, les gens de ma génération n'ont pas été familiarisés avec leur image, encore moins avec leur voix. Le magnétoscope n'existait pas dans les années soixante, ceux qui possédaient un magnétophone étaient peu nombreux et la photographie n'était pas encore très répandue. Je découvris mon premier passage télévisé dans l'émission du Petit Conservatoire des années plus tard et ne pris pas conscience tout de suite de deux atouts majeurs qui ne devaient rien à un quelconque mérite personnel : j'étais télégénique et mon filet de voix ne passait pas trop mal le micro. Henri Salvador, qui dirigeait un label, vit l'émission et téléphona dans l'intention de me signer. La rencontre ne se fit pas puisque j'étais déjà sous contrat, mais je suis prise de vertige chaque fois que j'imagine ce qu'auraient été mon évolution et mon parcours professionnels si un artiste aussi exceptionnel qu'Henri m'avait prise sous son aile. Mon premier disque aurait sans doute été d'une qualité musicale très supérieure, mais aurait-il marché autant ? Comment savoir ?

En entendant la bande de ma seconde audition, Jacques Wolfsohn avait été frappé par la ressemblance entre mon timbre de voix et celui d'une chanteuse américaine inconnue dont un confrère lui avait envoyé par erreur un enregistrement. Charmé par la chanson, aussi fraîche et naïve que je pouvais l'être moi-même à cette époque, il s'était mis en tête de l'éditer et avait cru trouver en moi l'interprète française adéquate. L'adaptation écrite par Jil et Jan, paroliers attitrés de Johnny Hallyday, porta le titre de *Oh ! oh ! Chéri*. C'était l'époque des super 45 tours avec quatre chansons dont la durée n'excédait pas deux minutes chacune. J'eus plusieurs rendez-vous rue d'Hauteville, où Jacques Wolfsohn me fit chanter ce que j'avais en réserve et nous choisîmes ensemble trois autres chansons.

La séance d'enregistrement eut lieu le 25 avril 1962, l'une des rares dates, avec celle de la naissance de mon fils, que j'ai gardées en mémoire. Si l'on excepte le bref épisode avec Aimable, c'était la première fois que je chantais en direct avec des musiciens sans répétition préalable. L'enregistrement se fit sur quatre pistes et fut bouclé en quelques heures, alors qu'aujourd'hui, grâce au numérique, on dispose d'autant de pistes que l'on veut, en prenant trois jours au moins par titre. À la sortie du studio, j'éprouvai la première d'une longue liste de frustrations, car mon manque de recul sur les chansons et sur moi-même ne m'empêchait pas d'entendre la médiocrité des orchestrations et des musiciens. J'avais quand même un faible pour *Tous les garçons et les filles* et, malgré le sentiment torturant que l'ensemble aurait pu être de bien meilleure qualité, j'étais encore sur un petit nuage.

*
* *

C'est dans la cuisine de la rue d'Aumale où se trouvait le poste de radio que j'entendis sur la station Europe n° 1 Daniel Filipacchi prononcer mon nom et passer *Tous les garçons et les filles* dans sa nouvelle émission *Salut les copains*. Comme lors de l'annonce de mon engagement chez Vogue, je n'en crus pas mes oreilles et fus submergée par une joie indicible : ma chanson était programmée avec celles de célébrités telles que Johnny et Sylvie – dont j'enviais déjà les mélodies et les orchestrations que lui concoctait son musicien de frère, Eddie Vartan ! Étant donné ce que j'étais et d'où je venais, j'avais décroché la lune. La facilité avec laquelle j'y étais parvenue, mon inexpérience absolue et les problèmes qui s'ensuivraient obligatoirement étaient autant d'ombres au tableau que mon inconscience m'empêchait de percevoir.

L'attaché de presse de Vogue m'emmena 26 bis, rue François-Ier et 22, rue Bayard pour me présenter aux programmateurs d'Europe n° 1 et de Radio Luxembourg. Leur métier me semblait merveilleux au point que je l'avais envisagé pour moi-même quand je cherchais une orientation conforme à mes rêves. Dans les années soixante, la production discographique était encore raisonnable ; depuis, la quantité phénoménale de nouveaux albums et le manque d'intérêt de la majorité d'entre eux ont beaucoup entamé l'attrait d'une activité professionnelle consistant à sélectionner les meilleures chansons pour les faire connaître et apprécier. Être programmateur revient désormais à chercher une aiguille dans une botte de foin et doit parfois friser le cauchemar. En ce printemps 1962, j'adorais *Le plat pays* de Jacques Brel. Au grand amusement de certains des professionnels de la radio qui me furent présentés, je leur recommandai d'emblée de diffuser davantage cette belle chanson que je n'entendais pas assez à mon goût. J'avais un peu honte de ma carte de visite, mais quand j'appris que le choix des deux stations et de la maison de disques s'était fixé sur *J'suis d'accord*, je mis l'énergie du désespoir à convaincre les uns et les autres que *Tous les garçons et les filles* était plus indiqué, menaçant de ne rien défendre d'autre, si bien que j'obtins gain de cause.

Au retour des vacances d'été, on m'apprit que j'avais vendu deux mille disques, ce qui me parut faramineux. L'un des programmateurs d'Europe n° 1, Jean Peigné, alla jusqu'à prédire que mes ventes atteindraient le chiffre de celles de Jean Ferrat pour *Deux enfants au soleil* – une chanson infiniment plus belle que la mienne –, quarante mille exemplaires. Je le pris pour un fou furieux. Il n'y avait à ce moment-là qu'une seule chaîne de télévision en noir et blanc. Je passai d'abord dans *Toute la chanson* d'André Salvet, qui fut ma première grande émission télévisée. J'y déambulai en ciré noir parmi de faux réverbères. Mais ma seconde apparition s'avéra plus déterminante. Elle eut lieu le 28 octobre, lors de la soirée très regardée des résultats, entrecoupés de variétés, du référendum de Charles de Gaulle pour que le président de la République soit élu au suffrage universel direct. Quelques mois plus tard, les ventes de *Tous les garçons et les filles* atteignaient le million d'exemplaires. Est-il utile de préciser que j'étais complètement dépassée et incapable de réaliser ce qui m'arrivait !

Quand je regarde en arrière, je me dis que, tout au long de ma vie, les choses m'auront été mystérieusement facilitées. Pourquoi certaines personnes donnent-elles l'impression d'être protégées alors que d'autres semblent la proie d'une malédiction, à l'instar de Josette Clotis et de sa descendance ? Cette interrogation m'a toujours hantée, et les diverses réponses, apportées, entre autres, par la psychologie, l'astrologie ou la spiritualité, m'ont laissée sur ma faim. Le karma, par exemple, est la loi de cause à effet selon laquelle on récolte ce que l'on sème. Certains récoltent pourtant beaucoup plus ou, à l'inverse, beaucoup moins que ce qu'ils ont semé et l'on ne peut se contenter d'invoquer le karma collectif dont les interférences avec le karma individuel sont susceptibles de faire basculer celui-ci tantôt du bon, tantôt du mauvais côté… L'enchevêtrement entre les conditionnements individuels et collectifs, comme entre l'inné et l'acquis, est d'une complexité difficile à analyser. Selon l'angle de vision, la destinée semble ne tenir qu'à un fil ou obéir à une incontournable logique dont l'évidence n'apparaît qu'après coup et qui prend sa source loin dans le temps, bien avant la naissance. Aussi contradictoires qu'ils paraissent, les deux angles forment pourtant un tout indissociable et l'éclairage de l'un ne saurait se passer de celui de l'autre.

Mon sentiment d'être privilégiée coexiste cependant avec une réalité moins agréable dont je pris conscience peu à peu : je suis passée sans transition du vase clos de mon milieu familial à celui du show-business qui coupe d'autant plus du monde extérieur que le succès est au rendez-vous. Les gens, y compris les proches, se laissent impressionner ; ils vous ménagent, vous dissimulent ou minimisent ce qui risque de vous décourager, amplifient le reste, quelques-uns par affection, la plupart pour entrer dans vos bonnes grâces ou les conserver. Chez la jeune fille immature et pourtant éprise d'authenticité que j'étais, une telle bulle favorisait davantage la fixation au stade adolescent que l'accession à l'âge adulte. Non, vraiment, jamais je n'aurais imaginé que le monde de la chanson m'ouvrirait si facilement ses portes, encore moins que celles-ci se refermeraient aussitôt sur une prison dorée où, bon gré mal gré, je passerais le reste de ma vie.

3

Parce que rien d'autre que la chanson ne m'intéressait vraiment, j'avais follement rêvé de faire un disque. Persuadée de ne pouvoir aller jusque-là, je n'avais pas vu plus loin, encore moins ambitionné ou ne serait-ce qu'envisagé de devenir du jour au lendemain une « vedette ». Je me sentis d'autant moins concernée par le tourbillon dans lequel m'entraîna, à partir du dernier trimestre de l'année 1962, une célébrité aussi soudaine qu'inattendue, que je fis en même temps ma première rencontre amoureuse.

Fort du succès de son émission *Salut les copains*, Daniel Filipacchi lança une revue du même nom. C'est ainsi qu'un après-midi de septembre, Jean-Marie Périer vint frapper à la porte de ma mère pour m'emmener faire quelques photos. Non seulement je n'avais conscience que de mes défauts physiques, mais je me rendais compte depuis peu que ma façon de m'habiller n'allait pas non plus. Je fis donc à peine attention à Jean-Marie, tant la situation dans laquelle il me mettait me renvoyait à un malaise congénital qui s'accommodait mal des regards et des objectifs.

L'attaché de presse de la maison Vogue, l'énigmatique Georgieff, qui mettait un point d'honneur à ne rien prendre au sérieux, me dit un jour que je ne laissais pas Jean-Marie indifférent. Peu après, je fus aussi stupéfaite que bouleversée d'apprendre qu'il avait été élevé par François Périer, tout en étant le fils biologique d'Henri Salvador. Il y eut alors une sorte d'alchimie entre la réassurance narcissique provoquée par la première information et l'intuition du vécu douloureux qu'inspirait la seconde. Tout à coup, je vis Jean-Marie avec d'autres yeux. L'étendue de ses connaissances et la richesse de son vécu inversement proportionnelles aux miennes firent le reste.

Notre relation dépassa vite le stade du simple flirt. Ma mère le comprit et fut assez large d'esprit pour m'encourager à trouver un endroit où je pourrais vivre ma vie. J'acquis un studio sous les toits au 8 de la rue du Rocher, près de la gare Saint-Lazare. Le bonheur d'avoir pour la première fois un espace à moi fut assombri par l'obligation de quitter ma mère et ma sœur en les laissant dans le petit appartement sans charme de la rue d'Aumale. Je me jurai de leur procurer dès que possible un nouveau lieu aussi agréable que celui dont je prenais possession. Elles emménagèrent à leur tour, quelques mois plus tard, au 29 de la rue d'Anjou, à cinq minutes de chez moi. De son côté, Jean-Marie prit une colocation avec son ami Régis Pagnès, le metteur en page inspiré des publications Filipacchi. Dans son esprit, son appartement était pour nous deux, mais il me mettait devant le fait accompli et l'idée de partager un lieu d'habitation avec un ami à lui, si charmant fût-il, me dérangeait. Aussi continua-t-il à venir de temps en temps rue du Rocher tandis que je me rendais un peu plus souvent rue du Faubourg-Saint-Honoré où mon sentiment d'être chez lui, et non chez nous, s'accentua au fil du temps.

Quel dommage de se rendre malheureux en se focalisant sur la moitié vide du verre au lieu de se réjouir de la précieuse moitié pleine dont on a la chance de bénéficier ! Nos activités respectives nous séparaient sans cesse. Il arrivait trop souvent que Jean-Marie me quitte le matin et me passe un coup de fil quelques heures plus tard pour m'annoncer son départ en reportage à l'autre bout du monde, me plongeant dans une détresse comparable à celle qui m'anéantissait lorsque l'*Orient-Express* m'arrachait à ma mère.

Nous avions tout pour être heureux, pourtant : la jeunesse, le succès professionnel, la réciprocité des sentiments – en voyant récemment un document tourné au début des sixties à Londres où Jean-Marie me photographie sous la pluie, je me suis aperçue, un peu tard, que ma séduction n'avait rien à envier à la sienne. Mais force est de constater que les quatre années de notre relation ne m'auront guère épanouie. Cela ne tenait pas à Jean-Marie qui a une âme de Pygmalion et tenta de m'ouvrir l'esprit et de m'aider dans tous les domaines, avec la générosité qui le caractérise. Par exemple, il me fit aimer le cinéma en m'emmenant voir de grands films, et, à son contact, je compris l'importance de l'esthétique qui devint un critère majeur à mes yeux. Il m'apprit à me tenir, à m'habiller et me donna des conseils de savoir-vivre que je ne suivis pas toujours, mais qui me taraudent chaque fois que mon émotivité excessive m'amène à oublier les règles les plus élémentaires de la politesse. Il allait aussi dans le sens de l'éducation que j'avais reçue en faisant passer le principe de réalité avant le reste, me recommandant telle tournée ou tel tournage qui allaient nous séparer longtemps, simplement parce qu'il pensait que c'était bien pour moi de les accepter. C'est lui qui m'emmena en Corse rencontrer les beaux-parents de son père, Madeleine et Jean Billon[1]. Ce dernier était architecte

1. Jean Billon a été le premier mari de la chanteuse Patachou. Ils créèrent ensemble à Montmartre le cabaret Chez Patachou où celle-ci fit sensation en coupant la cravate des messieurs venus écouter son tour de chant.

et décorateur amateur. Ayant construit et aménagé sa superbe maison dans le village de Monticello, il souhaitait attirer des artistes dans ce coin de Balagne, encore peu fréquenté. Jean-Marie, à qui j'obéissais les yeux fermés, me fit acheter un terrain et dessina avec l'aide de son ami Régis les plans d'une maison dont Jean assura l'édification du début à la fin.

*
*　*

J'ai complètement oublié ma première prestation à l'Olympia dans un concert sponsorisé par Europe n° 1 – Musicorama –, où je passais en vedette américaine de Richard Anthony avec qui j'allais partir en tournée dans toute la France pour le modique cachet de trois cents francs[1] par soir. Par contre, je revois très bien ma loge où une amie s'était réfugiée après le spectacle. Elle venait d'apercevoir l'homme qu'elle aimait aux côtés de sa compagne officielle et en éprouvait un tel désespoir qu'elle tenta de s'enfoncer dans les veines des aiguilles à chapeau qui traînaient là. J'entends encore ses cris de douleur : on aurait dit un animal hurlant à la mort. Bouleversée de la voir souffrir ainsi, il me parut aussi impératif qu'à Jean-Marie qu'il renonce à m'accompagner aux festivités prévues par Lucien Morisse[2] en mon honneur et en celui de Richard Anthony, pour rester avec cette amie et l'empêcher de commettre l'irréparable. Mais nous avions si peu d'occasions d'être ensemble que me rendre à cette fête sans lui en fit une corvée où, toute à ma tristesse, je fus – comme je ne l'ai que trop été tout

---

1. Quarante-cinq euros environ, sur lesquels j'étais censée payer mes musiciens !
2. Lucien Morisse était le directeur d'Europe n° 1 ainsi que le mentor de Dalida qui le quitterait pour un autre le jour même de leur mariage.

au long de ma vie – sourde et aveugle à ce qui m'entourait.

*
* *

Dans un premier temps, Daniel Filipacchi avait tenu à ce que Jean-Marie fasse les photos des pochettes de Sylvie Vartan, ce qui, dans son esprit, excluait qu'il fasse les miennes. Il l'envoyait également en reportage sur la plupart de ses déplacements à l'étranger ou en province et, comme Sylvie était aussi ravissante qu'attachante, j'eus d'abord la hantise que Jean-Marie tombe amoureux d'elle. Quand la suite des événements me permit une relative tranquillité d'esprit à ce sujet, la frustration de passer moins de temps avec lui qu'il n'en passait avec elle ne m'en affecta pas moins.

Vu de l'extérieur de mes années soixante, Sylvie avait tout ce que je n'avais pas : beaucoup de volonté, de cran, mais aussi de féminité… l'art d'occuper la scène, de s'habiller, de se mettre en valeur… entre autres. D'une grande simplicité dans l'intimité, elle assumait bien mieux que moi ce qui était de l'ordre de la représentation, capable de se comporter en véritable star quand les circonstances l'exigeaient. Nous correspondîmes régulièrement durant son séjour d'un an aux États-Unis, à la suite de l'accident de voiture qui l'avait en partie défigurée. La façon exemplaire dont elle surmonta une épreuve aussi monumentale m'impressionna et accrut l'estime qu'elle m'inspirait déjà. Pour son retour à Paris, tous ses amis furent conviés à un grand dîner organisé dans un élégant restaurant des Champs-Élysées. Lorsqu'elle arriva, nous eûmes le cœur serré en voyant les vilaines cicatrices qui, malgré plusieurs opérations réparatrices, lui balafraient encore le visage. Qu'elle ait tenu à se soustraire si longtemps aux regards donnait la mesure des dégâts subis et du cauchemar par lequel elle était passée. Quelques semaines plus tard, je pris part au triomphe qui couronna son nouveau spectacle à l'Olympia : entourée de ses danseurs, elle était plus belle que jamais.

J'enviais aussi à Sylvie sa hauteur de vue à propos des aventures qu'on prêtait à Johnny, le deuxième homme de sa vie. Elle les prenait pour ce qu'elles étaient – pas grand-chose – et ne se détruisait pas inutilement en se laissant aller aux affres de la jalousie comme je l'aurais fait à sa place. Un point commun devait nous rapprocher définitivement : aussi mères poules, aussi suspendues l'une que l'autre au bien-être de nos poussins respectifs, nous avons pareillement fait peser sur eux un alarmisme galopant à propos de toutes les catastrophes susceptibles de leur arriver. Leur accession à l'âge adulte n'a hélas guère calmé nos angoisses respectives à ce sujet.

*
* *

Mes complexes d'infériorité que je m'efforçais tant bien que mal de cacher empoisonnèrent ma relation avec Jean-Marie à son insu. Il évoluait avec aisance dans un monde trop différent du mien pour que je m'y intègre. Par exemple, quand j'allais le chercher dans les bureaux de *Salut les copains* qui devinrent vite ceux de la revue *Lui*, l'équivalent français de *Playboy*, je croisais ses collègues masculins dont la misogynie et le machisme affichés me paraissaient menacer la midinette que j'étais, dans son essence même autant que dans ses aspirations. De quatre ans plus âgé que moi, ayant grandi au sein d'un milieu artistique propice aux rencontres de toutes sortes, revenant de son service militaire en Algérie où il avait connu sa première relation amoureuse importante, Jean-Marie possédait dans tous les domaines une expérience qui me faisait défaut.

Face à lui, je me sentais gauche, triste, ennuyeuse... Pour tout dire, je ne comprenais pas ce qu'il faisait avec moi et craignais d'autant plus qu'il me quitte que lorsque nous nous retrouvions, le prince charmant cédait souvent la place au vilain mari qui avalait des somnifères avant le dîner, alors que durant nos longues séparations, je n'avais rêvé que de soirées romantiques et de nuits torrides. La pensée que je ne lui inspirais plus grand-chose me minait et je réaliserais trop tard que s'il pouvait enfin se reposer de sa suractivité et des décalages horaires, c'était parce que ma présence le rassérénait. Ma conscience exacerbée de la précarité de la vie et des amours me faisait vivre chacune de nos retrouvailles comme si c'étaient les dernières et, malgré moi, je devais donner à Jean-Marie le sentiment de lui être définitivement acquise. J'aurais voulu que l'inquiétude et la jalousie le tourmentent davantage, alors que rien dans mon comportement n'était susceptible de les lui inspirer.

Le rythme imposé par les tournées et les galas valait pour mes jours de liberté. Je m'endormais vers quatre heures du matin, me levant autour de midi. En l'absence de Jean-Marie, il m'arrivait de finir mes soirées chez Régine ou Castel, les deux discothèques parisiennes les plus courues de cette époque. Dans l'entrée du New Jimmy's[1] dansait parfois un couple dont la grâce et la sensualité me fascinaient. Aux antipodes de l'adolescente attardée au physique ingrat que je me sentais être, la jeune danseuse était si rayonnante, il émanait d'elle une telle féminité que je me torturai avec la pensée obsédante que si Jean-Marie venait à la rencontrer, il en tomberait aussitôt amoureux. J'avais toujours eu l'impression dévastatrice de ne pas correspondre à ses goûts profonds, imaginant que son intérêt pour moi

---

1. La boîte de nuit de Régine.

tenait à ce que j'étais l'exacte antithèse de la mère qui l'avait abandonné. Pourquoi ne pouvais-je m'empêcher d'imaginer que les dés étaient pipés et que la première femme fatale venue l'attirerait plus que moi ? Toujours est-il qu'une dizaine d'années plus tard, Jean-Marie épousa Nathalie, la mystérieuse inconnue. M'étant rendue en février 1975 à la clinique où leur fils Paul venait de naître, j'avisai une photo de Nathalie sur la table de chevet et m'étonnai de son étrange coiffure. Quelle ne fut pas ma stupéfaction d'apprendre qu'il s'agissait de Jacqueline Porel, la mère de Jean-Marie, partie vivre sa vie en laissant François Périer élever seul leurs trois enfants encore petits ! Au même âge, Nathalie et elle se ressemblaient comme deux gouttes d'eau.

Pendant que Jean-Marie photographiait les « idoles » – Johnny, Eddy, Cloclo, Sylvie, Sheila... –, je me morfondais dans des tournées en province ou à l'étranger. J'avais appris à conduire et acheté une voiture au volant de laquelle j'étais revenue d'un gala au casino de Deauville en compagnie de l'une de mes choristes, Margaret Hélian, qui venait de se faire opérer d'une tumeur au cerveau. On ne devrait jamais conduire après un concert, surtout quand la moindre apparition en public vous met sens dessus dessous. La tentation de finir la nuit avec Jean-Marie à Paris avait été cependant plus forte que la voix de la raison. Il n'y avait aucun trafic sur la route de Deauville à Paris, mais il faisait si noir que, roulant un peu trop au milieu de la chaussée, je ne pus éviter des travaux mal signalés. La voiture fit un ou deux tonneaux et atterrit dans le fossé. La ceinture de sécurité n'existait pas encore. Par miracle, Margaret s'était retrouvée à l'arrière sans une égratignure. Quant à moi, je me sentis soulagée de ne pas être en morceaux, me disant qu'un accident était inévitable dans le cours d'une vie et que je m'en tirais à bon compte. En réalité, mon dos était criblé d'éclats de verre et je perdais tellement de sang qu'au bout d'un moment je faillis m'évanouir. L'accident s'était produit à un carrefour qui en avait vu beaucoup d'autres, dans un coin de rase campagne où se trouvaient, non loin de là, deux ou trois maisons dont l'une était occupée par un médecin. Alerté par le bruit, il vint à notre rescousse, nous emmena chez lui et me fit des points de suture pour stopper l'hémorragie. Comment Margaret et moi rentrâmes aussitôt après à Paris, je ne sais plus, mais je me souviens encore de la tremblote qui m'affecta jusqu'à mon transfert à l'hôpital le lendemain matin, ainsi que de la sollicitude de Jean-Marie. Avec une tendresse et une délicatesse infinies, il ôta mes vêtements trempés de sang et me nettoya comme un bébé dans la salle de bains de la rue du Rocher.

*
* *

Nous n'étions pas encore officiellement à l'ère de la mondialisation, mais mon succès en France s'étendit presque simultanément et dans les mêmes proportions à plusieurs pays. Je voyageais donc beaucoup pour participer un peu partout soit à de grandes émissions de télévision, soit à des festivals ou des tournées. À cette époque, les communications téléphoniques étaient difficiles, parfois même impossibles à obtenir d'un pays à l'autre, et comme ma vie personnelle y était suspendue, j'avais souvent le moral à zéro. Entre les répétitions et les apparitions publiques, je me réfugiais dans les toilettes de ma chambre d'hôtel à cause de l'acoustique qui, en général, y est excellente. Aidée de ma guitare, je cherchais inlassablement à mettre mes manques et mes chagrins en musique.

Je fus engagée pour le *Cantagiro*, un tour d'Italie surréaliste, non du vélo mais de la chanson, qui regroupait les chanteurs les plus populaires de la péninsule. Entre deux étapes, la foule se massait tout au long de la route pour voir passer les voitures décapotables d'où chaque vedette répondait aux vivats par force gestes et sourires. Le spectacle avait lieu tous les soirs dans un stade où chacun y allait de son tube du moment devant une dizaine de milliers de personnes en ébullition. Adriano Celentano était déjà une légende que le public italien vénérait pour son talent et sa personnalité haute en couleur, au point que s'il y avait trop de chahut lors d'une représentation, il suffisait que, tel un pape, il apparaisse et dise trois mots bien sentis pour qu'un silence religieux s'installe aussitôt. J'avais un faible pour Gianni Morandi, aussi adulé à l'époque qu'Eros Ramazotti aujourd'hui, dont le tube que j'écoutais en boucle, *Se non avessi piu te*, était l'une des premières compositions d'Ennio Morricone. Beau comme un dieu, il se campait sur ses jambes écartées et galvanisait le public en chantant à pleine voix sa magnifique chanson avec un mélange typiquement italien d'énergie, de conviction et de naturel. Jean-Marie et moi dînâmes à Paris avec Gianni et son agent. Celui-ci nous apprit qu'au début, son poulain et lui hésitaient entre la boxe et la chanson – seules voies accessibles à quelqu'un du peuple pour faire fortune. Ils avaient décidé de tenter d'abord leur chance dans la chanson, quitte à se retourner vers la boxe en cas d'échec. Devant notre stupéfaction amusée, Gianni nous montra ses mains – grandes, belles et puissantes – comme pour nous convaincre qu'il n'avait pas que ses cordes vocales à son arc.

Il y eut aussi le festival de San Remo, un concours très populaire de chansons interprétées par des chanteurs confirmés, dont toute l'Italie regardait la finale télévisée en direct. Les pressions conjuguées de mes maisons de disques française et italienne m'obligèrent à y participer. Edoardo Vianello m'avait composé pour l'occasion *Parlami di te*, une chanson trop pompeuse pour me plaire, mais, en même temps, il m'offrait sur un plateau *Ci sono cose*, un petit bijou qui, aujourd'hui encore, me met les larmes aux yeux. Je garde un très mauvais souvenir de ma prestation : j'étais tétanisée au dernier degré par le trac et convaincue que cela s'entendait encore plus que cela ne se voyait. Étrangement, Adriano Celentano avait été éliminé lors de la première sélection avec une chanson très supérieure à *Parla mi di te* et pour laquelle j'eus un coup de foudre immédiat, *Il ragazzo della via Gluck*. Les Italiens ont le sang chaud, c'est bien connu, mais je fus ahurie d'apprendre que, désespéré par son éviction, Celentano s'était jeté contre un mur avec sa voiture qui, par bonheur, en souffrit plus que lui. Rentrée à Paris, je fis des pieds et des mains pour enregistrer sa chanson en français. *La maison où j'ai grandi* eut autant de succès en France que, n'en déplaise au jury de San Remo, *Il ragazzo della via Gluck* en Italie.

Mon association ponctuelle avec Edoardo Vianello nous valut la proposition d'un roman-photo, genre très à la mode dans l'Italie de ces années-là. Les pressions habituelles m'incitèrent à accepter ce qui s'avéra une épreuve tragi-comique. D'abord parce que les prises de vue eurent lieu en plein hiver sur une plage où nous claquions des dents, ensuite parce que Edoardo, beaucoup plus petit que moi, devait monter sur un caisson pour être à ma hauteur, enfin parce qu'il était prévu de nous embrasser amoureusement à un moment donné. Bien que cette perspective m'ait tourmentée au dernier degré pendant des jours et des nuits, le baiser en question ne m'a laissé aucun souvenir.

Ma période italienne fut également marquée par une série de galas dont l'organisation était désastreuse. C'est ainsi que mes musiciens et moi arrivâmes tranquillement en fin d'après-midi dans une ville frontalière, aux portes de laquelle nous fûmes surpris de constater que beaucoup de gens nous faisaient de grands signes incompréhensibles, jusqu'à ce que nous découvrions que j'étais programmée en matinée alors que nous pensions passer en soirée. Nous déboulâmes en catastrophe au théâtre où régnait un chahut indescriptible. Les spectateurs, qui m'attendaient depuis des heures, étaient debout et décampèrent comme un seul homme dès que j'eus chanté ma première chanson. Au moins m'avaient-ils vue trois minutes en chair et en os ! La mésaventure que je connus l'été suivant au festival de Colmar fut aussi éprouvante. Ayant chanté la veille à l'extrême sud de l'Italie – sur la pointe de la botte –, j'avais fait la plus grande partie du trajet en avion, tandis que mes musiciens avaient dû prendre la route avec le matériel, tout de suite après le spectacle. À Colmar, je fus consternée d'apprendre que ma prestation était prévue bien plus tôt que ce qu'indiquait la feuille de route. Je dus me produire devant plus de dix mille personnes sans sonorisation et avec mon seul pianiste, le reste de ma petite troupe n'étant pas encore arrivé à destination.

*

* *

Le public italien a coutume de manifester son enthousiasme en applaudissant au moins une fois pendant la chanson, ce qui est aussi déconcertant que stimulant. À l'inverse, le public allemand reste silencieux et respectueux à un point impressionnant. Je fis une tournée dont l'organisateur était tellement criblé de dettes qu'il y avait des huissiers à l'entrée de chaque salle où j'étais programmée. Mon ingénieur du son, qui ne parlait pas un mot d'allemand, avait reçu la consigne de se faire payer avant le spectacle. Son leitmotiv était donc : « *Nix money, nix show* » et nous devions attendre son feu vert pour entrer en scène. L'introduction de ma chanson d'entrée, *Je n'attends plus personne* – une mauvaise adaptation d'une chanson italienne –, pouvait se jouer en boucle. Un soir où le feu vert tardait à venir et où, tout discipliné qu'il soit, le public commençait à donner des signes d'impatience, on envoya les musiciens sur scène pour le calmer. Ils durent jouer cette cauchemardesque introduction pendant un bon quart d'heure avant qu'on me laisse les rejoindre.

J'étais devenue célèbre du jour au lendemain en Allemagne, grâce à un réalisateur de télévision, Truck Branss, qui, en matière d'avant-garde, était l'équivalent de notre Jean-Christophe Averty. Il me fit venir dans son fief à Sarrebruck, pour me montrer son portrait d'une heure consacré à Hildegarde Neff, une actrice au visage remarquable de beauté et de caractère, que je connaissais de réputation. Les cadrages, les lumières, le travail sur les contrastes noir et blanc, tout était d'une inventivité et d'un esthétisme saisissants. Truck Branss me proposa de faire le même genre de portrait avec moi et je séjournai donc une quinzaine de jours à Sarrebruck. Je devais être au maquillage à six heures du matin pour me prêter de mauvaise grâce aux desiderata du réalisateur qui tenait à ce que j'aie des faux seins, des faux cils, du rouge à lèvres et des boucles. Il reconnut après coup qu'il avait eu tort de me transformer de la sorte et s'en excusa. Je garde un souvenir précis de la mise en scène insolite de certaines chansons. Pour *Le premier bonheur du jour*, par exemple, j'étais sur un cheval blanc, vêtue d'une robe longue de même couleur avec une jupe transparente, et nous tournions dans des bois qui laissaient filtrer le soleil en contrejour. Tout était conçu en fonction du noir et blanc, et mes tenues, faites sur mesure par la production, étaient noires ou blanches selon le décor. Entre autres, je fus filmée allongée sur des coussins noirs et blancs, dans une usine désaffectée au plafond de laquelle on avait accroché des lustres en cristal et des rideaux de tulle. Il y eut également en studio un jeu géant de quilles où ma silhouette habillée de pied en cap tantôt en noir, tantôt en blanc, figurait l'une des pièces. À cette époque bénie, certains réalisateurs de télévision étaient des artistes bien plus créatifs que les chanteurs qu'ils invitaient dans leurs émissions.

*
* *

Jean-Christophe Averty m'invita souvent dans les siennes. C'était un bonheur de le retrouver au studio des Buttes-Chaumont où il avait l'habitude de travailler. On ne savait jamais à quoi s'attendre car sa personnalité était aussi déconcertante que sa créativité. Il cogitait minutieusement ses réalisations avec force dessins et une utilisation intensive de tout ce que la technique de son temps permettait comme trucages. L'essentiel se passait donc en dehors du tournage de la chanson qui servait de support à son imagination, et s'insérait dans un ensemble global dont il était impossible d'avoir la moindre idée avant la diffusion de l'émission. Averty avait un cheveu sur la langue et je l'entends encore me dire : « Sssssecoue-toi » avec au fond des yeux un tel mélange de tendresse et d'humour qu'on lui aurait donné le bon Dieu sans confession. Ses légendaires colères, qui explosaient d'un seul coup à propos d'un ennui technique ou autre, contrastaient avec la patience d'ange qu'il manifestait aux chanteurs. Elles s'entendaient de loin mais ne faisaient peur à personne. Il y a quelques années, je le croisai par hasard dans un ascenseur de la Maison de la radio : « Comment ça va ? » m'écriai-je spontanément, ravie de le revoir. Ses yeux se remplirent aussitôt de larmes. Notre rencontre ravivait sans doute le souvenir de ses années de gloire, exacerbant du même coup la souffrance de ne plus pouvoir mettre ses délires au service d'œuvres dignes de son grand talent.

La condescendance de certains journalistes français vis-à-vis des chanteurs de ma génération, tous issus d'un milieu simple, me choque beaucoup plus aujourd'hui qu'au moment où j'y fus confrontée. Denise Glaser, dont l'affectation était caricaturale, se donnait des airs supérieurs et ne faisait rien pour se mettre à votre portée, essayant même de vous piéger insidieusement. Une interview de Pierre Dumayet m'a laissé un souvenir aussi flou quant à son contenu que précis sur l'impression que j'en retirai : il me faisait passer une sorte d'examen humiliant destiné à montrer mon inculture littéraire. Quand je fus invitée dans l'émission *Radioscopie* de Jacques Chancel, en direct sur France Inter, la première question qu'il me posa fut : « Comment vous définissez-vous ? » Je sortais à peine du cocon familial, ne savais rien du monde ni de la vie, et ma conscience de moi-même était plus que floue. Le premier moment de panique passé, j'eus quand même la présence d'esprit de lui répondre que je mesurais un mètre vingt et pesais cent kilos. Il m'en voulut pendant des années !

Il y a quelques jours, j'entendais un homme de radio éminent évoquer une interview de Johnny Hallyday lors de son premier passage à l'Olympia, au cours de laquelle il avait cherché à le coincer en lui demandant qui était le Premier ministre de la France. Bruno Coquatrix avait soufflé la réponse à Johnny qui l'ignorait, se moquait le journaliste. N'est-il pas incroyable que plus de quarante ans après, il persiste à enfoncer un clou aussi inapproprié et n'ait pas encore compris qu'il est la seule personne ridicule et critiquable dans l'histoire ? Je rougirais de mon étroitesse d'esprit si j'étais à sa place. Les adolescents de cette époque, surtout ceux qui n'étaient pas issus de la bourgeoisie, s'intéressaient d'autant moins à la politique que les médias étaient à peine en voie de développement. Nul n'ignore que Johnny Hallyday est un authentique enfant de la balle, abandonné par ses parents et pris en charge tout petit par des cousins saltimbanques qui l'ont trimbalé d'un théâtre à l'autre. Autant dire qu'il n'a pas eu beaucoup l'opportunité d'aller à l'école. Les journalistes outrecuidants qui n'ont pu résister à la tentation de le mettre en boîte à propos de ses lacunes prétendues ou réelles (qui n'en a pas ?) sur le plan de la culture et du langage n'ont fait que se rabaisser eux-mêmes. Reproche-t-on à un homme politique de chanter faux et de ne pas savoir qui sont les chanteurs à succès du moment ?

*
*   *

Deux chansons que j'avais écrites et composées – *Et même...* et *Dans le monde entier* – furent adaptées en anglais[1] et entrèrent dans le *Top of the pops*. Elles obtinrent le même succès en Afrique du Sud, en Australie et en Nouvelle-Zélande. J'intéressais cependant la presse anglophone moins comme chanteuse que comme ambassadrice de la mode française. Nous étions loin des robes décolletées en vichy rose que portait avec une grâce infinie Brigitte Bardot quelques années plus tôt et dans lesquelles j'étais ridicule. J'eus cette chance que ma morphologie longiligne et androgyne qui me complexait tant corresponde à la mode qu'André Courrèges révolutionna radicalement avec des modèles aux lignes épurées, aussi originales qu'intemporelles. J'avais besoin d'une tenue de scène et jetai mon dévolu sur l'une de ses créations, un ensemble immaculé, pantalon et tunique courte près du corps, assortis de bottines blanches. D'une élégance et d'une sobriété rares, cette tenue qui ne ressemblait à aucune autre se voyait de loin et me faisait une silhouette extraterrestre. J'ai toujours éprouvé pour André Courrèges et sa femme Coqueline autant d'affection que d'admiration. À l'écart

---

1. Sous le titre de *All over the world* et *However much*.

des mondanités et du show-business, d'une simplicité, d'une chaleur humaine, d'une « normalité » désarmantes, ils étaient très différents des grands couturiers habituels. La logique, en partie inconsciente, qui me mena directement à eux et non à Dior ou à Saint Laurent me frappe aujourd'hui avec une aveuglante évidence.

Mes premiers enregistrements me firent et me font encore honte. À l'inverse, ceux de Richard Anthony étaient remarquablement bien produits et je suivis donc son conseil d'aller, comme lui, travailler avec des musiciens anglais. J'eus un certain mal à convaincre Jacques Wolfsohn qui partait du principe qu'on ne change pas une formule qui marche, mais il finit par céder. J'allais donc souvent à Londres, soit pour enregistrer sous la baguette du talentueux Charles Blackwell dont les orchestrations mettaient enfin mes chansons en valeur, soit pour me produire dans le prestigieux cabaret de l'hôtel Savoy où les records d'affluence me valurent trois engagements de trois semaines en l'espace de deux ans, ce qui était peu courant. Incapable d'avaler quoi que ce soit avant mes prestations, j'allais me restaurer dans des discothèques à la mode, seuls endroits où un service minimum était garanti jusque tard dans la nuit. J'y voyais défiler une partie du *Swinging London* : Eric Burdon – le chanteur des Animals –, Georgie Fame, David Bailey – le grand photographe de mode qui serait le premier et dernier mari de la belle et talentueuse Catherine Deneuve –, les Rolling Stones… Leur comportement étrange me déconcertait. Ignorant jusqu'à l'existence des drogues dures ou douces, je ne réalisais pas qu'ils planaient tous plus ou moins. Eux, de leur côté, me voyant la plupart du temps sans *boyfriend*, en déduisirent que j'étais lesbienne.

Malgré mes sentiments exclusifs pour Jean-Marie, j'étais fascinée par la beauté charismatique de Mick Jagger qui, peut-être pour plaire aux jeunes lectrices de *Mademoiselle Âge tendre*, m'avait désignée comme son idéal féminin. M'étant rendue seule un jour dans le quartier de Londres où l'on vendait des boots, je tombai nez à nez avec lui, seul aussi. Le temps s'arrêta et ma mémoire a fixé cet instant comme une séquence de film au ralenti. Était-il aussi timide et intimidé que moi ? Il m'adressa un sourire ensorcelant et passa son chemin, me laissant dans l'état de quelqu'un qui vient d'assister à une apparition céleste et se demande s'il s'en remettra jamais.

Brian Jones ne m'attirait pas du tout mais vint me voir plusieurs fois à l'hôtel Westbury où je descendais. Flattée de l'intérêt qu'il me témoignait, j'en comprenais mal les raisons, tellement sa musique et son univers étaient aux antipodes des miens. Un soir, Brian m'invita chez lui où il m'accueillit avec sa fiancée du moment, la sculpturale Anita Pallenberg, future compagne de Keith Richards. Je me souviens confusément de mon embarras, dû non seulement à la barrière de la langue, mais encore à l'attitude étrangement attentiste du couple qui me proposa d'abord de fumer, ce que je déclinai, sans imaginer une seconde qu'il ne devait pas s'agir de cigarettes ordinaires. Je ne sais plus comment j'appris qu'ils s'étaient perdus eux aussi en conjectures à mon sujet, se demandant si j'étais venue pour la drogue ou par attirance sexuelle pour elle, pour lui ou pour les deux ensemble. À aucun moment il ne leur avait effleuré l'esprit que j'étais fan du groupe et que la perspective de connaître un peu mieux l'un de ses musiciens constituait une motivation suffisamment puissante en soi pour passer une soirée avec lui.

Les Beatles allaient composer beaucoup plus de standards que les Stones, mais aucun n'avait le charme ravageur de Mick Jagger. Jean-Marie les photographiait autant les uns que les autres. Un jour, George Harrisson et Paul Mac Cartney nous convièrent à dîner dans leur club de prédilection. Parce qu'il était le plus introverti, le plus sentimental des quatre, je me sentais proche de George, dont les chansons mélancoliques me transcenderaient immanquablement au fur et à mesure que je les entendrais. Il était accompagné de la ravissante Patti Boyd qu'il épouserait peu après et qui le quitterait pour Eric Clapton. La mémoire ne retient rien de ce qu'on aimerait se rappeler, n'ayant à offrir que des bribes subjectives qui n'intéressent personne, même pas soi, les priorités comme les intérêts n'étant plus les mêmes à soixante ans qu'à vingt ans. Il n'est cependant pas interdit de penser que rien de mémorable n'aura été dit durant cette soirée dont l'importance dans l'absolu ne m'apparut que rétrospectivement. Mon seul souvenir marquant concerne l'état de nerfs indescriptible où nous mit l'obligation de trouver en quatrième vitesse une cravate pour Jean-Marie afin d'avoir accès au club où George et Paul nous attendaient. Le formalisme anglais de cette époque était d'une incroyable rigidité. Il exigeait, entre autres, d'être marié pour partager une chambre d'hôtel avec quelqu'un du sexe opposé, ce qui débouchait sur d'invraisemblables ruses de Sioux. Il fut aussi à l'origine d'une situation aberrante au cabaret de l'hôtel Savoy. Après mon tour de chant, je m'apprêtais à rejoindre dans la salle Burt Bacharach[1] qui m'avait invitée à sa table. N'ayant rien d'« habillé » à me mettre, je ne m'étais pas changée, pensant indiquée et suffisamment élégante la sublime tenue de Courrèges dans laquelle j'avais chanté. On ne me laissa pas entrer

---

1. Il était l'un des meilleurs *songwriters* de la décennie et avait composé les plus grands tubes de Dionne Warwick : *Don't make me over*, *Anyone who had a heart*, entre autres, ainsi que *Trains and boats and planes*.

et j'appris à mes dépens qu'une femme n'était pas autorisée à porter un pantalon dans un lieu public, quand bien même il s'agissait de la création d'un des plus grands couturiers du siècle, quand bien même elle avait, ainsi vêtue, occupé la scène pendant une heure devant tout le beau monde venu la voir.

*
* *

Chaque fois que je sors un nouvel album, les nombreux journalistes qui n'ont pas pris le temps de l'écouter me parlent de tout, sauf de mes chansons. Après avoir tenté de me soutirer des informations sur ma relation avec Jacques Dutronc et de me faire raconter pour la énième fois ma brève rencontre avec Bob Dylan, ils finissent immanquablement par me demander : « Et le cinéma ? », comme s'il suffisait de lever le petit doigt pour en faire, comme si être actrice n'était pas un métier extraordinairement difficile, impliquant des qualités, un talent très particuliers et, par-dessus tout, le feu sacré. Mes incursions sans intérêt dans le cinéma ont eu lieu à un âge – dix-neuf, vingt et vingt-deux ans – où, bien que n'ayant aucune vocation d'actrice, je ne savais pas dire non. D'abord parce que la personnalité directive de ma mère m'avait conditionnée à obéir sans discuter à toute figure incarnant l'autorité, ensuite parce que le sacro-saint principe de réalité me poussait à suivre les conseils de Jean-Marie en qui j'avais une totale confiance.

C'est ainsi que, malgré mes réticences affichées, je me laissai convaincre par Roger Vadim de jouer le rôle d'Ophélie dans *Château en Suède* et fis pour la première fois l'expérience de la longue et mortelle attente inhérente à un tournage de film. Celui-ci eut lieu dans les studios de Boulogne-Billancourt, et, en dehors de mon poste à transistors collé en permanence à mon oreille, rien ne réussit à me distraire de l'ennui d'être mobilisée pendant des heures pour dire trois mots : ni le surnom de « Canard impérial » dont me gratifiait Vadim, ni les taquineries de Jean-Claude Brialy qui incarnait mon fiancé dans le film et menaçait de m'embrasser pour de bon lors de notre scène de baiser – ce qu'il fit pour mon plus grand déplaisir –, ni une rencontre éclair avec Jean-Paul Belmondo dont je découvris avec stupeur qu'il avait l'air encore plus timide que moi.

Jean-Daniel Pollet exposa son projet avec un tel brio que Jean-Marie, d'abord sceptique, finit par y croire et m'encouragea à me lancer dans cette nouvelle aventure. Pollet appartenait à la catégorie typiquement française des réalisateurs intellectuels qui manient le verbe beaucoup mieux que la caméra, et chez qui l'hypertrophie de la pensée va de pair avec une sensorialité plus ou moins déficiente, ce qui donne un cinéma désincarné d'une grande médiocrité visuelle. Au fil de mes expériences, j'ai remarqué que les baroudeurs sont souvent de bien meilleurs « metteurs en images » que les intellectuels. La cérébralité envahissante de ces derniers les porte à mettre l'image au service de leurs idées, sans se préoccuper le moins du monde de savoir si elles sont cinématographiques ou non. Tout comme ces auteurs de chansons pour qui la mélodie n'est que le support de leurs textes, alors qu'ils devraient être au service de la mélodie, prioritaire en l'occurrence. Un film n'est pas un livre, une chanson n'est pas un poème. Parce que les mots ne me viennent pas facilement, les beaux parleurs m'ont toujours éblouie mais, leur talent s'arrêtant souvent là, j'ai appris à m'en méfier.

Le tournage d'*Une balle au cœur* eut lieu dans une île grecque, difficile d'accès. Il fallait se rendre en avion à Athènes, puis rouler des heures en voiture jusqu'à un petit port d'où l'on embarquait sur un vieux rafiot pour

l'île en question. Nous séjournions dans un hôtel déla-
bré et il n'y avait rien d'autre pour s'alimenter que des
tomates et du fromage blanc qui ne me réussissaient
guère. J'avais l'impression d'être à l'autre bout du
monde et mon moral descendit en dessous de zéro
quand, au bout d'un jour ou deux, je me rendis compte
que le réalisateur était nul et que son film serait désastreux. Pour tout arranger, le téléphone marchait mal et
la déception répétée de ne pouvoir joindre Jean-Marie
me faisait pleurer à chaudes larmes la moitié du temps.
Sami Frey avait également été entraîné dans cette
galère. Comprit-il aussi vite que moi qu'il avait laissé
pour moins que rien la belle jeune femme qu'il aimait
livrée à elle-même et aux tentations ? Sa réserve
n'ayant d'égale que la mienne, nous n'échangeâmes pas
un seul mot sur nos tourments respectifs ni sur quoi
que ce soit d'autre, ce qui, rétrospectivement, me paraît
aussi incompréhensible que regrettable. Une image
m'est restée : celle des poils de barbe que la
maquilleuse collait chaque jour, un par un, sur le men-
ton glabre de Sami alors qu'une chaleur accablante
nous faisait tous transpirer à grosses gouttes.

*
*　*

Et puis il y eut cette tournée de deux mois avec
Hugues Aufray que j'acceptai la mort dans l'âme, avec
comme unique consolation la promesse que Jean-
Marie viendrait me voir. J'appréciais Hugues, mais ne
vivais que pour le moment où Jean-Marie me rejoin-
drait. La veille du jour tant attendu, alors que j'étais
dans la voiture qui me menait d'une ville à l'autre,
j'entendis à la radio que Claude François avait eu un
accident. La plaque qui bouchait le trou du souffleur
de la scène où il répétait ses chorégraphies avait cédé
sous son poids et il était passé au travers. Ce genre
d'incident donne habituellement envie de rire, surtout

s'agissant d'un personnage aussi nerveux, irascible et sans recul sur lui-même que Claude François, qui devait être hilarant à voir quand il émergea de la fosse, fou de rage, avec la plaque de tôle découpée autour de lui. Hélas, Jean-Marie était sur place pour terminer un reportage et je m'angoissai aussitôt à l'idée qu'il ne puisse venir comme prévu. Tel fut le cas, et ce contretemps involontaire constitua peut-être la goutte d'eau qui, à notre insu, fit déborder le vase. L'absence finit par éteindre le feu qu'elle avait d'abord attisé. Alors que je me sentais plus seule et plus mal que jamais, mon besoin d'aimer se déplaça peu à peu sur un charmant jeune homme qui participait à la tournée. Ce n'était rien d'autre qu'un sursaut de vie, mais il amorça la dégradation de ma relation avec Jean-Marie et la fin de nos amours.

4

Le réalisateur américain John Frankenheimer me croisa à l'entrée d'une discothèque londonienne au moment où j'en sortais et, croyant voir en moi l'un des personnages du film qu'il préparait sur les grands prix de Formule 1, il chercha à savoir qui j'étais. Gérard Lebovici, un imprésario célèbre qui allait bientôt créer Artmedia[1], la plus grande agence française de cinéma, fut contacté à mon sujet. Comprenant que Frankenheimer tenait absolument à m'avoir dans son film, il demanda le maximum et l'obtint. Policée comme je l'étais, il ne me restait plus qu'à suivre le mouvement. Le tournage devait durer cinq mois et se passer entièrement en extérieurs sur les divers circuits européens où avaient lieu les courses de voitures. Mais ma vie personnelle était devenue si confuse que je me remis mieux que d'habitude du déchirement inhérent à chacun de mes départs.

Le rôle masculin principal était tenu par Yves Montand. Simone Signoret et lui recommandèrent

---

1. Gérard Lebovici créa également les subversives Éditions Champ libre. Il entretenait des amitiés sulfureuses et fut tué en 1984 de quatre balles dans la nuque tirées à bout portant dans sa voiture, qu'il avait garée dans le parking de l'avenue Foch. À ce jour, les raisons de son assassinat, manifestement commandité, n'ont pas été élucidées.

l'actrice bergmanienne Harriet Andersson qui ne donna pas satisfaction et fut renvoyée dans ses foyers après avoir tourné quelques scènes. Une actrice américaine peu charismatique et déjà fanée alors qu'elle n'avait que quarante-deux ans, Eva Marie Saint, la remplaça au pied levé. Je ne l'avais pas encore vue dans le film mythique d'Elia Kazan, *Sur les quais*, où elle donne la réplique avec beaucoup de sensibilité au non moins mythique Marlon Brando. J'ignorais alors qu'elle avait joué avec des légendes telles que Cary Grant, Montgomery Clift, Paul Newman, Gregory Peck et tourné sous la direction de réalisateurs aussi prestigieux que Preminger ou Hitchcock. L'aurais-je su, que je n'aurais pas osé l'approcher pour autant. Elle était d'ailleurs d'une grande discrétion, ne se montrant que lorsque sa présence était requise pour une scène, et nous n'en avions aucune ensemble.

Mes répliques insipides se comptaient sur les doigts d'une main, mais John Frankenheimer voulait m'avoir en permanence à sa disposition au cas où des intempéries l'obligeraient à modifier son planning. L'un de mes chanteurs préférés, Bob Dylan, dont j'écoutais en boucle les chansons *She belongs to me* et *Don't think twice it's all right*, se produisait à l'Olympia le 24 mai, jour de ses vingt-cinq ans, et j'espérais depuis des mois assister à son concert. Encore fallait-il que Frankenheimer me permette de quitter pour un soir la principauté de Monaco où le tournage venait de commencer. J'eus le feu vert à la dernière seconde et appris dès mon arrivée à Paris que le frère de Jean-Marie, Jean-Pierre, s'était défenestré. Marié depuis peu avec une beauté vénéneuse, Babette, il l'avait menacée de sauter par la fenêtre et elle n'avait rien fait pour l'en empêcher. Il s'agissait de son énième chantage au suicide et l'entourage avait fini par ne plus prêter attention à ses ultimatums. J'aurais dû rester avec Jean-Marie et sa famille en ces instants tragiques, mais mon envie de voir Bob Dylan était plus forte que tout. Je m'en veux encore quand j'y pense. Le concert fut d'ailleurs décevant. Après avoir réagi froidement à une première partie franchement pas à la hauteur, le public se mit à siffler lorsque l'entracte s'éternisa. À ma grande stupéfaction, quelqu'un vint alors me dire à l'oreille que Dylan ne remonterait sur scène que si j'allais dans sa loge. Une fois devant lui, je fus effrayée par sa maigreur, sa mine cadavérique, ses ongles trop longs... Il filait manifestement un mauvais coton et faillit d'ailleurs mourir peu après dans un accident de moto dont il mit des mois à se remettre.

Malgré ma brève visite, la deuxième partie ne rattrapa guère la première. Je me retrouvai ensuite en compagnie d'autres chanteurs dans une suite du George-V, me demandant ce que je faisais là et culpabilisant de plus en plus d'avoir abandonné Jean-Marie. Alors que nous attendions stupidement dans sa suite qu'il se manifeste, Dylan entrouvrit la porte de sa chambre et m'invita à le rejoindre. Son dernier album n'était pas encore sorti en France et il m'offrit la primeur du sublime *Just like a woman* qui devint l'une de mes chansons de chevet ainsi que de *I want you*. On m'avait rapporté que les deux seules personnes qu'il désirait voir à Paris étaient Brigitte Bardot et moi. Je savais aussi qu'il m'avait dédié un poème, mais la pensée qu'il me délivrait peut-être un message *via* sa chanson ne m'effleura pas... Nous ne nous sommes jamais revus.

À la fin du mois d'août 1969, Georges Moustaki et moi prîmes ensemble le train et le bateau pour assister au festival de l'île de Wight dont Dylan était la vedette. Il y avait tellement de monde que je renonçai à forcer les innombrables barrages pour aller le saluer. Récemment, alors qu'il se produisait à Paris, il a demandé de mes nouvelles à une journaliste et j'en ai été aussi surprise que touchée. Comme Trenet, Brassens, Gainsbourg, Lennon, Mac Cartney et quelques autres, Dylan appartient à la catégorie des *songwriters* de génie dont, en comparaison de leur œuvre, les prestations scéniques n'auront eu qu'un intérêt relatif. Au point qu'on en arrive à se demander s'il n'y a pas antinomie entre la créativité qui fait surtout appel à l'esprit et l'animalité que ce dernier cherche souvent à brider ou à sublimer. En dehors de quelques exceptions, les auteurs-compositeurs les plus inspirés auront rarement été des bêtes de scène.

*
* *

Je m'ennuyai moins sur *Grand Prix* que sur mes tournages précédents. L'équipe comptait deux cent cinquante personnes et je m'entendis bien avec plusieurs d'entre elles, la directrice du casting en particulier. Pas plus que les autres sports, le sport automobile ne m'intéresse, mais lorsque l'on est amené à côtoyer chaque jour des pilotes, des liens se nouent et on se laisse prendre au jeu, espérant la victoire de tel ou tel, craignant pour sa vie. Étape après étape, le film suivit la saison 1966 de Formule 1 qui commença par le Grand Prix de Monaco, se poursuivit à Francorchamps en Belgique, Brands-Hatch en Grande-Bretagne, Zandvoort en Hollande, et se termina à Monza en Italie. Le réalisateur mélangea habilement les courses factices menées par les acteurs qui avaient suivi des cours intensifs de pilotage pendant un mois dans une école anglaise spécialisée, avec les courses authentiques auxquelles participaient des légendes telles que Jacky Stewart, Graham Hill, Jack Brabham, Jim Clark... Je sympathisai surtout avec Lorenzo Bandini qui mourrait l'année suivante, brûlé vif dans sa Ferrari.

C'est avec Yves Montand que mes affinités furent les plus fortes. Il était si chaleureux, si naturel qu'à ses côtés ma timidité s'envolait. Son humour et la distance qu'il entretenait vis-à-vis de lui-même, prenant très au sérieux son travail mais pas le reste, m'enchantaient. Ce n'est qu'après le dernier tour de manivelle qu'il parla de l'épreuve qu'avait représentée pour lui l'obligation d'apprendre à piloter, et avoua avec sa drôlerie habituelle qu'il en avait définitivement par-dessus la tête de la compétition automobile et des voitures de course.

Avec une inconscience qui me stupéfie rétrospectivement, j'avais entrepris d'effectuer seule en voiture le trajet entre Clermont-Ferrand, dont le circuit avait été utilisé pour les besoins du film, et Milan. Yves me demanda d'emporter son magnétophone auquel il joignit une lettre hilarante avec des tas de petits dessins dont un soleil, un palmier et un visage entièrement rayé avec la légende : « Ça, c'est toi un jour de pluie. » Il m'appelait sa « petite friponne jolie » et me recommandait d'être prudente, de ne pas trop penser à lui, de ne pas tirer la langue aux conducteurs arrivant en sens inverse, bref, concluait-il, de me conduire comme une vraie artiste, en un mot comme France Gall.

Il fut la cause indirecte d'un tournant important dans ma vie personnelle. Nous étions à Londres et il annula à la dernière minute l'invitation à dîner qu'il m'avait faite. Peu emballée à l'idée de rester seule dans ma chambre d'hôtel, j'appelai une vague relation toujours disponible, un Chinois assez inquiétant du nom de Calvin Lee auquel je n'avais recours qu'en dernier ressort. Il m'emmena dans un petit restaurant à la mode, La Casserole. La première personne que je vis en entrant était un jeune acteur anglais que je venais d'admirer dans un film vu la veille à Paris où j'avais dû faire un saut. J'allai spontanément le féliciter et lui dire que son film faisait un carton en France. Tout aurait pu et dû s'arrêter là, sauf qu'au moment de quitter le restaurant, l'acteur en question vint me saluer et suggéra qu'on se revoie. Ma relation à Jean-Marie n'était plus la même depuis un certain temps, mais ce fut celle qui commença avec ce très séduisant jeune homme qui en sonna le glas.

À partir de ce maudit soir, je vécus dans des affres inimaginables. Mon Anglais n'était pas libre et il n'y avait rien à espérer sur le long terme avec lui, mais j'étais résolue à savourer jusqu'au bout les précieux instants qu'il m'accorderait. Il était le charme, le mystère, l'ambiguïté personnifiés, maîtrisant au plus haut point – comment s'en étonner ? – l'art de filer à l'anglaise. Sur le circuit de Brands-Hatch où, entre deux essais, quelques illuminés munis d'un moteur dans le dos qui les élevait à dix mètres au-dessus du sol déclenchaient mon hilarité, il arrivait à l'improviste et repartait de même. Comme à mon hôtel. Pour tout arranger, alors qu'il n'était pas prévu que j'aille avec le reste de l'équipe en Hollande, Frankenheimer, qui avait eu vent de mon coup de foudre, prétendit soudain avoir besoin de moi là-bas. Je mis l'énergie du désespoir à le persuader du contraire, mais il fut intraitable et je partis à Zandvoort pour un *close-up* muet et superflu, uniquement destiné à justifier son envie de me garder sous sa coupe.

Lorsque nous séjournâmes à Milan pour les prises de vues de Monza, j'appris que l'objet de mes tourments était au Festival de Venise et m'y rendis sur un coup de tête. Je ne le vis qu'une fois, mais mon escapade valut pour un événement sans rapport avec ce qui l'avait motivée. N'ayant rien d'autre à faire, je marchai au hasard dans les ruelles vénitiennes. Mes pas me menèrent un soir devant un palais illuminé dont les portes étaient grandes ouvertes. J'y entrai. De nombreuses toiles plus fascinantes les unes que les autres de Max Ernst étaient exposées là, et l'éblouissement dû tant à cette peinture d'exception qu'au cadre tout aussi prodigieux du lieu où j'en fis la découverte me donna l'impression de vivre un rêve éveillé.

*
*　*

La rupture avec Jean-Marie fut entérinée par les mots assassins que je dus prononcer à Clermont-Ferrand lors d'une communication téléphonique infiniment triste où il me demanda de lui mettre les points sur les *i*. Je vécus pour la première fois l'épreuve consistant à faire souffrir l'être qui a été le plus proche de soi pendant quelques années et réalisai qu'il est au moins aussi douloureux de quitter que d'être quitté.

De retour à Paris, j'appris que mon éditeur et directeur artistique, Jacques Wolfsohn, était en instance de divorce. Il venait de signer avec Jacques Dutronc dont la chanson *Et moi et moi et moi...* était matraquée sur les ondes. Ce dernier ne m'était pas totalement inconnu, puisque, dès 1963, j'avais repris une musique à lui que j'aimais beaucoup, *Le temps de l'amour*. Aussi, parce qu'à la demande de notre éditeur commun il m'avait composé la mélodie de *Va pas prendre un tambour*, chanson hélas gâchée par une orchestration épouvantable. Je devais le croiser ensuite dans le bureau de Wolfsohn qui l'avait engagé comme assistant à son retour de l'armée. Ses cheveux rasés, sa peau boutonneuse et ses énormes lunettes ne l'avantageaient guère à ce moment-là. On me parla ensuite de lui comme guitariste éventuel pour une tournée. J'étais au volant de ma petite Austin Cooper quand je le vis traverser la rue Mogador, devant les magasins du Printemps. Je profitai du feu rouge pour lui demander si je pouvais compter sur lui mais il resta évasif – je ne savais pas encore qu'il répondait rarement aux questions. On me rapporta qu'il ne souhaitait pas s'éloigner de sa fiancée, ce que lui-même démentit en partie, des années plus tard, en prétextant que ses vues sur moi lui avaient semblé incompatibles avec le fait de devenir l'un de mes musiciens.

Il n'avait pas encore enregistré de disque, encore moins accédé à la célébrité, lorsqu'il annula son mariage quelques jours avant sa célébration. Le prétexte qu'il invoqua ultérieurement, non sans réticence, en était le formalisme bourgeois de sa future belle-famille qui avait plus ou moins manigancé ce mariage à son insu, alors qu'elle considérait d'un très mauvais œil ses activités artistiques et faisait pression pour qu'il exerce une profession plus sûre. Avec le recul, je me demande si la raison profonde de cette annulation de dernière minute, qui aurait dû me mettre la puce à l'oreille, ne tournait pas plutôt autour d'un réflexe de fuite devant toute forme d'engagement.

Quoi qu'il en soit, les deux Jacques et moi redevînmes célibataires en même temps et sortîmes souvent ensemble à partir du dernier trimestre de l'année 1966. Jacques l'éditeur était toujours seul, mais Jacques le chanteur était en général flanqué de « minettes » si quelconques que je me demandais ce qu'il pouvait bien leur trouver. De mon côté, j'étais encore désespérément amoureuse de mon Anglais, lequel, navré de me voir malheureuse à cause de lui et ayant aperçu notre trio chez Castel, tenta de me convaincre que Dutronc était mille fois plus séduisant que lui-même, et que nous formions un très beau couple.

Force est de reconnaître que plus les amours sont impossibles, plus elles s'exacerbent et entretiennent l'illusion que l'être sur lequel nous avons cristallisé nos manques et nos espoirs est le seul aimable au monde, le seul qu'on aimera jamais. La souffrance qui en résulte est pourtant bien réelle et peut détruire autant que dynamiser. Bien qu'elle ait été de loin ma principale source d'inspiration, je me suis souvent demandé s'il n'aurait pas mieux valu que je sois assez équilibrée pour me porter au-devant de partenaires épanouissants, plutôt que passer ma vie à compenser des frustrations aussi dérisoires que les miennes en faisant des chansons. Il m'arrive de me dire aussi qu'il valait mieux me morfondre seule avec ma guitare et des idéalisations sans doute aussi proches de moi qu'éloignées de leur objet, qu'aller au bout d'une attirance qui n'aurait pas résisté longtemps à l'épreuve de la réalité, au prix parfois d'un terrible gâchis. Mais on ne peut pas lutter contre l'inconscient qui nous dirige obstinément, avec la précision du radar le plus sophistiqué, vers l'être dont les failles sont suffisamment complémentaires des nôtres afin d'actualiser la problématique dont nous sommes prisonniers, jusqu'à ce que, à force d'échecs et de douleurs, nous finissions par la percevoir avec assez de lucidité pour tenter de nous en dégager.

*

*   *

La production du film *Grand Prix* m'invita à aller aux États-Unis où je me rendis avec Jacques l'éditeur qui me chaperonna comme si j'avais dix ans. « Se lever, se coucher tôt font un homme sain et beau », rétorquait-il quand je me plaignais de dîner chaque soir à l'hôtel sans voir personne, excepté Peter du trio Peter, Paul and Mary, qu'il connaissait bien et dont l'imprésario, Albert Grossmann, était aussi celui de Bob Dylan, disparu de la circulation depuis son accident. Il m'emmena quand même dans un grand cabaret où se produisait Duke Ellington qui m'intéressait beaucoup moins qu'Elvis Presley. Nous allâmes aussi en plein jour à Greenwich Village et entrâmes dans la boîte de jazz, ouverte à tous vents à ce moment-là et devenue mythique depuis, le Village Vanguard, où répétait

Miles Davis dont je n'avais jamais entendu parler, puis il y eut ce défilé de Thanksgiving où je porte un déguisement et fais des sourires aux passants du haut d'un char. Je l'aurais oublié si Jacques Wolfsohn n'en avait précieusement conservé dans ses archives un film en super 8, tourné par ses soins. Les gens des médias, américains et allemands surtout, n'ont aucun scrupule à disposer de vous comme d'un objet, et je n'étais pas encore assez armée pour refuser catégoriquement les situations aussi grotesques que celle-ci, qui réjouissaient tellement mon cher éditeur qu'il ne levait pas le petit doigt pour me les épargner.

Les demandes me concernant étaient rares et la production parla d'abréger mon séjour. L'actrice Jessica Walter, qui jouait dans *Grand Prix* et m'avait fait promettre de la contacter si je venais à New York, m'invita très gentiment dans un endroit à la mode. À partir de là, le téléphone se mit à sonner sans interruption. L'un des plus grands photographes de l'époque, Richard Avedon, me demanda de poser pour lui. Alors que je suis désespérément statique, il réussit à me faire sauter et bondir, jambes écartées, dans des robes bariolées, coiffée de postiches qui me faisaient les cheveux encore plus longs qu'ils n'étaient déjà. Les photos – superbes – furent publiées dans *Vogue* américain. D'autres souvenirs aussi épars que flous reviennent par bribes, entre autres l'émission de télévision en direct où mon trac battit ses records quand je rencontrai les mythiques Everly Brothers dont je continue d'écouter *So sad*, *Don't blame me*, *Up in Mabel's room* avec la même émotion qu'il y a quarante ans.

Un metteur en scène d'origine française, Jean-Claude Tramont, qui, dix ans plus tard, ferait tourner Jacques et Annie Girardot dans *Point de mire*, m'invita à déjeuner avec Salvador Dalí dont la fantaisie me subjugua. Je le revis plusieurs fois par la suite, au Meurice, bien sûr, mais aussi dans son extraordinaire maison de Cadaquès, où j'eus le rare privilège de dîner en tête à tête avec lui et son épouse Gala qui ne se montrait jamais, ne se nourrissait que de riz à l'eau et ressemblait à une momie, au contraire de son célèbre époux, quand même beaucoup plus calme dans l'intimité où il ne se sentait pas obligé de faire son génial cinéma habituel.

Dès que Jacques Wolfsohn eut regagné Paris, je sortis à ma guise dans les discothèques new-yorkaises. On y entendait sans cesse *Tell it like it is* d'Aaron Neville, qui reste l'une de mes chansons de chevet. J'achetai le disque que j'écoutai en boucle en me laissant aller sans réserve à mon sentiment de solitude. Jean-Marie avait emmené Jacques le chanteur en reportage au Mexique et je me surprenais à penser à lui, d'autant plus que j'écoutais beaucoup ses chansons aussi.

*
* *

En dehors du rituel concours de marche, rue Princesse, chaque fois que nous sortions de chez Castel vers deux heures du matin, où la vision de Wolfsohn, petit et rebondi, lancé à toute vitesse, tel un boulet, me faisait pleurer de rire au point que je perdais toujours la course, la fin de l'année 1966 et la première moitié de l'année 1967 ne furent pas d'une folle gaieté. Mes problèmes digestifs chroniques aggravés par les voyages me gâchèrent encore plus la vie qu'à l'accoutumée. Je me revois, quelques minutes avant mon entrée en scène, couchée de tout mon long sur la terre battue de ce qui me servait de loge dans un plein air de Juan-les-Pins, avec mon secrétaire-agent me forçant à ingurgiter du Fernet-Branca, une liqueur italienne immonde contenant de la belladone et destinée à calmer les maux de ventre. Surtout, j'eus pour la première et dernière fois de ma vie un début de dépression nerveuse. Cela commençait par une sorte de brouillage de ma vision qui faisait osciller légèrement les objets en les dédoublant. Une absence totale d'envie s'ensuivait, affreusement angoissante, avec des larmes irraisonnées à la clé. Sur la Côte, où mes obligations professionnelles m'amenaient souvent, j'eus à nouveau l'une de ces crises d'indifférence à tout. Plus d'excitation mais plus d'inhibitions non plus, si bien que je pus téléphoner à Jacques Dutronc, l'entrevoyant confusément comme ma seule bouée de sauvetage. Sa mère me répondit avec une grande gentillesse qu'il était absent. Paradoxalement, j'en ressentis un intense soulagement, car je n'aurais pas su quoi lui dire. Il se trouvait au Maroc où il se rendait souvent et d'où il m'avait déjà envoyé une carte postale signée « ton futur fiancé », ou quelque chose d'approchant que je n'avais pas pris au sérieux, étant donné son caractère facétieux et l'absence totale de signaux de sa part lorsque nous sortions à trois ou plus.

Les émissions de télévision, les séances de photos, les galas, les sorties se succédaient et je composais des chansons dès que j'avais un moment de répit. Comme Jacques et moi étions dans la même maison de disques et qu'on nous voyait souvent ensemble dans des lieux publics, la presse à scandale eut tôt fait de nous fiancer et les médias prirent le pli de ne pas faire appel à l'un sans faire appel à l'autre. Nous étions programmés dans les mêmes *prime time* ; Jacques participa au show qu'Averty me consacra, *Hardy's blues*, et nous nous prêtâmes aux desiderata de l'émission branchée *Dim Dam Dom* qui associait mode et pop music. Ce qui devait arriver arriva : peu à peu je tombai sous le charme non seulement de ses yeux bleu pâle, mais de sa façon d'être si déconcertante – provocatrice, parfois cynique, toujours énigmatique –, derrière laquelle je me plaisais à imaginer une grande sensibilité, une grande fragilité aussi. Il avait un côté dur au cœur tendre, brut et raffiné à la fois, très français aussi, parigot... Ses contrastes m'intriguaient et m'attiraient d'autant plus que, comme mon bel Anglais l'avait perçu avant moi, Jacques Dutronc avait un charisme hors du commun.

Je me sentis une fois de plus dans une impasse, puisque rien ne laissait supposer l'once d'une réciprocité à mon attirance grandissante. Les jeunes filles plus ou moins jolies, plus ou moins vulgaires, avec lesquelles le nouvel objet de mes tourments s'affichait, ainsi que celles qui virevoltaient autour de lui ou l'attendaient des heures sur son palier, me donnaient l'exemple de ce qu'il ne fallait pas faire. En même temps, celles qui semblaient obtenir ses faveurs étaient très différentes de moi, et j'en conclus que je ne devais pas correspondre à ses goûts. Bref, je me sentis plus inhibée que jamais dans l'expression de mes sentiments.

Un soir où Jacques et moi chantions dans le même gala en Belgique, ma voiture eut la bonne idée de tomber en panne. Il n'y avait pas d'autre solution que rentrer à Paris avec lui et j'espérai en mon for intérieur qu'il profiterait de la situation. Nous étions assis à l'arrière de sa DS avec trois bonnes heures de route de nuit devant nous. Mais il ne broncha pas et j'eus beau faire semblant de dormir et profiter de certains virages pour me rapprocher légèrement de lui, rien n'y fit. Sans doute avait-il l'habitude qu'on lui tombe plus ostensiblement dans les bras, mais j'aurais été incapable d'un tel comportement, à moins de m'y être sentie encouragée d'une façon ou d'une autre. J'étais arrêtée aussi par la vague crainte que ce genre d'attitude, qu'il ne connaissait que trop, me rabaisse à ses yeux. Lui si secret, si discret sur sa vie personnelle, me confia des années après que l'une de ses partenaires de cinéma, aussi célèbre que ravissante, l'avait invité un dimanche à déjeuner dans le restaurant d'un hôtel où elle avait réservé une chambre pour qu'ils concluent l'après-midi en beauté. Que l'on dispose ainsi de lui l'avait braqué, et la jeune personne en avait été pour ses frais.

Nombreux sont les hommes qui apprécient, dit-on, que les femmes prennent l'initiative. S'il s'agit d'une aventure d'un soir, pourquoi pas ? Mais si la relation s'envisage dans la durée, le risque d'indisposer l'être qui vous trouble au point d'imaginer un peu trop vite qu'on l'aime déjà constitue, en ce qui me concerne, un frein impossible à desserrer. Faire le premier pas suppose une telle confiance en sa séduction, une telle dose d'inconscience, d'inconséquence aussi parfois ! Et quand on est, comme je le suis, exclusivement attiré par les hommes bardés de défenses, la crainte de se trahir à contretemps en leur glaçante présence, ou celle de s'enliser dans les sables mouvants de leur ambiguïté, bloque également l'élan. Pas assez mûre pour être au fait des complémentarités en partie névrotiques qui fondent les attirances, je n'imaginais pas que les défauts rédhibitoires que je m'imputais non seulement trouvaient leur équivalent chez l'autre, mais participaient peu ou prou de ce qui l'attirait chez moi. Je subodorais juste que le manque, autant que l'excès de distance, risque de tuer dans l'œuf le désir que l'on rêve d'inspirer. Comment trouver le juste milieu ? Venir à bout des obstacles réels ou imaginaires qui s'interposent entre une attirance et sa concrétisation n'est décidément pas simple. Autant parler de mission impossible ! La seule qui m'ait jamais tentée, pourtant…

*
* *

Est-ce un peu avant ou après cette période d'expectative, en hiver ou en automne, que je fus invitée à Téhéran par le fils qu'un frère décédé du shah avait eu avec une Française ? Orphelin de père à sept ans, il était passé sans transition de la vie difficile qu'il menait avec sa mère à Paris aux fastes de la cour d'Iran où le shah l'avait appelé dans l'intention d'en faire son héritier. Mais le souverain s'était finalement décidé à répudier la femme de son cœur, qui ne pouvait avoir d'enfants, Soraya, pour se remarier avec Farah Diba qui allait lui en donner quatre. Devenu en quelque sorte inutile, Ali Patrick Pahlavi – ainsi se nommait ce garçon au curieux destin –, était cependant resté à la cour. Mal dans sa peau, il compensait son isolement manifeste en vouant un culte à des chanteurs de son âge.

Le prétexte officiel de ma venue était l'inauguration d'une discothèque baptisée Tous les garçons et les filles. En réalité, mon hôte espérait nouer des liens grâce à ses largesses. Il ne savait pas encore que l'amitié ne s'achète pas plus que l'amour. Vaguement inquiète à propos des mœurs iraniennes, j'avais demandé à ma mère de m'accompagner. Nous fûmes d'autant moins libres de nos mouvements que nous ne pouvions communiquer avec quiconque sans interprète. J'ai un peu honte de confesser que les visites guidées des monuments, musées, lieux de culte et autres m'ennuient. La façon dont les gens se comportent, leur cadre de vie, les boutiques, les marchés, m'intéressent davantage. À l'époque de l'année où je me trouvais là-bas, tout était d'une couleur de terre boueuse qui me déprimait. Nous survolâmes la légendaire cité d'Ispahan en avion privé, mais ce n'était pas la saison des roses et, dans cette ville comme à Téhéran, je ne me souviens pas d'avoir vu la moindre parcelle de végétation. La beauté vivifiante des arbres et des fleurs me manquait et je me pris à rêver du Caire où, deux printemps plus tôt, à la faveur de courtes vacances, j'avais marché au hasard jusqu'à une banlieue résidentielle dont les jardins et les maisons croulaient sous une végétation luxuriante, avec de magnifiques hibiscus rouges que je voyais, émerveillée, pour la première fois.

Le prince nous faisait porter chaque matin pour notre petit déjeuner des blinis avec du caviar iranien peu salé, à gros grains gris clair. C'était la première fois que ma mère et moi en dégustions et nous repartîmes à Paris avec de nombreuses boîtes sans nous douter que chacune d'elles valait une fortune. Je ne gardai pas longtemps mes nouvelles habitudes alimentaires, car j'eus une crise de foie carabinée qui me dégoûta d'autant plus définitivement des œufs d'esturgeon que la qualité de ceux du palais de Téhéran était et resta introuvable. J'en avais de toute façon ingurgité de telles quantités en deux semaines que le plein était fait pour ma vie entière ! Avant mon retour en France, Patrick voulut m'offrir un cheval, idée farfelue à laquelle j'opposai un refus catégorique. Il me donna à la place un tapis persan que ma mère garda chez elle pendant tout le temps où j'eus des chats, et qui me fut volé par le marchand chargé d'en raviver les teintes, sa boutique du boulevard Malesherbes ayant disparu du jour au lendemain avant que je ne récupère mon bien.

Une dizaine d'années après l'escapade iranienne, je revis Patrick Pahlavi à Paris dans le cadre d'une rencontre collective organisée par le psychothérapeute Arthur Janov dont le livre révolutionnaire, *Le Cri primal*, m'avait ouvert des horizons insoupçonnés. Il vint vers moi en me tendant la main, mais il était méconnaissable, avenant, mince, le visage miraculeusement débarrassé des problèmes disgracieux qui l'affligeaient auparavant. Après qu'il eut décliné son identité, je lui demandai le secret de sa métamorphose et il me répondit joyeusement : « C'est la thérapie ! » La thérapie primale consiste à isoler le patient pendant plusieurs semaines dans une pièce vide d'un institut spécialisé, avec l'unique recours du téléphone pour appeler un thérapeute en cas de besoin. La privation de tous les exutoires possibles imaginables – dont l'écriture et la parole ne sont pas les moindres – permet à la souffrance refoulée de remonter jusqu'à ce que le patient la ressente par toutes les fibres de son être, condition *sine qua non* pour commencer à s'en libérer. Il faut vraiment aller très mal et avoir autant de foi que de courage pour entreprendre cette thérapie de choc, mais force est de constater son efficacité. J'ai perdu depuis la trace de Patrick Pahlavi. Il semble qu'il ait fondé une famille et trouvé sa voie dans l'écriture. La thérapie, sans doute.

*
*   *

Je suis une sédentaire-née. Heureusement que les circonstances m'ont obligée à voyager, car mes penchants naturels m'inciteraient à ne jamais quitter Paris, nonobstant ma conscience aiguë de la sclérose accélérée à laquelle mène l'immobilisme. On peut cependant rester vivant en ne sortant pas de ses quatre murs, et fuir la vie dans la bougeotte. Trop de verticalité dessèche, trop d'horizontalité disperse ou dilue. Comme pour le reste, c'est une question de juste milieu.

Aux voyages dans l'espace extérieur, je préfère ceux dans l'espace intérieur, moins limité, plus magique, que permettent les livres, le cinéma, la télévision… Devoir faire ses bagages sans savoir si l'on aura besoin de ci ou de ça, sans pouvoir emmener sa bibliothèque… se frayer péniblement un chemin au milieu d'une foule pressée et peu engageante dans une gare ou un aéroport… arriver exsangue et perdue sur un sol inconnu… autant de situations que je redoute dans la mesure où, malgré ma vigilance accrue, elles débouchent immanquablement sur des mésaventures plus déstabilisantes, plus cocasses aussi les unes que les autres. Récemment, afin d'éviter la nourriture indigeste de la SNCF, j'avais emporté des petits pots pour bébé et n'arrivais pas à les ouvrir au grand amusement de mes voisins de compartiment. Depuis que les rames des TGV ou autres se succèdent à quelques minutes d'intervalle sur la même voie, je suis du genre à monter dans le mauvais train et à entamer un dialogue de sourds avec le passager que je crois assis à ma place réservée, jusqu'à ce que je réalise avec consternation que chaque tour de roue m'éloigne de ma destination. Il m'est arrivé de rater l'avion parce que je m'étais trompée d'aéroport, ou parce que, arrivée trop en avance par crainte de le rater, j'avais laissé passer l'heure, et les fois ne se comptent plus où, parvenue contre toute attente à bon port, j'ai erré, aussi désemparée qu'excédée, en quête de la personne introuvable censée venir me chercher.

Ma phobie de l'avion, amplifiée par l'annonce d'intempéries, n'est pas le moindre de mes soucis. Les jours précédant un vol, je n'écoute plus la météo de crainte d'apprendre que de violents orages éclateront le jour de mon départ, ou que le vent soufflera à cent quatre-vingts kilomètres à l'heure. Il y a aussi tous les petits problèmes inhérents à la fragilité physique que le temps n'arrange guère et qui rendent les déplacements en train de plus en plus problématiques. Où est passée l'heureuse époque des porteurs qui n'obligeait pas à chercher désespérément des yeux, au moment de l'entrée en gare, un voyageur *a priori* assez musclé, disponible et compréhensif pour descendre vos valises du porte-bagages d'abord, du wagon ensuite ? Les avatars des quelques amis aussi démunis que moi en certaines circonstances me font pleurer de rire parce qu'ils n'ont d'égal que les miens. Je ne sais qui, d'Étienne Daho ou de moi, est le plus gauche ou le plus distrait – nous sommes sans doute à égalité –, mais je le revois à Orly, scrutant anxieusement le tapis roulant, pour finir par se tourner vers moi en proie à un désarroi que je ne connais que trop : « Ma valise a été égarée », balbutia-t-il, affolé, avant de s'apercevoir qu'elle lui était passée plusieurs fois sous le nez. L'introversion a souvent pour revers une inadaptabilité marquée – remarquée aussi – au monde extérieur. Je la revendique autant que je la déplore.

La sédentarité allant de pair chez moi avec le goût de l'isolement sans lequel il n'y a pas de liberté, avoir un refuge où je puisse m'adonner sans réserve à mes occupations solitaires – lire, écrire, écouter de la musique, surfer sur le Net, regarder les films ou les émissions qui m'intéressent, pour mieux oublier le reste – aura toujours été une priorité. Même si je n'avais disposé d'aucun moyen financier, je me serais débrouillée pour avoir un quelconque havre de paix. Les pages immobilières des revues m'ont toujours intéressée et si je n'appréhendais pas d'attirer l'attention, je stationnerais de longues minutes devant chaque agence pour le plaisir d'en examiner les offres et contempler les photos qui les illustrent. Ma chance dans ce domaine aura d'ailleurs été insolente. La construction de la maison en Corse, par exemple, s'est faite presque en dehors de moi et sans le moindre problème majeur. Lorsque, en 1967, je la vis en voie d'achèvement, elle était plus belle encore que dans mes rêves les plus fous et j'éprouvai une gratitude infinie vis-à-vis non seulement des personnes auxquelles j'étais redevable, mais aussi des forces invisibles protectrices qui les avaient mises sur mon chemin.

*
* *

Les deux Jacques vinrent en Corse, l'été 1967, sous le prétexte symbolique de pendre la crémaillère. Ils arrivèrent à la fin du mois d'août, Jacques l'éditeur seul comme à son accoutumée et Jacques le chanteur accompagné de copains à lui que j'aimais beaucoup : Hadi Kalafate, son attachant et amusant bassiste au profil de Pinocchio, Claude Puterflam[1] qui chantait avec une voix de castrat et dont l'humour dévastateur me ravissait, ainsi que quelques autres que j'ai oubliés… Quel ne fut pas mon dépit de voir que le Jacques qui m'intéressait le plus était également flanqué de l'épouse assez quelconque d'un autre chanteur, qui lui courait après depuis un certain temps et dont je ne doutais pas qu'elle fût parvenue à ses fins. Malgré le manque d'indices, mon instinct me soufflait depuis des mois que mon attirance n'était pas à sens unique mais que nous allions stupidement passer à côté l'un de l'autre pour cause de tétanisation réciproque, et voilà qu'il débarquait avec cette blonde décolorée !

À mon grand soulagement, elle repartit aussi vite qu'elle était venue. Peut-être était-elle juste curieuse de voir la maison et de me rencontrer ? Peut-être n'avait-il pas été à même de s'y opposer ? Ou bien, pervers comme j'allais peu à peu découvrir qu'il était, cherchait-il à me tester, à me faire sortir de mes gonds ? J'étais tellement empêtrée dans mes complexes et mes frustrations que je n'imaginais pas une seconde que celle que je considérais comme une intruse pouvait toucher, elle aussi, le fond de la détresse. Et pourtant, Jacques Dutronc me semblait – et était objectivement – si irrésistible qu'en toute logique, elle devait être amoureuse de lui et se sentir horriblement larguée ! J'avais tout ce qu'elle n'avait pas, mais je ne m'en rendais pas compte, obnubilée par la pensée que c'était elle et ses pareilles qui avaient tout ce que je n'avais pas : les qualités pour lui plaire. Quand j'y repense, j'ai presque envie de demander pardon à cette femme de lui avoir battu froid.

1. Après avoir enregistré quelques disques, Claude Puterflam, que nous surnommions « Balaflum », acquit le studio Gang dont il s'occupe depuis des décennies.

Les joyeux lurons prirent possession des lieux et je me mis en devoir de les nourrir, tandis qu'ils se doraient au soleil sur la terrasse, devisant en verlan et échangeant des plaisanteries dont le sens m'échappait. L'évocation de ces moments de grâce me met soudain en lumière que j'étais le seul élément féminin, et qu'un énorme fossé me séparait de tous ces garçons aussi cyniques que j'étais naïve – fossé encore creusé par une célébrité récente qui m'était si extérieure pourtant. Peut-être jouaient-ils d'autant plus la carte de l'humour qu'elle leur conférait une aisance de surface dont je ne soupçonnais pas à l'époque l'inconfort probable qu'elle était destinée à masquer.

En dehors de la confection enthousiasmante, aux environs de ma douzième année, de gâteaux marbrés au chocolat, de clafoutis aux cerises et de sablés pur beurre, je n'avais jamais fait la cuisine de ma vie et me lançai sans complexe dans cette divertissante activité. Ce furent des journées de folie. Je faisais ce qui me passait par la tête : des crêpes, des omelettes, des spaghettis à la carbonara, des soufflés, des gâteaux… Tout me réussissait magiquement, un peu comme les gens qui vont au casino pour la première fois et remportent le jackpot. Les milk-shakes à base de pulpe de pêche ou de banane eurent un franc succès. À cause d'un faux contact, le mixer explosa un matin dans les mains de Jacques Wolfsohn, qui resta pétrifié pendant quelques secondes avec une expression si ahurie que, au lieu de lui porter secours, je fus prise d'un fou rire inextinguible. Mais ce sont mes mélanges alcoolisés qui laissèrent le souvenir le plus impérissable. Je versais au hasard dans un shaker un peu du contenu de chaque bouteille qui me tombait sous la main et le résultat semblait plaire à tout le monde, puisque je fus sacrée à l'unanimité « reine du cocktail ». Il est vrai que nous étions tous dans un drôle d'état, incompatible avec le minimum de discernement requis pour faire la part des choses !

Les journées n'étaient pas tristes et passaient à la vitesse de l'éclair. Il en allait autrement quand je me retrouvais seule dans ma chambre, désespérant chaque soir un peu plus qu'il se passe enfin quelque chose entre Jacques et moi. Aussi paralysée que l'âne de Buridan, je restais douloureusement écartelée entre le désir violent d'aller frapper à la porte de sa chambre, située à l'autre bout de la maison, et la crainte insurmontable de rendre la situation pire qu'elle ne l'était déjà. Jacques l'éditeur eut l'intuition que quelque chose se tramait entre ses deux poulains et me mit aussitôt en garde avec sa formule lapidaire : « À force de parler de choses horribles, les choses horribles finissent par arriver. » D'après lui, un garçon qui multipliait les aventures féminines comme Dutronc ne pourrait que me rendre très malheureuse, mais je ne prêtai aucune attention à ses avertissements.

Un soir après dîner, les copains disparurent comme par enchantement et je me retrouvai seule avec l'élu de mon cœur, sans imaginer un instant qu'il était de mèche avec eux. Nous avions si peur l'un de l'autre que je m'enivrai pour la première fois de ma vie et qu'il en fit autant, sauf qu'il avait plus que moi l'habitude d'abuser des alcools forts. Lui qui s'exprime si peu me parla pendant des heures et tout se termina sur l'oreiller, mais mon degré d'ébriété était tel qu'à mon grand regret je ne me souviens de rien. Il a beaucoup été raconté que le lendemain, faute de foulard rouge à agiter par la fenêtre pour signifier à ses complices le succès de l'opération, il avait arboré une chemise de la même couleur. Quand, des années plus tard, on me mit au courant de cette petite conspiration, j'en fus d'abord choquée, jusqu'à ce que je comprenne que, sans elle, il n'aurait pas eu l'audace d'aller à l'assaut de la citadelle imprenable que j'étais sans doute à ses yeux.

5

Ma pauvre mère, qui m'avait tellement vue pleurer, se félicita des changements survenus dans ma vie personnelle, s'imaginant un peu vite que j'avais enfin rencontré le garçon idéal. Jacques jouait plus ou moins les amoureux transis et la réassurance que j'en tirais me donnait des ailes. Il avait son propre appartement au dernier étage de l'immeuble de ses parents, 67, rue de Provence, mais ne répondait pas au téléphone. Il fallait passer par sa mère – qui se prénommait Madeleine comme la mienne – pour lui transmettre la moindre chose, ce qui ne me gêna pas trop au début. Nous nous voyions à peu près une fois par semaine et allions en général dîner dans un merveilleux petit restaurant de l'île de la Cité, La Colombe, d'où nous nous rendions ensuite parfois chez lui, plus souvent chez moi. Quand nos obligations professionnelles nous séparaient, il me rejoignait dès qu'il le pouvait, me donnant l'exaltante impression qu'il avait du mal à se passer de moi. À Londres, le concierge du Savoy où je descendais en même temps que je m'y produisais l'empêcha de me rendre visite et il dut prendre une chambre. Cet hôtel légendaire comporte deux bâtiments avec des niveaux différents et s'avère un labyrinthe inimaginable quand il s'agit d'aller d'une aile à l'autre, si bien que nous nous perdîmes plus d'une fois dans les couloirs. Étant donné la vie qu'il avait menée jusque-là, où la BD, le flipper et le baby-foot occupaient une place de choix, ce devait être encore plus surréaliste pour lui que ça l'avait été auparavant pour moi de séjourner dans l'un des plus grands palaces londoniens, simplement pour retrouver la jeune fille dont il était amoureux ! Un ou deux copains l'accompagnaient toujours. Ils lui rendaient de menus services, se prêtaient de bonne grâce à ses mises en boîte, et lui renvoyaient la balle lorsqu'il tournait tout en dérision avec un humour qui n'appartenait qu'à lui. La petite bulle qu'ils formaient lui permettait de se protéger des mondes aux antipodes du sien qu'il devait affronter : le mien d'abord, celui des « rosbifs » – ainsi surnommait-il les Anglais – ensuite.

Comme il acceptait avec une apparente bonne grâce mes quelques initiatives, je l'emmenai plusieurs fois au théâtre. J'espérais lui apporter une source d'intérêt nouvelle et ne me doutais pas un instant de l'effort que cela lui coûtait de me suivre dans mes pérégrinations. Il m'avoua longtemps après qu'il avait cru que c'était la seule façon de m'approcher. Une fois notre relation plus établie, il devint définitivement impossible, à de rares exceptions près, de l'entraîner dans une salle de spectacle. Le plus drôle, c'est que je ne suis pas non plus une passionnée de théâtre, mais la fin des années soixante fut féconde en pièces d'une originalité exceptionnelle. Sylvie Vartan se joignit à nous pour assister, au cirque Médrano, à une représentation éblouissante de *La Cuisine* du dramaturge britannique Arnold Wesker, jouée par la troupe du Théâtre du Soleil d'Ariane Mnouchkine. Pourquoi Sylvie était-elle avec nous ce soir-là ? Voilà un mystère qu'elle-même n'est certainement pas en mesure d'élucider non plus. J'emmenai Jacques au Lucernaire, le fief de Laurent Terzieff dont la rigueur m'impressionnait. Le seul souvenir qui m'en reste concerne hélas mon embarras à l'idée que quelqu'un s'aperçoive que mon chevalier servant avait enlevé ses chaussures pour cause de mal aux pieds. La pièce qui éveilla le plus son intérêt fut *La Cantatrice chauve* de Ionesco, que nous vîmes dans la minuscule salle du théâtre de la Huchette où elle se joue depuis une cinquantaine d'années !

Michèle Arnaud, une chanteuse d'une intelligence supérieure qui impressionnait les auteurs-compositeurs les plus talentueux de son époque, s'était reconvertie dans la production d'émissions de télévision. Elle me donna carte blanche pour inviter qui je voulais dans le cadre d'une émission qui ne serait jamais diffusée[1]. Elle réussit à faire venir Eugène Ionesco dont l'œuvre me touchait profondément. Le jour fixé pour le tournage, il nous rejoignit à la Maison du Danemark, un restaurant situé en haut des Champs-Élysées. C'était un petit homme tout rond, très sympathique de prime abord. À son arrivée, le changement d'attitude de l'équipe fut radical : d'un seul coup, tout le monde se figea de timidité. Mais après qu'on eut apporté une bouteille d'Aquavit, il se mit à vider verre sur verre et fut rapidement dans un état d'ébriété avancé. À ma grande consternation, l'équipe passa alors sans transition de l'obséquiosité excessive à une familiarité frisant la vulgarité, abusant des tapes dans le dos et manquant du plus élémentaire respect. J'étais probablement la seule à avoir lu plusieurs de ses pièces, *Le roi se meurt*, entre autres, ainsi que ses réflexions rassemblées dans *Présent passé, passé présent* et *Notes et contre-notes*. Voir ce grand auteur dans un tel état trahissait à mes yeux le mal de vivre et l'angoisse qu'il exprimait dans ses écrits. Fallait-il s'en féliciter ou le regretter ? Il n'était pas en mesure de constater le retournement spectaculaire de l'équipe

---

1. Pierre Koralnik avait réalisé cette émission dont le fil conducteur était une romance entre le chanteur allemand Udo Jurgens et moi. Elle fut interdite d'antenne le jour prévu pour sa diffusion, à cause d'une scène de lit pourtant très pudique.

qui déclencha ma misanthropie et aurait sans doute alimenté la sienne.

Les années soixante virent l'essor du théâtre de l'absurde, représenté non seulement par Ionesco et Beckett, mais aussi Arrabal, Tom Stoppard, Harold Pinter, Edward Albee – j'ai regardé plusieurs fois et chaque fois avec le même éblouissement l'adaptation cinématographique de *Qui a peur de Virginia Woolf ?*... Mais ce fut *La prochaine fois je vous le chanterai* d'un autre dramaturge britannique, James Saunders, qui me fit la plus forte impression. J'avais – et ai encore – le sentiment que tout y était dit sur le tragique de la condition humaine, sous une forme et avec une dérision si géniales que je n'eus plus envie d'aller au théâtre par la suite, persuadée qu'aucune pièce n'égalerait jamais celle-ci, tout au moins me comblerait autant. Je l'ai vue plusieurs fois car je tenais à la faire découvrir à mes amis. La distribution en était prestigieuse : Jean Rochefort, Jean-Pierre Marielle, Claude Piéplu, Henri Garcin et Delphine Seyrig. Henri Garcin m'invita à dîner quelques années plus tard et me rapporta que ses facétieux camarades et lui, d'abord intrigués de me voir revenir si souvent, s'étaient amusés à faire croire à Delphine Seyrig que j'étais amoureuse d'elle. Jusqu'à quel point le crut-elle ? En tout cas, poursuivit Garcin narquois (se moquait-il de moi aussi ?), un soir où elle apprit à nouveau ma présence dans la salle, elle piqua un fard en informant ses camarades que j'étais « encore là ! », comme si l'explication qu'ils lui avaient donnée était décidément la seule possible.

Je me revois boulevard de Strasbourg à la sortie du théâtre Antoine où se jouait *La prochaine fois*..., entre deux jeunes hommes aussi beaux et gigantesques l'un que l'autre que j'avais entraînés là. Le blond, Michel Ducrocq, avait un talent original mais pas assez structuré ni abouti. Mireille, dont il était l'élève, me l'avait confié : il ne mangeait pas à sa faim et, si je sortais avec lui, il fallait que je veille à le nourrir. Elle m'avait fait la même recommandation pour le brun, Patrick Modiano, qui rendait régulièrement visite à Emmanuel Berl[1] et que j'avais rencontré grâce à l'un de ses amis, venu me présenter des chansons dont seule celle qu'il avait parolée, *Étonnez-moi Benoît*, avait retenu mon attention. Quand Michel Ducrocq reçut un coup de couteau dans le dos sur lequel il se garda de donner des explications, je l'emmenai quelques jours en Corse où sa toxicomanie ne fit plus de doute. Il mit peu après un terme à ses tourments en se jetant sous le métro. Patrick, qui avait sans doute autant de raisons de se détruire, venait de publier son premier roman, *La Place de l'étoile*, et allait s'avérer le meilleur écrivain de sa génération.

La musique contemporaine m'intriguait tellement que j'achetai des disques de Luciano Berio, Iannis Xenakis, Pierre Henry, entre autres. Stockhausen donna un concert dans la petite salle du théâtre de Chaillot et je m'y précipitai. Lorsqu'il apparut pour saluer, le public était déjà en train de le huer en jetant toutes sortes d'objets sur la scène. Saisie par la dignité, l'authenticité, la rigueur qu'il dégageait, j'en conclus aussitôt qu'il était un créateur et un être d'exception dont le sérieux de la démarche ne pouvait être mis en doute, ce qui me fit prendre en grippe les spectateurs. Un jour où Patrick était venu chez moi, je le laissai écouter l'enregistrement de *Stimmung* pendant que je préparais du thé dans la cuisine. Tout à coup, les interminables chœurs allemands furent couverts par un son plus étrange encore : Patrick était pris d'un fou rire tonitruant et saccadé, très surprenant de la part d'un jeune homme à la voix si mal assurée qui, lorsqu'on lui

---

1. De leurs fructueux entretiens sortit *Interrogatoire*, un témoignage exceptionnel sur la première moitié du XXᵉ siècle.

demandait comment il allait, évoquait avec des gestes évasifs la tuberculose qui lui serait fatale, sans que l'on sache s'il parlait sérieusement ou non.

*
* *

Quand Jacques enregistrait au studio Vogue de la rue d'Hauteville, j'allais parfois le retrouver en fin de soirée. Une séance d'enregistrement étant une forme d'accouchement plus ou moins pénible, je me sentais mal à l'aise d'être là, aussi peu à ma place que possible, d'autant qu'entre les prises, les deux Jacques, les musiciens et les copains – improvisés choristes pour l'occasion – avaient une communication en partie codée, si bien que la raison des rires qui la ponctuaient m'échappait également. En sortant du studio, il fallait trouver un endroit où se restaurer, ce qui donnait lieu à des tergiversations sans fin. Une nuit où l'indécision générale nous avait fait rester sur le trottoir encore plus longtemps que d'habitude, et où je devais bouillir intérieurement, quelques-uns des musiciens furent embarqués dans un panier à salade. Ni notre notoriété ni nos explications n'avaient ébranlé les policiers. C'était encore l'époque bénie où la sécurité dans les grandes villes était telle qu'une adolescente pouvait rentrer chez elle à n'importe quelle heure de la nuit sans courir le moindre risque, et où les portes cochères restaient ouvertes à tous vents.

Lors d'un débat à l'Assemblée nationale, le Premier ministre, Georges Pompidou, déclara : « Comme le chante Jacques Dutronc, il y a un cactus... » Inutile de dire à quel point cela rejaillit positivement sur Jacques et sa chanson, puisque toute la presse s'en saisit. Quelque temps après, lui et moi fûmes conviés à un grand dîner organisé par *Le Figaro*. Nous étions à la table de Mme Pompidou, lorsque, au bout d'un moment, Jacques, qui s'ennuyait copieusement, me demanda à l'oreille qui était le travelo assis en face de nous. Il y eut ensuite une invitation de Matignon à une soirée où il devait chanter devant les Pompidou et leurs invités, parmi lesquels se trouvaient Brigitte Bardot ainsi que l'éditeur Christian Bourgois et sa femme, lesquels, à tort ou à raison, me semblaient directement sortis d'une société secrète ou d'un cercle sadomasochiste – rétrospectivement, ils auraient été parfaits dans *Eyes Wide Shut* de Stanley Kubrick. Jacques, qui n'était jamais là où on l'attendait, et pour qui tout semblait prétexte à dérision, se mit à chanter en 78 tours, autrement dit à toute vitesse. Cela jeta un froid. Si triées sur le volet qu'elles fussent, les personnes présentes ne comprenaient pas son humour décalé et aspiraient à retrouver ses succès tels qu'elles les appréciaient. Brigitte Bardot me supplia de lui demander de chanter normalement, mais c'était impossible. Quand il eut terminé son tour de chant à la durée réduite au minimum par le rythme infernal qu'il avait cru bon de lui imposer, les Pompidou me prièrent de chanter moi aussi, sans soupçonner qu'une chanson ne s'improvise pas, et que les musiciens doivent la connaître pour l'accompagner. C'était une soirée merveilleusement surréaliste dont je déplore qu'il n'existe aucune trace.

*
* *

Depuis deux ou trois ans, chanter sur scène m'était devenu plus agréable grâce à Jean-Pierre Sabar, un pianiste surdoué qui m'inspirait un grand respect. Excédé par la médiocrité de mes accompagnateurs, Jean-Marie me l'avait présenté en précisant qu'il appréciait mes chansons et accepterait sans doute de travailler avec moi, ce qui me paraissait difficile à croire. Tout jeune, Jean-Pierre jouait dans des boîtes de jazz parisiennes avec Stan Getz et serait parti aux États-Unis avec lui si le service militaire ne l'en avait empêché. *Focus*, où les improvisations au saxophone sur les cordes écrites par Eddie Sauter sont géniales, est l'un de mes albums de chevet. Sur scène, Stan Getz se shootait à l'héroïne entre les morceaux, au su et au vu du public, me raconta Jean-Pierre en riant, lui-même n'ayant guère été un enfant de chœur sur ce plan.

J'ai toujours été lucide sur la platitude mélodique, la mauvaise réalisation et la médiocrité vocale de mes premiers albums, si bien que je suis au supplice quand on m'en parle. Mais, en bon musicien, Jean-Pierre avait repéré les chansonnettes dont je tirais une relative fierté. Leur structure qui se tenait sans être « carrée » l'intriguait. C'était un cadeau du ciel qu'il accepte de m'accompagner. Son jeu pianistique ainsi que les chœurs qu'il concocta me portèrent beaucoup mieux que la rythmique plus que quelconque dont j'avais dû me contenter jusque-là.

*
* *

Avant ma rencontre avec Jacques, j'avais pris des engagements qu'à mon grand désespoir il me fallait tenir. C'est ainsi que ma petite troupe et moi partîmes pour la Turquie. Après quelques représentations à Istanbul, nous prîmes l'avion pour Beyrouth où je devais chanter trois soirs de suite dans une nouvelle discothèque. L'une de mes choristes appréhendait le passage de la frontière libanaise à cause de ses origines juives. Je ne compris pas grand-chose à ses explications et, comme elle ne fut pas inquiétée, je n'y pensai plus. Il faisait froid et humide à Istanbul et j'arrivai complètement aphone à Beyrouth. Mais la pression fut telle de la part du propriétaire de la discothèque, qui comptait rembourser sa montagne de dettes grâce aux recettes de mes futures prestations dont les places s'étaient arrachées, que je fus contrainte et forcée de chanter. Chanter n'est pas le mot en l'occurrence, puisque je n'arrivais pas à contrôler les sons enroués qui sortaient de ma gorge ni à tenir la moindre note. Il m'était arrivé d'avoir le même trou de mémoire plusieurs fois de suite, d'avaler des moucherons dans des arènes, de coincer les talons de mes escarpins dans les rainures d'un plancher pourri qui servait de scène, de recevoir un coup dans le dos au milieu d'une chanson de la part d'un musicien qui chassait un frelon, de sortir de scène du mauvais côté et me trouver nez à nez avec un mur devant un public médusé, ou encore de me présenter dans la tenue blanche de Courrèges avec d'énormes boots noires au lieu des fines bottines assorties qui avaient disparu. Tout cela n'était rien en comparaison du supplice consistant à émettre des couacs pendant trois quarts d'heure à cause d'une laryngite aiguë, devant une salle bondée de gens qui ont payé leur place une fortune. Un médecin vint m'examiner le lendemain et me délivra aussitôt un certificat attestant de mon incapacité à chanter. Je rentrai à Paris par un vol de nuit, dans un vieux coucou d'une compagnie asiatique qui semblait sur le point de rendre l'âme et dont j'étais l'unique passagère. Le matériel de sonorisation et les instruments ayant été confisqués par le fou furieux qui m'avait engagée, mes musiciens durent rester quelques jours sur place.

*
* *

Nous partîmes ensuite pour l'Afrique du Sud. Mes trois jeunes choristes étaient surexcitées à l'idée de rencontrer le professeur Chris Barnard, célèbre dans le monde entier pour avoir réalisé, fin 1967, la première greffe du cœur. Elles le trouvaient très séduisant et m'apprirent qu'il avait dit des choses flatteuses à mon sujet. Nous atterrîmes à Johannesburg où, du hublot, on apercevait une foule compacte qui avait envahi tout l'aéroport avec des banderoles. Je me demandais quelle personnalité pouvait bien susciter un tel engouement, et lorsqu'on m'annonça que tous ces gens étaient venus pour moi, je n'en crus ni mes yeux ni mes oreilles. Il y avait autant de monde agglutiné sur un vaste périmètre autour de mon hôtel. À l'instar de la reine d'Angleterre, je dus faire une apparition à un balcon pour saluer et calmer ces innombrables fans que les pompiers finirent par disperser en les arrosant avec leur lance à incendie. J'étais si peu au courant de ce qui se passait dans le monde que je n'avais jamais entendu parler de l'apartheid et ne m'étonnai pas un instant de ne voir aucun Noir.

Les premiers jours, un épuisement considérable m'accabla. On m'expliqua que cela tenait à la pression atmosphérique due à l'emplacement de Johannesburg au fond d'une cuvette. Pour donner une petite idée de mon état, passer de la position assise à la position debout me demandait un effort inouï. Aussi ne quittai-je mon hôtel que pour me rendre à la salle de concert. Mon secrétaire-agent de l'époque m'exaspérait, entre autres parce qu'il se comportait comme si c'était lui qui dirigeait ma carrière, alors que l'idée même d'en faire une m'était étrangère et que j'étais sûre de savoir mieux que lui ce qui me convenait ou non. Il occupait la chambre voisine de la mienne et j'espérais mettre ses nerfs à l'épreuve en écoutant en boucle et aussi fort que possible le second album à peine sorti de Jacques, en particulier ses chansons *Le plus difficile*, *Le courrier du cœur* et *Comment elles dorment ?* que j'adorais. En dehors de ça, je m'ennuyais tellement, qu'un dimanche, jour où tout semble mort dans les pays anglophones, je me risquai à faire une balade à pied dans la ville désertée. Au bout d'une heure, j'étais complètement perdue en plein milieu d'une banlieue où il n'y avait pas âme qui vive. Je continuai de parcourir des rues qui se ressemblaient toutes, en proie à une angoisse croissante à propos de la dangerosité des faubourgs dont on m'avait prévenue. Il ne me restait plus qu'à faire de grands signes aux rares voitures qui passaient. Par chance, quelqu'un me reconnut et me ramena à l'hôtel avant la tombée de la nuit. La célébrité a du bon parfois.

Après plusieurs représentations à Johannesburg, nous nous rendîmes au Cap pour la plus grande joie de mes choristes puisque c'était la ville du beau professeur Barnard. Il y faisait une chaleur sèche qui me donna la pénible sensation que ma peau allait se fendiller de partout. Malgré notre crainte que la plage soit surpeuplée, nous décidâmes de nous y rendre. À notre grande surprise, elle était déserte. Il faisait tellement chaud que nous nous précipitâmes vers la mer et, là, nouvelle surprise : l'eau était glacée – à cause du Gulf Stream, nous dit-on –, et il était impossible d'y tremper ne fût-ce qu'un orteil. Nous comprîmes pourquoi il n'y avait personne et regagnâmes l'hôtel où je passai le plus clair de mon temps immergée dans la piscine, seule façon pour moi de supporter cet affreux climat !

Je vis plusieurs fois le célèbre professeur Barnard – sans mes choristes – au Cap, à Londres, à Rio. Je ne me souviens plus de la façon dont notre rencontre se produisit. Aimant ailleurs, je me sentais juste flattée qu'un homme de cette envergure me manifeste autant d'intérêt. À une réflexion qu'il me fit, j'eus l'impression qu'avoir été le premier au monde à réussir une greffe du cœur et laisser ainsi son nom dans l'histoire était son plus grand sujet de satisfaction. Sans doute avait-il dû travailler énormément pour en arriver là et sa fierté était-elle légitime, peut-être avait-il une revanche à prendre… Toujours est-il qu'aussi touchante qu'elle fût, sa façon d'en parler me paraissait un peu enfantine, dérisoire même. Quoi qu'il arrive, se rengorgeait-il, rien ne pourrait jamais changer ça : il était et resterait le premier. Réaliser l'impossible l'avait forcément obligé à renoncer à beaucoup de choses et maintenant qu'il avait gagné son défi, il donnait l'impression de vouloir profiter de sa célébrité pour mener enfin la belle vie, fréquenter la jet-set, faire la connaissance de créatures de rêve, les séduire… Il se remaria quelques années plus tard avec une jolie jeune femme. J'ose espérer que lui qui savait tout sur le cœur en tant qu'organe fut alors en mesure de développer davantage ce qui relève du cœur en tant que symbole. Évoquer Chris Barnard me rappelle une vérité spirituelle qui me parle beaucoup : « L'échec a autant – ou aussi peu – d'importance que le succès, puisque seul est valable le travail. Peu importe que la branche casse au moment où vous pensez la saisir, car la branche est entre les mains de Dieu. Seuls comptent les pas que vous aurez faits pour venir à elle[1]. »

*
*　*

Une petite tournée promotionnelle m'avait déjà amenée au Brésil en 1963. J'y retournai en 1968 pour participer à un grand festival où je devais interpréter *À quoi ça sert ?*, une chanson écrite et composée quand je désespérais que Jacques fasse le moindre pas vers moi. Inquiète de la réputation de mauvais caractère qui me précédait, l'organisation du festival m'avait réservé sa meilleure hôtesse-interprète. Je vis arriver une personne peu gâtée par la nature : petite, boulotte, à la démarche bancale – j'appris par la suite qu'elle était née avec une moitié du corps plus courte que l'autre. Comment aurais-je imaginé qu'elle deviendrait ma meilleure amie, et jouerait un rôle si important dans

---

1. Marcelle de Jouvenel.

ma vie ? Malgré un physique qui la dessert *a priori*, Léna – c'est son prénom – a de telles qualités d'écoute, de bienveillance, de générosité, d'intelligence et de sagesse, qu'elle est la femme la plus recherchée et appréciée que je connaisse. Grâce à elle, je pris conscience que la beauté de l'âme est un aimant infiniment plus puissant que celle du visage ou du corps. J'entrevis aussi pour la première fois que ceux et celles qui se plaignent de la solitude sont en général bien plus préoccupés d'eux-mêmes que des autres. Quelles que soient leurs circonstances atténuantes, leur propension à les ressasser pour mieux justifier leur inertie fait fuir tout le monde.

Les parents de Léna étaient mariés chacun de leur côté lorsqu'ils tombèrent éperdument amoureux l'un de l'autre, à une époque où, au Brésil comme ailleurs, ce genre de situation vous mettait au ban de la société. Ils ne s'arrêtèrent pas à ces considérations et prirent le risque de tout quitter pour vivre ensemble. Lui avait reçu une formation scientifique et était ingénieur. Elle était une spirite convaincue et tenta de l'amener à cette doctrine qui avait tourné la tête de quelques Occidentaux au XIXe siècle pour tomber ensuite en désuétude, mais restait très vivante au Brésil où religion, magie et paranormal se mélangent allègrement depuis toujours, à l'image des ethnies fondues en un métissage généralisé. Le père de Léna ne voulut rien entendre, jusqu'à ce que, de guerre lasse, il exige une preuve et accepte d'assister à l'une de ces réunions où est censé s'instaurer, *via* un médium, un dialogue avec un ou plusieurs « esprits » attirés soit par le thème de la réunion, soit par la personnalité, le vécu ou les problèmes de l'un ou l'autre des participants.

Ainsi que le mot l'indique, le médium est un intermédiaire. Tout se passe comme s'il avait le pouvoir mystérieux d'élever jusqu'à un certain point, au-delà duquel il se mettrait en danger, le niveau de sa fréquence vibratoire, tandis que l'esprit aurait celui d'abaisser le sien jusqu'à un seuil x que sa nature désincarnée ne lui permet pas de franchir. L'effort très particulier consistant en quelque sorte à se hisser d'un côté, à se pencher de l'autre, est destiné à provoquer la jonction qui permettra au courant de circuler et à la communication d'avoir lieu. Celle qui s'établit entre ici-bas et ce que, faute de mieux, nous appelons « là-haut » ou « l'au-delà » reste soumise aux limites du médium sur tous les plans, et plus généralement aux divers obstacles qui entravent toute forme de communication.

Contre toute attente, le père de mon amie obtint une preuve si irréfutable de la survie de l'âme après qu'elle a quitté un corps dans lequel elle a vécu, que sa rigueur intellectuelle ne put la lui faire mettre en doute. Cela bouleversa de fond en comble sa vision du monde, ses conceptions et sa vie même, puisque à partir de là il devint spirite lui aussi et organisa jusqu'à sa mort avec sa femme et quelques amis des réunions secrètes dont l'objectif était d'obtenir des informations ou des conseils à des fins exclusivement altruistes.

Lorsque mon chemin croisa celui de Léna, je m'intéressais déjà à la spiritualité. Aux environs de ma seizième année, j'avais lâché sans état d'âme le catholicisme, dont le simplisme – celui de l'Église tout au moins – m'énervait. Cela me sidère toujours que des catholiques, par ailleurs intelligents, prennent les dogmes – l'Immaculée Conception, le Fils de Dieu, son Ascension et sa Résurrection, entre autres – au pied de la lettre, et refusent de les considérer comme des images symboliques. Ils ne supportent pas non plus l'assertion selon laquelle aucune religion ne détient la vérité à elle seule. Une religion ne peut pourtant capter que quelques parcelles de vérité, sujettes en ce qui concerne ses textes fondateurs à toutes les erreurs de traduction, de transmission et d'interprétation possibles. Les explications du monde de ceux qui pratiquent une religion différente et ont atteint un haut degré d'élévation se complètent sans se contredire. En 1968, j'avais parcouru quelques écrits d'Allan Kardec, le codificateur du spiritisme, et je cherchais à assimiler l'enseignement beaucoup plus austère de Krishnamurti. Même si ma vie sentimentale prenait le pas sur le reste, même si Léna était spirituellement plus évoluée que moi, nos longueurs d'onde n'étaient pas si éloignées que ça, finalement.

Mes souvenirs de ce second séjour à Rio sont flous. J'avais comme d'habitude apporté plusieurs livres dans mes bagages et, entre les répétitions et les rendez-vous professionnels, je devais sans doute rester au calme dans ma chambre du Copacabana Palace. Cela aura toujours été le fin du fin pour moi de me trouver à l'autre bout du monde et d'échapper à l'enfer du tourisme obligé en ne quittant pas ma chambre d'hôtel où les possibilités d'immersion dans la lecture et la vie intérieure sont meilleures qu'à Paris. Je me rappelle vaguement être sortie de ma tanière climatisée pour assister, grâce à Léna, à une séance de magie blanche ou *umbanda* qui excitait beaucoup ma curiosité et dont j'ai tout oublié, sauf qu'il fallut nous rendre dans des favelas aussi inquiétantes que difficiles d'accès, ainsi qu'elle m'en avait prévenue. Elle m'emmena aussi dans des bijouteries où j'achetai un collier de perles bleues et vertes pour ma mère, un bracelet en topaze pour ma sœur et un autre en aigue-marine pour Dionne Warwick que je vénérais et croisais de temps à autre, puisque ses disques étaient distribués par Vogue et que Jacques Wolfsohn s'en occupait quand elle venait à Paris. Je lui remis le bijou dans sa suite londonienne où je découvris que sa coiffure habituelle était une perruque, puisqu'elle ne la portait pas ce jour-là. Elle me parut encore plus belle avec ses cheveux tout courts et frisés, mais je me gardai de le lui dire.

*
*   *

C'est au retour du Brésil que je fis un gala à Kinshasa, la capitale du Zaïre, ex-Congo belge. Les chambres d'écho d'alors fonctionnaient sur un système de bande magnétique qui enregistrait la voix avec un très léger décalage et s'effaçait au fur et à mesure qu'elle tournait avant de revenir au point de départ. Pour je ne sais quelle raison, l'effacement ne se fit pas, et j'étais en train de chanter *Des ronds dans l'eau*, lorsque j'eus la sensation extraordinairement bizarre d'entendre autre chose que ce qui sortait de ma bouche : la bande diffusait ce que j'avais chanté trente minutes plus tôt et le public imagina sûrement que j'étais en play-back. Chanter me mettait déjà à cran et cet incident m'exaspéra. À peine sortie de scène, j'accablai le malheureux ingénieur du son d'invectives excessives que je fus la première à regretter, une fois mon sang-froid recouvré.

Mon troisième et dernier passage au cabaret de l'hôtel Savoy eut lieu ensuite. La première fois, j'avais revêtu la tenue de Courrèges, la seconde une combinaison de Paco Rabanne en acier qui pesait seize kilos et dont l'entre-jambe descendait chaque jour un peu plus sous le poids du métal, obligeant des employées du salon de couture parisien à venir à Londres munies de tenailles pour le remonter. Cette fois-ci, je dus me contenter du smoking de Saint Laurent, beaucoup moins original, mais j'avais à cœur de tenir mon rôle d'ambassadrice de la mode française et de ne pas décevoir la presse britannique.

*
*   *

Jacques Wolfsohn me proposa de fonder une société qui produirait mes enregistrements que Vogue distribuerait ensuite. L'idée de devenir son associée me plaisait, sauf qu'au moment de la signature des statuts, je m'aperçus que le PDG de Vogue faisait également partie du deal et que j'avais 49 % des parts, contre 51 % pour mes futurs associés. Mon secrétaire-agent, l'horripilant mais néanmoins diligent Lionel Roc, s'insurgea à juste titre et réussit à faire modifier les statuts en ma faveur. C'est ainsi que naquit ma première société. Je l'appelai « Asparagus » pour faire un pied de nez à Philippe Bouvard à qui je devais l'amusant surnom d'« endive du twist », et aussi parce que, ayant découvert que le 9 était un chiffre important pour moi, je voulais un mot de neuf lettres. Les péripéties que me valurent les conflits entre agent et maison de disques m'indifféraient et j'ai donc beaucoup de mal à reconstituer le déroulement des événements qui m'obligèrent à faire un procès à Vogue, à liquider cette première société et à créer deux ans plus tard, en 1970, une autre société de production qui reçut le nom spirituel d'« Hypopotam », ainsi qu'une société d'éditions musicales portant celui encore plus édifiant de « Kundalini »...

Après mon troisième Savoy, Lionel Roc me suggéra d'arrêter la scène quelque temps pour m'investir davantage dans mon activité discographique, aussi bien en français que dans d'autres langues, ce qui, en effet, impliquait beaucoup de travail et de disponibilité. Aucune proposition ne pouvait me plaire davantage. Ma première et unique ambition avait été de faire un disque et c'était la seule chose qui m'intéressait vraiment. La scène, les photos, les émissions, les interviews étant autant de corvées dont je me serais bien passée. Parallèlement, le douloureux *modus vivendi* de ma relation avec Jean-Marie et la rupture qui s'était ensuivie, m'avaient convaincue que les séparations incessantes sont aussi fatales à l'amour que l'excès de promiscuité. La perspective de passer à nouveau par les mêmes déchirements permanents pour en arriver au même point de non-retour me torturait littéralement et attendre Jacques dans mon coin me semblait moins éprouvant que risquer de partir quand il rentrerait de voyage et vice versa. J'avais envie d'être là pour lui, sans envisager les effets pervers d'une telle attitude. En même temps, j'étais si soulagée de mettre un terme à une vie de nomade qui ne me convenait pas dans l'absolu ainsi qu'à une activité où mon manque d'aisance vocale et rythmique – mon manque d'aisance tout court – m'empêchait d'être performante, qu'en mon for intérieur je sus avec certitude que, contrairement à ce que je laissai croire à mon entourage, je ne remonterais jamais sur scène.

*
* *

Lorsque les événements de Mai 68 eurent lieu, Jacques et moi étions à Paris. Notre attaché de presse commun nous conseilla de quitter la capitale jusqu'à ce que le calme revienne. Nous ne nous le fîmes pas dire deux fois et partîmes pour la Corse où nous passâmes quelques semaines idylliques – les premières et les dernières de notre longue et étrange relation. Encore une fois, ma conscience politique était nulle, celle de Jacques aussi d'ailleurs, et je ne me sentais guère concernée par ce qui se passait et qui m'intéressait d'autant moins que la violence sous toutes ses formes, y compris celle du vandalisme, a toujours discrédité à mes yeux ceux qui s'y livrent, quel que soit le bien-fondé de leurs revendications. J'ai également toujours éprouvé une méfiance instinctive vis-à-vis des mouvements étudiants à l'origine desquels on trouve, la plupart du temps, des agitateurs d'extrême gauche. Il me semble que l'attribution de certains changements majeurs au mouvement étudiant et ouvrier qui marqua le printemps de cette année-là confond les effets et les causes : Mai 68 a juste mis en lumière une évolution collective dont le processus, enclenché depuis longtemps, arrivait à maturité. Contrairement à ce que j'ai entendu dire par Daniel Cohn-Bendit, Mai 68 n'a pas transformé la société, c'est parce que la société s'était transformée que Mai 68 a eu lieu. La société britannique n'a pas eu besoin de ce genre de manifestation. Les Rolling Stones, les Beatles, la minijupe constituaient déjà autant de signes d'un incontournable changement des mentalités et des mœurs.

La libération sexuelle que l'on met, à tort je crois, dans le vaste fourre-tout de Mai 68 ne me concernait pas non plus. Je me sentais socialement libre sur ce plan, tout en déplorant la confusion trop fréquente entre ce genre de liberté et le débridement consistant à multiplier les partenaires. On a le droit de penser ou plutôt de fonctionner autrement mais, à mes yeux, la relation sexuelle sans amour réduit l'autre à l'état d'objet et vous avilit d'autant, comme le prouve le goût amer qu'elle laisse le plus souvent. Pour certains, ce type de relation constitue la première étape susceptible de mener à l'amour. Pour moi, elle est au contraire le couronnement de l'amour que quelqu'un m'inspire. On reproche parfois aux femmes de confondre amour et désir. Est-ce parce que je suis une femme ? J'ai en effet du mal à dissocier les deux. Si le désir à l'état brut est la pulsion déclenchée par quelque chose ou quelqu'un d'appétissant, alors je ne sais pas ce que c'est que désirer un homme uniquement parce qu'il aurait du sex-appeal. Disons que les quelques hommes à qui j'en ai trouvé étaient ceux chez qui un charme fait d'ambiguïté, de sensibilité et d'intelligence me touchait suffisamment pour m'inspirer une attirance allant beaucoup plus loin qu'un simple désir physique.

La surpopulation est un fléau, et une partie non négligeable du malheur du monde vient de ce que l'on fait à tort et à travers des enfants non désirés ou désirés pour de mauvaises raisons. Le fait que la misère, dans le premier cas, l'inconscience, dans le second, en soient la cause première ne change rien au problème. J'ai été l'une des premières jeunes Françaises à utiliser la contraception – plus importante pour la libération sexuelle que Mai 68 –, quelques années avant sa légalisation en 1967, grâce à mon gynécologue, un original d'avant-garde, qui me posa un stérilet quand j'avais une vingtaine d'années. Il me fit valoir – ainsi que d'autres après lui – que les risques de la contraception mécanique n'étaient rien comparés à ceux encore mal connus de la contraception chimique. Même si la contraception n'est pas tout à fait anodine, il est désespérant que les préjugés religieux obscurantistes qui règnent encore un peu partout empêchent tant de femmes d'y recourir afin de procréer librement, de façon volontaire et responsable.

L'avortement me paraît un moindre mal quand on tombe enceinte sans le vouloir et je n'ai eu aucun état d'âme lorsque j'ai dû y recourir moi-même, une première fois parce que je me remettais à peine d'une fausse couche qui m'avait laissée exsangue au sens littéral du terme, une seconde fois parce que j'avais dépassé la quarantaine et que le meilleur de ma forme physique était définitivement derrière moi. Je crois qu'un embryon est un œuf et non un être humain. Je crois que le développement neuronal d'un fœtus de quatre mois n'en fait pas un être humain non plus. Mettre un enfant au monde est une immense responsabilité qui requiert de peser le pour et le contre lorsqu'on en a la possibilité. Mieux vaut y renoncer si la balance indique clairement que l'on n'est pas en mesure d'apporter le minimum requis pour son équilibre et son développement.

Dans la société française actuelle, on entend beaucoup plus souvent parler des droits que des devoirs qui en sont indissociables. Ainsi, le discours féministe a mis en avant le droit des femmes à disposer de leur corps comme elles l'entendent, en passant sous silence – exactement comme le discours puritain – le sort des enfants, alors qu'il devrait primer de loin sur le reste. En général, les malades mentaux, les violeurs, les tueurs en série, n'ont pas été des enfants désirés, ou alors pas pour de bonnes raisons. Le fait, par exemple, qu'une femme veuille procréer à n'importe quel prix, sans autre considération que celle de son besoin omnipotent, témoigne d'un déséquilibre dont l'être qu'elle mettra au monde sera assurément le premier à pâtir.

Encore une fois, mon point de vue est influencé par mon vécu, autrement dit par le constat que, le plus souvent, un être humain ne se remet pas de n'avoir pas été assez désiré ni aimé par ses parents – ou, au contraire, de l'avoir trop été – et a beaucoup plus de difficultés qu'un autre à s'en sortir. Ma sœur, par exemple, était un « accident » dont notre père ne voulait à aucun prix et avec qui notre mère, pourtant résignée à la garder alors que son travail l'empêchait de s'occuper d'un bébé, n'a pas eu d'atomes crochus. Ce désastreux contexte lui aura valu d'être schizophrène, paranoïaque et suicidaire.

Dans le même ordre d'idées, je suis passée à côté du féminisme. Je sortais d'un milieu pauvre, mais j'avais eu comme modèle une mère célibataire autonome et responsable qui affirmait à qui voulait l'entendre que, s'il l'avait fallu, elle aurait fait des ménages pour nourrir ses enfants. Même si j'avais aussi mal gagné ma vie qu'elle, je suis sûre que je me serais débrouillée, quitte à faire des ménages moi aussi, pour acquérir et conserver le minimum d'autonomie qui m'est autant nécessaire que l'air ou l'eau. Je ne me reconnais pas dans l'orgueil de ma mère où elle puisait la force de se battre sans l'aide de personne mais, ayant hérité de son individualisme, je me suis autant qu'elle tenue toute ma vie à l'écart de ce qui ressemble de près ou de loin à un groupe, un parti, un mouvement collectif... Bien qu'idéaliste, je vois d'un mauvais œil les idéologues et ne supporte pas leur propension à dénaturer ou à taire certaines réalités et berner ainsi, volontairement ou non, ceux qui sont assez ignorants pour gober leurs beaux discours. Les rares hommes politiques qui m'ont intéressée me sont apparus comme des libres-penseurs et des francs-tireurs, se tenant à égale distance des extrêmes et accordant plus d'importance à la vérité des faits qu'à celle, réductrice et aveuglante, des dogmes. Mais je reconnais volontiers que mon éducation d'abord, ma situation privilégiée ensuite ont longtemps favorisé et entretenu chez moi une bienheureuse ignorance des problèmes auxquels se heurtent les femmes dont le contexte est aux antipodes du mien.

*

* *

Lorsque, bronzés et heureux, Jacques et moi atterrîmes au Bourget début juin, nous apprîmes l'assassinat de Bob Kennedy et cette nouvelle à elle seule m'affecta mille fois plus que les événements de Mai 68, dont mes oreilles n'en pouvaient plus d'être rebattues. Chacun rentra chez soi. Des enregistrements étaient prévus pour moi en Grande-Bretagne et en France. Beaucoup de pain sur la planche par conséquent, mais j'avais l'impression que la lune de miel en Corse m'avait donné les réserves nécessaires d'énergie pour assumer pendant quelque temps les séparations et le travail qui m'attendaient.

6

Dans le courant de l'année 1968, un éditeur de musique m'invita à venir dans ses bureaux écouter une sélection faite à mon intention. Je passai un après-midi entier avec lui sans qu'aucune mélodie ne m'accroche. À la fin, mon état d'esprit était le même que, lorsque après être restée un certain temps dans une boutique, je n'ose repartir les mains vides pour ne pas culpabiliser d'avoir mobilisé inutilement la vendeuse. Bien que ce fût l'éditeur qui m'ait sollicitée et non l'inverse, je lui demandai en désespoir de cause de me laisser une copie d'un instrumental américain moins morne que le reste et qui s'intitulait *It hurts to say good bye*. De retour chez moi, je me mis en devoir de le réécouter et, contre toute attente, ressentis aussitôt le déclic grâce auquel une musique vous semble émerger miraculeusement du lot.

Lionel Roc me suggéra de demander d'en écrire le texte à Serge Gainsbourg qui ne vendait pas encore beaucoup de disques mais composait, entre autres, pour France Gall qui avait « cartonné » avec *Poupée de cire poupée de son* et *Les sucettes à l'anis*, ou pour Juliette Gréco dont tout le monde connaissait *La chanson de Prévert* et *La javanaise*. En fait, son prestige était tel que la plupart des chanteurs rêvaient de l'interpréter. Je fis valoir qu'il n'écrivait que sur ses propres musiques, mais Lionel insista et organisa un rendez-vous. Nous rencontrâmes Serge dans son appartement de l'avenue Bugeaud, à deux pas de la porte Dauphine. Des photos et des posters géants de Brigitte Bardot, dont il était amoureux, envahissaient sa pièce de travail, à l'exception du piano à queue où trônait un portrait encadré de Chopin, aux proportions plus raisonnables. Il lâcha incidemment qu'il devait être à Rome le lendemain pour des séances d'enregistrement avec Mireille Darc. Quarante musiciens étaient retenus alors qu'il n'avait pas posé la moindre note ni écrit le moindre mot des deux chansons prévues. Sans doute exagérait-il un peu, mais je le vis souvent par la suite tabler sur l'urgence pour trouver les motivations et l'inspiration qui lui manquaient. Il me téléphona quelques semaines plus tard au Savoy et me lut l'amorce de *Comment te dire adieu ?* avant de venir à Londres m'en montrer la suite et m'offrir, en prime, une chanson originale, *L'anamour*.

*
* *

Jean-Pierre Sabar me fit part de son envie de participer à mes albums en tant que réalisateur. Sur scène, il avait accompagné ma reprise d'*Il n'y a pas d'amour heureux* de Georges Brassens et Aragon, avec de meilleures harmonies et beaucoup plus d'émotion que l'orchestration originale de Charles Blackwell. Je décidai de lui faire confiance. Nous allâmes enregistrer *Comment te dire adieu ?* rue Championnet, au studio CBE dont le directeur et ingénieur du son, Bernard Estardy, était un géant de plus de deux mètres à côté duquel toute personne de taille normale semblait mal proportionnée. Il n'avait pas son pareil pour régler les casques dans lesquels la balance orchestrale et le retour de voix devenaient si magiques que tout chanteur ayant travaillé chez lui s'en souvient avec nostalgie. C'était la première fois que j'avais autant de plaisir et de facilité à chanter, et j'enregistrai régulièrement à CBE jusqu'à ma rencontre avec Michel Berger en 1973.

Pourquoi eus-je de moins en moins recours à Charles Blackwell ? Déjà, sur l'album sorti en 1967 où figurait *Ma jeunesse fout l'camp*, dont l'accompagnement musical est parfait et n'a pas pris une ride, un titre avait été confié à John Paul Jones qui, avant de jouer avec Led Zeppelin, faisait des orchestrations et rata complètement celle qui m'était destinée. Je suppose que je dus suivre l'avis, pas toujours éclairé, de mon éditeur anglais, Noël Rodgers. Il n'eut d'ailleurs pas que de mauvaises idées, puisqu'il me demanda d'enregistrer *Des ronds dans l'eau*. C'était une chanson trop française pour qu'elle intéresse le public anglais. La mélodie de mon premier hit outre-Manche, *All over the world*, était très influencée par les ballades d'Elvis Presley, au point que j'avais fantasmé de la lui montrer. Pour le second, *However much*, Blackwell s'était inspiré, à ma demande, des ambiances sonores de Phil Spector. Lors d'une émission de télévision, où un jury composé de chanteurs notait les nouveautés, Cat Stevens, qui allait bientôt sortir son chef-d'œuvre *Tea for the Tillerman*, dit pis que pendre, devant moi, de ma version anglaise de *Des ronds dans l'eau*. Bizarrement, alors que la création en revenait à Annie Girardot et à Nicole Croisille qui la chantèrent en duo avec autant de talent l'une que l'autre pour les besoins du film *Vivre pour vivre* de Claude Lelouch, c'est ma version en français qui est restée, si bien que beaucoup de gens croient qu'il s'agit de l'une de mes chansons et non d'une simple reprise.

Jean-Pierre réalisa trois titres et de nouveaux réalisateurs anglais participèrent à l'album où figure *Comment te dire adieu ?* Hormis Arthur Greenslade, je n'étais pas emballée, tant s'en faut, par leur travail, globalement très inférieur à celui de Charles Blackwell.

Michel Polnareff qui, bien avant qu'il enregistre son premier disque, m'avait envoyé la partition manuscrite d'une chanson avec un petit mot adorablement naïf apprécia sans doute le travail de cet excellent musicien sur mes chansons, puisqu'il fit appel à lui en 1966 pour *Love me, please love me*. Michel et moi avions la même maison de disques en Italie et en Allemagne et son perfectionnisme intransigeant terrorisait déjà beaucoup de monde. L'été de cette année-là, il était venu me voir au Principe Di Savoia, l'hôtel milanais où je séjournais pour la fin du tournage de *Grand Prix*. Impatientée par son retard, j'étais sortie de ma chambre et l'avais aperçu dans le couloir, le nez littéralement collé à une porte voisine de la mienne pour tenter d'en déchiffrer le numéro. Il avait oublié ses lunettes alors qu'il est très myope ! Lorsque nous nous retrouvions à l'étranger dans des émissions de télévision aux conditions de tournage sommaires, j'adorais jouer les maquilleuses en étalant sur sa figure de la crème Puff, une poudre compacte très utilisée à cette époque, car il ne voyait pas assez clair pour le faire lui-même.

*
* *

Léna débarqua du Brésil fin 68. Adolescente, elle avait vécu à Paris où son père avait dirigé pendant cinq ans la filiale européenne d'une société de sidérurgie. Lorsqu'elle y était retournée en touriste, courant 66, elle avait dû rentrer à Rio faute d'argent, alors qu'elle aurait aimé rester plus longtemps. Cette fois, un ami lui offrit le voyage en bateau – à l'époque, la traversée durait un mois ! – et un autre ami, l'écrivain Auguste Le Breton, l'hébergea jusqu'à ce qu'elle trouve un emploi de vendeuse dans une parfumerie de l'avenue de l'Opéra. Quelque chose la poussait à venir en France, peut-être de vagues réminiscences d'une vie

125

antérieure, peut-être l'intuition qu'elle avait un rôle à tenir auprès de certaines personnes…

Sa venue fut une bénédiction pour moi dans la mesure où seule son amitié éclairée m'aida à supporter la dégradation progressive de ma relation avec Jacques. Lui avais-je donné le sentiment d'être trop à sa dévotion ? Peu à peu son attitude changea, il devint de plus en plus indisponible, pis encore, il prit l'habitude de décommander à la dernière minute un rendez-vous dont la perspective m'avait fait tenir pendant deux ou trois semaines et, comme il ne répondait pas au téléphone, je n'avais aucun moyen de le joindre. L'année 1969 marqua le début de ce régime destructeur qui dura quelques années et dont, aujourd'hui encore, les raisons m'échappent en partie. Tombé à son tour sous le charme de Jacques, Jean-Marie passait pas mal de temps avec lui et je me demandais si cela n'attisait pas plus ou moins une jalousie rétrospective dont je faisais les frais. On se raccroche toujours aux explications les plus supportables qui s'avèrent en général les plus éloignées de la vérité.

Jacques vint un peu plus souvent chez moi lorsqu'il lui prit fantaisie d'apprivoiser un guépard qu'il baptisa « Sumo », avec lequel il dormait après l'avoir affublé d'une couche-culotte pour qu'il ne fasse pas pipi au lit. Ses nuits rue de Provence n'étaient pas de tout repos, car Sumo s'étirait beaucoup, le léchait de même et lui donnait force coups de patte en signe d'affection. Le gracieux mais néanmoins envahissant animal avait investi l'appartement et faisait sa joie en déchiquetant les vêtements des copains qui se risquaient à franchir son seuil et repartaient en loques. Le père de Jacques, qui avait déjà supporté les élevages de souris, de tortues et de grenouilles quand son fils était petit, allait, avec un inlassable dévouement, acheter des poulets non plumés pour nourrir le guépard qui devait s'ennuyer et passait des heures sur la cheminée à se regarder fixement dans la glace, cherchant sans doute à comprendre quel était ce congénère insaisissable avec lequel il aurait bien aimé jouer.

*
* *

Paco Rabanne me présenta le compositeur René Koering qui s'était mis en tête de faire quelque chose avec moi. Comme chaque fois que je reçois une proposition inhabituelle, je me laissai convaincre avec réticence : mon instinct dit non, mais la voix de la raison m'oblige à dire oui en me faisant valoir que fermer la porte aux expériences nouvelles mène à la sclérose. Cette voix désagréable m'entraîna en l'occurrence dans une galère qu'il aurait mieux valu éviter. À tort ou à raison, René Koering me donnait l'impression de vouloir faire un « coup ». Je ne comprenais absolument rien à l'œuvre à laquelle il souhaitait que je participe, où je me repérais grâce à des écouteurs qui m'indiquaient en temps utile des paroles aussi hermétiques que le reste. La première exécution était prévue à la Fondation d'Aimé Maeght de Saint-Paul-de-Vence, où Jean-Marie me rejoignit pour filmer l'événement. Une fois sur place, j'appris que Stockhausen était programmé en deuxième partie et comme mon impression d'avoir été embarquée dans quelque chose de douteux se confirmait de jour en jour, je me tourmentai à la pensée de me fourvoyer ainsi devant le public averti qu'un créateur de cette envergure attirait forcément. Connaissant ma fascination pour lui, Jean-Marie obtint qu'il se prête, devant sa caméra, à une courte interview que j'avais minutieusement préparée. Stockhausen répondit à mes questions avec son intelligence supérieure d'être spirituellement évolué et, l'espace d'un instant, j'eus l'impression exaltante d'accéder sans effort à des hauteurs d'une rare luminosité[1].

---

1. Je n'ai vu qu'une fois ce précieux document devenu introuvable.

Mais la soirée du concert arriva et mon angoisse culmina jusqu'à ce qu'un miracle me sauve *in extremis* du ridicule : à la suite d'un providentiel court-circuit, les amplis des musiciens devinrent inutilisables et la prestation fut annulée. On imagine mon soulagement !

Je pus donc assister le cœur léger au concert de Stockhausen. Ainsi qu'il l'a lui-même qualifiée, sa musique est expérimentale, vivante par conséquent. Les musiciens improvisent à partir d'une structure prédéfinie avec des thèmes précis indiqués sur écran d'ordinateur, et se doivent de réagir musicalement à ce qui se passe autour d'eux. Par exemple, ils tinrent compte du chant assourdissant des grillons en cherchant à établir une sorte de dialogue sonore avec eux. Le concert avait lieu en plein air, sous un ciel étoilé, et la fin en fut surprenante : tandis que Stockhausen était déjà en route vers l'aéroport, ses musiciens partirent chacun de leur côté se perdre dans les bois environnants en continuant à jouer de leur instrument dont le son s'éloignait avec eux. C'était magique… Quelques mois plus tard, je fus invitée à un autre concert dans les grottes de Jeïta à côté de Beyrouth. Max Ernst et André Masson, dont le fils musicien, Diego, participait au concert, étaient également du voyage. La veille de l'événement, nous assistâmes au spectacle mondialement réputé du casino de Beyrouth où apparaissaient sur la scène toutes sortes de créatures fabuleuses : des chevaux montés par des cosaques, des dauphins avec des sirènes, etc. Je n'avais jamais rien vu de tel, mais Stockhausen fut scandalisé par cette débauche de moyens uniquement destinée à divertir une petite catégorie de gens riches. Sa réaction en disait long sur son éthique et mon respect pour lui grandit d'autant.

*
*   *

Après Saint-Paul-de-Vence, je rentrai à Paris toute contente d'avoir autant de choses à raconter à Jacques qui, par chance, ne se décommanda pas. Je devais repartir le week-end suivant en Angleterre pour une émission de télévision. Il me demanda de lui ramener des disques de grandes formations de jazz et j'y puisai naïvement la certitude qu'il n'annulerait pas notre prochain rendez-vous. Inutile de dire qu'arrivée à Londres, je passai tout mon temps libre à chercher des magasins de disques ouverts – l'émission avait lieu un dimanche. Une fois de retour chez moi avec mon butin, j'attendis vainement que son bénéficiaire vienne le chercher et m'emmener dîner comme prévu. Vers vingt-deux heures trente, son secrétaire m'informa qu'il était parti pour Clermont-Ferrand avec Jean-Marie, assister au mariage d'un copain journaliste. C'était la énième fois que je me retrouvais le bec dans l'eau depuis la fin de l'année précédente, et ce fut la fois de trop. Dans ma colère, je jetai par la fenêtre la gourmette de Jean-Marie que je continuais de porter. Puis je sortis de son écrin la broche Cartier en turquoises et diamants que Jacques m'avait achetée après que je lui eus offert une montre du même bijoutier et la piétinai rageusement. Je passai le reste de la nuit à appeler des compagnies aériennes pour partir aussi vite, aussi loin que possible sans laisser d'adresse, mais dus déclarer forfait : je n'avais ni les visas ni les vaccins qui m'auraient permis d'aller sur-le-champ à l'autre bout du monde.

Le lendemain, Armel Issartel, un attaché de presse grâce auquel Jacques et moi avions rencontré Jacques Prévert, me proposa de l'accompagner dans le Midi avec Henri Charrière, devenu célèbre du jour au lendemain en publiant *Papillon*, un best-seller où il racontait sa vie de bagnard. J'acceptai avec empressement une invitation qu'en temps normal j'aurais refusée sans hésiter. En dehors de l'atroce nouvelle de l'assassinat de Sharon Tate, cette escapade ne m'a laissé aucun souvenir marquant. Je me sentais contrainte et forcée de rendre à Jacques la monnaie de sa pièce en devenant aussi inaccessible que lui, et j'étais malheureuse comme les pierres. Quand j'entendis incidemment qu'il était à Saint-Tropez, je ne pus résister à la tentation de téléphoner à tout hasard au Byblos. Il y était en effet descendu, bien qu'absent au moment de mon appel. Une partie de moi se félicita que les circonstances m'aident à tenir bon, mais je vécus toute cette période comme un calvaire, persuadée que ç'aurait été pire encore si j'étais restée aussi disponible que mon tempérament m'y portait. De retour à Paris, j'allai tromper ma solitude dans la discothèque de Sam Bernett, devenue le nouveau lieu de rendez-vous du show-business, où je croisai le beau et talentueux Julien Clerc. France Gall avait jeté son dévolu sur lui et cela me distrayait d'observer de loin leurs jeux du chat et de la souris. J'espérais que Jacques allait apparaître, ce qui arriva une fois mais raviva mes tourments, puisqu'il n'y eut pas de suite, ma défensive n'ayant d'égale que la sienne.

Jacques l'éditeur m'invita à dîner chez Dominique, le restaurant russe de la rue Bréa. Mon malheur devait être visible comme le nez au milieu de la figure et il avait deviné ou bien appris que rien n'allait plus entre ses deux protégés. Au café, lui qui ne se mêlait jamais de la vie privée des autres me lança soudain qu'il n'avait pas de conseil à me donner, mais que je ferais bien d'aller voir Jacques au cabaret de la Tête de l'Art où il se produisait. Il m'accompagnerait si je voulais. La souffrance enlaidit et j'étais consciente de ne pas échapper à la règle, mais je suivis le conseil. Ce fut cauchemardesque. La belle Nathalie Delon, au sujet de laquelle j'avais entendu sur RTL Jacques dire en plaisantant qu'il se faisait fort de remplacer son mari au besoin, trônait, rayonnante, dans la loge. Voyant la place prise, je battis en retraite.

Est-ce ce soir-là ou un autre soir qu'il m'invita, malgré tout, à La Cloche d'or, le seul restaurant parisien ouvert toute la nuit, où ses musiciens et lui dînaient après le spectacle ? Je me souviens seulement que je finis la nuit rue de Provence et que le lendemain matin, quand je pris congé, il ne me gratifia pas d'un seul mot, comme si rien ne s'était passé, comme s'il lui était indifférent qu'on se revoie ou non. Je touchai le fond au point que je fis la chose la plus contraire à ma nature qui soit. J'allai chez Castel le soir même et draguai le premier jeune homme venu. C'était stupide, minable, ça ne solutionnait rien, mais on fait n'importe quoi quand on est désespéré.

*
* *

Célibataire malgré moi et dégagée des obligations scéniques, je disposais d'un peu plus de temps libre. Désireuse de comprendre les raisons profondes de mes problèmes personnels, j'eus l'idée de suivre des cours de psychologie. Léna était également intéressée et nous nous inscrivîmes, comme auditeurs libres, à je ne sais quel institut de psychanalyse dont le langage lacanien incompréhensible nous découragea vite. C'est à la suite de cette expérience négative que je me mis en quête de cours d'astrologie. À l'âge de dix-huit ans, mon fantasque gynécologue m'avait recommandé de consulter André Barbault, auteur d'un traité faisant autorité ainsi que d'un ouvrage au titre alléchant : *De la psychanalyse à l'astrologie*. Je n'avais pas la moindre idée alors de ce qu'était l'astrologie, l'assimilant, comme trop de gens, à la boule de cristal, mais ma première consultation me troubla au plus haut point car je me reconnus à cent pour cent dans l'analyse qu'André Barbault fit de mon affectivité.

Aujourd'hui, alors que j'ai consacré beaucoup de temps à essayer de comprendre cette science humaine complexe, je me méfie des astrologues en général et de l'astrologie prévisionnelle en particulier. Cependant, force est de reconnaître qu'André Barbault ne m'avait laissé aucun espoir quant à la durée de ma relation avec Jean-Marie, m'annonçant que le cap de 1966 lui serait fatal. Cela m'avait tellement affectée qu'il avait nuancé en disant que si cette relation survivait aux inévitables crises rencontrées cette année-là, elle serait indestructible. Dès que je connus les principes de base de l'astrologie prévisionnelle, je compris que cette prévision s'imposait et qu'on ne risquait guère de se tromper en la faisant. Je retournai voir André Barbault pour qu'il m'explique le conditionnement astral de Jacques et il me découragea sans réserve : ce n'était pas un homme pour moi, je ne m'épanouirais jamais avec lui, m'assura-t-il, précisant que si mon ciel me prédisposait à aller au-devant des frustrations, il en allait de même pour Jacques, avec cette différence de taille qu'il était un « frustré frustrateur ». Mon esprit d'escalier ne me fit pas réaliser sur le moment le caractère paradoxal du propos. Si j'étais masochiste, je ne pouvais être attirée que par des hommes capables d'un certain sadisme. Je vérifierais des années plus tard, en lisant l'ouvrage hautement instructif de J.-G. Lemaire, *Le Couple, sa vie, sa mort*, que l'observation des thèmes astraux des partenaires d'un couple confirme la théorie de cet auteur, selon laquelle il n'y a pas d'attirance durable sans une problématique analogue, actualisée différemment par chacun.

Je me mis à fréquenter des cours publics, appris à monter des thèmes et lus de nombreux ouvrages spécialisés où il y avait beaucoup plus à laisser qu'à prendre. Puis je fis la connaissance de Catherine Aubier. Son mari possédait une maison à Monticello et nous nous rencontrâmes à un méchoui organisé par quelqu'un du village. Ayant entendu dire que je m'intéressais comme elle à l'astrologie, elle me recommanda son professeur, Mme Godefroy, une délicieuse vieille dame qui habitait avenue du Maine et m'enseigna l'astrologie traditionnelle pendant deux ans.

*
*   *

Quand je faisais encore de la scène, je cherchais désespérément comment atténuer un trac qui me gâchait tout. Un mésothérapeute, recommandé par Régine et spécialisé dans les problèmes de ce genre, me planta dans le plexus solaire un terrifiant appareillage qui ressemblait à un pommeau de douche hérissé de multiples aiguilles, en me garantissant que je serais très à l'aise pour ma prochaine et imminente apparition télévisée en direct. Grâce à cette assurance, mon trac habituel ne me tourmenta pas avant mon entrée en scène mais je perdis brusquement tous mes moyens au début de ma prestation. Le mésothérapeute et ses instruments de torture n'avaient servi à rien. Comment d'ailleurs un geste ponctuel aurait-il pu éradiquer un problème dont les causes étaient si complexes et remontaient si loin dans le temps ? Décidément, l'auto-suggestion n'était pas mon fort.

Je m'intéressai ensuite à l'hypnose, non seulement sur le plan pratique, en tant que moyen de lutter contre le trac, mais aussi parce que la théorie des vies antérieures m'intriguait et que j'étais curieuse de remonter dans les miennes. Je me rendis à l'hôpital Lariboisière où des dentistes qui pratiquaient l'anesthésie sous hypnose faisaient une démonstration publique de leur méthode. Ils prenaient comme cobayes des spectateurs volontaires auxquels ils demandaient d'oublier leur nom, jusqu'à ordre du contraire, après les avoir hypnotisés avec une rapidité déconcertante. Pendant la pause, je croisai aux toilettes une jeune fille encore sous l'emprise de cette injonction et ne résistai pas à la tentation de lui demander comment elle s'appelait. Elle se troubla et sortit des mots sans queue ni tête, entre autres « papillon », le titre du livre d'Henri Charrière dont tout le monde parlait.

L'un des dentistes proposa de venir m'hypnotiser chez moi et j'acceptai avec enthousiasme. Las, il ne parvint jamais à me mettre dans l'état souhaité. J'avoue que, malgré mon grand désir d'y accéder, la solennité avec laquelle ce brave homme me demandait de fixer son index, de me sentir de plus en plus lourde, de plus en plus détendue, me donnait une irrépressible envie de rire. Il revint plusieurs fois, sans succès. En désespoir de cause, il me proposa son propre professeur d'hypnose, qui n'était pas dentiste mais dont la technique était plus éprouvée que la sienne. Cela ne marcha pas non plus. Quelqu'un qui semblait s'y connaître m'expliqua un jour que les personnes qui ont l'os maxillaire très prononcé, comme Jacques et moi, sont la plupart du temps impossibles à hypnotiser. J'ignore ce que vaut cette théorie, mais une chose est sûre : lui et moi cherchons un peu trop à garder le contrôle de nous-mêmes et sommes insomniaques. Cherchez l'erreur.

*
* *

Un musicien de Stockhausen, Michael Vetter, lia conversation avec moi à Beyrouth et nous sympathisâmes. Il proposa de me rendre visite quand il serait de passage à Paris, pour faire de la musique cette fois. Son univers musical étant à des années-lumière du mien, je ne pensais pas que ce fût envisageable, mais il insista et je me dis que j'avais tout à gagner à mieux connaître un musicien cautionné par un Maître aussi exceptionnel que Stockhausen. À Beyrouth, Michael Vetter m'était apparu comme un homme prématurément vieilli, à cause de son crâne dégarni et d'une myopie qui l'obligeait à porter des verres très épais. Sa tenue vestimentaire sans recherche n'arrangeait rien. À Paris, lorsque je lui ouvris la porte, je faillis ne pas le reconnaître : sa calvitie avait disparu, ses lunettes aussi et il était habillé en similicuir avec des bottes et des chaînes ! J'eus l'occasion de faire part de cette métamorphose à Stockhausen qui, loin d'en rire, comprit en un éclair la souffrance qu'elle trahissait et en fut très affecté.

Comme il fallait s'y attendre, les exercices d'improvisation que Michael Vetter me proposa tournèrent court : non seulement nos références étaient trop différentes pour que je voie où il voulait en venir, mais je suis incapable d'improviser. Les efforts qu'il déploya pour lever ce qu'il considérait comme un blocage ne firent que le renforcer. Par ailleurs, sa nouvelle présentation me posait problème. Je ne pouvais m'empêcher de me demander si je lui inspirais plus que de la sympathie, et cette éventualité me mettait mal à l'aise. Mais c'était un homme attachant, d'une grande gentillesse et d'une patience infinie. Nous correspondîmes ensuite de loin en loin, et il m'envoya quelques enregistrements de sa musique dans laquelle il m'est toujours aussi impossible d'entrer. Ses recherches sur l'improvisation vocale l'ont rendu célèbre en Allemagne et au Japon. Il s'est également fait connaître comme calligraphe, peintre et écrivain.

*
* *

Pendant quelque temps, Jean-Marie avait pris mes finances à cœur, alors qu'il allait sa vie durant se montrer assez inconséquent dans la conduite de ses propres affaires, à tel point que sa comptable ferait deux dépressions nerveuses. Une année où il était si fauché qu'il se nourrissait de pâtes à l'eau, il m'envoya pour mon anniversaire un bouquet de fleurs qui avait dû lui coûter une fortune. J'aurais mille fois préféré qu'il utilise cet argent pour mettre du beurre dans ses spaghettis, mais cette anecdote montre le grand seigneur qu'il a toujours été et permet de comprendre pourquoi ses proches s'arrachent régulièrement les cheveux. Lorsque certains de ses amis se lancèrent dans une opération immobilière, il n'eut aucun mal à me convaincre d'acheter sur plan un petit appartement et un studio dans un immeuble au sud de Paris. Mais quand je vis le résultat, je détestai tout en bloc : le quartier, l'immeuble, l'appartement, et revendis aussitôt celui-ci pour acquérir un trois pièces dans l'île Saint-Louis, ce sublime havre de beauté où je n'aurais jamais imaginé résider un jour. L'architecture de l'immeuble qui datait du XVIIe siècle était superbe et un majestueux cerisier japonais trônait au milieu d'une jolie cour pavée. Réduite à l'état de gravats, ma future demeure nécessitait des travaux considérables et je dus prendre, non sans angoisse, un crédit bancaire de vingt-cinq ans. Déjà, lorsque j'avais signé mon deuxième contrat avec Vogue qui m'engageait pour cinq ans, j'étais persuadée que plus personne ne me connaîtrait au bout de ce long laps de temps, alors dans vingt-cinq ans ou même dans dix, où en serais-je ? Aurais-je seulement les moyens de rembourser mon emprunt ?

Léna et moi nous entendions si bien qu'elle lâcha son travail de vendeuse pour devenir ma secrétaire-assistante et habita dans le studio que j'avais gardé. Contrairement à moi qui suis en permanence anxieuse et tendue, elle semble tout prendre avec calme et philosophie. Sa compagnie me rassérénait d'autant plus qu'elle avait l'absolue conviction que, malgré les apparences, mes sentiments pour Jacques étaient réciproques et que la distance qu'il m'imposait était en rapport avec le piédestal où il me mettait. Je sais aujourd'hui que ce n'était pas aussi simple, mais elle avait en partie raison et ses arguments me faisaient du bien.

*
* *

Fan d'Elvis Presley depuis le début des sixties, je m'étais juré que si jamais il remontait sur scène, je me débrouillerais pour aller le voir. Pierre David, un producteur canadien, mégalomane sur les bords, qui pouvait pleurer sur commande et dont l'étrangeté me rebutait, s'était mis à nourrir de grandes ambitions à mon sujet, ce qui réjouissait mon agent français mais ne m'inspirait rien de bon. Voilà bien l'inconvénient le plus effrayant du succès : que des individus plus ou moins déséquilibrés avec lesquels vous n'avez aucune affinité se focalisent sur votre image, fassent tourner une partie de leur vie autour d'elle et vous amènent, quand ils sont assez malins, à aller dans le sens de leurs cogitations. Cette forme de folie et d'ingérence me glace. Mais quand, en 1969, Presley fit son grand retour sur scène à Las Vegas, Pierre David organisa tout, me trouvant, entre autres, une émission de télévision à Montréal afin de m'économiser une partie du voyage.

Je garde un souvenir ébloui du concert d'Elvis Presley qui eut lieu à l'Hilton International Hotel, si j'en crois les informations glanées sur Internet. Avoir fait autant de kilomètres en compagnie du pire chevalier servant qui soit accroît en principe l'exigence, mais je ne fus déçue en rien, regrettant même de ne pas avoir de billets pour le concert suivant – j'appris sur place qu'il y en avait deux par soir. On pouvait à la rigueur critiquer la tenue atrocement kitsch d'Elvis. Pour le reste, son charisme était aussi fascinant que je l'avais imaginé. Il chantait comme un dieu, faisait juste ce qu'il fallait sur le plan gestuel – ni trop ni pas assez – et s'offrait même le luxe de plaisanter avec un humour qu'on ne lui connaissait pas, disant par exemple : *Come on, come on* à sa jambe immobilisée. Cerise sur le gâteau : il n'y avait pas de faux rideau. Son concert terminé, il ne revenait pas saluer, ce que je trouvais d'une classe folle.

Je me rappelle m'être promenée pendant la journée dans un Las Vegas désert et sinistre, en manque douloureux de l'objet de mes tourments, un manque ravivé par les effluves de son eau de toilette respirés fortuitement, tout en espérant vaguement voir surgir le King devant moi. J'étais très fière de ma reprise de sa chanson *Loving you* pour laquelle Charles Blackwell s'était surpassé. Je mis mon disque dans une enveloppe avec un petit mot et laissai piteusement le tout à la réception de l'Hilton International Hotel. Je n'ai jamais su s'il avait été remis à son illustre destinataire mais, bien placée pour savoir qu'il ne faut rien attendre de ce genre de démarche, je n'en attendais rien.

*
* *

Léna, qui ne croit pas au hasard, rencontra « par hasard » au drugstore Saint-Germain sa compatriote Tuca, une artiste qu'elle avait déjà croisée à Rio. Tuca composait ses chansons qu'elle chantait chaque soir en s'accompagnant à la guitare dans un restaurant brésilien, La Feijoada, qui se trouvait quai de l'Hôtel-de-Ville. J'eus un véritable coup de foudre artistique et amical pour elle. J'aurais aimé qu'elle me donne sa chanson *Même sous la pluie*, qui me paraissait faite pour moi, mais elle l'avait promise à une autre chanteuse dont j'ai oublié le nom. Tuca avait une très forte personnalité et un visage charismatique dont le profil évoquait celui de Marlon Brando. Nous irions d'ailleurs ensemble salle Wagram, deux ans plus tard, assister au concert du merveilleux saxophoniste Gato Barbieri qui venait de composer la musique du *Dernier Tango à Paris*[1]. À ma grande honte, elle tournerait la tête à la scène pendant toute la soirée, l'œil rivé sur Marlon Brando qui s'était fondu discrètement dans le public, à gauche de là où nous étions assises.

Dans un premier temps, nous sortîmes régulièrement ensemble. Nous devions faire sensation, Léna qui n'était pas maigre, Tuca qui pesait une centaine de kilos pour un mètre soixante et moi, filiforme, entre les deux. Incroyable mais vrai, alors que je n'ai jamais su danser, contaminée par leur bonne humeur, je me déchaînais avec elles sur la piste de danse des discothèques où elles m'entraînaient. Tuca était amoureuse sans espoir de Léa Massari, moi de qui on sait, Léna souffrait de son physique, car si elle avait beaucoup d'amis, elle n'avait pas d'amoureux, mais nous supportions mille fois mieux nos karmas respectifs à trois, lors de ces soirées copieusement arrosées. Un jour, devant l'expression ahurie de l'épicière qui la voyait dévaliser ses rayons, Tuca fit l'équation suivante : « On ne mange pas : on meurt. On mange : on meurt. Je mange. » Hélas, de retour au Brésil quelques années plus tard, elle prit quarante kilos supplémentaires et résolut de les perdre. Un médecin peu scrupuleux la fit maigrir trop vite, son taux de potassium chuta et elle mourut sans s'en rendre compte à l'âge de trente-quatre ans.

*
* *

Les émissions de télévision m'obligeaient à quitter souvent Paris. On me sollicita pour un show allemand,

---

1. Andrei Konchalovsky s'était pris de sympathie pour moi et m'invita un jour à déjeuner avec Bernardo Bertolucci. Celui-ci préparait *Le Dernier Tango...* et était très contrarié par la défection de Dominique Sanda, enceinte. Je lui parlai de Maria Schneider dont je venais de voir une superbe série de photos dans *Lui*. D'autres personnes durent lui en parler aussi, puisqu'elle eut le rôle.

dont l'idée était d'amener avec soi une personne rencontrée dans des circonstances suffisamment pittoresques pour amuser les téléspectateurs. L'imagination de Patrick Modiano n'étant jamais en reste, il échafauda, avec l'aide de Léna, un scénario selon lequel nous étions tombés l'un sur l'autre à l'enterrement de notre nourrice commune, découvrant ainsi avec stupéfaction que nous étions frère et sœur de lait. À partir de là, il me dédicaça ses livres en signant : « Ton frère de lait ».

Je me plaignais souvent à mes amis de la compagnie exaspérante de Lionel Roc ou de Pierre David, comme en témoigne un extrait hilarant d'une lettre que Patrick m'adressa au Canada, le 28 mai 1970 :

« … À Paris, tout se passe pour le mieux. J'ai pris de fructueux contacts dans les bars corses de Pigalle pour en finir avec "qui tu sais". Je me suis mis d'accord avec un ancien légionnaire. Hier soir, nous avons fait une première tentative. Nous avons attendu "qui tu sais" devant son domicile, rue Rodier, et nous l'avons agressé. Il a réussi à s'enfuir mais il a perdu une oreille dans la bagarre. (Léna a dû déjà te l'écrire.)

Nous comptons l'achever aujourd'hui sur son lit d'hôpital.

Sois tranquille, Françoise. À ton retour en France, il ne sera plus là pour te persécuter. Ce ne sera plus qu'un mauvais souvenir. Tu seras LIBRE.

À part cela, tout va bien. Je tousse beaucoup et j'ai maigri de quinze kilos. Mais ce n'est pas grave.

Nous attendons ton retour.

Ton frère de lait.

Patrick

PS : Si jamais Pierre David ou quelqu'un d'autre te manquait de respect, *télégraphie-moi*. J'interviendrai. »

*
* *

Un soir de juin 1970, Serge Gainsbourg m'invita à dîner au Coconnas, un élégant restaurant de la place des Vosges. Très épris de Jane Birkin, bloquée dans le Midi pour le tournage du film de Jacques Deray *La Piscine*, il se torturait à l'idée qu'elle ne résiste pas au bel Alain Delon. Je m'efforçai sans succès de le convaincre que Delon et lui-même étaient tellement opposés en tout que tomber sous le charme de l'un excluait d'être sensible à celui de l'autre. D'autant plus amoureux de la beauté qu'il se jugeait laid, Serge la considérait comme le premier facteur de séduction et semblait loin d'imaginer que beaucoup de gens n'y accordaient pas la même importance ou n'en avaient pas la même idée que lui. Il y eut une forte tempête sur Paris cette nuit-là. J'habitais à côté d'une grande pharmacie, dont toutes les vitres volèrent en éclats, tandis qu'une cheminée de mon immeuble se détacha du toit et vint s'écraser dans la cour. À quelques minutes près, elle me tombait sur la tête ! Au cours du dîner, Serge m'avait demandé de lui présenter les deux Jacques, lesquels, lorsque je le leur transmis, se firent autant tirer l'oreille l'un que l'autre : « Il n'en est pas question, qu'il aille se faire… », telle fut à peu près leur détestable réaction. Ils finirent quand même par se laisser fléchir et ce fut le début d'une longue, précieuse et rocambolesque amitié entre Serge et chacun d'eux.

*
* *

Cet été-là, Jacques loua une maison à Grasse pour sa bande et lui. Il m'y invita quelques jours. Était-il épuisé par les galas qu'il faisait un peu partout et par les frasques qui les accompagnaient généralement ? Toujours est-il que j'eus l'impression de tomber là comme un cheveu sur la soupe. Je ne me rendais pas compte que je n'avais pas ma place dans sa bulle de copains où déconner était la règle. Ni que ma présence perturbait l'homogénéité du petit monde auquel j'étais étrangère, et dont il ne pouvait se passer parce qu'il s'y sentait plus à l'aise et davantage en position de force que partout ailleurs.

Une nuit, le sentiment d'être indésirable me tint éveillée si longtemps que je finis par descendre au rez-de-chaussée pour me dégourdir les jambes. Ne trouvant pas l'interrupteur, je me pris les pieds dans une chaise et tombai bruyamment, me mettant ainsi, une fois de plus, dans la situation la moins à même de susciter le genre d'attention dont j'avais besoin. L'os de la première phalange du majeur de ma main droite passa par-dessus celui de la seconde et je dus rester ainsi jusqu'au lendemain où un médecin me tira d'un coup sec sur le doigt dont les os se remirent en place mais qui resta déformé. Mon bref séjour touchait à sa fin. J'espérais naïvement que Jacques aurait un mot gentil, au lieu de quoi, craignant peut-être que je me saisisse du moindre signe encourageant comme d'une perche pour reculer la date convenue de mon départ, il m'offrit mon billet de retour, ce que je perçus, à tort sans doute, comme une façon de me congédier. Je rentrai à Paris avec un cœur de cent tonnes malgré la perspective de mon emménagement rue Saint-Louis-en-l'Isle, dans un appartement entièrement conçu et décoré à mon goût. Une page se tournait peut-être...

7

Le festival de la chanson qui se tenait à Rio chaque année, et auquel j'avais déjà participé, m'invita à faire partie du jury présidé par Paul Simon, dont, quelques années auparavant, j'écoutais en boucle la sublime chanson *Bridge over troubled water* qu'il chantait avec Art Garfunkel. L'indispensable Léna vint avec moi. Quand bien même le but premier de la petite société d'éditions musicales que je gérais désormais était de récupérer la moitié de mes droits d'auteur perçue jusque-là par un éditeur extérieur, nous partîmes avec la ferme intention de mettre à profit notre séjour à Rio pour obtenir la sous-édition française de chansons brésiliennes dignes d'intérêt.

Ce fut la seule fois où je vis Léna perdre son calme. Elle fixait rendez-vous à des artistes qui arrivaient sans se presser six heures plus tard, quand ce n'était pas le lendemain ou deux jours après. Mieux vaut ne pas être à cheval sur la ponctualité quand on traite avec des Brésiliens ! L'artiste qui retint le plus mon attention s'appelait Taiguara. Le contraste entre la laideur presque effrayante de son visage et la beauté de ses mélodies me fascinait. Il m'en confia quelques-unes.

La chaleur et la décontraction brésiliennes contribuèrent à rendre mon séjour agréable, mais l'incertitude continuait de planer sur les sentiments de Jacques à mon égard et, au fond de moi, j'étais minée. Léna me parla alors d'un médium, Mme D. Marfisa, qui incorporait l'esprit clairvoyant d'une femme désignée de son vivant sous le nom de « grand-mère Catherine », afin de transmettre ses réponses aux questions des personnes en détresse venues la consulter. Léna me mit cependant en garde : lorsqu'elle avait amené Auguste Le Breton à grand-mère Catherine, celle-ci lui avait dit le contraire de ce qu'il souhaitait entendre. Il n'était pas exclu que la même déconvenue m'attende et que l'entrevue porte un coup fatal à mon moral déjà très bas.

Pour favoriser la communication, j'étais tenue de me purifier au préalable en m'aspergeant d'une décoction de pétales de roses blanches. Je devais aussi composer un bouquet des mêmes fleurs, l'entourer de rubans bleus et blancs, puis trouver un rocher isolé d'où le jeter à la mer, en offrande à la déesse Yemanja. Ce rituel me sembla encore plus poétique que celui des innombrables bougies joliment allumées chaque nuit sur les trottoirs de leur ville par les Brésiliens ayant un vœu à faire exaucer, et je m'y pliai avec autant de respect que de ravissement.

Léna m'emmena ensuite chez la médium qui, une fois les présentations faites, se mit en transe. C'était impressionnant, dérangeant même : elle s'agitait dans tous les sens, éructait, roulait des yeux... Apparemment familiarisée avec ces phénomènes, Léna m'expliqua que Mme Marfisa devait passer par un esprit intermédiaire avant que celui de grand-mère Catherine ne prenne possession d'elle. À la fin de l'opération, la métamorphose était sidérante. Nous avions face à nous une vieille femme tordue et grimaçante qui s'exprimait dans un dialecte portugais très ancien que Léna ne comprenait pas toujours. De ce qu'elle a été à même de me traduire, je n'ai retenu que deux choses. La première, c'est que Jacques et moi avions déjà été en relation dans une vie antérieure. Ignorant jusqu'à quel point il faut croire à la réincarnation, je me suis malgré tout interrogée sur la nature de cette prétendue relation antérieure : avions-nous le même sexe, le même âge ? Étions-nous dans un rapport parent-enfant, frère-sœur, mari-femme, amie-amie, ou autre ? Je regrette de ne pas avoir eu la présence d'esprit de poser la question. La deuxième, c'est que lorsque je demandai combien de temps, approximativement, durerait ma relation avec Jacques dans cette vie-ci, la réponse fut : « Longtemps ! Longtemps ! », avec la précision que si les choses venaient à se gâter entre nous ou se finir, cela viendrait de moi. Je suppose que je dus m'enquérir de l'éventualité d'une future maternité. Si tel a été le cas, je ne me souviens pas de la réponse, sans doute parce qu'il n'y en eut pas. Léna affirme que le médium me parla d'un enfant, mais on n'oublie pas une chose pareille et c'est plus probablement à elle que l'information fut communiquée ultérieurement. Je ressortis de la consultation tiraillée, comme d'habitude, entre la voix de la raison qui me commandait de garder les pieds sur terre, puisque tout ou presque dans ma situation actuelle allait *a contrario* des prévisions entendues, et celle du cœur qui me faisait exulter, pour la première fois depuis longtemps, à la pensée que ma vie personnelle connaîtrait des jours meilleurs.

*
* *

Au retour du Brésil, l'idée de faire un album entier avec Tuca avait commencé à germer et se concrétisa très naturellement. Toutes les chansons qu'elle me proposa me plaisaient et elle finit par m'accorder *Même sous la pluie* qu'elle reprit, je ne sais comment, à sa destinataire d'origine. Les mélodies trop typées musicalement ne sont pas ma tasse de thé, mais la plupart des siennes avaient une intemporalité qui transcendait leur couleur brésilienne.

Généralement, quand on enregistre un nouveau disque, on n'a guère l'occasion de travailler en amont les chansons avec le compositeur. On les apprend dans son coin au risque de prendre de mauvaises habitudes dont il sera très difficile de se débarrasser ensuite, puis on les chante pour la première fois en studio, sans être forcément bien préparé, alors que l'enregistrement d'un titre ne prend qu'une heure ou deux et peut vous poursuivre votre vie durant. Il en alla tout autrement avec Tuca. Pendant un mois, elle vint chaque jour rue Saint-Louis-en-l'Isle me faire répéter les chansons une à une. J'arrivai à CBE, sans avoir eu besoin de noter comme à mon accoutumée le nombre précis de temps entre les mots et de mesures entre les phrases, puisque je pouvais me repérer sur l'accompagnement guitaristique que les répétitions m'avaient aidée à mémoriser. J'enregistrai toutes les chansons en direct, avec Tuca à la guitare et Guy Pedersen, un excellent musicien de jazz, à la contrebasse. Nous n'eûmes pas besoin de plus de trois prises par titre.

Après quoi nous partîmes toutes les deux en Corse prendre un peu de repos ainsi que réfléchir à l'opportunité de rajouter des cordes. Tuca se couchait beaucoup trop tard et je devais chaque soir m'armer de patience pour écouter ses sempiternelles lamentations à propos de la passion désespérée que lui inspirait encore Léa Massari. Elles se terminaient immanquablement dans les larmes, car la belle actrice italienne n'était pas lesbienne et partageait sa vie avec un pilote de ligne. Dans la journée, nous allions à la plage de L'Île-Rousse, plus ou moins déserte en ces temps bénis. Nous nagions très loin et je me souviens que, lorsque je regagnais la rive, précédant Tuca de quelques brasses, je la « sentais » littéralement arriver derrière moi. Était-ce sa façon de s'alimenter ou autre chose ? Elle dégageait un parfum épicé dont aucune douche ne venait à bout et qui la complexait. À l'évidence, son rapport au corps péchait et je regrette de ne pas avoir pensé à l'interroger sur son enfance et sur sa relation avec sa mère qui nous auraient sans doute éclairées à ce sujet.

Rentrées à Paris et décidées à ajouter des cordes sur la plupart des morceaux, nous nous enfermâmes plusieurs après-midi de suite dans une pièce prêtée par son éditeur, où elle me joua au piano les divers thèmes qui lui venaient à l'esprit, jusqu'à ce que nous nous mettions d'accord sur l'un d'eux. D'habitude, on découvre l'orchestration en arrivant au studio et, si elle ne convient pas, il est trop tard pour y remédier. Là encore, ce fut l'unique fois où je participai à un choix aussi crucial. Tuca demanda ensuite à Raymond Donnez d'écrire et de diriger ce que nous avions cogité ensemble.

*
*   *

Je connaissais Catherine Lara depuis longtemps. Grande admiratrice de Claude Nougaro, j'avais assisté, fin 62 ou début 63, chez lui, 1, avenue des Ternes, à la création radiophonique de sa chanson *Cécile, ma fille*. Sylvie, la maman de Cécile, était présente et nous avions sympathisé. Cela faisait des années que Claude et elle mangeaient de la vache enragée et la venue au monde de Cécile avait coïncidé avec la sortie du tunnel : ces monuments de la chanson française que sont *Une petite fille* et *Le cinéma* propulsèrent enfin Claude Nougaro sur le devant de la scène, en même temps que s'accélérait la dégradation de sa relation avec Sylvie. Elle finit par emménager dans un rez-de-chaussée de la rue des Boulangers avec une jeune violoniste classique, pleine de vitalité, de passion et de détermination. C'est ainsi que je fis la connaissance de Catherine. Cécile, une adorable petite fille aux yeux bleus et aux cheveux blonds, m'attendrissait d'autant plus que ses conditions de vie paraissaient difficiles. Je l'emmenai un été en Corse où ma mère et moi nous occupâmes d'elle de notre mieux.

La société Hachette souhaitait se lancer dans la distribution discographique et venait de créer à cet effet une nouvelle filiale, Sonopresse, avec laquelle je signai un contrat dont les avances me permettraient de financer mes enregistrements qui resteraient ensuite ma propriété. Catherine voulait chanter et me demanda de la produire, au sens financier du terme. Je ne sais plus pourquoi cela ne se fit pas, mais m'en félicitai après coup. Même si je ne me serais jamais permis la moindre ingérence artistique dans son travail, nos divergences, à propos des textes surtout, auraient fini par poser problème. J'apprécie les mots simples alors qu'à ses débuts, Catherine préférait un langage plus littéraire, parfois emphatique à mon goût. Le texte de son plus grand succès, *Nuit magique*, écrit en 1986 par le talentueux Luc Plamondon, est d'ailleurs un modèle de simplicité.

Catherine me proposa de faire appel à l'Orchestre de Paris, dans lequel elle jouait, pour interpréter les cordes de Tuca et Raymond Donnez. Le résultat dépassa les espérances. Jamais je n'avais été aussi fière de l'un de mes disques. J'adorais et adore encore certaines chansons comme *Le Martien*, *La maison*, *La question*, *Chanson d'O*, *Doigts*, que j'avais composé, ou *Rêve*, une superbe mélodie de Taiguara. Cet album me paraissait plus homogène, plus classieux et sophistiqué que les précédents et si, contrairement à eux, il ne rencontra pas le grand public, du moins ai-je la prétention de croire qu'il en toucha un autre. Par exemple, lorsque je croisai brièvement Suzanne Vega dans les années quatre-vingt-dix, elle me connaissait grâce à cet album que son frère écoutait souvent. Ou, lorsque j'allai au Japon à peu près à la même époque, les journalistes m'avouèrent leur préférence pour celui-là. Il arrive qu'un disque ambitieux passe plus ou moins inaperçu à sa sortie mais finisse par exister sur le long terme. Le seul souci, et il est de taille, c'est que certains des artistes qui y ont participé ne peuvent pas attendre vingt ans pour se nourrir. Avec le temps, ce problème m'aura de plus en plus préoccupée, quand bien même faire des chansons reste un choix de vie très particulier, qui implique d'accepter par avance la sélection naturelle et l'insécurité de l'emploi.

*
* *

Si l'album avec Tuca marqua une évolution et un tournant importants dans ma vie professionnelle, ma vie personnelle continua de stagner. Un jour où ma solitude me déprimait encore plus que d'habitude, le téléphone sonna. C'était Jean-Marie qui voulait savoir comment j'allais. Impatienté par mon ton larmoyant qu'il supportait depuis trop de temps, malheureux surtout de me voir m'enfoncer et désireux que je me ressaisisse, il m'enjoignit de bouger, rencontrer des gens, m'amuser, car, précisa-t-il, me plantant sciemment un couteau dans le cœur pour mieux provoquer un sursaut salutaire, il pouvait me garantir que Jacques de son côté ne s'embêtait pas.

Dans un premier temps, l'absence, l'infidélité, l'insaisissabilité de l'autre exacerbent sinon les sentiments que l'on croit éprouver à son égard, du moins le besoin qu'on a de lui. Durant nos trop rares moments d'intimité, Jacques me témoignait malgré tout tant de tendresse, de délicatesse, de possessivité et de jalousie aussi, qu'il me donnait l'impression de compter presque autant pour lui que lui pour moi. Peut-être ne voyais-je que ce que j'avais envie de voir, mais Jean-

Marie me confia, longtemps après, qu'à force de me savoir au plus mal, seule chez moi, pendant que Jacques « s'amusait », il lui avait un jour carrément posé la question : « Et Françoise dans tout ça ? », ce à quoi l'intéressé aurait répondu : « Elle, c'est différent, je l'aime, et je ne veux pas faire comme tout le monde : ne voir qu'elle au début pour la tromper à la fin. Mieux vaut commencer par la fin et finir par le commencement. » Jean-Marie avait été bluffé par cette façon originale d'envisager les rapports de couple, mais quand j'en eus la révélation sur le tard, je me sentis flouée. Changer les règles du jeu sans en informer sa partenaire mène autant à l'échec que les suivre, et revient à jouer délibérément sans elle. Je me rappelai toutes ces lettres, envoyées ou non, où je tentais stupidement de convaincre l'homme de ma vie que c'était une erreur de tabler sur un avenir, par définition incertain, et qu'il fallait vivre au présent. Mais sans doute vivait-il bien plus au présent que moi, simplement nous n'en avions pas la même notion : il vivait au jour le jour ce qui était sans lendemain, et restait parcimonieux pour ce qui lui semblait relever du long terme. Vu sous cet angle, il était beaucoup plus sage que moi.

Analyser le pourquoi du comment vous immerge dans un océan de complexité où tout début de réponse amène une question nouvelle. Je me suis longuement interrogée sur les difficultés de ma vie personnelle. J'en ai tiré la conviction que, dans ce domaine comme dans la plupart des autres, on n'est jamais totalement innocent de ce qui nous arrive. Force m'est de reconnaître qu'en dehors de mon escapade dans le Midi, je subissais le régime sec imposé par Jacques en lui renvoyant l'attitude la pire qui soit pour l'amener à changer la sienne : j'étais malheureuse et en demande. J'aurais fui autant que lui s'il m'avait trop montré ce visage-là.

J'ai compris aussi que ce qui m'amenait à subir docilement son bon et son mauvais vouloir tournait autour du manque de confiance en moi, qui m'incitait non seulement à me contenter de peu, mais aussi à donner beaucoup plus en échange – du moins me semblait-il –, comme pour compenser mes déficiences supposées sur tous les plans. Là encore, j'étais trop immature pour savoir que « tout donner », « tout accepter », loin de constituer la plus grande preuve d'amour qui soit comme je le croyais alors, peut paradoxalement relever d'un égoïsme déguisé. Car n'est-ce pas l'égoïsme qui pousse à donner sans se départir du secret espoir de recevoir, qui, sous couvert d'abnégation, exerce sur l'autre une forme insidieuse de chantage affectif ? Comme si l'excès de soumission et d'attentions qu'on lui manifeste avec une patience inlassable, sacrificielle presque, allait vous rendre indispensable et désirable. En réalité, jouer la carte d'une abnégation dont le degré donne la mesure de l'avidité inavouée revient à tendre le bâton pour se faire battre. Et puis, on n'entretient pas la flamme en jouant les parangons de vertu ou en idéalisant l'autre autant qu'on se dévalorise soi-même. Jean-Marie avait raison : si j'avais donné à Jacques l'impression que j'étais bien dans ma peau et existais en dehors de lui autant que lui en dehors de moi, je l'aurais vu plus souvent. Mais, pour cela, il fallait que ce soit la réalité, et non une comédie plus ou moins maladroite que quelqu'un d'instinctif comme lui aurait vite percée à jour et qui l'aurait éloigné davantage.

*
* *

Je sortais régulièrement pourtant. Jean-Noël Dupré, un élève de Mireille qui aurait sa petite heure de gloire grâce à la reprise de *Y'a d'la joie* de Trenet, interprétée avec le masque de la tristesse la plus profonde, me traîna au Café de la Gare dont je découvris la talentueuse troupe bien avant qu'elle soit connue du grand public. Autour du leader, Romain Bouteille, il y avait Coluche, Miou-Miou, sur qui Dupré n'était pas le seul à fantasmer, et Patrick Dewaere, dont la femme, Sotha, était le cerveau du groupe. De temps à autre surgissait Jacques Higelin et je me souviens d'un soir où, à la fin du spectacle, il prit possession de la scène devant les spectateurs pressés de rentrer chez eux à cette heure indue. Après plusieurs chansons, apparemment emporté par l'une d'elles, il prit un air extatique et ferma les yeux. Tout le public en profita pour se lever comme un seul homme et décamper, sauf quelques fidèles et moi. Par respect pour ce grand artiste, nous nous retînmes d'en faire autant malgré l'impérieuse envie d'aller nous coucher.

Patrick Dewaere, que la musique a toujours plus intéressé que la comédie, avait composé et écrit une chanson très originale, *T'es pas poli*, qu'il interprétait avec sa femme. Ce duo faisait tellement ma joie à tous points de vue que je revins plusieurs fois au Café de la Gare uniquement pour l'entendre. Surmontant ma timidité, je proposai à Patrick et Sotha de le produire tel quel. Mais ils me firent valoir tout aussi timidement que personne ne les connaissait et qu'il valait mieux que ce soit moi qui assure la partie féminine. La séance eut lieu à CBE, le studio de Bernard Estardy. Nos tonalités très éloignées nous obligèrent, Patrick et moi, à trouver un compromis qui nous rendit à l'un comme à l'autre la tâche malaisée, et m'obligea à utiliser la voix de tête. Jacques Higelin nous accompagna à la guitare. Tout eut lieu en direct dans une ambiance bordélique et décontractée, à l'image de Patrick.

Après la séance, j'embarquai tout le monde chez moi. Je garde l'image de ma minuscule cuisine où Higelin, une cuisse de poulet à la main, entreprit témérairement de me convertir à ses idées politiques. Ce dut être une conversation – un monologue plutôt – surréaliste dont j'ai tout oublié, en dehors de l'intuition déstabilisante, douloureuse même, d'une sorte de fossé infranchissable entre lui et moi, comme si la popularité qui était encore la mienne à ce moment-là me reléguait dans ce qu'il considérait probablement comme la sous-catégorie des chanteuses de variété. Cela dit, il n'y avait aucune commune mesure entre mes chansonnettes des premières années et des chefs-d'œuvre comme *Cet enfant que je t'avais fait* ou *J'aurais bien voulu...*, sortis en 1968-69, qui font encore partie de mes chansons de chevet. Pas de commune mesure non plus entre le créateur surdoué, souvent génial, qu'il aura été et moi, midinette laborieuse, soucieuse de restituer en musique, aussi fidèlement que possible, ses petites émotions personnelles. Au fond, je me suis toujours sentie entre deux chaises : la variété plus ou moins facile ou traditionnelle d'un côté, la chanson « branchée », plus originale, de l'autre, avec l'impression inconfortable de ne bien représenter ni l'une ni l'autre. De la même façon, je n'aurai été à l'aise ni dans le milieu populaire de ma mère ni dans celui, très bourgeois, de mon père. Bâtardise oblige, j'ai du mal à me situer, mon identité est floue et mes productions hybrides.

T'es pas poli sortit en single au début de l'année 1971 et, malgré mon nom, n'eut pas l'accroche escomptée. Mais ce fut pour moi l'occasion de connaître Patrick Dewaere avant qu'il ne sombre dans la drogue. C'était un garçon extrêmement sympathique, plein de santé, de gaieté, d'humour et d'enthousiasme. Son humilité en musique me touchait : par exemple, il s'émerveillait de la face B de *T'es pas poli*, *Let my name be sorrow*, une ballade composée par Bernard Estardy, qu'il trouvait beaucoup plus belle que la face A. Nous fîmes quelques émissions de télévision ensemble. J'ai souvenir de l'une d'elles qui se passait le matin, en direct et en pleine campagne. Couché tard et levé tôt, Patrick, épuisé, s'était endormi dans l'herbe après la répétition. Lorsque retentirent les premières notes du play-back, je dus le secouer comme un prunier pour le réveiller alors que nous étions déjà à l'image. L'air ahuri, il se leva précipitamment et s'aperçut que sa braguette était ouverte. Nous eûmes un tel fou rire que nous nous efforçâmes de tourner le dos à la caméra pendant toute la chanson. Étant donné l'heure de faible écoute à laquelle elle fut diffusée, peu de gens ont dû voir cette émission historique qu'à mon grand regret je n'ai jamais vue non plus. En dehors d'un autre direct où des chèvres facétieuses et boulimiques commencèrent à grignoter le débardeur dont j'étais vêtue, cela reste mon souvenir de télévision le plus cocasse.

Puis Patrick tomba amoureux de Miou-Miou. Quand leur fille Angèle naquit, j'étais en vacances et trouvai à mon retour un message sur mon répondeur où Patrick, fou de bonheur et plaisantant comme à son accoutumée, me donnait l'heure précise de la naissance pour que je calcule le thème astral et lui indique le signe ascendant de son enfant. Je n'en eus pas l'occasion. Peu de temps après, Miou-Miou le quitta pour Julien Clerc, tandis que le succès du film de Bertrand Blier, *Les Valseuses*, où Patrick et elle partageaient l'affiche avec Gérard Depardieu, les faisait accéder tous trois à la célébrité. C'est à partir de cette rupture qu'il changea. Je ne le revis qu'en 1982. Jacques, qu'il rêvait de rencontrer à l'époque de notre duo, tourna avec lui dans le très mauvais film d'Alain Jessua, *Paradis pour tous*. Sachant le plaisir que j'aurais de le revoir, il l'invita à dîner. Sa nouvelle femme et lui arrivèrent très en retard, à vingt-deux heures passées, et je constatai, navrée, les ravages de la drogue sur cet homme de trente-cinq ans, déjà éteint et prématurément vieilli, qui n'avait plus rien de commun avec celui si joyeux que j'avais connu. Il y eut un moment poignant lorsqu'il m'avoua tristement qu'il n'avait cure de sa réussite et ne pourrait jamais s'étonner lui-même en tant qu'acteur, puisqu'il jouait la comédie depuis l'âge de quatre ans, mais que la musique continuait de le motiver et qu'il n'avait pas perdu l'espoir de faire ses preuves dans ce domaine. Il se tua peu après en se tirant une balle de 22 long rifle dans la bouche. On a parlé de compte bancaire dans le rouge, invoqué le tournage très difficile de *Paradis pour tous* où le réalisateur aurait trop joué avec ses nerfs. Il a également été rapporté que le jour du suicide, sa femme lui aurait annoncé qu'elle le quittait et qu'il ne verrait plus leur fille. Si c'est vrai, on comprend que, fragile comme il était, il n'ait pas supporté de devoir revivre, huit ans seulement après sa rupture avec Miou-Miou, une épreuve similaire qui l'éloignerait à nouveau de son enfant.

*
* *

Après les mélodies douces de Tuca, j'enchaînai avec un album plus rock dont j'avais composé et écrit la plupart des chansons. Autant l'album précédent racontait mes tourments au premier degré (« *De ta distance à la mienne / on se perd bien trop souvent / et chercher à te comprendre / c'est courir après le vent…* »), autant je m'efforçai pour le suivant de les exprimer avec un peu plus d'humour (« *Ma vie intérieure vous ressemble / comme votre œil gris à votre œil vert / elle me mine et il me semble / qu'elle me met le cœur à l'envers / elle me fait tant de nuits blanches / qui ne laissent éveillée que moi / que plus ça va et plus je flanche / malgré les cours de yoga* »). Mon éditeur anglais me conseilla un certain Tony Cox qui avait l'habitude de travailler dans un petit studio de la banlieue londonienne. Il y convoqua quatre excellents musiciens qui improvisèrent à partir des grilles d'accords de mes très sommaires maquettes. Jusque-là, je n'avais rien connu d'autre que les orchestrations écrites, exécutées telles quelles par des musiciens sachant lire la musique. C'était donc une formule vraiment nouvelle qui m'angoissa au début, car elle prenait beaucoup plus de temps. Comme le financement m'incombait et que le tarif de l'heure de studio est exorbitant, j'appréhendais un dépassement de budget. En fait, cette façon *a priori* hasardeuse de travailler est, plus qu'une autre, fonction du casting : il faut trouver des musiciens créatifs qui correspondent pile poil au style des morceaux et soient assez motivés par ce que vous leur proposez pour donner le meilleur d'eux-mêmes. Après un très long temps de préparation où j'avais l'impression que rien ne se passait, tout se mit en place comme par magie et s'enregistra en quelques prises dont certaines me parurent magistrales. J'étais si contente du résultat – en particulier sur *Où est-il ?* et *L'éclairage*, réalisés dans un style très bluesy – qu'au final je fus aussi fière de ce disque que du précédent. Il n'eut d'ailleurs pas plus de succès.

Je fis dans la foulée un autre album destiné au marché anglais avec Tony Cox qui me proposa des reprises de chansons anglaises ou américaines peu connues. J'eus seulement l'idée de *Take my hand for a while* de Buffy Sainte-Marie et d'une chanson inédite, *If you listen*, de Mickey Jones et Tommy Brown, deux musiciens anglais qui composaient pour Johnny et Sylvie qu'ils accompagnaient sur scène. Appréciant autant leur jeu que leurs compositions et leurs réalisations, j'avais déjà travaillé et aurais aimé travailler davantage avec eux. Tommy Brown, le blond, était batteur et mourrait prématurément quelques années plus tard d'un cancer foudroyant des poumons. Mick Jones, le brun au charme ravageur, était guitariste, mélodiste et producteur. Il s'installa aux État-Unis en 1976 où il forma le groupe Foreigner qui eut du succès dans le monde entier, en particulier avec le tube *I wanna know what love is*. Réalisée par Tony Cox dont j'ai perdu la trace, leur chanson *If you listen* est un vrai bijou et l'un de mes enregistrements les plus réussis.

Ma période Sonopresse, qui avait si bien commencé grâce au succès de *Soleil* et *Comment te dire adieu ?*, se termina plus mal avec trois albums qui, bien que de loin mes meilleurs, restèrent confidentiels. Mon contrat ne fut pas renouvelé et j'eus une période de grande incertitude où je ne savais vers qui ni vers quoi me diriger. Mais j'ai toujours pensé qu'il vaut mieux avoir fait de beaux albums qui ne se vendent pas que l'inverse, et mon creux de vague m'affecta d'autant moins que j'avais la conviction stimulante d'avoir gravi un échelon sur le plan artistique. Surtout, ma vie privée restait ma préoccupation première et je m'étais mise à caresser un beau rêve en secret.

*
* *

Le temps passait, je voyais arriver la trentaine à grands pas et mourais d'envie d'avoir un enfant avec Jacques. Comment faire ? Malgré ma hantise d'exercer le moindre semblant de chantage affectif, je réussis à lui exposer calmement mon point de vue : le bilan de notre relation était négatif ; j'aurais bientôt trente ans ; s'il n'était pas envisageable que nous ayons un enfant ensemble et si ma seule perspective était de l'apercevoir vingt fois dans l'année au gré de ses humeurs, je préférais en rester là. Je dus le perturber de fond en comble, mais notre *modus vivendi* ne me laissait pas le choix. Il promit de réfléchir et de me donner une réponse avant mon prochain départ pour le Canada. Et, en effet, il me remit la veille un petit carnet rouge que je lus dans l'avion, le cœur battant.

La façon dont l'écriture était destructurée et la mise en page brouillonne en disait long sur sa déstabilisation et ses recours pour la surmonter. En fait, sa réponse énumérait les divers scrupules que la prise de responsabilité devant laquelle je le mettais lui inspirait. Si je devais avoir un enfant, il voulait assurément que ce soit de lui, mais… mais… mais… Sur le moment, je me braquai, comme j'ai trop tendance à le faire, sur les points négatifs qui suggéraient un refus et cela m'affecta tellement que ma peur viscérale de l'avion s'en trouva annihilée. En y repensant aujourd'hui, je me demande si ses appréhensions ne relevaient pas davantage du sens des responsabilités que de la peur de l'engagement. Il était loin, en tout cas, de prendre la chose à la légère.

Comme, finalement, il ne me disait ni oui ni non, cela suffit pour me lancer dans ce qui allait se révéler un parcours du combattant. J'avais eu le tort, vers l'âge de vingt-quatre ans, d'écouter deux éminents gynécologues qui avaient pris par-dessus la jambe l'aménorrhée pour laquelle je les avais consultés, m'assurant que le jour où je voudrais un enfant, il suffirait d'un petit traitement pour que tout rentre dans l'ordre. J'étais jeune, inconsciente, je voyageais sans cesse et l'idée d'être débarrassée provisoirement de ces fastidieux ennuis féminins m'enchantait. Funeste irréflexion ! Car le petit traitement ne fut suivi d'aucun effet, je subis des examens qui montrèrent qu'à force de ne pas fonctionner les ovaires s'étaient sclérosés et notre bonne vieille médecine allopathique, grâce à laquelle j'en étais arrivée là, me proposa d'abord un traitement hormonal qui ne marcha pas non plus, Dieu merci, puisque je découvris par la suite que c'était la meilleure recette pour avoir des quintuplés ! Ce fut la seule fois où je pris des hormones, une substance dangereuse, régulièrement incriminée dans certains cancers, celui du sein, notamment. Cette même médecine, certes indispensable, mais dont la subtilité n'est pas toujours le fort, m'assura qu'il n'y avait pas d'autre solution qu'une opération à ventre ouvert où l'on éplucherait mes ovaires récalcitrants.

Par chance, une amie me parla d'un vieil acupuncteur, le Dr Khoubesserian, avec qui je pris rendez-vous. Chaque fois que je sortais de son cabinet, j'avais le ventre en ébullition, mais, au bout de quelques séances, les règles réapparurent. Puis, quelqu'un évoqua Salies-de-Béarn, une ville d'eaux spécialisée dans les problèmes de stérilité féminine. Voulant mettre toutes les chances de mon côté, je m'organisai pour y faire une cure lors des prochaines vacances d'été. La dévouée Léna m'y conduisit dans la minuscule Fiat 500 qui remplaçait désormais ma somptueuse Rolls-Royce, achetée d'occasion et revendue pour me simplifier la vie. Elle s'était beaucoup investie dans mon projet et j'avais fidèlement suivi les instructions de grand-mère Catherine, reçues à distance par son intermédiaire. Ainsi, à la date du jour des enfants au Brésil, je déposai, dans la plus grande discrétion, quatre pots de miel au pied d'un arbre dans un jardin public. J'effectuai également une série de lavements avec des décoctions de plantes que je devais conserver soigneusement pour les jeter à la mer, avant la tombée de la nuit, en offrande à Yemanja. Léna et moi partîmes pour Deauville dans ce but et eûmes les pires ennuis qu'elle interpréta comme autant d'obstacles que les forces invisibles hostiles opposaient à mes visées. Nous venions de prendre de l'essence quand, au bout de quelques kilomètres, la voiture se mit à fumer de façon inquiétante. Nous découvrîmes avec stupeur que le bouchon du réservoir avait disparu et c'est après bien des difficultés et des angoisses que nous pûmes regagner la station-service, récupérer le bouchon et faire mettre de l'huile et de l'eau dans le moteur. Nous arrivâmes sur la plage de Deauville à la dernière lueur du jour pour contenter la déesse de la mer.

On m'avait conseillé de prévoir une inactivité complète d'au moins deux semaines à la suite de la cure, ce qui, sur le moment, me parut curieux. Mais quand après le premier bain et la première douche je me sentis, c'est le cas de le dire, totalement « lessivée », je compris l'importance du conseil. Les soins consistaient à être immergée un temps donné dans une eau dosée de façon précise en fonction du problème, ainsi qu'à recevoir sur des points définis du corps des jets de douche, savamment calculés eux aussi, tant sur le plan de leur force que de la composition de l'eau. Ils avaient lieu le matin et m'épuisaient tellement que je tenais à peine debout ensuite et passais chaque après-midi à me reposer dans ma chambre d'hôtel. Dès que ma pesante inertie s'atténuait, j'allais me promener dans Salies, une charmante petite ville dont les jolies maisons aux fenêtres égayées par des géraniums rouges me ravissaient. Je sympathisai avec la gynécologue qui prenait très à cœur les tourments de ses patientes, ainsi qu'avec l'une de celles-ci qui en était à sa troisième cure et ne tomba enceinte qu'après avoir adopté un enfant.

Jacques m'envoya une lettre très gentille et très drôle. Je me souviens juste de m'être longuement et vainement cassé la tête pour comprendre un mot que je lisais mal et qui ressemblait à « procaca ». Quand je lui demandai ce qu'il avait voulu dire, je réalisai à retardement qu'il s'était amusé avec l'adjectif « propice ». Le jour de mon retour à Paris arriva enfin. Mon train était aux aurores et j'étais si pressée de le prendre que j'arrivai en avance à la gare. Ce fut la première fois – mais non la dernière – que je m'engouffrai dans le mauvais train qui, à ma décharge, arriva quelques minutes seulement avant le mien. Ma place réservée étant occupée, je découvris dans un stress indescriptible que j'allais à Pau au lieu de Paris. Fort heureusement, le premier arrêt était proche, je trouvai un taxi et réussis à attraper mon train à l'ultime seconde. Jacques partait en tournée le lendemain et l'idée de rater notre rendez-vous me mettait sens dessus dessous. J'allai ensuite quinze jours seule en Corse me remettre de la cure. À cause de ma phobie des insectes et autres bestioles, l'aide-ménagère avait fermé toutes les fenêtres et mis des plaquettes Vapona dans chaque pièce. Entre les insecticides qui empoisonnaient l'air de la maison et la

Jeanne Hardy, ma grand-mère, et ses trois filles. Sur ses genoux, Madeleine ; à sa droite, Marie-Louise ; à sa gauche, Suzanne.

Ma mère au temps où mon père était fou d'elle : elle avait les yeux très bleus.

Moi petite, dans les bras de mon père dans le jardin de la maison d'Aulnay. En arrière-plan, ma grand-mère honnie.

Le passeport de ma mère avec la photo de Michèle et la mienne.
Elle nous a emmenées quelquefois en Autriche...

Aulnay : partie d'osselets avec
ma sœur Michèle et un cousin.

Plumeshof : je suis entre ma mère
et Mme Welser – tante Heidi.
Derrière nous trois, sa fille Gertrud
et son fils Gunni, qui tourne la tête...

Rue du Rocher :
mon premier studio
sous les toits.

Taormina : l'une des rares photos que j'ai prises de Jean-Marie
lors de nos premières vacances ensemble.

Jean-Marie et moi à l'Olympia.

1963. Les studios de Boulogne-Billancourt : je suis déguisée en Ophélie pour le film *Château en Suède*, de Roger Vadim.

Cette photo que j'ai prise montre le côté facétieux de Montand, qui me faisait beaucoup rire.

1966. John Frankenheimer pendant le tournage de *Grand Prix*. Il était aussi beau dans la réalité que sur la photo

1966. Les coulisses de l'Olympia : Bob Dylan et moi en grande conversation. Que pouvions-nous bien nous dire ?

Les coulisses de l'Olympia : Jean-Marie et moi, face à Mick Jagger, qui était mille fois plus ensorcelant dans la réalité.

Le Petit Bedon – devenu *Le Petit Pergolèse* – :
Dalí, un fin gourmet, m'y avait invitée.
Il y avait des ortolans et du château-ausone
au menu.

Rue Championnet, devant la porte du studio CBE : Tuca et moi.

Le Premier Ministre et Madame Georges Pompidou prient Mademoiselle Françoise Hardy *de leur faire l'honneur de venir* dîner *à l'Hôtel Matignon, 57, rue de Varenne, le* lundi 25 mars *à* 20 heures 45

Robe courte

R.S.V.P.
SECRÉTARIAT PARTICULIER
TÉL. LIT 07.30

pour mémoire

Invitation à la soirée où Jacques fit son tour de chant en 78 tours.

1966. Monte-Carlo, pendant le tournage de *Grand Prix* : entre deux courses de Formule 1, j'allais à la piscine incognito.

1973. Monticello : Jacques et moi. *No comment.*

pollution parisienne actuelle, il ne devait pas y avoir grande différence. De plus, quand j'entrai dans la salle de bains, j'aperçus avec horreur un gros lézard dans la baignoire et fis carrément preuve d'héroïsme en lâchant sur lui le couvercle d'une boîte afin que quelqu'un l'attrape sans difficulté le lendemain pour le remettre dehors. Je revins de Corse encore plus épuisée que je n'y étais arrivée, avec la ferme intention de ne plus jamais m'y rendre seule.

Courant octobre, ma gynécologue parisienne, une femme au grand cœur et une adepte des médecines douces, m'annonça toute contente que j'étais enceinte. J'en avais tellement désespéré que j'eus l'impression de vivre le plus beau jour de ma vie. Seule ombre au tableau : je le vécus seule. Le futur père partait le lendemain pour cinq semaines en Nouvelle-Calédonie et à Tahiti. Quand, en revenant de ma consultation, je passai en voiture devant le 67, rue de Provence, je n'osai pas m'arrêter et grimper ses cinq étages pour lui apprendre la grande nouvelle. Je savais qu'il se trouvait chez lui, mais ses musiciens étaient là aussi, on ne pouvait le joindre et je craignais d'arriver mal à propos. Mieux valait rentrer sagement que risquer une fausse note. C'est seulement quelques jours plus tard, quand Jacques téléphona de Nouméa, que je pus l'informer de mon état. Curieusement, évoquer aujourd'hui l'annonce de ma grossesse me serre le cœur, en dépit de la joie sans précédent qu'elle déclencha. Fallait-il que je sois inhibée, peu sûre de moi, peu sûre de l'homme que j'aimais, pour être à ce point incapable d'aller frapper à sa porte, malgré le besoin de partager mon bonheur avec lui et qu'il me prenne, ne serait-ce qu'une seconde, dans ses bras !

8

Je ne me suis jamais aussi bien portée physiquement que pendant ma grossesse. Pas une seule fois le moindre semblant de nausée ne m'a incommodée. Ma peau était comme par miracle débarrassée des petits boutons auxquels elle a souvent été sujette et mes cheveux étaient plus souples et plus épais. On dit que le bonheur rend belle, il donne surtout la force vitale dont découle la santé. Et pourtant, paradoxalement, même s'il y avait ce mieux considérable que l'on éprouve quand son plus grand désir est en voie de réalisation, la solitude me pesait davantage et j'avais des moments difficiles, au point de craindre que le futur bébé n'en soit affecté.

Heureusement que je débordais d'énergie, car, professionnellement parlant, je me sentais désorientée. Le premier album de Véronique Sanson venait de sortir et me bouleversait sur tous les plans – je l'écoute encore aujourd'hui. L'originalité et la qualité des mélodies, des textes, de la réalisation et du chant étaient telles que toutes les chanteuses françaises me paraissaient larguées, à commencer par moi. Trente-cinq ans plus tard, force est de reconnaître que l'arrivée sur la scène française de Véronique Sanson et de Michel Berger, qui avait coproduit son album et sortirait le sien peu après, donna le coup de grâce au style yé-yé agonisant qui avait dominé les sixties. Comme si les influences anglo-saxonne et américaine que celui-ci se contentait de reproduire avec plus ou moins de bonheur étaient définitivement digérées, et ressortaient en quelque chose de beaucoup plus mûr musicalement, de plus personnel aussi. Bien sûr, il y avait déjà Julien Clerc – Léna et moi écoutions en boucle *Les vendredis*, *Si tu reviens*, *Quatre heures du matin*, *Des larmes sucrées*, etc. –, dont l'originalité ne faisait aucun doute, mais il était d'abord latin et lyrique, alors que, tout en innovant radicalement, Véronique Sanson et Michel Berger avaient une dimension plus internationale, du simple fait qu'ils étaient aussi rythmiques que mélodiques et que leurs réalisations, aérées, efficaces, sensibles et musclées, n'avaient rien à envier à celles d'outre-Manche ou d'outre-Atlantique. En me remémorant le début des seventies, je m'aperçois que les chanteurs yé-yé sortaient pour la plupart des couches populaires, alors que la vague suivante venait de la bourgeoisie : globalement, aussi bien Julien Clerc que Véronique Sanson, Michel Berger et Alain Souchon appartenaient à un milieu cultivé auquel ils devaient la formation musicale qui faisait défaut à la génération précédente.

À l'occasion des fêtes de fin d'année et en bon Oriental qu'il était, Claude François couvrait de cadeaux somptueux beaucoup de gens des médias. Du temps où j'étais la compagne officielle du photographe vedette de la revue *Salut les copains*, il m'avait, à ce titre, offert des bracelets Cartier. Que n'a-t-il pas fait, allant jusqu'à devenir le meilleur ami de son fils, pour séduire Michèle Arnaud qui ne voulait pas entendre parler de lui, et refusait de le prendre dans les émissions « branchées » qu'elle produisait ! Claude venait de créer sa société discographique, Flèche, avec laquelle j'entrai en contact. Quand Jean-Marie l'apprit, il réalisa l'ampleur de mon marasme et me fit rencontrer Michel Berger

163

pour lequel j'éprouvais une telle admiration que je n'aurais jamais osé aller vers lui de mon propre chef.

Quelques années plus tôt, Jean-Marie et moi avions déploré que je n'aie pas à mon répertoire d'aussi belles chansons que *Quand on est malheureux*, composée par le jeune Michel Berger et interprétée sous sa direction par Patricia, une nouvelle chanteuse qui me ressemblait vaguement et disparut aussi vite qu'elle était apparue. « Le cœur, quelle drôle de caméra », a écrit Michel dans *Bébé comme la vie*. Le cœur filme ou photographie certaines situations, certaines scènes frappantes qui restent à jamais gravées dans la mémoire. Je peux revoir ainsi la venue éclair du couple Berger-Sanson dans mon petit appartement de l'île Saint-Louis. Je ne me souviens de rien d'autre que d'une apparition qui me cloua sur place, tant chacun dégageait de grâce, de charme, de finesse, en un mot de beauté, une beauté d'autant plus confondante qu'elle allait de pair avec un talent hors normes. Elle et lui étaient si parfaitement assortis, leur couple avait une telle aura, que l'éventualité d'une rupture était la dernière chose qui traversait l'esprit. Elle eut lieu peu après pourtant, mais, d'une certaine façon, leur lien y survécut. Il suffit d'écouter *Mortelles pensées*, l'une des plus belles chansons de Véronique, créée en 1988, pour s'en rendre compte.

Michel Berger accepta de produire mon prochain album et d'en composer deux titres sur douze, se chargeant dans la foulée de trouver les dix autres. C'était un garçon très occupé qui, contrairement à moi, faisait beaucoup de choses en même temps et au dernier moment. Sa bonne éducation m'amusait. Chacun de ses appels téléphoniques commençait invariablement par un exquis « Est-ce que je te dérange ? ». J'allais de temps à autre chez lui, près du parc Monceau. Du bas de l'escalier, j'entendais le disque de Véronique Sanson qu'il écoutait en poussant le son au maximum, bien qu'elle lui ait brisé le cœur en fuguant quelques semaines plus tôt, peu avant la date fixée pour leur mariage, avec le chanteur et guitariste américain Stephen Stills qu'elle épouserait à sa place en mars 1973.

Il vint chez moi me jouer au piano la mélodie de ce qui s'appellerait *Message personnel* et j'eus la certitude immédiate qu'elle avait ce petit « plus » magique qui fait la différence. Puis il m'expliqua qu'il souhaitait y ajouter une partie parlée et comptait sur moi pour l'écrire. J'exprimai dans ce texte (« *Au bout du téléphone il y a votre voix / et il y a les mots que je ne dirai pas...* ») mes inhibitions et tourments habituels, mais une fois la chanson aboutie, j'eus un mal fou à trouver un titre. Cela me prit plusieurs jours où je ne pensai à rien d'autre. Lorsque l'idée de *Message personnel* me vint enfin à l'esprit, Michel, qui avait refusé les propositions peu inspirées que je lui avais soumises sans conviction jusque-là, donna aussitôt son feu vert.

Il m'offrit aussi *Première rencontre*, une ballade sentimentale et triste comme je les aime. Bien sûr, j'avais conscience que ses deux chansons étaient un cadeau du ciel, mais le décalage me semblait tel avec celles d'autres mélodistes qu'il me proposa pour compléter l'album que j'éprouvai une véritable frustration de ne pas interpréter davantage de ses compositions. Lorsqu'il avait entendu mon album réalisé par Tuca dont j'étais si fière et que, à ma grande déception, Michel n'appréciait pas, Serge Gainsbourg m'avait dit très justement qu'il ne servait à rien d'avoir des wagons plus beaux les uns que les autres, s'il n'y avait pas une locomotive pour les tirer. Mon unique album produit par Michel Berger constitua le cas de figure inverse : une superbe locomotive – *Message personnel* – tirait des wagons dont sept sur dix étaient de seconde classe. À vrai dire, pris par ses multiples activités, mon jeune et brillant producteur n'avait pas eu le temps de s'investir assez dans la recherche d'autres titres, se contentant de ce qui lui tombait sous la main : des chansons où je ne me retrouvais pas vraiment et qui, de surcroît, étaient mal assorties.

À la même époque, Serge Gainsbourg me proposa d'interpréter *L'amour en privé*, qu'il avait écrit sur une musique de Jean-Claude Vannier pour les besoins du film *Projection privée* de François Leterrier. Je garde un souvenir surréaliste de l'enregistrement dont Jean-Claude assurait l'orchestration. J'avais une dent contre lui depuis qu'il avait transformé une ravissante berceuse brésilienne, *Dame souris trotte*, que j'avais eu le tort de lui confier, en une cavalcade échevelée d'où tout charme avait disparu. À d'autres occasions, il fit exactement le contraire de ce que je lui avais demandé. Je me revois arrivant dans le studio de la rue des Dames où il avait convoqué de nombreux musiciens pour l'une de mes séances. Lui ayant maintes fois spécifié que les cordes qu'il écrirait pour moi ne devraient en aucun cas être gonflées par des flûtes, quelle ne fut pas ma surprise de constater la présence de plusieurs flûtistes. Mon sang ne fit qu'un tour et j'allai d'un pas martial jusqu'à la cabine du son, où Jean-Claude effectuait d'ultimes réglages, pour exiger des explications. Nous eûmes un dialogue de sourds hallucinant. « Je vous avais expressément demandé de ne pas mélanger les cordes avec des flûtes », lui rappelai-je, excédée. « Cela ne s'entendra pas », rétorqua-t-il sans se démonter. « Mais c'est justement ce que je déteste, insistai-je, contenant mal ma fureur. J'ai horreur des flûtes qui se fondent avec les cordes et c'est la première chose dont je vous ai parlé ! » « Mais puisque je vous dis que ça ne s'entendra pas », répétait-il obstinément, haussant le ton et trépignant de plus belle.

En le revoyant pour *L'amour en privé*, j'étais partagée entre la méfiance provoquée par nos récents différends et l'admiration sans bornes que je vouais à *Melody Nelson*, ce chef-d'œuvre absolu de Serge Gainsbourg sorti en 1971 et dont il avait signé la réalisation. Je pensais cependant que si le dépouillement inspiré des cordes de Vannier contribuait à la perfection de l'ensemble, c'était sans doute parce que Serge avait su le canaliser et lui imposer ses goûts.

Avec le temps, ce musicien aussi tourmenté que surdoué a continué d'osciller entre une fantaisie insolite qui dessert parfois ce qu'il est censé mettre en valeur, et une créativité frisant le génie. Il me téléphona un jour pour me proposer une chanson parlant d'une globe-trotter qui rêve d'aller en Chine. « Je ne peux pas chanter quelque chose d'aussi éloigné de moi, lui dis-je. Je n'aime pas voyager et n'ai envie d'aller nulle part, ni en Chine ni ailleurs. » Des mois plus tard, à l'occasion d'une émission de radio en public, je fus aussi stupéfaite qu'énervée de l'entendre affirmer devant moi que je lui avais refusé une chanson qui parlait de la Chine parce que je détestais ce pays. Il continua de me le soutenir *mordicus*, même après que j'eus tenté de dissiper ce ridicule petit malentendu.

Lors de l'enregistrement de *L'amour en privé*, je connus une situation inédite dont l'inconfort fut à la hauteur de mes appréhensions au sujet de Jean-Claude. Depuis des années, chaque fois que j'avais des séances de voix en studio, je demandais à l'ingénieur du son de me mettre à l'abri des regards. Chanter ne m'est pas naturel et m'oblige parfois à me repérer de toutes sortes de façons bizarres – en battant la mesure par exemple –, ou à grimacer pour émettre certaines notes trop hautes ou trop basses. Interpréter pour la première fois une chanson en studio est une forme d'accouchement difficile, qui exige une grande concentration, et je ne supporte pas d'être vue dans cette situation de tension extrême. N'ayant cure de mes manies, l'inénarrable

Jean-Claude se posta face à moi, de l'autre côté du micro, avec un visage encore plus crispé que d'habitude et un regard qui ne présageait rien de bon. J'eus aussitôt le sentiment tétanisant qu'il me sauterait à la gorge comme un chien méchant au moindre faux pas et fus à la torture de devoir chanter dans des conditions aussi cauchemardesques. Mettez face à face deux personnes maladivement perfectionnistes et anxieuses – ceci découlant de cela – et il n'en résultera rien d'harmonieux, c'est l'évidence même…

Je ne sais plus comment nous réussîmes à mettre en boîte ce titre inspiré mais inchantable et à l'orchestration trop chargée. Toujours est-il qu'il figura comme un cheveu sur la soupe dans l'album hétéroclite et inégal de *Message personnel*. Il voisina ainsi avec une berceuse brésilienne que j'avais entendue à Rio et qui fut adaptée en français par mon adorable voisin de l'île Saint-Louis, le lunaire Georges Moustaki. Dans la foulée, il me proposa de chanter avec lui l'une de ses chansons, intitulée *L'habitude*. Michel Berger, Michel Bernholc – son sympathique orchestrateur – et moi-même eûmes rendez-vous chez Georges. Une fois dans son appartement, il nous demanda d'ôter nos chaussures pour gravir un escalier intérieur qui menait à un grenier aménagé où nous nous assîmes tous les quatre par terre en tailleur. C'est alors qu'une odeur pestilentielle envahit l'atmosphère. Il était impossible que je sois la seule à m'en rendre compte et cela me perturba tellement qu'une fois chez moi je mis aussitôt mes pieds sous mon nez. À mon grand soulagement, ils ne sentaient rien. Le contraire eût été étonnant, vu ma prédilection pour les tissus et les matières nobles, mais on ne sait jamais ! Comme l'initiative de Moustaki l'innocente *a priori* et que les deux autres suspects sont au ciel, il y a tout lieu de craindre que l'énigme de la mauvaise odeur qui empoisonna ce jour-là notre réunion de travail ne soit jamais élucidée.

La séance de voix avec Georges fut mémorable, elle aussi, car nous dûmes l'interrompre pendant des heures à cause d'un bruit mystérieux qui obligea l'ingénieur du son à démonter ses appareils. Finalement, au moment où l'exaspération générale était à son comble à cause du retard pris et de l'absence de solution à l'horizon, Georges, qui restait le seul à garder son calme, se rendit compte que le bruit qui parasitait nos voix venait de ce qu'il se grattait la barbe en permanence !

*

* *

Après avoir vainement tenté un régime amaigrissant, ma chère Léna repartit pour le Brésil, comme si elle avait rempli sa mission auprès de moi et devait la poursuivre ailleurs. Entichée d'une jeune Brésilienne qui lui serait fatale, Tuca rentra également au bercail. À peu près à la même époque, Jean-Marie alla vivre quelque temps en Grande-Bretagne chez Mick Jagger et comme Jacques n'était pas plus disponible pendant ma grossesse qu'avant, je fus plus que jamais en proie à la solitude. Mais rien n'était pareil, car il y avait notre bébé qui poussait. Je ne sais plus à partir de quand il me fit de tout petits signes très discrets, timides, de gentils petits toc-toc, comme pour dire : « Je suis là, tout va bien… » Cela me comblait de joie et me bouleversait.

À cette époque, on n'était pas en mesure de connaître à l'avance le sexe de l'enfant. Cette question m'inquiétait un peu, car, depuis le début, Jacques ne voulait pas entendre parler d'une fille. Je lus une publicité sur un test censé éclairer à ce sujet et m'empressai de le passer : il fallait juste humecter de salive une sorte de pastille et la poster. Quinze jours plus tard, je reçus une lettre qui commençait ainsi : « Chère Madame, nous sommes heureux de vous annoncer que l'enfant attendu est une fille. » Deux amis ainsi que mon acupuncteur interrogèrent séparément leur pendule en l'agitant au-dessus de mon ventre et confirmèrent les résultats du test : j'attendais bel et bien une fille. J'en informai Jacques pour l'habituer à cette idée. Mais quand je lui soumis ma liste de prénoms masculins et féminins pour que nous en choisissions deux ensemble, il s'arrêta à celui de Thomas et n'alla pas plus loin, malgré mon insistance. Une attitude aussi étrange était sans aucun doute à mettre sur le compte de son sixième sens, plus développé que la moyenne, qui lui dictait d'ores et déjà que nous aurions un garçon.

Ma mère fut évidemment encore plus omniprésente durant cette période et c'est avec elle que je fis toutes les emplettes indispensables à l'arrivée d'un bébé : layette, couches, lit à barreaux, landau, baignoire, etc. La naissance était prévue pour fin juin. Le 15, j'avais invité Catherine Lara à dîner et, par miracle, Jacques était présent. Comme toujours avec Catherine, tout se passa dans la joie et la bonne humeur. Elle prit congé tard et comme je n'arrivais pas à dormir, je me relevai, fis la vaisselle et mis l'appartement en ordre pour ne pas avoir à m'en occuper le lendemain. Une fois dans la salle de bains, je vis avec inquiétude que j'avais perdu un peu de sang. Il était autour de quatre heures du matin et n'osant déranger quiconque à une heure pareille, je finis par appeler ma mère qui me conseilla de téléphoner au médecin. Le Dr C., mon gynécologue-accoucheur qui avait l'inappréciable avantage de ne jamais quitter Paris, me dit de filer à l'Hôpital américain où il ne tarderait pas à me rejoindre. J'aurais dû demander à Jacques de m'emmener, mais cela ne me vint pas à l'esprit. Il ne me le proposa pas non plus, ou alors sans conviction, et c'est ma mère qui vint me chercher. En y repensant, il me semble que cela en dit long sur mon immaturité d'alors autant que sur la sienne : nous n'avions ni l'un ni l'autre coupé le cordon et cela expliquait en partie les difficultés de notre relation.

Les premières douleurs commencèrent dès mon arrivée à l'hôpital. Malgré les séances suivies pendant plusieurs semaines avec une sage-femme pour les éviter, elles furent atroces. Le Dr C., qui avait dû me cataloguer comme une jeune femme à problèmes fragilisée par une anxiété chronique, m'avait fortement recommandé d'accoucher sous anesthésie en me vantant les mérites d'un nouveau produit, le gamma-OH. Lorsque, cinq ans plus tard, je découvris les lumineuses théories d'Arthur Janov à propos de la naissance, je regrettai de n'en avoir pas eu connaissance plus tôt car, selon lui, l'accouchement sous anesthésie n'est pas ce qu'il y a de mieux pour l'enfant. Si l'on y réfléchit, cela semble effectivement aberrant que la mère dorme à un moment aussi crucial. C'est comme si elle signifiait à son petit qu'il doit se débrouiller tout seul au moment où il traverse l'épreuve inimaginable de sa naissance à un monde inconnu pour l'affrontement duquel il est si démuni qu'il dépend entièrement d'elle. Cela dit, que vaut-il mieux ? Un corps maternel crispé et tordu par une douleur abominable au point que l'esprit ne peut penser à rien d'autre que sa cessation la plus rapide, ou un corps, endormi certes, mais détendu qui rend l'arrivée du bébé au jour plus simple, moins effrayante aussi dans la mesure où la douleur physique fait pousser des cris terribles, quelque mal qu'on se donne pour les retenir ? La péridurale n'existait pas encore, et mon réflexe conditionné de me plier d'office à toute forme d'autorité me fit suivre l'avis du médecin sans me poser de questions, d'autant moins que la perspective de ne pas souffrir grâce au gamma-OH me rassurait beaucoup.

À mon réveil, Jacques et ma mère m'annoncèrent que nous avions un petit Tom qui était né à huit heures neuf minutes. J'appris avec un soulagement à la mesure des inquiétudes entretenues à ce sujet qu'il n'avait rien d'anormal et l'infirmière me mit enfin dans les bras le minuscule petit bout que j'avais tant désiré. Il avait une drôle de tête, rouge, fripée, aux yeux et aux cheveux noirs, une tête de petit vieux plus que de bébé, sans aucun rapport avec ce qu'elle allait vite devenir, mais j'étais d'autant plus comblée que Jacques semblait très heureux, lui aussi. À cette époque, les nouveau-nés étaient laissés à leur mère dans la journée et passaient la nuit dans la nursery de l'hôpital. Là encore, je fis confiance aux médecins sans m'interroger sur le bien-fondé d'une telle procédure, exactement comme ma mère avait suivi les injonctions de son époque selon lesquelles se lever la nuit pour consoler son bébé en pleurs le rendrait capricieux, alors qu'il est désormais établi que la non-satisfaction des besoins fondamentaux d'un enfant est la meilleure façon d'en faire un névrosé – et un capricieux. Lorsque nous dînâmes ensemble, Arthur Janov prétendit que durant les premiers jours de sa vie, le nouveau-né a besoin d'être sécurisé par la présence permanente de sa maman et que l'en séparer la nuit risque d'être lourd de conséquences. Mais peut-être que la présence d'autres nouveau-nés semblables à lui et de nurses susceptibles de mieux répondre à ses besoins qu'une maman novice en la matière le sécurise aussi ? Comment savoir ?

Serge se remettait d'un infarctus dans le même hôpital et me fit porter un petit mot. Le graphisme tremblé et moins appuyé que d'habitude trahissait sa faiblesse physique : « S'il est timide, ce sera un petit Tomas à la tomate », disait-il. Stockhausen m'écrivit : « *The baby is protected by other forces than you think ! It will be a being which has got a body from you and his father – but his real self will be unknown to all of us – to you too*

– until it opens itself to the others. No fears[1] ! » Ce message témoignait de la dimension spirituelle de son auteur et me parla d'autant plus que sa teneur correspondait à ma propre vision des choses, acquise grâce à mes lectures et à Léna.

*
* *

Au bout de quelques jours, je rentrai avec notre précieux bout de chou endormi dans son couffin que Jacques portait précautionneusement. Mais rien ne changea dans notre mode de vie qui semblait encore plus étrange maintenant qu'il y avait un bébé. Il vivait toujours chez lui et venait chez moi à peu près trois fois par mois, s'il était à Paris. Ma mère me remplaçait auprès de Thomas quand j'avais des obligations et je pus ainsi enregistrer *Message personnel* fin juillet. Comme pour le reste de l'album, l'orchestration en incombait à Michel Bernholc qui suivait les instructions de Michel Berger, et l'enregistrement eut lieu au Poste parisien, un studio donnant sur les Champs-Élysées. Les deux Michel formaient un tandem parfait, mais j'avoue que je me sentais plus à l'aise avec Bernholc dont la mine perpétuellement soucieuse déclenchait mon hilarité, et qui était de meilleure composition que Berger lequel, aussi fragile qu'il parût, faisait preuve d'une autorité, d'une exigence et parfois même d'une intransigeance intimidantes. Peu habituée à son style de phrasé très rythmique, je n'arrivai pas à bien placer une certaine phrase. Sa contrariété et son impatience me mirent encore plus sous pression, ce qui n'arrangea rien, et il dut renoncer à me corriger en se

---

[1]. « Le bébé est protégé par des forces que vous ne soupçonnez pas. Il a reçu son corps de son père et de vous, mais son véritable moi vous restera inconnu jusqu'à ce qu'il s'ouvre aux autres. Ne craignez rien ! »

rabattant sur les choristes pour couvrir mon incapacité. C'est à partir de ma collaboration avec Michel Berger que je perdis le peu de confiance que j'avais en mes vagues talents de chanteuse, au point de songer plus que jamais à tout arrêter.

En réécoutant l'enregistrement, ma voix parlée me dérangea et j'obtins de la refaire au retour des vacances. Hélas, comme cela arrive souvent en pareil cas et malgré mes injonctions répétées, l'intendance en perpétuel renouvellement de la maison de disques ne suivit pas et utilisa surtout la mauvaise version, reconnaissable à la façon dont je coupe et laisse perché en l'air, aussi peu naturellement que possible, le mot « voix », quand je dis : « Au bout du téléphone, il y a votre voix. » Je n'arrive pas à m'y faire et suis toujours aussi contrariée quand je l'entends.

*
* *

Jacques partit dans le Bordelais pour un mois. Malgré ses réticences, il avait fini par céder à l'insistance de Jean-Marie lequel, convaincu de son potentiel d'acteur, s'était mis en tête de le faire tourner avec son père, François Périer, qu'il rêvait de ramener au cinéma par la grande porte en lui offrant un rôle digne de lui. Il avait fallu la foi qui abat les montagnes à Jean-Marie tant pour monter financièrement son projet que pour convaincre Jacques de se jeter à l'eau. Le sixième sens de celui-ci l'avait pourtant averti depuis longtemps qu'il ne pourrait couper à cette nouvelle orientation, mais j'imagine que rencontrer son destin a quelque chose d'effrayant qui pousse à en retarder l'échéance. En l'occurrence, lucide comme il l'était, il savait que si chanter offre mille prétextes de faire la bringue avec les copains, il faut beaucoup plus de discipline quand on travaille en équipe au service d'un film et d'un réalisateur. Le chanteur reste par ailleurs à la tête de son propre jeu, alors que, d'une certaine façon, l'acteur est un pion interchangeable. Personne d'autre que lui n'aurait pu créer *Et moi et moi et moi*, mais s'il n'était pas disponible pour un rôle, il serait vite remplacé. Bref, du lourd et du sérieux l'attendaient désormais. Avec la naissance de son fils et le tournage de son premier film, l'année 1973 marquait clairement la fin de son adolescence. Pas étonnant qu'il se soit montré peu pressé de sauter le pas...

La distance maximale de Jacques vis-à-vis du star system ainsi que son manque d'ambition allié à une grande conscience professionnelle – au cinéma en tout cas – m'ont toujours impressionnée. Bien qu'il l'assume mieux que moi, ce qui est de l'ordre de la représentation semble lui peser davantage encore, et ce n'est pas peu dire. J'ai souvent pensé qu'il aurait été beaucoup plus heureux dans une activité de vétérinaire, de jardinier ou de chef de chantier, quand bien même il n'aurait pas eu les moyens de s'acheter des cigares et d'inviter tout le monde au restaurant. Jacques n'a pas le mauvais rapport au monde matériel qui caractérise la plupart des introvertis, peut-être parce qu'il est plus intériorisé qu'introverti. L'électricité, la plomberie, le chauffage, la maçonnerie, la peinture, les moteurs de voiture n'ont aucun secret pour lui. Il s'occupe comme personne des animaux et sait tout faire dans une maison comme dans un jardin. Je me rappelle avoir beaucoup impressionné Hélène Grimaud en lui racontant que je l'avais surpris un jour en train de repasser avec une pattemouille dont il s'était mis en devoir de m'expliquer l'utilité. « Il ne faut surtout pas lâcher un homme comme ça ! » s'exclama-t-elle en riant. Depuis, quand elle me demande de ses nouvelles, elle le désigne invariablement par « l'homme à la pattemouille ». Moi aussi, je suis épatée par le côté « manuel » de la personnalité de Jacques. Sa maîtrise des divers plans physiques de l'existence coexiste avec une sensibilité artistique hors du commun, et c'est ce mélange singulier qui me séduit chez lui.

Nous allâmes avec notre « produit », comme il l'appelait plaisamment, passer le mois d'août en Corse. C'est là que nous eûmes droit au premier sourire, un moment inoubliable, surtout quand on imagine qu'une âme en provenance d'un monde immatériel est désormais prisonnière de ce tout petit corps et va devoir en l'espace d'une courte vie faire entrer la lumière dans ce qui constitue pour elle une geôle terriblement sombre et exiguë. Son apparence restait assez noiraude et j'embêtais tout le monde pour savoir à partir de quand la couleur des yeux et des cheveux devient définitive. Toute ma famille avait les yeux bleus, toute la famille de Jacques aussi. Seules sa mère et moi avions les yeux verts. Les yeux et les cheveux de Thomas finirent par s'éclaircir, mais ce fut si progressif que, comme les victimes de mon harcèlement à ce sujet, je serais bien incapable de dire à partir de quand il eut à son tour les yeux bleus.

*
*   *

Depuis sa naissance, je m'interdisais toute sortie privée. Au bout de quelques mois, malgré le bonheur d'être la gardienne du sommeil de mon adorable bébé et de lui donner ses biberons à heures fixes, les manques inhérents à la solitude subie me tourmentèrent à nouveau, et je réalisai qu'il me fallait voir des amis de temps en temps pour me changer les idées. Ma mère abonda dans mon sens et eut la gentillesse de veiller sur Thomas les quelques fois où je m'absentais le soir. Mais mon appartement était trop petit et elle devait retourner chez elle quand je rentrais, ce qui la fatiguait. Malgré mon vif désir de rester dans l'île Saint-Louis, l'idée germa de déménager pour un appartement plus grand. « Pourquoi ne demandes-tu pas à Jacques de venir vivre avec le bébé et toi, ce qui, somme toute, serait dans l'ordre des choses ? » suggéra ma mère qui devait ruminer la question depuis belle lurette. Le nœud du problème était là, mais l'aborder avec Jacques revenait à lui mettre le couteau sous la gorge et notre relation risquait d'en pâtir. Forte des injonctions maternelles, je pris cependant mon courage à deux mains et mis les pieds dans le plat. Il me fallait un appartement plus grand, devais-je chercher pour Thomas et moi, ou pour nous trois ? lui demandai-je sur un ton faussement décontracté. « Tu ne te rends pas compte du chagrin que cela ferait à ma mère si je m'en allais », finit-il par répondre, apparemment aussi troublé que je m'attendais à ce qu'il le fût. Les émotions fortes aggravent mon manque de repartie mais, une fois n'est pas coutume, j'eus la présence d'esprit de répliquer que j'imaginais surtout le chagrin de sa mère si le père de ses deux enfants lui avait dit qu'il ne pouvait pas vivre avec elle et eux pour ne pas peiner sa propre mère. La réplique fit mouche et j'obtins le feu vert : je pouvais chercher pour nous trois.

Malgré notre trentaine, nous étions encore de grands enfants : moi à cause d'une maman aimante mais autoritaire et possessive qui, bien que m'ayant inculqué des règles de vie structurantes, me traita toute sa vie comme une petite fille parce qu'elle ne pouvait se résoudre à perdre son emprise sur moi ; lui à cause de la permissivité incroyable dans laquelle l'avait élevé sa mère, qui lui vouait une adoration d'autant plus inconditionnelle qu'elle avait failli le perdre à l'âge de trois ans d'une hernie étranglée, diagnostiquée *in extremis*. La mère de Jacques avait autant été privée d'affection dans son enfance que ma mère. Elle était née en 1914, alors que son père venait de décéder, et sa mère l'avait aussitôt prise en grippe, s'en débarrassant dès que possible en la mettant en pension. Le tableau était le même pour Pierre Dutronc, le père de Jacques : orphelin de père, il souffrit de la dureté des femmes de sa famille et fut expédié en pension très tôt. Contrairement à Madeleine Hardy, incarnation austère de la femme de devoir, Madeleine Dutronc, plus espiègle et gamine, était davantage restée dans le principe de plaisir. Si « Jacquot » n'avait pas envie d'aller à l'école, elle rédigeait des mots d'excuse qui firent dire plus tard à son fils chéri qu'elle était la plus grande scénariste qu'il ait connue. S'il n'avait pas envie de se laver, il ne se lavait pas et ainsi de suite. Tout petit, il devait prendre le métro seul pour aller à sa première école, celle des Oratoriens, car sa mère était allergique à ce moyen de transport. N'ayant pas reçu le minimum qui lui aurait permis de fonctionner sur un mode tout à fait adulte, elle n'était pas en mesure non plus de faire un véritable adulte du fils sur lequel elle avait cristallisé son affection. Trop sérieux et laborieux pour elle, son aîné l'avait moins intéressée que son cadet. Il devint haut fonctionnaire après avoir épousé dans sa prime jeunesse une femme de poigne et de devoir aux antipodes de sa mère, qui avait, elle aussi, beaucoup souffert du manque d'affection de ses parents, et aima son mari avec un dévouement sans faille. À en croire Jacques, peut-être à cause de leurs six années de différence, son frère Philippe et lui ne s'adressèrent guère la parole durant leur enfance. Je peux pourtant témoigner de l'estime affectueuse qu'ils semblent s'inspirer, même si, bien sûr, leur difficulté à communiquer en profondeur laisse penser que les sentiments ne passent, ni pour l'un ni pour l'autre, par les mots. Pierre et Madeleine Dutronc ont prodigué à leurs enfants les trésors de tendresse dont ils avaient été privés, mais l'autorité n'était pas leur fort. Les choses s'éclairent tout à coup : à quoi d'autre que l'absence quasi symétrique de figure paternelle dans ma famille et celle de

Jacques[1] imputer ses scrupules à devenir père, tout comme l'attirance qui a longtemps été la mienne pour les hommes-enfants ?

*
* *

Jacques enchaîna *Antoine et Sébastien* avec un film de second ordre, *OK Patron*, pour le plaisir de côtoyer Francis Blanche, Paul Préboist et Robert Dalban, des comédiens qui faisaient sa joie depuis toujours. Andrezj Zulawski, un jeune réalisateur polonais, ex-assistant d'Andrezj Wajda, préparait l'adaptation cinématographique du roman de Christopher Frank, *La Nuit américaine*, et cherchait un acteur pour incarner le mari de Romy Schneider qui tiendrait le rôle féminin principal. On lui parla de Jacques, qu'il souhaita rencontrer après avoir visionné *OK Patron*. Il organisa pour lui une projection de son premier long métrage, *La Troisième Partie de la nuit*, qui impressionna tellement l'intéressé qu'il accepta aussitôt cette nouvelle aventure. Non sans appréhension, j'imagine, car il y a un monde entre tourner avec des amis ou Francis Banche, et satisfaire un génie aussi torturé que Zulawski.

Il fut ensuite convié à un dîner professionnel où, contrairement à l'habitude, je l'accompagnai. Il y avait là je ne sais quelles personnes de cinéma qui faisaient partie de la production du film de Zulawski ou de son équipe. Elles l'informèrent que Romy Schneider avait besoin de tomber amoureuse sur chaque tournage soit de son metteur en scène, soit de son partenaire. Ignorant ma présence, elles lui firent ensuite valoir que Zulawski étant marié depuis peu à une ravissante

---

1. Ni autoritaire ni directif, Pierre Dutronc ne fut pas non plus un père très présent, puisqu'il travaillait la semaine et faisait des bals les week-ends en tant que pianiste pour arrondir ses fins de mois.

actrice, il était exclu que ce soit lui, tout comme il était exclu que ce soit Fabio Testi, l'autre rôle masculin du film, car il ne correspondait pas, *a priori*, aux goûts de la star. Il fallait donc, conclurent en chœur et avec le même sérieux ces gens pleins de tact, que ce soit Jacques qui se dévoue. J'étais retournée. En même temps, j'éprouvai un soulagement paradoxal car, dans mon immense naïveté, je ne doutais pas qu'il ait le minimum d'amour-propre requis pour que le principe d'un passage obligé à la casserole le braque au point d'écarter tout danger.

Je réussis à chasser cette scène dérangeante de mon esprit. La nécessité de trouver un nouveau lieu de vie m'occupait à plein temps et la perspective de vivre bientôt en couple après huit ans de relation séparée me donnait des ailes. Pourtant, quand je sus que lui qui était si rarement venu me chercher dans une gare ou un aéroport allait à Orly accueillir Romy Schneider, j'eus un pincement au cœur. Puis j'appris fortuitement que la dame tenait absolument à lui montrer personnellement *Le Trio infernal*, un film de Francis Girod dans lequel elle partageait la vedette avec Michel Piccoli, et les antennes de la jalousie de mon hémisphère cérébral droit donnèrent des signes d'inquiétude. L'hémisphère gauche m'incita à rationaliser aussitôt : il ne s'agissait là que d'obligations professionnelles imposées par Zulawski. Je ne pouvais cependant m'empêcher de soupçonner ce dernier de favoriser un rapprochement maximal entre ses acteurs, et les révélations du dîner me titillèrent sérieusement.

Dès le début du tournage de Zulawski, Jacques devint si invisible que je rongeai mon frein plus que jamais. Je sortais de temps à autre avec le scénariste Pascal Jardin. Il était fétichiste et, après m'avoir aperçue en bottes, avait fait sur moi une petite fixation qui me touchait d'autant moins qu'il affichait sa polygamie, tout en professant un amour fou pour son épouse. Il appartenait à cette race d'hommes qu'une femme n'accroche qu'à partir du moment où elle aime mortellement ailleurs. Comment prendre au sérieux les déclarations passionnées de tels hommes, dès lors qu'il est clair que votre inaccessibilité les intéresse mille fois plus que vous ? Lorsque Pascal jouait un peu trop sur le registre d'une séduction à laquelle je n'étais pas sensible, je devenais aussi désagréable que possible sans me rendre compte que c'était la meilleure façon de stimuler une libido sinon malade, du moins très compliquée, tant sa vie personnelle était hors normes. L'écouter en parler fascinait la midinette ingénue et désespérément exclusive que j'étais restée. Peut-être en rajoutait-il, peut-être était-il mythomane, mais il m'ouvrait des horizons d'autant plus déstabilisants qu'il ne manquait pas une occasion de me mettre au supplice avec les soi-disant nombreuses infidélités de Jacques. Les inventait-il pour que je tombe dans ses bras, ou cherchait-il juste à me dégrossir un peu ? Encore empêtrée dans mes idéalisations adolescentes, je n'avais pas conscience de la force d'attraction que l'innocence exerce sur le pervers.

Un soir, après le restaurant, Pascal Jardin m'emmena à L'Aventure, une discothèque à deux pas de l'Étoile, animée par Dani, égérie sulfureuse des sixties qui faisait parfois du cinéma et des disques. Je me retrouvai assise entre elle et Zouzou, autre égérie du même genre, pour qui Jacques avait composé des chansons, et qui avait un petit rôle dans le film de Zulawski. Ces deux jolies amazones étaient aussi différentes de moi que possible, et cela me gênait ; à côté d'elles, je faisais figure d'oie blanche qui ne connaît rien à la vie et surtout rien aux hommes. Histoire de dire quelque chose, je demandai à Zouzou comment se passait le tournage. Elle se mit alors à cracher son venin sur Romy Schneider avec une telle virulence que je m'en étonnai en lui faisant remarquer que Jacques, qui a pourtant la dent dure, n'avait émis aucune critique à son sujet jusque-là. « Évidemment, me rétorqua-t-elle, l'œil mauvais, ils sont ensemble ! » Et de ne m'épargner aucun détail sur la façon dont il était à ses petits soins et à ses ordres...

Le ciel me tombait sur la tête. Après avoir inventé je ne sais quel pieux mensonge à ma mère au téléphone pour qu'elle dorme chez moi sans m'attendre, je demandai à Pascal Jardin de m'emmener au 67, rue de Provence. Il s'exécuta sans mot dire. Ou peut-être est-ce ce soir-là, pendant le trajet, qu'il m'asséna qu'une telle ou une telle, ça n'avait aucune importance, mais que Romy Schneider, c'était une autre paire de manches, car il s'agissait là d'une vraie femme. J'étais absolument d'accord avec lui. Cette immense actrice se trouvait alors à l'apogée de sa beauté et de son talent. Il aurait fallu être de pierre pour lui résister ! Aurais-je résisté si le Marlon Brando du *Tramway nommé désir* ou du *Dernier Tango à Paris* avait jeté son dévolu sur moi ? Bien sûr que non ! Mais c'est une chose de comprendre une situation et de la trouver inéluctable, c'en est une autre de la supporter. Lorsque Pascal Jardin me déposa devant l'immeuble de Jacques, j'étais déterminée à rompre et n'avais jamais été aussi malheureuse de ma vie.

9

Les portes cochères fermaient désormais à la tombée
de la nuit et je ne connaissais pas le code de l'immeuble, mais j'étais trop mal pour ne pas attendre l'homme
que j'aimais aussi longtemps qu'il le faudrait, puisque
tout laissait supposer qu'il ne se trouvait pas chez lui.
Mouloudji, qui habitait un peu plus bas dans la rue,
m'aperçut alors qu'il rentrait chez lui. Nous nous
connaissions à peine et la sollicitude qu'il me manifesta
aussitôt en me proposant son aide me fit chaud au
cœur. Je le rassurai de mon mieux et il me laissa là,
l'air vaguement inquiet. Commença alors une longue
veille qui ne s'interrompit qu'à sept heures du matin,
lorsque quelqu'un entra dans l'immeuble. Je réussis à
m'engouffrer à sa suite et gravis les cinq étages jusqu'à
la porte de Jacques, devant laquelle je m'assis en me
répétant mentalement ce que j'avais ruminé toute la
nuit : quand une femme est amoureuse d'un homme
connu et séduisant, elle doit s'attendre à ce que d'autres
femmes lui tombent dans les bras et ne pas lui jeter la
pierre s'il succombe à certaines tentations ; à supposer
que ce soit ponctuel, ce qui lui arrivait sur le film de
Zulawski ne manquerait pas de se reproduire lors de
tournages ultérieurs ; je pouvais le comprendre, simplement, c'était au-dessus de mes forces et il valait
mieux arrêter là notre relation.

Il arriva une heure plus tard et mon cœur se mit à battre la chamade tandis qu'il montait ses étages sans se presser, en portant une mallette de cuir noir où il avait dû entreposer quelques cigares et le script du film. Je n'étais pas seulement bouleversée parce qu'il venait directement de chez une autre femme à côté de laquelle je n'étais pas sûre de faire le poids et qu'il aimait peut-être, mais aussi parce que j'étais la dernière personne qu'il s'attendait à voir et que ma pitoyable position de femme trompée et éplorée le prenant sur le fait ne pouvait que l'indisposer. Lorsqu'il fut face à moi, pas un de ses cils ne bougea, comme s'il trouvait naturelle ma présence sur son palier à cette heure matinale. Au fond de moi, j'admirai et enviai la force de caractère qui lui permettait de ne rien trahir de ses émotions. En éprouvait-il seulement ? Il me fit entrer et je me sentis écartelée entre l'obligation de rompre et l'impression dévastatrice de ne pouvoir me passer de lui. Le partager me détruisait déjà, le quitter me détruirait encore plus sûrement. Et j'étais là, devant lui, comme le drogué en manque qui, après avoir passé la nuit à se jurer de tout arrêter, est prêt à tuer père et mère dès que la drogue redevient à portée de main, pour y goûter encore, ne serait-ce qu'une fois.

Contrairement à moi, Jacques est plus sensible qu'émotif. C'est aussi quelqu'un qui marche à l'instinct, n'aime pas les grandes phrases et ne cherche pas à s'expliquer, encore moins quand on semble le mettre en demeure de le faire. M'entendit-il quand je lui exposai mon point de vue et parlai de le quitter ? Il me conseilla seulement de dormir un peu et quand il me rejoignit pour en faire autant, me montra que je lui faisais encore de l'effet. C'était sa façon à lui de me dire que rien n'avait changé. Il prétendrait par la suite qu'à la requête d'Andrezj s'était tenue ce soir-là chez Romy, rue Berlioz, une réunion de travail si interminable qu'il s'était endormi sur place. Il tablait sans doute sur ma naïveté ou ma faiblesse, car il était le premier à savoir que le silence qui laisse planer le doute est préférable aux mensonges d'enfant qui ne trompent personne. Les « Si tu savais… », dont il se contenterait les quelques fois où, par la suite, je ferais, malgré moi, allusion à cette liaison, me troublent encore aujourd'hui : quel jeu jouait-il avec moi ? Quel jeu avait-il joué avec elle ?

En juin 1982, Andrezj Zulawski fut interviewé à propos de Romy Schneider qui venait de mourir à l'âge de quarante-trois ans. Il crut bon d'évoquer sa folle passion pour un jeune acteur venu lui signifier, le dernier jour du tournage, que le film était terminé. D'après Zulawski, le choc qu'elle subit alors avait accéléré sa déchéance physique – son problème avec l'alcool n'était un secret pour personne. La presse dénature tout ou presque. Mieux vaut chercher la vérité ailleurs. Mais, au-delà de l'infinie compassion que m'inspira la fin de vie tragique de cette grande actrice, la lecture d'un tel témoignage retourna le couteau dans une plaie qui mit une dizaine d'années à cicatriser, puisque c'est le temps qu'il me fallut pour voir à nouveau ses films.

Des années plus tard, après bien des orages et des calmes plats, après bien des déchirures, mais aussi beaucoup d'amour de part et d'autre, quand le temps eut fait son œuvre et que Jacques fut foudroyé à son tour, il déclara soudain qu'il ne m'avait jamais trompée. Une telle assertion aurait eu de quoi estomaquer les complices de ses frasques, mais le sens m'en apparut clairement : ce qui se passait en dessous de la ceinture ne comptait pas. Dommage qu'il ait fallu attendre le point de non-retour pour qu'il exprime, à sa façon détournée, ce qu'il avait ressenti pour moi pendant si longtemps, même si je m'en doutais un peu. Dommage surtout que l'on ne puisse se passer de ce qui ne compte pas au risque de perdre ce qui compte. C'est un problème insoluble et vieux comme le monde. Je pensai à

Mireille. Elle voulait toujours savoir où j'en étais dans ma vie de couple et prenait le plus souvent le parti de Jacques. Peu après leur mariage, Théodore l'avait prévenue que s'il lui arrivait de trouver jolies la boulangère ou la fleuriste du coin, cela ne la regarderait pas. « Toute ma vie, il m'a été difficile de passer du respect au désir... », a reconnu Emmanuel Berl. Comment en vouloir à l'autre d'être différent de soi, alors que c'est cela même qui nous attire ? Comment se croire aimable au point de lui suffire en tout et à jamais ? Étrangement, le cœur n'arrive pas à suivre ce qui est si facile à accepter pour la raison. À la façon du cristal, il se fêle ou se brise au premier choc venu. Pour un malentendu, pour si peu de chose parfois...

*
*   *

La vie reprit son cours. Difficilement au début. Jacques n'était pas en mesure d'exaucer ma prière de nous retrouver au moins le samedi soir, ce qui m'aurait donné la force de supporter la situation. Je réalise mieux aujourd'hui qu'il n'avait pas trop de deux jours de repos pour se ressaisir et apprendre son texte de la semaine suivante. La bonne marche de ce tournage particulièrement difficile dépendait sans doute aussi de celle de sa relation avec Romy Schneider. La pression était telle qu'elle ne lui permettait pas de passer ne serait-ce qu'une soirée avec une femme en mal des preuves d'amour dont il la frustrait sans le vouloir. Une nuit où je touchais encore plus le fond que d'habitude, je fis quelque chose d'interdit – du moins à mes yeux –, j'appelai chez lui vers trois heures du matin. Contre toute attente, il décrocha, mais je compris à son ton qu'il n'était pas seul, surtout quand j'entendis la voix – reconnaissable entre toutes – de sa célèbre partenaire lui demander s'il souhaitait qu'elle s'en aille. Ce nouveau coup me mit tellement sens dessus dessous qu'allant une fois de plus à l'encontre de ma nature, je me décidai à répondre favorablement aux yeux doux que me faisait alors un grand artiste italien pour lequel je n'éprouvais rien d'autre qu'une profonde admiration. J'étais en train de me noyer et me saisissais de la première bouée à ma portée pour ne pas couler à pic. Sans doute cherchais-je confusément à établir entre Jacques et moi une symétrie dérisoire du genre : star italienne contre star autrichienne. Personne n'eut vent de cette parenthèse, d'autant plus vaine que, masculine par essence, la polygamie m'est étrangère. Malgré tout, susciter chez un homme estimé ce que l'épreuve du temps ne semble plus inspirer à celui qu'on aime redonne provisoirement un tout petit peu de la confiance en soi perdue. Mais je n'étais pas fière de privilégier égoïstement mes problèmes aux dépens des sentiments peut-être sincères d'un tiers. Ne pas jouer franc-jeu avec lui me culpabilisait, quand bien même il était marié, et que, d'une certaine façon, je n'avais aucun gant à prendre avec quelqu'un qui hésitait aussi peu que le père de mon enfant à courir le risque de blesser à mort une femme qui comptait beaucoup dans sa vie pour concrétiser un fantasme. Je coupai court très vite.

*
* *

J'avais tellement fait dépendre mon bonheur et mon équilibre de la venue d'un enfant que je m'en voulais aussi de ne pas m'en contenter maintenant qu'il était là. Chacun sait que pendant les premiers mois de la vie, le bébé dort énormément et que la relation avec lui, aussi tendre soit-elle, consiste essentiellement à le changer, le nourrir et le bercer. Le dernier biberon était à une heure du matin et le premier à six heures, ce qui faisait des nuits très courtes. Et puis le bonheur d'avoir ce petit être avec soi s'assortit inévitablement d'inquiétude. Un jour où je ne sais quel bruit se produisit

187

durant son sommeil, il ne se réveilla pas. Craignant aussitôt qu'il soit sourd, Jacques et moi nous employâmes à produire toutes sortes de sons assez forts qui le laissèrent de marbre, qu'il dorme ou non. Au comble de l'angoisse, j'appelai le pédiatre qui m'apprit que les bébés ne réagissent qu'aux bruits rythmés, ce que nous n'eûmes aucun mal à vérifier.

Quatre mois durant, je m'étais astreinte à visiter une moyenne de deux appartements par jour en vue de déménager, mais rien ne convenait. Lassée de perdre ainsi mon temps, je me résignai à cesser provisoirement mes recherches. À peine avais-je pris cette décision qu'une agence immobilière me contacta pour visiter une maison dans le XIVe arrondissement. Son prix était très au-dessus de mes moyens, mais la personne au bout du fil insista tellement que j'accédai à sa requête. Lorsque je franchis le seuil du 13 de la rue Hallé, j'eus, malgré le mauvais état des lieux, l'intuition immédiate que c'était l'endroit rêvé, entre autres à cause du vaste séjour qui débouchait sur une verrière de plain-pied avec un jardin. Lorsque Jacques vint visiter à son tour, sa réaction fut celle à laquelle je m'attendais : il avait toujours rêvé d'un jardin – ou à défaut d'une terrasse – et la perspective d'en avoir un l'aiderait à rompre avec ses habitudes de célibataire.

*
* *

C'est au début de l'année 1974, me semble-t-il, que, fort du succès de *Message personnel*, Michel Berger me fit entendre *Je suis moi* en vue d'un nouveau single. J'en aimais beaucoup la mélodie – les couplets surtout, car les refrains étaient un peu pompeux pour mon goût –, mais le texte me déplaisait fortement, à commencer par le titre. Je trouvais grotesque de chanter « Je suis moi / j'entends, je sens et je vois / Je suis moi / comme pour la première fois ». Michel ne tint pas sa promesse d'améliorer son texte et je me retrouvai à la séance pour enregistrer sa chanson telle qu'il me l'avait présentée. L'ayant répétée assidûment dans mon coin, j'avais pris à nouveau quelques faux plis qui me firent buter sur une ou deux notes. Les choses dégénérèrent bêtement entre lui et moi à ce sujet. Biberon oblige, la brièveté de mes nuits ne me permettait pas de chanter trop tard et nous étions convenus de ne pas aller au-delà de vingt heures. À l'heure dite, la chanson n'était pas encore en boîte et Michel me demanda de continuer. Évidemment, l'addition de la fatigue et de la pression me fit chanter de plus en plus mal. Ne sachant comment sortir de l'impasse, je finis par me plaindre de l'heure et suggérai de reprendre le lendemain. Comme si une mouche l'avait piqué, il m'accusa alors de faire des caprices de star, comportement *a priori* aux antipodes de mon côté sage et laborieux, mais on ne se voit pas comme les autres vous voient. Justifié ou non, son reproche me blessa au point que je me sentis obligée de suivre ses injonctions. Pour tout arranger, il alla bouder dans son coin et je remis pour la énième fois sur le métier mon ouvrage avec la seule assistance du gentil Bernholc, désemparé d'être ainsi pris en sandwich entre nous deux. Lorsque, trois heures plus tard, il sortit enfin de sa bouderie, Michel déclara que ce qu'il entendait était nul et qu'il faudrait tout refaire. Je rentrai chez moi, bien plus chagrinée par sa froideur que par ses critiques.

Il me semble que c'est le lendemain que France Gall vint dîner avec nous dans une brasserie à côté du studio. Elle se montra ce soir-là si acidulée, n'épargnant aucune pique à Michel, que je fus la dernière à croire en la rumeur qui se répandit quelques semaines plus tard selon laquelle elle et lui étaient ensemble. Peut-être cherchait-elle à brouiller les pistes, au cas où j'aurais subodoré quelque chose ? Son attitude peu amène aurait pu pourtant me mettre la puce à l'oreille, en ce qu'elle n'entrait pas dans le cadre du rapport professionnel qu'elle avait elle-même voulu et provoqué. Peut-être se défendait-elle ainsi d'une attirance naissante ? Quand la rumeur se confirma, j'eus d'abord du mal à comprendre que l'on quitte Julien Clerc pour Michel Berger, mais certaines raisons m'en sautèrent vite aux yeux : Michel prit avec le sérieux que l'on sait, et qu'elles méritaient, les aspirations artistiques de France qui avaient moins intéressé Julien dans l'ombre de qui elle avait vécu avec beaucoup d'abnégation. De plus, il était un homme fidèle et capable de donner le meilleur de lui-même pour que son âme sœur se réalise. Surtout, alors que Véronique Sanson n'avait pas besoin de lui pour la suite de son parcours professionnel et que leurs ressemblances musicales constituaient une sorte de handicap, France et Michel se complétaient beaucoup mieux : sous l'angle artistique, il avait autant besoin d'elle qu'elle de lui.

Le départ de France rendit Julien si malheureux qu'il réussit à lui extorquer trois jours pour la convaincre de revenir. Michel toucha le fond à ce moment-là, persuadé d'avance qu'il avait déjà perdu celle qui avait si vite réussi à le séduire. Je m'en souviens, parce que cela se passait autour du 1er mai et qu'affectée par sa détresse j'eus très à cœur de lui faire porter un pot de muguet, avec un mot où je lui parlais de sa complémentarité avec France et de ma conviction qu'elle lui reviendrait. Je me fondais sur les informations souvent aléatoires données par cette astrologie dont il ne voulait pas entendre parler, mais qui, en l'occurrence, plaidaient clairement en sa faveur. J'ai toujours pensé que c'est au cours de ces quelques jours d'enfer que Michel composa et écrivit sa sublime chanson *Seras-tu là ?*, qui sortirait un an plus tard. Véronique Sanson pense différemment, et j'ignore qui, d'elle ou de moi, est la mieux placée pour connaître la vérité. Peut-être en détenons-nous chacune une parcelle ? Il est fort probable que Michel ait été inspiré autant par le coup mortel de la disparition sans préavis de Véronique, quelques mois plus tôt, que par les tergiversations de France qui en réactivaient les effets. Bernard de Bosson m'offrit la primeur de cette chanson avant sa sortie et j'eus du mal à retenir mes larmes en l'entendant, non seulement à cause de la beauté poignante de la mélodie, mais aussi de la teneur du texte qui me remuait le couteau dans la plaie.

*
* *

Hugues de Courson, l'ami de Patrick Modiano avec qui il avait commis *Étonnez-moi Benoît*, me proposa de réaliser mon prochain album auquel je travaillais déjà et que je souhaitais plus personnel que le précédent. Comme je ne savais trop à qui m'adresser, j'acceptai. Ce fut mon seul album élaboré autour de ce qu'on appelle pompeusement un « concept ». Il s'intitulait *Entracte* et racontait, chanson après chanson, les phases successives d'une aventure d'un soir entre un inconnu et une jeune femme délaissée par l'homme qu'elle aime et cherchant à lui rendre la monnaie de sa pièce. L'idée que Jacques écoute ce disque et se pose des questions dérangeantes à mon sujet me stimulait au dernier degré, mais il ne s'intéressait guère à ce que je faisais et n'entendit probablement jamais les appels au secours que je lui adressais sous cette forme déguisée. Heureusement d'ailleurs, car trop exposer sa vulnérabilité se retourne le plus souvent contre soi... Le plus important, et de loin, n'était-il pas de pouvoir sublimer mes tourments ?

Il y eut sur *Entracte* deux musiques de Catherine Lara qui s'intitulèrent *S'il avait été* et *Il y a eu des nuits*. J'y dévoilais certaines choses inavouables avec une acuité qui m'étonne encore aujourd'hui. Catherine assista bien sûr aux séances. Elle avait l'art de détendre l'atmosphère autant que de l'électriser. S'étant absentée quelques minutes pour s'alimenter, elle revint, hilare, nous annoncer qu'elle venait d'avaler une dent provisoire en mangeant un sandwich, ce qui me fit rire aux larmes. Quelques années plus tard, lors d'un dîner à la maison avec sa compagne de l'époque, nous entendîmes un étrange petit bruit sec après qu'elle eut mordu dans une cuisse de poulet : l'une de ses dents était tombée par terre. Une telle situation est aussi comique pour les autres que cauchemardesque pour celui qui la vit et j'ose espérer que Catherine a changé de dentiste depuis !

Hugues de Courson eut l'excellente idée de demander les orchestrations de cordes à Del Newman qui avait écrit celles de *Yellow brick road* d'Elton John et de *Tea for the tillerman* de Cat Stevens. Je garde le souvenir d'un homme d'une qualité humaine et spirituelle au-dessus de la moyenne, qui, à l'instar de Georges Brassens, rayonnait d'une bonté et d'une humilité telles que tout le monde l'aimait. Ses cordes étaient magnifiques et, phénomène rarissime, les musiciens convoqués par Hugues pour les interpréter se levèrent à la fin des prises pour applaudir son travail et sa direction[1]. Mais s'il fallait choisir une seule chanson sur cet album dont je reste fière, et qui ne marcha pas du tout, ce serait *Fin d'après-midi*, l'une de mes dernières mélodies inspirées, pour laquelle je n'étais pas arrivée à trouver un pont. Jacques, à qui j'avais demandé de m'aider, m'en proposa un. Comme les harmonies m'en plaisaient plus que la ligne mélodique, j'en fis un pont

---

1. J'ai assisté à la même chose lors de séances avec Gabriel Yared : après l'enregistrement des cordes de sa chanson *Mazurka* – un vrai bijou –, tous les musiciens se levèrent spontanément pour l'applaudir.

instrumental. Un jeune musicien noir dont je regrette de ne pas avoir noté le nom improvisa sur cette intéressante suite d'accords une formidable partie de saxophone qui donna à la chanson la dimension qui lui manquait.

*
* *

Nous retournâmes en Corse cet été-là, Jacques, Thomas qui commençait à peine à marcher, ma mère et moi. Un matin, les cloches de l'église du village sonnèrent d'une façon qui m'inquiéta d'autant plus qu'il soufflait un vent à décorner les bœufs, peu propice à la sérénité. J'allai vite signaler à Jacques qu'il semblait se passer quelque chose d'anormal, mais il me fit remarquer qu'il était naturel d'entendre les cloches un dimanche. En réalité, elles sonnaient le tocsin et nous apprîmes qu'il y avait le feu à une distance peu alarmante. Quelques minutes après, il était à nos portes et nous prîmes la fuite en direction de Bastia, car si la situation empirait, je pourrais rentrer à Paris avec le bébé plus facilement qu'en allant à Calvi d'où les avions ne décollent pas quand il y a trop de vent. L'idée s'avéra mauvaise puisqu'un autre feu nous barra la route avant d'arriver à destination, nous obligeant à rebrousser chemin. À L'Île-Rousse, l'hôtel La Pietra, situé à l'extrême pointe d'une avancée rocheuse dans la mer, nous trouva une chambre de fortune où nous séjournâmes dans l'attente anxieuse de nouvelles de Monticello, qu'une épaisse fumée dissimulait aux regards. Comme chaque fois que tout l'environnement flambe et que le vent souffle à plus de cent kilomètres à l'heure, l'atmosphère était apocalyptique.

Dès que ce fut possible, Jacques remonta à la maison où il fit connaissance avec nos voisins, restés courageusement sur place pour lutter contre le feu qui menaçait directement nos habitations respectives. C'étaient des gens aussi intéressants que charmants qu'une vieille querelle avec la famille Billon-Périer nous avait empêchés de fréquenter jusque-là. Jean et Madeleine Billon ayant quitté Monticello pour Deauville, nous fûmes enfin plus libres de nos mouvements et heureux de rattraper le temps perdu avec nos obligeants voisins, grâce auxquels notre maison échappa aux flammes cette année-là.

Le vandalisme me scandalise. Quand j'appris que les incendies étaient criminels et entendis une avocate indépendantiste assurer avec une fierté mal placée que la Corse serait un rocher désertique mais libre, mon premier mouvement fut de quitter une région où les autochtones étaient assez stupides pour mettre le feu chez eux, au risque de détruire leur écosystème. Mais Jacques m'assura que c'était plus compliqué que cela, qu'il y avait des problèmes partout et qu'il ne fallait pas baisser les bras à la première difficulté venue. Il avait raison, bien sûr, et les causes des incendies criminels sont en effet multiples et généralement sans rapport entre elles : inconséquence, pyromanie, motivations agricoles, politiques, économiques, immobilières ou autres... Il n'empêche qu'il n'y avait pas eu un seul problème d'incendie depuis les sept années où je venais en Corse, alors qu'à partir de 1974, année difficile à bien des égards, il suffirait que la météo annonce quelques jours de vent pour que les départs de feu se déclenchent simultanément dans divers endroits inaccessibles aux pompiers.

*

* *

Ma sœur vivait alors avec le patron d'une petite agence spécialisée dans la presse à scandale, un Allemand peu recommandable qui, lorsqu'il habitait dans le Midi, avait, j'ignore comment, tenté de faire passer tous ses frais de téléphone sur ceux de ma maison en Corse, où Michèle et lui avaient séjourné à plusieurs reprises. Sans doute pensait-il qu'évaporée comme la plupart des artistes, je ne prêtais aucune attention à ce qui sortait de ma poche. Il n'avait pas tort, mais ma mère, qui avait lâché son travail d'aide-comptable pour s'occuper de mes finances, fut vite alertée par l'énormité subite du montant de mes factures. De son côté, ma sœur n'avait rien trouvé de mieux que travailler pour *Ici Paris* et me bombardait régulièrement de demandes importunes. Bien avant la naissance de Thomas, elle me téléphona pour m'informer que son journal souhaitait faire un sujet sur Jacques et une jeune animatrice de télévision. « Qu'en penses-tu ? » me demanda-t-elle avec une fausse candeur qui m'exaspéra. J'eus du mal à ne pas l'envoyer sur les roses et lui répondis poliment que ce n'était pas à moi de décider ce genre de chose mais à Jacques lui-même, comptant en mon for intérieur sur son refus catégorique. Mais quand elle réussit à le joindre, elle lui affirma que j'étais au courant et tout à fait d'accord avec son idée. Il dut se sentir plus ou moins coincé et le sujet fit les gros titres d'*Ici Paris*. Évidemment, quand je tombai enceinte, il aurait fallu que j'accorde l'exclusivité tant de la nouvelle que des photos de la naissance à ce journal, mais je tins bon. Il y eut aussi un chantage impensable dont ma mère, chargée de me convaincre d'accepter une interview pour l'agence du compagnon de ma sœur, finit par m'avertir : si je refusais, avait-il menacé, il publierait des révélations fracassantes sur la vie personnelle de Jacques. Peu à peu, j'en arrivai à ne plus supporter ce couple manipulateur, sans éthique et sans tact.

L'incendie qui avait ravagé notre coin de Balagne était à peine maîtrisé quand, à ma vive contrariété, j'appris que ma sœur débarquait à l'improviste pour m'interviewer sur les événements. Jacques ne vit pas non plus d'un bon œil son arrivée. Il appréhendait autant que moi les déformations journalistiques et évoqua la susceptibilité corse : certaines personnes pourraient fort mal prendre des déclarations maladroites à propos du feu et la presse à scandale était assurément la moins désignée qui soit pour traiter d'un tel sujet. Aussi, lorsque Michèle, qui n'avait pas daigné nous consulter sur l'opportunité de sa venue, me mit en devoir de répondre à ses questions, refusai-je tout net. Commença alors un long harcèlement, auquel ma mère participa et dont le leitmotiv était qu'il fallait me montrer coopérative vis-à-vis d'une sœur qui ne jouissait pas de mes privilèges et gagnait mal sa vie. J'avais déjà manifesté ma solidarité en lui achetant un grand studio à Montmartre, mais ce n'était plus d'actualité. Un jour, toutes les deux se liguèrent contre moi d'une façon telle que je me réfugiai dans ma chambre pour pleurer. Ulcéré, Jacques me rejoignit et me prit dans ses bras en me disant que l'on pouvait rentrer tout de suite à Paris si je voulais. Je finis par céder à Michèle, non sans lui poser des conditions qui ne furent pas respectées, ce dont elle rendit responsable le rédacteur en chef du journal. Combien de fois ai-je eu envie de l'étrangler en l'entendant dire : « Françoise dit systématiquement non à tout, mais si on insiste, elle finit toujours par dire oui… » Elle mettait mon attitude sur le compte de la faiblesse et de l'influençabilité, sans envisager que j'avais pu me résoudre, la mort dans l'âme, à privilégier son intérêt aux dépens du mien. Me serais-je comportée comme elle si j'avais été à sa place ? Je serais tentée de répondre par la négative, mais ce n'est qu'un jeu de l'esprit car nul ne sait ce qu'il ferait dans telle ou telle situation, tant qu'il n'y a pas été réellement confronté.

À mon immense soulagement, Michèle alla peu après s'installer définitivement à Munich avec son fiancé allemand, que Jacques surnommait « le sanglier ». Nos rapports se bornèrent dès lors à des cartes postales au moment des fêtes et de nos anniversaires respectifs.

*

* *

Depuis son premier disque, j'appréciais un jeune chanteur et *songwriter* anglais surdoué, Nick Drake, que les médias boudaient inexplicablement. Aussi, quand je me trouvais dans son pays, en parlais-je à chaque journaliste rencontré avec tout l'enthousiasme que m'inspirait son grand talent, dans l'espoir de contribuer à mieux le faire connaître. Il l'apprit et j'eus la surprise de le voir arriver dans le studio londonien où j'enregistrais. Il me rendit visite plusieurs fois, mais la barrière de la langue nous empêchait de communiquer, à moins qu'elle ait été un paravent commode pour masquer des blocages plus profonds de part et d'autre... Il s'asseyait dans un coin du studio et restait là des heures, sans dire un mot, comme s'il lui suffisait de savoir que j'aimais ses chansons.

L'introversion excessive de Nick frisait l'autisme. La photo d'une pochette le montre assis, à côté de ses chaussures, comme s'il voulait exorciser son inconfort personnel en s'en jouant. Il m'avait téléphoné fin 1972 pour m'annoncer qu'il était de passage à Paris. À tort ou à raison, chaque appel de sa part me paraissait une sorte de SOS qu'il fallait se garder de prendre à la légère. Ce soir-là, je devais aller avec des amis dîner et écouter Véronique Sanson au restaurant de la tour Eiffel qui faisait cabaret. Je n'avais pas d'autre choix que de l'emmener avec nous, ce qui me paraît surréaliste quand j'y repense. Non à cause de Véronique Sanson dont l'immense talent nourri d'un mal-être existentiel comparable au sien ne pouvait que le toucher, mais parce que se retrouver dans un lieu public où des étrangers sablent le champagne en parlant trop fort devait être la dernière chose dont il avait envie.

C'était si curieux qu'il arrive ainsi à l'improviste, sans jamais se départir d'un mutisme que mon instinct, à tort peut-être, me commandait de respecter... Si étrange qu'il ne sache rien de moi, que je ne sache rien de lui et que nous ne cherchions ni l'un ni l'autre à en savoir davantage... Attendait-il quelque chose ? un mot ? un geste ? un pas ? Quelles raisons l'avaient amené à Paris ? Se pouvait-il qu'il soit venu pour moi ? Cette dernière éventualité ne m'effleura pas l'esprit, et je m'étonne rétrospectivement de n'avoir posé aucune question. La peur de le brusquer sans doute... La peur de le blesser aussi...

Fin 1974, sa mère m'informa qu'il était décédé dans son sommeil à cause, croyait-elle, d'une overdose de médicaments. Il n'avait que vingt-six ans ! Au-delà du bouleversement dans lequel cette nouvelle me plongea, je ne pus m'empêcher de penser que sa mort s'inscrivait dans la logique du mal-être que l'on percevait chez lui. Aurait-il vécu plus longtemps si le succès avait été au rendez-vous ? Ou, à l'inverse, est-ce parce qu'une part de lui était restée dans les limbes que le succès l'avait fui ?

Des années plus tard, quelqu'un me transmit une lettre de Mme Drake. Entre-temps, j'avais suivi des cours de graphologie dont il me restait quelques bases : je contemplai avec un intérêt ému cette belle écriture de femme évoluée, équilibrée, pleine de chaleur et de vie, et me posai encore plus de questions sur les racines du mal qui avait rongé son fils. Peut-être était-il juste trop sensible ? un écorché vif que tout heurtait de plein fouet ? une âme pure qui avait sous-estimé les difficultés de l'incarnation terrestre et était remontée au ciel presque aussi vite qu'elle en était descendue, après avoir offert au monde des perles trop belles dont il n'avait pas voulu...

*
* *

C'est en septembre ou en octobre que nous emménageâmes au 13 de la rue Hallé dans une grande maison sans cuisine opérationnelle, dont le papier peint des deux minuscules salles de bains tombait en lambeaux. Je quittai sans regret mon appartement de l'île Saint-Louis où tout était beau, zen et fonctionnel. Rien ne pouvait me rendre plus heureuse que vivre enfin avec l'homme que j'aimais et notre irrésistible petit garçon. Une nouvelle vie commençait.

10

Thomas était âgé d'un an et quelques mois au moment du déménagement. En dehors des récentes vacances d'été, il n'avait vu son père qu'épisodiquement et prit mal le fait de devoir d'un seul coup me partager avec lui. Chaque fois que je le portais et que Jacques s'approchait, il pleurait en le repoussant de toutes ses forces. L'instinct qui attache viscéralement le nouveau-né à la première personne qui s'occupe de lui s'accentue encore quand il n'a qu'elle comme repère. Un certain sentiment d'insécurité, dont la possessivité constitue l'un des signes, peut en découler et comme les situations et les événements de la petite enfance nous conditionnent à vie, je me demandai un peu tard si l'intrusion aussi tardive que brusque de son père dans la relation fusionnelle à laquelle Thomas était accoutumé n'amplifierait pas de façon durable une kyrielle d'affects négatifs. Il est si difficile pour un adulte d'accepter de ne plus être le seul centre d'intérêt de l'être aimé, alors pour un tout-petit...

On a beau se dire que le mieux est l'ennemi du bien, se répéter la phrase de Freud selon laquelle, quoi qu'on fasse, on a toujours tort, on a beau songer aux traumatismes objectivement majeurs que subissent trop d'enfants en bas âge, l'aspiration à favoriser autant que possible l'équilibre futur du petit être que l'on a la responsabilité d'avoir mis au monde taraude sans cesse, avec son cortège de questionnements. La sagesse venant parfois avec les années, on finit par comprendre que les épreuves sont là pour nous obliger à évoluer, puisque tel est le but de l'incarnation. Mais le problème n'en demeure pas moins : comment éviter à un enfant les souffrances nuisibles à son développement, comment contribuer à son épanouissement, et l'armer suffisamment pour affronter les difficultés de la vie ?

Le soir, son père et moi mettions Thomas entre nous dans le lit et j'attendais qu'il s'endorme pour le porter dans la chambre voisine. Mais il se réveillait en pleurs quelques heures plus tard et j'allais le consoler jusqu'à ce qu'il se rendorme, ce qui lui prenait d'autant plus de temps qu'il se doutait bien que j'irais aussitôt rejoindre l'« intrus ». Dès qu'il fut en âge de parler – très tôt –, nous l'entendîmes de sa chambre plaider ainsi : « Maman, tu es avec papa et moi je suis tout seul ! » La vérité sort de la bouche des enfants : n'est-il pas illogique, dans l'absolu et pas seulement du point de vue de l'enfant, qu'il soit laissé à lui-même dans le noir, pendant que les adultes se serrent l'un contre l'autre ? À ma connaissance, seul Arthur Janov a soulevé ce lièvre et dénoncé la rigidité de la pensée occidentale à ce sujet.

Jacques est très patient et s'y entend en matière d'apprivoisement. Peu à peu, le rejet dont il était l'objet s'atténua, et tout rentra dans l'ordre. Quant à la vie rue Hallé, elle fut dès le début une sorte de marathon pour moi qui devais m'occuper de mille choses à la fois : Thomas bien sûr, mais aussi mes obligations tant professionnelles que domestiques, ces dernières étant considérables puisque les copains de Jacques – manuels comme lui – l'aidaient à aménager la maison et restaient souvent dîner. Par-dessus le marché, Thomas ne voulait jamais faire de sieste. Aussi tombait-il de sommeil vers vingt heures pour se réveiller deux heures plus tard, en pleine forme jusqu'à une heure du matin ! Heureusement, ma mère s'occupait de lui plusieurs après-midi par semaine, ce qui me laissait du temps pour mon travail.

*
* *

Jean-Pierre Nicola vint me voir à la fin de l'année 1974. C'était un astrologue que je connaissais de nom et qui m'avait repérée lorsque j'assistais à ses cours publics auxquels je ne comprenais d'ailleurs pas grand-chose. Il allait fonder une revue qui développerait ses idées et souhaitait ma participation. J'étais loin d'avoir le niveau requis, mais, me rassura-t-il, il m'aiderait et nous ferions certaines choses ensemble au début. L'importance capitale de cette rencontre ne m'apparut pas tout de suite. En m'obligeant à me jeter à l'eau sans savoir nager, comme cela avait été le cas pour la chanson, Jean-Pierre allait m'initier à une astrologie intelligente et m'amener à la servir, à ses côtés, dans la mesure de mes moyens.

À la demande des éditeurs, il chargea aussi Élizabeth Teissier d'écrire une chronique qui devint vite l'objet de commentaires amusés, tellement elle faisait tourner l'astrologie autour de sa personne. Philippe Bouvard organisa un débat télévisé qui l'opposait à un représentant de l'Union rationaliste. Il s'agissait d'une émission en public où Jean-Pierre, moi et quelques autres fîmes acte de présence pour la soutenir. Elle arriva vêtue d'une petite jupe noire fendue jusqu'à mi-cuisse et d'un haut rose vif moulant. Bien évidemment, le réalisateur demanda à son cameraman de faire un maximum de gros plans sur les jambes parfaites et le décolleté vertigineux d'Élizabeth qui, dès la fin de l'émission, cria au scandale. Elle me fit penser à ces femmes qui jouent plus ou moins consciemment la carte d'une certaine provocation et fustigent ensuite le malheureux qui a cru y voir une invite en lui assénant avec mépris : « Pour qui me prenez-vous ? »

Un soir, j'organisai un dîner d'astrologues auquel elle fut conviée. Elle voulut savoir si Jacques serait présent, condition *sine qua non* bien compréhensible pour que son mari de l'époque l'accompagne. Jacques pensait être parmi nous, mais il n'arriva qu'après le dîner, au cours duquel le mari d'Élizabeth, qui devait s'ennuyer ferme, nous avait faussé compagnie. Tout dégénéra ensuite entre elle et nous. Comme elle s'était mise à me reprocher de prendre le livre de Jean-Pierre, *La Condition solaire*, pour la Bible, je rétorquai que ce traité était en effet, et devait être, une bible pour qui s'intéressait autant qu'elle et moi à l'astrologie, insistant sur le génie indiscutable de son auteur dans ce domaine. Elle accusa ensuite Jean-Pierre de ne pas sillonner la France pour faire des conférences destinées à répandre la bonne astrologie. Il répondit qu'il se sentait d'autant plus utile en écrivant des livres, que sa secondarité l'empêchait d'être aussi performant comme pédagogue que comme chercheur. Jacques et ses amis arrivant sur ces entrefaites, un chaos indescriptible se mit à régner. Élizabeth prit congé en traitant Jean-Pierre de Jésus-Christ tandis que ce dernier l'appelait Marie-Madeleine.

Toutes proportions gardées, mon esprit d'escalier et mon émotivité font que je suis, moi aussi, meilleure à l'écrit qu'à l'oral. C'est la raison pour laquelle, dans les années quatre-vingt, je refusai de participer à une grande émission télévisée sur l'astrologie, animée une fois de plus par Philippe Bouvard. On me la présenta comme une table ronde avec des participants de haut niveau tels que Marcel Jullian, mais aussi Jean-Charles de Fontbrune qui avait paniqué la France entière, l'espace d'un été, avec sa nouvelle traduction des prophéties de Nostradamus et, bien sûr, l'inévitable Élizabeth Teissier. L'attaché de presse chargé de me convaincre me fit valoir que si personne ne venait défendre la bonne astrologie, il ne faudrait pas me plaindre que la mauvaise continue de sévir. Ma sœur avait raison après tout : la force de certains arguments me fait parfois accepter d'aller au casse-pipe, quand bien même mon instinct me commande de rester chez moi.

L'émission était en direct, à une heure de grande écoute, mais une fois sur place, je m'aperçus avec consternation que la table ronde annoncée se bornait à un tête-à-tête entre Élizabeth Teissier et moi. Je me payai alors un trac terrible car Élizabeth est bien plus une femme de verbe que je ne le suis, et son aisance dans le maniement des références culturelles me fait fâcheusement défaut. Nous n'avons pas la même conception de l'astrologie puisqu'elle a fait de la prévision son cheval de bataille, alors que cette science humaine se borne à informer sur l'un de nos multiples conditionnements – celui en rapport avec les rythmes du système solaire – et permet juste de repérer dans le temps, ainsi que de qualifier plus ou moins les diverses phases de notre évolution, laquelle est tributaire de bien d'autres facteurs que les cycles et configurations planétaires, et ne se traduit pas forcément en termes d'événements ou de dénouements particuliers. J'étais si paniquée que je me souviens mal du débat durant lequel je me raccrochais parfois au regard bienveillant de Charles Aznavour, assis au premier rang du public. Un court extrait en a souvent été diffusé depuis par les médias. Il n'est pas à l'avantage d'Élizabeth, puisqu'on m'entend lui dire que l'astrologie n'est pas prédictive et qu'en faisant croire le contraire elle fait preuve soit d'incompétence, soit de malhonnêteté. Malgré l'injustice d'un parti pris médiatique où, en dehors de cette sortie, j'avais sans doute été moins brillante que mon vis-à-vis, tant mieux si j'ai fait passer auprès de quelques téléspectateurs l'idée que l'astrologie n'est pas une science divinatoire.

*
* *

À moins de donner des consultations à des tarifs exorbitants, l'astrologie ne nourrit pas son homme et Jean-Pierre Nicola aura en permanence tiré le diable par la queue, tout comme les astrologues qui se sont ralliés à lui. À partir de 1975, je consacrai beaucoup de temps à la préparation des interviews comme à l'écriture des articles destinés à sa revue, mais après l'échec commercial de l'album *Entracte* et mes faramineuses dépenses immobilières, ma situation financière devint d'autant plus préoccupante que, dans un premier temps, le train de vie de la rue Hallé me coûta les yeux de la tête, sans parler des frais d'entretien de la maison en Corse. Il y eut même un moment, deux ou trois ans plus tard, où je songeai à la vendre. Si j'y renonçai, c'est que Thomas, tout petit encore, surprit ma conversation avec son père à ce sujet et partit pleurer dans son coin.

WEA me fit faire un single avec Jean-Michel Jarre dont j'appréciais beaucoup le travail, en particulier les textes qu'il avait écrits pour Christophe et Patrick Juvet. J'ai écouté un nombre incalculable de fois *Faut pas rêver* et *Les paradis perdus*. Malheureusement, les deux chansons qu'il m'apporta n'étaient pas extraordinaires, en particulier la face B écrite et composée par lui, mais trop rythmique pour moi. Je garde cependant un très bon souvenir des séances. Jean-Michel est un homme chaleureux qui fait preuve dans le travail de qualités aussi précieuses que la fermeté, la souplesse et la patience. Comme il fallait s'y attendre, le single eut peu d'écho et je me retrouvai le bec dans l'eau, en fin de contrat, ne sachant, encore une fois, dans quelle direction aller.

Je me rappelai alors une chanson de Michel Jonasz, *Ton enfance*, que Bernard Estardy m'avait fait entendre un jour et qui n'était jamais sortie pour des raisons contractuelles. J'allai voir Bernard, non seulement en tant que producteur potentiel, mais aussi pour réécouter cette chanson que j'avais un peu oubliée. Elle me plaisait toujours et dans l'optique de l'enregistrer, je pris contact avec l'éditeur qui me suggéra de rencontrer Gabriel Yared, un musicien que je connaissais à peine de nom, bien qu'il ait travaillé pour Yves Montand, Henri Salvador et Johnny Hallyday. Notre premier rendez-vous eut lieu dans un bureau, celui de l'éditeur sans doute. La position assise un peu avachie de Gabriel contrastait étrangement avec son regard noir qui lançait des éclairs. Je me souviens comme si c'était hier de la forte impression qu'il me fit aussitôt : celle d'une personnalité hors normes, très au-dessus du lot, qui brûlait d'un feu intérieur particulier. Il s'agissait d'une simple prise de contact où je dus lui dire que je n'étais pas encore fixée sur ce que j'allais faire, n'ayant que deux chansons en vue : *Ton enfance*, mais aussi *Star*, une création d'une jeune artiste américaine, Janis Ian, que l'ami David Mac Neil[1] avait tenu à me faire découvrir pour que je la mette à mon répertoire, tant le texte lui semblait – à raison – me correspondre. J'avais dû y renoncer en apprenant que Marie Laforêt – dont la personnalité semble très éloignée de la mienne et de celle de Janis Ian – avait déjà enregistré ce petit chef-

---

1. Quelques années plus tôt, Pierre Barouh m'avait invitée à passer la soirée dans un petit appartement du quartier de la Huchette pour me faire découvrir un nouvel artiste. C'est là que je rencontrai David pour la première fois. S'accompagnant à la guitare, il nous interpréta toutes les chansons de son futur premier album, *Hollywood*, et je fus bluffée au dernier degré par son exceptionnel talent.

d'œuvre. Son adaptation n'ayant eu aucune audience, je pus concocter un autre texte en français, beaucoup plus fidèle à l'esprit original, et envisager de chanter à mon tour cette émouvante chanson.

Michel Berger me téléphona alors pour m'annoncer qu'il venait de fonder son label, Apache, et était partant pour me signer. Rien ne pouvait me plaire davantage. Je lui fis parvenir *Ton enfance*, *Star*, ainsi qu'un texte intitulé *L'impasse*. Mais il m'assura que faire un album de façon conventionnelle avec douze chansons sans lien entre elles était sinon dépassé, du moins peu intéressant. Selon lui, il me fallait élaborer un concept autour duquel articuler les morceaux. Si encore il m'avait suggéré quelques pistes ! Après y avoir un peu réfléchi, je sus avec certitude que trouver un concept, et écrire sur la base de mon imaginaire et de mon intellect plus que de mes émotions, ne correspondait pas à mon mode de fonctionnement. La mort dans l'âme, je renonçai à signer chez Apache.

Gabriel Yared se manifesta peu après pour me demander ce que je devenais. Après que j'eus évoqué mon marasme, il me proposa de faire un album avec lui et de m'aider à trouver des chansons. Je me sentais un peu perdue et c'est dans cet état d'esprit que j'acceptai sa proposition sans trop savoir à quoi je m'engageais. J'étais loin de me douter que nous ne ferions pas moins de quatre albums ensemble, et qu'il deviendrait un ami dont l'influence dans ma vie serait majeure.

*
* *

Je rendais parfois visite à Mireille et Théodore quand ils séjournaient dans leur maison de campagne à Cauvigny où ils avaient des poules, des oies et des moutons, mais pas l'électricité, si bien qu'en hiver la température à l'intérieur tournait autour de treize degrés ! La santé de Théodore déclinait : il portait un stimulateur cardiaque et se déplaçait de plus en plus difficilement. Il avait perdu ses dents depuis long-temps, et comme il ne voulait pas entendre parler de prothèse, Mireille le nourrissait essentiellement de poulet bouilli – elle signait d'ailleurs leurs cartes pos-tales « les poupous ». Lorsqu'il commença à perdre la vue, la vie n'eut plus assez d'intérêt pour lui et il demanda à Mireille qu'on cesse de le soigner. L'amour entre eux était intact et elle ne pouvait se résoudre à vivre sans lui. C'est donc au prix d'un effort très dou-loureux qu'elle finit par accéder à sa requête et fit en sorte qu'on l'hospitalise pour qu'il ait une mort douce, médicalement assistée.

J'allais régulièrement à l'hôpital. Un jour où j'étais arrivée la première, Théodore me fit part de son soula-gement. Faute de local, Mireille n'avait plus son Petit Conservatoire. Or il venait d'apprendre que, mis au courant de la situation, Jacques Chirac, alors maire de Paris, s'était décarcassé pour lui en trouver un. « Je peux partir tranquille, me confia-t-il, une fois qu'elle aura retrouvé son Petit Conservatoire, elle sera telle-ment occupée que ça ira. » Mireille arriva dans la chambre sur ces entrefaites et le regard de son mari s'illumina à sa vue. On le sentait très tourmenté par l'épreuve qu'il lui infligeait malgré lui. « Qu'est-ce que tu en as à faire de moi ? » argumenta-t-il. Après avoir dressé la liste de ses nombreux maux, il conclut : « Je suis à moitié mort ! » Et Mireille, qui avait en perma-nence la larme à l'œil depuis l'hospitalisation mais ne perdait jamais son sens de l'humour, lui répliqua en pleurant et riant à la fois : « Oui, mais je me contente très bien de l'autre moitié ! »

Emmanuel Berl s'éteignit doucement dans la nuit du 21 septembre 1976. J'accompagnai Mireille aux obsèques. Nous allâmes d'abord à la morgue où elle voulut le voir une dernière fois. Je n'avais jamais été en présence d'un cadavre et celui de Théodore me parut beaucoup plus petit qu'il n'était de son vivant. Surtout, j'eus le sentiment aigu d'avoir sous les yeux une boîte vide dont l'âme s'était envolée. Mireille s'écroula dans mes bras en s'écriant : « Qu'est-ce que je vais devenir ? » et nous retournâmes nous asseoir dans l'entrée de la morgue en compagnie de quelques-uns de ses élèves, en attendant qu'on vienne nous chercher pour l'enterrement. Subitement, nous vîmes débouler une sorte de tornade et Mireille, très contrariée, me dit à l'oreille : « C'est ma sœur Micheline, Théodore ne la supportait pas. Il est hors de question qu'elle l'approche. » Elle n'eut pas à intervenir. En moins de temps qu'il faut pour le dire, sa sœur avait déjà disparu derrière un rideau, s'engouffrant dans une partie de la morgue opposée à celle où se trouvait son beau-frère, ce qui, malgré les circonstances, déclencha un fou rire général. Chanteuse de jazz, Micheline Day s'était produite, entre autres, avec Django Reinhardt et Stéphane Grappelli. Elle avait la réputation d'être caractérielle, et je ne sais plus sur la tête de qui elle cassa un jour la guitare de Django.

Georges Brassens n'était pas seulement un immense artiste mais aussi un homme d'une bonté, d'une délicatesse et d'une tendresse exceptionnelles dont sa personne irradiait autant que ses chansons. Admirateur inconditionnel de l'œuvre de Mireille qu'il connaissait mieux que quiconque, il lui demanda de faire sa première partie à Bobino. Il savait que rien ne l'aiderait mieux à supporter son veuvage et, en effet, grâce au tourbillon dans lequel l'entraînèrent son retour sur scène ainsi que la reprise du Petit Conservatoire, elle retrouva vite son dynamisme et sa combativité.

*

*   *

Le texte de *L'impasse*, à commencer par son titre, montre que, même si ma vie personnelle était plus équilibrée, je ne nageais pas dans l'euphorie. La promiscuité de la cohabitation est rarement celle dont on a rêvé puisqu'elle relève davantage du domestique que de l'intime, et ne rend pas l'autre moins insaisissable si telle est sa nature profonde. Le sentir absent alors qu'il est physiquement présent est finalement plus éprouvant que vivre sans lui avec l'illusion qu'on lui manque autant qu'il vous manque. Mireille, qui m'invitait régulièrement à déjeuner au Mercure Galant pour que je lui raconte « tout », me persuada qu'il fallait confier une fois par semaine Thomas à ses grands-parents, de façon à disposer d'une soirée seule avec Jacques. Hélas, cette nouvelle organisation n'eut pas l'heur de plaire à l'intéressé et n'améliora en rien notre relation. J'aurais d'ailleurs dû m'y attendre car je savais bien qu'il appréhendait les tête-à-tête et les fuyait autant que possible. Inquiet de me voir devenir astrologue et femme au foyer, Théodore-Emmanuel Berl avait été plus subtil que son épouse en m'assénant : « N'oubliez pas que Jacques Dutronc est tombé amoureux d'une star, et non d'une femme de ménage. » Il me semblait, au contraire, que c'était dans la mesure où je m'occupais au mieux du quotidien et où la présence de Thomas lui évitait d'être seul avec moi, que Jacques s'accommodait de sa nouvelle vie. Comme tous les hommes dont la relation de couple ne date pas d'hier, il m'appréciait en tant que repos du guerrier et ses guerres se faisaient forcément ailleurs puisque je lui étais acquise et que la séduction n'étant pas mon fort, je m'avérais incapable d'en utiliser les armes à mon profit.

À la fin des années soixante-dix, il me présenta Susi, une call-girl et future mère maquerelle qui hantait les milieux du cinéma ou du show-business, et qu'il avait rencontrée au Festival de Cannes. Contre toute attente, je devins vite copine avec celle que j'eus tôt fait de surnommer « la cochonne » et qui fut la première à en rire. Cela inquiéta vaguement Jacques qui me mit en garde avec cette formule lapidaire : « Une pute est toujours une pute », dont, au fil du temps, je ne vérifiai qu'en partie le bien-fondé. À dire vrai, c'est précisément parce que le mode de fonctionnement de Susi, aux antipodes du mien, excitait ma curiosité que j'eus envie de la fréquenter. La pensée qu'elle connaissait Jacques sous un jour que je ne connaîtrais jamais participait également de mon intérêt pour elle. Et puis, j'appréciais son côté brut de pomme : elle mettait les pieds dans le plat avec une crudité incroyable, rendue plus hilarante encore par son accent suisse-allemand et ses fautes de français – son inversion systématique des genres, entre autres. Sûre de son effet, elle décrivait avec truculence les rituels inimaginables dont elle s'improvisait la grande prêtresse pour que ses clients retrouvent provisoirement une virilité défaillante. Entrevoir au travers de tels récits l'immensité de la misère sexuelle masculine, ou celle de la misère affective qui l'avait elle-même menée là, m'effarait. Il me semblait que j'aurais préféré rester enfermée *ad vitam aeternam* dans un couvent que vivre les situations écœurantes qu'elle rapportait complaisamment. Mais j'ai le dégoût facile et sans doute trouvait-elle dans ses expériences une forme gratifiante de pouvoir, dans la mesure où des hommes situés bien plus haut qu'elle dans l'échelle sociale se mettaient à sa merci, en lui dévoilant leurs faiblesses les plus pathétiques et leurs perversions les plus secrètes.

Basique, instinctive, forte aussi sans doute de ce qu'elle savait d'inavouable sur Jacques, Susi perçut tout de suite mes frustrations et m'accabla de conseils : quand je faisais la vaisselle, je devais m'habiller en minijupe et autres choses de ce genre – bas résille, porte-jarretelles, talons aiguilles… Bref, à sa manière, elle me conseillait d'être « sexy », ce qui pour elle était la clé de tout. J'étais consciente de pécher sur ce plan et admettais que cela justifie en partie mes problèmes. Débordée du matin au soir, j'avais simplifié au maximum la question vestimentaire en m'habillant exclusivement de jeans et de hauts lavables en machine, gardant une veste bien coupée pour les émissions de télévision. Au fond de moi pourtant, je n'imaginais pas une seconde que m'affubler de « dessous chics » ou montrer davantage mes jambes en nettoyant les poêles et les casseroles apporterait le piment manquant. On ne peut être à la fois au four et au moulin, et la séduction me semble plus complexe et subtile qu'une affaire d'accessoires avec lesquels j'aurais eu l'air tellement déguisée que l'effet en aurait été d'un comique achevé.

Si bien intentionnées qu'elles soient, j'ai appris à me méfier des bonnes copines qui cherchent à vous rendre service comme si elles savaient tout mieux que vous, alors que leur vie personnelle est catastrophique et que l'on a la chance de partager la vie d'un homme que de nombreuses femmes vous envient. Mieux vaut se fier à son instinct sans se trahir soi-même. Une psychothérapeute consultée dans un moment difficile me fit les mêmes recommandations que Susi. Mais le mauvais goût avec lequel elle-même s'habillait et le visage effrayant de momie aux lèvres disproportionnées qu'elle devait à la chirurgie esthétique la rendaient peu crédible sur ce qu'il convenait de faire physiquement pour séduire le genre d'homme qui m'intéresse. Un jour que je m'étonnais qu'une femme entre deux âges, ressemblant à un petit pruneau desséché, ait collectionné les amants célèbres, Jacques me demanda malicieusement si un seul d'entre eux m'aurait plu. Il soulevait là un point crucial puisque, en effet, aucun ne me troublait. De son côté, en dehors de ses aventures sans lendemain, il semblait aussi sélectif que moi et, s'il était tombé amoureux d'une « star », il avait surtout été attiré par une personnalité particulière, complémentaire de la sienne, plus sentimentale que fatale, et dont la morphologie androgyne, sans doute à son goût, s'accommodait mieux des tenues masculines que des atours féminins.

Susi m'a présenté Armande Altaï il y a des décennies et nous sommes très souvent sorties ensemble toutes les trois. Le moins qu'on puisse dire est que ni l'une ni l'autre ne passait inaperçue. Un peu sourde d'une oreille, la première parlait haut et fort avec un naturel carré de fermière qui surprenait autant que ses rondeurs généreuses, contenues à grand-peine dans des tenues moulantes de couleurs vives qu'elle se confectionnait elle-même ; la seconde, à la voix chantée d'une incroyable puissance, ne s'exprimait qu'en chuchotant et semblait directement sortie de l'aristocratie du XVIIIe siècle avec ses diadèmes anachroniques, sa chevelure bouclée flamboyante, ses fards verts, roses, violets et des robes noires baroques dont l'ajustement soulignait sa taille de guêpe et mettait en valeur des formes aussi impressionnantes que celles de Susi. Le contraste entre elles et moi était tel que nous devions faire sensation lorsque nous arrivions quelque part, mais je me sentais bien en leur compagnie et nous nous amusions beaucoup. Je me souviens d'une conversation surréaliste dans un restaurant chinois de la rue Saint-Roch, où toutes deux entreprirent de me convaincre que, contrairement à ce que je pensais, il était tout à fait possible pour une femme de simuler les contractions vaginales spasmodiques de l'orgasme. J'avoue garder de sérieux doutes à ce sujet ! Une autre fois, dans la voiture où je ramenais Armande chez elle, je l'entendis demander à Susi, d'une toute petite voix, des nouvelles de sa chatte. « Elle est en chaleur et j'ai dû la piquer », répondit laconiquement mais beaucoup plus fort l'inénarrable Susi qui disait « piquer » au lieu de « faire piquer ». Je fus prise d'un fou rire qui devint inextinguible quand, sur sa lancée, Armande voulut savoir si ma chatte bavait toujours – Thomas, Jacques et moi avons eu pendant dix-neuf ans une chatte baptisée « Cassettte » qui bavait beaucoup.

Un soir, Susi et Armande vinrent dîner à la maison où Jacques leur présenta son ami d'enfance, Hadi Kalafate, en leur faisant croire qu'il était un grand producteur de disques. Au dessert, comme je l'avais déjà souvent vue faire, Susi pria Armande de chanter quelque chose. Armande est une chanteuse lyrique au style très particulier, et comme j'ai beaucoup de mal à garder mon sérieux dans ce genre de situation, je me précipitai dans la cuisine pour ne pas éclater de rire devant elle. Elle avait commencé à donner de la voix depuis à peine une minute, et je me tenais les côtes à l'abri des regards, lorsque j'entendis un premier gloussement émis par Jean-Paul Scarpitta, réalisateur et organisateur de manifestations artistiques sophistiquées. Un deuxième ne tarda pas à suivre. Au troisième gloussement, ce fut une explosion de rire générale à laquelle je courus me joindre et qui dura un bon quart d'heure. Rarement prise de court, Susi s'était empressée d'expliquer à Armande déconcertée : « Ils rient de bonheur, ma chérie, ils rient de bonheur ! » Armande est une artiste très originale ainsi qu'une femme d'une grande intelligence et d'une culture impressionnante. Sans doute soucieuse, elle aussi, d'améliorer mon sex-appeal, elle m'offrit pour mes cinquante ans un haut rose framboise totalement transparent et si moulant que seule une fillette de cinq ans aurait pu entrer dedans. Lorsque j'atteignis le cap encore plus fatidique de la soixantaine, elle récidiva en m'apportant des écharpes à volants en velours rouge et vert.

Curieusement, c'est la lecture d'un livre de spiritualité qui me rappela une vérité première sur laquelle on ne médite jamais assez : « Qu'est-ce que le désir ?... [...] C'est la marque de la distance. Tu ne désires pas ce que tu possèdes[1]. » Ma conscience aiguë de ce que, comme la vie, les histoires d'amour peuvent s'arrêter du jour au lendemain m'aura sans cesse mise sur la brèche. Mais la plupart des hommes oublient trop souvent que rien n'est éternel et qu'on ne possède jamais rien ni personne.

Qu'il est difficile de savoir comment se comporter quand la distance de l'autre vous fait tirer la langue, qu'on ne sait ni ne veut mentir et que tout ce qui ressemble de près ou de loin à de la manipulation vous hérisse. Surtout si l'on sent confusément que c'est aussi parce que vous êtes comme vous êtes que l'autre vous aime et vous respecte. Un soir, excédée de faire partie des meubles et profitant d'une absence de Thomas, je fis l'effort inouï de découcher en dormant à l'hôtel. Cette défection, qui me ressemblait si peu pourtant, ne suscita pas l'once d'une réaction. Alors qu'une autre fois, bien qu'ayant prévenu que je rentrerais tard parce que nous fêtions la fin de l'enregistrement d'un album et que l'un des musiciens – bourré de charme et de talent – ne pourrait pas nous rejoindre avant une certaine heure, je vis, en arrivant rue Hallé à l'aube, que Jacques, inquiet, me guettait par la fenêtre du premier étage.

La géniale chanson de Mireille parolée par Jean Nohain *Et voilà, voilà les hommes...* soulève un coin du voile rarement évoqué. Avec un humour irrésistible, elle raconte que le jour où l'héroïne s'est faite aussi belle que possible pour lui plaire, son amoureux ne lui jette pas un regard, alors que le lendemain, quand elle a encore des bigoudis sur la tête, une crème grasse sur le visage et qu'elle est revêtue d'une robe de chambre miteuse, son amoureux, rentré inopiné-

---

1. *Dialogues avec l'ange, op. cit.*

215

ment du bureau, se montre dans les meilleures dispositions.

Se mettre en frais pour l'autre revient souvent à afficher des intentions précises. Si elles n'ont aucun rapport avec les siennes, soit elles passent inaperçues, soit elles embarrassent ou déclenchent l'effet inverse de celui souhaité. Rester négligé peut au contraire passer pour une marque d'indifférence qui pique au vif. Combien de fois ai-je eu un vilain pincement au cœur en constatant que l'homme de ma vie ne faisait aucun effort pour me plaire, allant jusqu'à se montrer physiquement sous son plus mauvais jour. J'en déduisais que c'était là le cadet de ses soucis, pis encore, qu'il dressait entre lui et moi le bouclier de son intouchabilité pour freiner mes éventuels élans. Et le même pincement revenait devant ses efforts pour être à son avantage lorsqu'il sortait sans moi. Ne faisait-il que se plier aux règles de la vie sociale ou espérait-il plaire ailleurs ? « Y a toi, y a moi, comme quand y avait maman papa... », chante Michel Jonasz. Dieu sait si j'avais désiré en arriver là, mais c'était comme si ma nouvelle vie me cantonnait désormais à ce seul mode relationnel.

*
* *

Quand il n'était pas mobilisé par un tournage – et il y en eut beaucoup dans les années soixante-dix et quatre-vingt –, Jacques partait en général dans le courant de la matinée pour ne rentrer que le soir. Il invoquait parfois un déjeuner professionnel. S'il restait discret sur les raisons de son absence, je m'abstenais d'autant plus facilement de le questionner que j'étais assurée de le retrouver le soir venu. Mais le plus souvent, il rentrait de mauvaise humeur, se plaignant de la chaleur – alors que la température était normale – et claironnant qu'il était « mort », ce qui revenait à dire qu'il ne fallait rien attendre de lui sur aucun plan. Un soir où des amis à lui dînaient avec nous, il fut si blessant à mon égard que je quittai précipitamment la table pour pleurer. Thomas ne parlait pas encore. Quand je dus le changer, je n'arrivai pas à contrôler mon chagrin malgré son visible affolement. Au prix d'un effort intense, il arriva à dire « bobo ». Riant et pleurant en même temps, j'abondai dans son sens : « Oui, maman a bobo, mais ce n'est rien, ça va passer… » Il se rasséréna aussitôt. Je pensai à Stockhausen que j'avais entendu dire à un public en train de le conspuer, que l'on n'est jamais assez vigilant avec les enfants, car ils enregistrent tout. Quelques années plus tard, la lecture du *Cri primal* d'Arthur Janov me confirma que des événements mineurs peuvent déstabiliser plus qu'on imagine un tout-petit, du simple fait que son cerveau n'est pas encore en mesure de nommer les choses, première condition pour les relativiser.

Aussi incroyable que cela paraisse, il me fallut des années pour réaliser que Jacques avait un problème avec l'alcool et que lorsqu'il rentrait le soir à la maison, il était très imbibé. Il finirait par me révéler lui-même qu'il lui arrivait de vider une bouteille entière de poire après avoir ingurgité de multiples boissons alcoolisées tout au long de la journée. À ma décharge, il tenait si bien l'alcool que seuls sa propension à avoir trop chaud, son épuisement et une méchanceté inhabituelle trahissaient ses excès. Mais pendant toutes ces années où je ne comprenais pas ce qui se passait, je mettais bêtement son animosité à mon égard sur le compte de tout ce qu'il n'aimait pas chez moi et que je n'aimais pas non plus. Je n'avais pas conscience de nos idéalisations réciproques, encore moins des malentendus et des souffrances qu'elles généraient. Avec les années et en observant le comportement des hommes qui aiment leur femme tout en ayant besoin de s'amuser ailleurs, j'ai compris que derrière l'agressivité qu'il leur arrive de lui manifester se cache une forte culpabilité à la mesure de l'amour qu'ils lui vouent. En 1998, quand nous dûmes quitter la maison de la rue Hallé, je détruisis, après bien des hésitations, les précieux petits mots que Jacques avait écrits en réponse aux miens, parce que tout en montrant sans équivoque son amour pour moi, ils donnaient une image trop éloignée de notre vécu.

Les raisons d'un problème sont multiples et difficiles à évaluer. En ce qui concerne l'alcoolisme, chacun sait que les complexes d'infériorité, la difficulté à sortir de soi, à s'exprimer en profondeur, l'angoisse, le mal de vivre sont des facteurs prédisposants. Mais, dans le cas de Jacques, s'y ajoutait un tempérament de jouisseur. Ses revenus lui donnaient accès à des alcools et des vins de premier choix dont la dégustation est un tel plaisir qu'il devient vite difficile non seulement de se contenter d'une gorgée, mais aussi de s'en passer. C'est une calamité d'avoir un corps faible mais c'en est une aussi d'avoir un corps fort s'il prend le dessus, lit-on dans les *Dialogues avec l'ange*.

Nous étions encore très jeunes quand, après avoir bu plus que de raison, il se sentit si mal qu'il se crut aux portes de la mort. Cela se passait en Corse, bien avant la naissance de Thomas, et ce fut l'une des rares fois où je le vis pleurer à la pensée du gâchis incommensurable qu'il aurait fait de sa vie si elle s'arrêtait là. Je pensais naïvement qu'il s'agissait d'un excès ponctuel et n'avais pas encore compris que le jouisseur se doublait chez lui d'un pervers attiré par certaines transgressions, certains dangers. Peut-être fallait-il y voir un effet de l'excès de permissivité de sa mère, à laquelle ses copains et moi-même avions, sans le savoir, emboîté le pas. Les copains parce qu'ils profitaient de ses largesses, et moi parce que je croyais qu'aimer consistait à accepter l'autre tel qu'il est, sans réaliser ce qu'une telle attitude peut avoir d'infantilisant. Dès lors que tout ou presque était à sa portée d'enfant gâté, que tout ou presque lui réussissait et que personne ne s'opposait à lui, il fallait sans doute qu'il aille chercher lui-même sa punition en repoussant les limites jusqu'à ce que cela se retourne contre lui...

Dans les années quatre-vingt, Serge Lama et moi déjeunions au George-V, avant une émission pour la station toute proche de RMC, lorsqu'il me lâcha subitement que Jacques avait eu bien de la chance de tomber sur moi. Destructeur comme il l'était, il serait mort depuis longtemps sinon, affirma-t-il. Sur le moment, cette réflexion me mit du baume au cœur. Mais Jacques m'aurait-il choisie s'il avait été aussi destructeur qu'on le disait, et aurais-je jeté mon dévolu sur lui si je n'étais pas moi-même un peu plus destructrice qu'il n'y paraissait ?

En 1975, il m'emmena au Club 13, pour la première projection privée du film de Claude Lelouch, *Le Bon et les Méchants*, dans lequel il jouait avec Jacques Villeret, Bruno Cremer, Marlène Jobert et Brigitte Fossey. On le sait, Lelouch fait beaucoup improviser ses acteurs, mais entendre à l'écran en même temps que d'autres spectateurs les mots qui appartenaient à notre intimité me perturba au plus haut point. J'attendis désormais la sortie sur cassette des films de Jacques pour les visionner, quand toutefois rien de trop dérangeant ne me retenait de le faire. Cela dit, j'adore le film et continue de penser que c'est l'un de ses meilleurs rôles. Sans doute parce qu'il y est égal à lui-même : nature, gouailleur, insolent, cynique, voyou au cœur tendre... Aujourd'hui encore, la chanson du film, composée par Francis Lai sur un texte de Philippe Labro et intitulée *La ballade du bon et des méchants*, me met les larmes aux yeux, tellement, par endroits, elle me rappelle notre histoire...

Parallèlement, mon association professionnelle avec Gabriel Yared se précisait et nos rapports furent d'abord assez tendus. Originaire du Liban où il avait grandi et fait ses études dans un collège jésuite, c'était – c'est – un homme complexe et, ceci découlant de cela, tourmenté. Passionné de musique et autodidacte dans ce domaine, il avait, avant de venir vivre en France, accompagné au piano sa sœur qui chantait quelques-unes de mes chansons. Je ne me rendais pas compte que je l'impressionnais et ne le connaissais pas assez pour savoir que dès lors qu'il s'impliquait dans un projet, il donnait sans compter. En même temps, il appartenait, lui aussi, à cette race d'hommes qui ont une fâcheuse propension à se fixer sur les femmes prises ailleurs, avec la conviction d'en être amoureux alors que c'est le défi posé par leur inaccessibilité qui les intéresse. Cela m'agaçait tellement que je lui sortis un jour mon horreur des barbus et eus la surprise de le voir apparaître le lendemain sans barbe, ce qui lui donnait un air incroyablement juvénile.

Gabriel travaillait trop, enregistrant dans la journée, écrivant ses orchestrations la nuit. Pendant les longues heures de studio, il lui arrivait de montrer des signes inquiétants d'épuisement, et quand je le voyais s'asseoir par terre et transpirer à fines gouttes, la crainte qu'il n'en ait plus pour longtemps m'oppressait. Il employait toujours les mêmes musiciens auxquels il reprochait de ne pas approfondir assez la musique, leur enjoignant inlassablement d'étudier le contrepoint. L'extraordinaire lenteur du guitariste, le lunaire Denis Lable apparenté à France Gall, était déjà légendaire. Quelques années plus tard, l'enregistrement de son propre disque devint une sorte d'arlésienne, puisqu'il mit des années à le finir. Lors du déjeuner où Gabriel me présenta son équipe, Denis se tourna vers moi pour me demander : « Et à part ça, qu'est-ce que vous faites ? », déclenchant l'hilarité générale. Mais je n'avais pas besoin de sa question pour savoir que je représentais vaguement quelque chose aux yeux d'un petit nombre de personnes, et rien du tout pour le reste du monde. C'était d'ailleurs le cadet de mes soucis.

À l'instar de Cendrillon, je partais du studio avant le dernier coup de minuit car je devais, chaque jour, me lever très tôt pour Thomas et les courses alimentaires. Un jour, Denis Lable me prit entre quatre yeux et m'expliqua posément que gratifier de ma présence les musiciens qui jouaient pour moi était un minimum. Avec la pénible impression de parler à un sourd, je tentai de lui expliquer à mon tour qu'il m'était d'autant moins possible de me coucher trop tard – il finirait cette nuit-là à quatre heures du matin ! – que rester en forme pour enregistrer mes voix était une priorité absolue. Je comprenais tellement son point de vue et lui si peu le mien que je sortis du studio sous son regard réprobateur, avec sur mes frêles épaules la chape de la culpabilité encore alourdie par sa vision des choses. Denis Lable a fait beaucoup de chemin depuis, entre autres en accompagnant Francis Cabrel, mais s'il lui arrive jamais de repenser à la leçon qu'il avait en toute bonne foi cherché à me donner, il doit encore se demander pourquoi, avec des arguments aussi convaincants que les siens, il n'est pas parvenu à modifier mon comportement.

Pierre Papadiamandis, qui signait toutes les musiques d'Eddy Mitchell, composa une très belle mélodie sur *L'impasse*. Encore aujourd'hui, je me mords les doigts d'avoir rendu Gabriel littéralement fou en n'appréciant pas tout de suite à sa juste valeur le superbe arrangement de cordes qu'il fit pour cette chanson, et en lui citant comme référence Michel Berger dont les cordes plus linéaires m'avaient toujours enthousiasmée. Gabriel venait de réaliser le premier album entièrement écrit et composé par Michel Jonasz dont il était, selon son expression, « tombé amoureux ». J'étais fan, moi aussi, et fus donc comblée en apprenant qu'à l'instigation de Gabriel, Michel allait me proposer une chanson. Mais quand j'entendis *À Vannes*, j'eus du mal à m'imaginer chantant : « Donnemoi une taf de ton truc mataf » ! Je découvrirais au moment de l'enregistrement que la structure rythmique de la chanson était également trop difficile pour moi. C'est dans un studio près de la porte de Versailles, où Gabriel l'avait invité à venir écouter le mix de sa chanson, que je rencontrai Michel pour la première fois. Je le vis d'abord de dos : il bougeait avec une grâce irrésistible sur l'excellente rythmique de *À Vannes*, mais mon interprétation était tellement inférieure à la sienne que j'eus envie de partir en courant.

Après le succès d'estime de ce premier album avec moi, Gabriel m'en proposa un autre entièrement composé et écrit par lui, Michel et un copain talentueux de celui-ci, Alain Goldstein. Il me convoqua un jour à Neuilly où il habitait et, pendant une petite heure, Michel et Alain m'interprétèrent les futures chansons de l'album avec Gabriel au piano. L'humour dont ils avaient tous trois à revendre régnait en maître et les plaisanteries fusaient entre et pendant les chansons. Ce fut un moment savoureux, bien qu'un tant soit peu assombri par mon inquiétude grandissante à l'idée de devoir interpréter le funky *Musique saoule*, plus encore *Swing au pressing* au texte pour le moins éloigné de ma façon de m'exprimer, sans parler de *Beau bœing, belle caravelle*, dont j'entrevis les difficultés rythmiques plus insurmontables encore que celles de *À Vannes*. Mais j'étais consciente de la chance que j'avais de travailler avec un trio aussi exceptionnel, et je voulais bien essayer de chanter des chansons qui ne me correspondaient pas, dès lors qu'on m'offrait des bijoux comme *Nous deux et rien d'autre* ou *Occupé*.

Les enregistrements eurent lieu dans un studio en haut de l'avenue de la Grande-Armée. Jacques venait de poser un revêtement de sol dans la verrière de la rue Hallé. La colle utilisée pour l'occasion provoqua chez Thomas et moi-même une allergie qui nous fit couler les yeux et le nez sans interruption pendant une quinzaine de jours. Michel Jonasz dut donc faire mes voix témoins en mes lieux et place. C'était merveilleux de me retrouver assise aux premières loges pour entendre un artiste doté d'un talent aussi exceptionnel que le sien, et rire de ses facéties entre deux prises et trois éternuements. En même temps, cela me renvoyait cruellement à mes limites : je ne pourrais jamais faire aussi bien. J'avais tellement à cœur de respecter les contraintes rythmiques qui ne m'étaient pas naturelles de nombreux morceaux, que ce fut aux dépens de l'émotion et n'empêcha hélas pas la raideur du chant. Malgré l'importante programmation dont a bénéficié *Musique saoule*, je ne suis pas folle, globalement, de cet album qui ne me ressemble pas assez et que j'ai desservi, malgré moi.

*
* *

Avant la naissance de Thomas, Jacques avait décrété, lors d'un dîner où son humeur était au beau fixe, qu'il valait mieux avoir deux enfants qu'un seul. Je tombai de nouveau enceinte en 1978. Bien qu'épuisée par quatre années de suractivité et de manque de sommeil, j'étais ravie. Cette année-là, Jacques joua dans *Sale Rêveur*, sous la direction de Jean-Marie qui le mit en valeur comme jamais. Il devait enchaîner avec un film de Francis Girod, *L'État sauvage*, d'après le roman qui avait valu le prix Goncourt à Georges Conchon. Le tournage se passerait en Guyane pendant plusieurs semaines et la perspective d'une aussi longue séparation ne nous enchantait ni l'un ni l'autre. Nous convînmes que j'irais le rejoindre quelque temps à Cayenne, mais les événements en décidèrent autrement.

Malgré mes efforts pour l'y préparer, la venue d'une petite sœur ne semblait pas emballer Thomas outre mesure. Un soir où nous étions couchés et regardions la télévision, je m'absentai quelques minutes pour aller aux toilettes où je fis une fausse couche. Ayant repris place à côté de Thomas, je lui annonçai que j'étais triste parce que sa petite sœur était partie. Le temps de comprendre de quoi il retournait et son visage s'éclaira : « Pourquoi tu es triste ? Je suis pas triste, moi ! » s'exclama-t-il dans son langage d'enfant de cinq ans. En réalité, il ne cachait pas sa joie de me garder pour lui seul. Je pensai aux rapports difficiles tant entre ma mère et ses sœurs qu'entre ma sœur et moi. C'était peut-être une bonne chose après tout que Thomas reste enfant unique.

La réaction de Jacques fut plus inattendue encore. Quand je lui appris la mauvaise nouvelle par téléphone, c'est tout juste s'il ne s'en réjouit pas lui aussi. Il s'était toujours « vu » avec un petit garçon, m'apprit-il, mais pas avec deux. Il pressentait donc que quelque chose d'embêtant m'arriverait lors de cette seconde grossesse et ne cachait pas son soulagement de me voir m'en tirer à bon compte. Les hémorragies dont je souffris pendant plusieurs semaines m'empêchèrent d'aller le rejoindre sous les tropiques, mais il me raconta à son retour que Michel Piccoli était tombé nez à nez avec un iguane en entrant un matin dans la cuisine de sa villa de location. Lui-même avait eu affaire dans sa chambre d'hôtel à une énorme mygale qu'il s'était mis en devoir d'écraser, sans savoir qu'il s'agissait d'une femelle gravide : comme dans un film d'horreur, il avait assisté, impuissant, à l'apparition d'innombrables petites mygales qui couraient dans tous les sens. Je réalisai qu'un séjour là-bas n'était pas une sinécure et remerciai le ciel de m'avoir épargné des frayeurs qui m'auraient tuée plus sûrement qu'une fausse couche.

Un jour, mon adorable bout de chou vint s'asseoir sur mes genoux. Sa grand-mère devait l'avoir longuement entretenu de mon état physique et psychologique, car il se mit en devoir de m'expliquer qu'une petite sœur m'aurait beaucoup fatiguée, et que ce n'était pas plus mal qu'elle ne soit pas venue. « C'est vrai, acquiesçai-je, et puis j'aurais eu moins de temps pour m'occuper de toi, ajoutai-je malicieusement. – Je n'y avais pas pensé », affirma-t-il avec une apparente bonne foi. Même s'il m'arrive de regretter de ne pas avoir eu un deuxième enfant, cette perte ne m'affecta pas durablement, et je me suis souvent demandé où j'aurais trouvé la force de multiplier par deux les inquiétudes que l'on éprouve en permanence quand on est parent et qui, contrairement à ce que je croyais, ne diminuent pas avec les années, au contraire. C'est à peu près à cette époque que Thomas me demanda à quoi servait un pendule – j'en ai toujours eu un, moins pour m'en servir que pour admirer la beauté de cet étrange objet. Je lui expliquai de quelle façon le pendule peut parfois répondre aux questions que l'on se pose. Il voulut aussitôt en faire l'expérience. Il n'avait que cinq ans et sa question fut : « Est-ce que j'aurai une bonne vie ? » Mon cœur se serra et se serre encore quand j'y pense : la souffrance n'épargne personne, mais Dieu qu'il est douloureux d'imaginer qu'elle frappe un jour son propre enfant, comme il est déchirant d'imaginer que sa vie puisse ne pas être à la hauteur de ses rêves !

11

Pendant que Jacques enchaînait les films, j'enchaînais les albums. J'enregistrai *Gin tonic* en 1980, *Tamalou* en 1981 et *Tirez pas sur l'ambulance* en 1982, toujours sous la houlette de Gabriel Yared. Notre relation professionnelle restait tendue. Pour *Gin tonic*, mon cher producteur s'était mis en tête de me faire chanter avec un grand orchestre de jazz une chanson conçue à cet effet et intitulée *Jazzy retro Satanas*. C'était typiquement le genre de chose qui me rebutait, puisque seuls m'intéressent les textes et les mélodies basés sur l'émotion – douloureuse de préférence – et que je ne peux rien apporter à ce qui sort de ce cadre. Il y avait pire encore sur cet album : trois chansons fabriquées sur mesure – les mesures des déguisements dans lesquels Gabriel et Jonasz souhaitaient me voir –, *Juke-box*, *Bosse bossez bossa* et *Minuit minuit*. Pour cette dernière, l'introduction musicale s'achevait sur un break après lequel il me fallait partir pile poil dans le vide, en chantant « Minuit, minuit faut q'j'me sauve qui peut » sur un rythme syncopé. Je n'y arrivais pas et comme je n'avais pas caché à Gabriel ma réticence à interpréter quelque chose d'aussi éloigné de mes états d'âme et de mes aptitudes, l'implorant de renoncer à cette chanson comme aux deux autres évoquées, il se figura que je le faisais exprès. Il n'en était rien bien sûr et c'est mon pire souvenir de studio : aussi inimaginable que cela paraisse, je dus refaire sans succès cette maudite première phrase six heures durant, devant un Gabriel buté qui ne croyait pas en ma bonne foi. La bouderie de Michel Berger n'était que broutille en comparaison. Au fil des heures, la conviction qu'il me fallait définitivement arrêter de chanter finit par me submerger, et je touchai le fond.

Après s'être rendu compte de sa méprise, Gabriel m'offrit un luxueux petit magnétophone pour se faire pardonner. Je me pliai à ses desiderata dans la mesure où cela me semblait le prix à payer pour chanter l'une des plus belles chansons qui soient : *Que tu m'enterres*. Il me l'avait fait entendre une première fois, en me disant qu'il l'avait composée pour moi sans oser me la montrer, et l'avait enregistrée de son côté. Être ou non la première à interpréter une grande chanson ne revêt pas une importance primordiale à mes yeux et comme celle-ci me correspondait, j'insistai pour la chanter à mon tour. La veille de la séance de voix, craignant de ne pas être à la hauteur de ce chef-d'œuvre, j'entrepris de dormir dans une petite chambre où j'étais sûre de ne pas être réveillée par qui que ce soit, entre autres par les chats qui, à l'époque, avaient accès à toute la maison et vomissaient parfois bruyamment entre deux et quatre heures du matin. Mal m'en prit : ce fut l'une des rares nuits où, tenaillée par le trac, je ne fermai pas l'œil une seconde. Malgré mon épuisement et mon appréhension accrue, je n'eus pourtant pas de problèmes de voix. Il me faut du temps pour me familiariser avec une chanson, et ce n'est qu'après l'avoir chantée plusieurs fois que je commence à y prendre plaisir. J'espérais chanter *Que tu m'enterres* tout l'après-midi, mais, au bout de trois prises, alors que je commençais à peine à me sentir dans mon élément, Gabriel estima qu'il avait ce qu'il fallait. J'insistai pour continuer un peu, entre autres à cause d'une phrase trop hachée à mon goût, mais surtout pour faire durer le plaisir que me procuraient l'orchestration de Gabriel et sa mélodie, sur laquelle Michel Jonasz avait écrit un texte poignant. Inflexible, mon tyran décréta que ce serait aux dépens de l'émotion et je m'inclinai à regret, quand bien même trop de prises concourent, c'est vrai, à une interprétation mécanique et favorisent les tics qu'a tout chanteur quand il se laisse emporter par une musique au point de s'écouter chanter et d'oublier plus ou moins la teneur de son texte.

À la même époque, Jacques tournait dans *Sauve qui peut (la vie)* sous la direction de Jean-Luc Godard qui lui inspirait estime et respect, mais qu'il tenait à certains égards pour un véritable poison. À force d'entendre mes lamentations à propos des séances avec Gabriel, il prétendit me venger en le recommandant chaudement à Godard pour la musique de son film. C'était une *private joke* bien sûr, et il n'aurait pas levé le petit doigt sans être convaincu du talent et de la compétence de Gabriel. En même temps, il était sûr que Godard lui ferait subir sur le plan psychologique un traitement au moins aussi éprouvant que celui dont je me plaignais. C'est ainsi que Gabriel entra par la grande porte dans le cercle très fermé des compositeurs de musique de films et envoya à Jacques, chaque année pour son anniversaire, une boîte de cigares à laquelle il joignait une petite carte avec comme en-tête : « À mon bienfaiteur ». En regardant à la télévision la cérémonie des oscars de 1996, je ne me tiendrais plus de joie lorsque l'on remettrait celui de la meilleure musique à Gabriel pour le film d'Anthony Minghella, *Le Patient anglais*.

*

* *

Pendant que sa femme, Nathalie, soignait Pascal Jardin atteint de la maladie de Hodgkin à laquelle il succomberait bientôt, Jean-Marie partit pour les États-Unis où il allait vivre une dizaine d'années en tournant des films publicitaires. Je devais désormais me passer de lui. Pour la pochette de l'album *Gin tonic*, je me laissai séduire par la proposition d'une équipe qui travaillait pour *Façade*, une revue branchée à petit tirage dont les fautes de goût et le parti pris kitsch auraient dû m'alerter. Le dessin de la maquette montrait un énorme bloc de glace sur lequel on me voyait assise en tout petit. L'originalité de l'idée, la justesse de son symbolisme et l'élégance du graphisme me plurent. Hélas, quand j'arrivai pour la séance de photos, je constatai avec horreur que je devais m'asseoir à l'intérieur d'un réfrigérateur atrocement *cheap* qui trônait au beau milieu d'une pièce aussi peu reluisante que lui. Atterrée, je me mis à pester contre la duperie dont je m'estimais victime, mais il était trop tard et je me prêtai de mauvaise grâce aux exigences du photographe pour ce qui allait être l'une de mes pires pochettes. Le piège consistant à donner son feu vert à un projet séduisant qui, à l'arrivée, n'aura plus aucun rapport avec les promesses de départ est hélas encore plus monnaie courante dans le show-business qu'ailleurs. Je découvrais à mes dépens la chance que j'avais eue jusque-là de pouvoir me reposer sur Jean-Marie, ainsi que sur Andréa Bureau qui travaillait dans le groupe Filipacchi, et concoctait la mise en page de chacune de mes pochettes avec autant de talent que d'affection.

*

*   *

Entre les enregistrements, je poursuivais mes activités astrologiques. Jean-Pierre Nicola me demanda de collaborer à une nouvelle collection sur les signes du zodiaque lancée par les éditions Tchou. L'idée était de confier chaque livre à un astrologue né sous le signe traité. Comme les astrologues du Capricorne sont nombreux et qu'en l'occurrence la place était prise par Joëlle de Gravelaine, je dus me rabattre sur mon signe ascendant, la Vierge. Le manque de temps m'empêchait d'envisager d'assurer seule tout le travail qu'implique la rédaction de ce genre d'ouvrage. Jean-Pierre me présenta Béatrice Guénin, une astrologue très sympathique, née sous le signe de la Vierge, et nous nous partageâmes la tâche. Pour le chapitre concernant les personnalités du signe, nous décidâmes d'aller interviewer directement telle ou telle célébrité, ce qui nous paraissait plus vivant, plus probant aussi qu'un énième exposé théorique.

La lecture d'*Histoire d'O*, quelques années plus tôt, m'avait bouleversée autant qu'éblouie. Ce roman dépasse de loin le cadre du genre érotique, puisqu'il traite avant tout d'amour fou et de frustration avec une profondeur et une subtilité rares. L'exceptionnelle beauté de la langue en fait par ailleurs un chef-d'œuvre de la littérature française. Longtemps, le bruit courut que l'auteur de ce roman n'était autre que l'éditeur Jean Paulhan, mais j'étais certaine que seule une femme avait pu explorer avec autant d'acuité les méandres du cœur et du désir féminins. Lorsque je sortis avec Pascal Jardin, il me confia que derrière le pseudonyme de Pauline Réage, sur lequel tant de gens s'étaient perdus en conjectures, se cachait en réalité une femme d'une grande discrétion, répondant au nom de Dominique Aury et travaillant à la *NRF*. Il me donna même son numéro de téléphone que je me contentai de noter sans penser m'en servir un jour. Un peu plus tard, je lus avec beaucoup d'intérêt le petit livre *O m'a dit* où Régine Deforges interviewe longuement Pauline Réage. À la lumière de certaines de ses confidences, en particulier celles ayant trait à la discipline acceptée, au dégoût physique[1], à la maîtrise de soi, à la lumière aussi du besoin de se cacher et de l'extrême modestie qui se dégageait de sa personnalité, s'était peu à peu ancrée en moi la conviction qu'elle était née sous le signe de la Vierge.

---

1. « Quant à tous ces ruissellements, ces sueurs, ces salives mêlées, ce n'était pas très engageant. Heureusement qu'il y avait de l'eau chaude, des serviettes et de l'eau de Cologne ! »

Surmontant ma timidité, je l'appelai pour lui faire part de mon intuition et, si elle se vérifiait, lui proposer de l'interviewer dans le cadre du grand livre de la Vierge. « L'ennui, me dit-elle, c'est que je suis née sous le signe de la Balance. » Mais quand je m'enquis du jour, je m'aperçus en consultant fébrilement mes éphémérides que c'était celui du changement de signe. Seule l'heure permettrait de savoir si la naissance avait eu lieu fin Vierge ou début Balance. Elle m'indiqua alors le nom du village où elle était née pour que je prenne contact avec quelqu'un de l'état civil qui me communiquerait le précieux renseignement. Mais aucune Dominique Aury ne figurait dans les registres de l'employée de la mairie que j'eus au bout du fil et je dus la rappeler. Elle avait oublié que ce nom était également un pseudonyme et m'en donna un troisième qui s'avéra le bon, et permit d'établir qu'elle était bel et bien née à la fin du signe de la Vierge. Sous nos latitudes nord, à l'instant précis où le Soleil quitte la zone qui, dans l'espace du système solaire, correspond au dernier signe d'été, pour celle du premier signe d'automne, le rapport jour-nuit s'inverse : à 29° et quelque de la Vierge, la durée du jour l'emporte encore de peu sur celle de la nuit, tandis qu'à 0° de la Balance, la nuit l'emporte de peu sur le jour. Symbole du moi, le jour en fin de course de la Vierge favorise une dynamique de rétraction qui se traduit par des réflexes d'auto-protection, tandis que la nuit – symbole du non-moi – qui prend son essor en Balance va de pair avec une dynamique d'expansion prenant la forme de réflexes associatifs sur fond de socialisation.

Histoire d'O touchait tellement mes points sensibles et le style de son auteur était d'une telle qualité, que j'étais littéralement pétrifiée quand je rencontrai Dominique Aury, d'autant plus que son apparence physique me mit étrangement mal à l'aise. Peut-être parce que le personnage d'O me semblait la quintessence de la féminité, je ne m'attendais pas à ce que sa créatrice ait cette allure masculine et austère qu'ont de nombreuses femmes vieillissantes, une allure dont, à tort ou à raison, le côté équivoque renvoie à une certaine image de l'homosexualité féminine.

Elle avait souhaité répondre spontanément à mes questions, et demandé de vérifier le texte de l'interview pour gommer les détails susceptibles de trahir sa véritable identité. Dans la lettre de remerciements que je lui adressai à la suite de ses corrections, j'évoquai l'immense écrivain qu'elle était ainsi que l'émotion ressentie à la lecture de son livre. J'ai gardé la réponse manuscrite qu'elle me fit le 22 mai 1978, où elle m'assure n'avoir jamais reçu une lettre aussi réconfortante, au point d'oser à peine y croire. « Je n'ai pas d'esprit, aucune imagination... je n'ai fait qu'enfoncer des portes ouvertes... », avait-elle prétendu au cours de notre entretien.

*
* *

À l'âge de cinq ans, Thomas alla à l'école de son quartier, tout près de la maison. Comme la plupart des enfants, il manifesta d'abord une vive résistance à l'encontre du changement de vie annoncé, ne cessant de proclamer tout au long des vacances d'été qu'il ne voulait pas aller à l'école. Le jour de la rentrée, il s'accrochait à moi en pleurant, au point qu'une institutrice dut me l'arracher des bras en m'ordonnant de fuir. Mais il s'adapta d'autant plus vite qu'il réussit à intéresser toute sa classe à sa passion du moment, les dinosaures, et que la maîtresse projeta d'emmener son petit monde au Muséum d'histoire naturelle du Jardin des Plantes, où nous étions déjà allés plusieurs fois admirer le squelette reconstitué d'un diplodocus.

Je pensais le laisser à l'école publique, mais les parents qui avaient un autre enfant dans des classes supérieures me signalèrent que les professeurs étaient souvent manquants et me conseillèrent de mettre Thomas dans une école privée. Je téléphonai à l'École alsacienne où l'on m'informa qu'il fallait s'y prendre au moins quatre ans à l'avance pour une inscription. Au moment de raccrocher, et bien que je n'aie pas mentionné mon nom, la personne au bout du fil crut bon de me préciser que je ne devais pas m'imaginer que les admissions marchaient au piston, et me recommanda le collège Sévigné, tout proche. Quelques années plus tard, quand j'en parlai à une amie, elle ne cacha pas sa stupéfaction. « Ça ne marche qu'au piston ! s'exclama-t-elle. Mon père était au conseil d'administration et, si tu m'avais contactée, Thomas aurait été admis immédiatement. »

Avec ses murs noirs, sa cour de récréation étriquée, son manque d'espace, le collège Sévigné me parut beaucoup moins attractif que l'École alsacienne dont les bâtiments d'architecture classique, datant de la fin du XIXe siècle, et les jardins entrevus par la porte d'entrée m'avaient séduite. Avant de l'inscrire, j'emmenai Thomas rencontrer le proviseur et jeter un coup d'œil sur les lieux. Il ne broncha pas sur le moment, réservant sa litanie de protestations contre son changement d'école aux vacances d'été suivantes. Mais le matin de la rentrée, dans la voiture, il m'annonça non sans malice que, tout compte fait, il la « sentait » bien, cette nouvelle école. Avait-il un sixième sens comme son père ? Toujours est-il qu'il ne tarda pas à s'acclimater et à se faire de nouveaux amis. En classe de dixième, ses petits camarades et lui se plaignirent du manque d'intérêt des cours, ce qui me parut le monde à l'envers. Le proviseur considéra que c'était une question de niveau et décida de faire passer les élèves les plus brillants dans la classe supérieure. C'est ainsi que, comme sa maman, Thomas passa son bac à seize ans, après une scolarité moins laborieuse, puisqu'il était très doué, en particulier pour les mathématiques dont ni son père ni moi n'avions la bosse.

Ce doit être au cours de l'année 1980 que l'attachée de presse de Pathé-Marconi, la maison de disques avec laquelle Gabriel m'avait fait signer, m'informa qu'elle avait refusé en mon nom une demande pour une émission de variétés de Gilbert et Maritie Carpentier – les meilleurs producteurs de l'époque –, dont les invités vedettes étaient Daniel Balavoine et Louis Chedid. Le talent de ces deux nouveaux venus était plus que prometteur. Non seulement j'aurais adoré les rencontrer, mais avoir été sollicitée par l'un ou l'autre me comblait. L'attachée de presse arrangea les choses et je fis la connaissance de Louis sur les lieux du tournage. Au moment de partir, je déplorai la brièveté des rencontres de plateau, souvent sans suite, et nous convînmes de nous revoir. Le hasard voulait qu'il habite avec sa famille à cinq minutes de la rue Hallé, dans l'une de ces ravissantes petites rues perpendiculaires au parc Montsouris, où l'on trouve de jolies maisons entourées de jardins. Sa femme, l'adorable Marianne, et lui avaient une fille, Émilie, et un garçon, Matthieu[1], à peu près du même âge que Thomas. Pendant presque dix ans, nous dînâmes ensemble en fin de semaine, au moins une fois par mois, tantôt chez eux, tantôt chez nous. Pendant que nos enfants jouaient ensemble après avoir avalé en cinq minutes leur dîner, nous nous relaxions devant un rosbif saignant et une bonne bouteille de vin. Un après-midi, j'emmenai les enfants au Jardin d'Acclimatation. Thomas était encore très petit et parfois un peu capricieux. Je me souviens comme je fus à la fois frappée et touchée par la patience infinie dont firent preuve Matthieu et Émilie qui n'avaient guère que deux et trois ans de plus que lui. La famille

---

1. Matthieu est devenu célèbre sous le nom de M.

Chedid possède une maison près de Bastia et, un été, Matthieu vint passer quelques jours à Monticello. Son séjour fut abrégé par les habituels problèmes d'incendie qui alarmèrent à juste titre ses parents, mais je me revois faisant les courses à L'Île-Rousse en sa compagnie : alors qu'il était haut comme trois pommes, il tenait absolument à porter mon sac à provisions beaucoup trop lourd pour lui.

*
* *

Dès que j'eus acquis une certaine notoriété, mon père qui, lorsque ma sœur et moi étions petites, tenait tellement au secret de notre existence ne résista pas à l'humaine tentation de dire autour de lui que j'étais sa fille. J'habitais encore rue du Rocher, quand il me téléphona, éploré, pour me raconter qu'il vivait depuis quelque temps avec une jeune femme, dont il avait eu une petite fille et que toutes deux venaient de partir sans laisser d'adresse. La vie l'avait toujours séparé de ses enfants, se lamenta-t-il après avoir imploré mon aide. Agacée plus qu'apitoyée, j'en parlai aussitôt à ma mère. Son pragmatisme à toute épreuve lui fit immédiatement pointer du doigt les imprécisions et les incohérences de ces révélations intempestives, ainsi que s'interroger sur la réalité d'une telle paternité. Comme pour mettre de l'eau à son moulin, mon père se montra plus qu'évasif quand je cherchai à obtenir les informations qui auraient permis de retrouver la jeune femme en question. Avait-il ou non subodoré l'intrusion maternelle ? L'affaire, en tout cas, en resta là.

J'allais parfois le voir et je me rappelle lui avoir amené à tour de rôle Jacques, Patrick et Jean-Marie dont il me vanta à maintes reprises les mérites, regrettant que j'aie fait ma vie avec Jacques qui lui plaisait moins, sans doute parce qu'il était le moins civilisé des trois. Il habitait rue Boileau dans un appartement qui aurait été agréable s'il avait pris la peine de l'entretenir. Ma mère a souvent évoqué la maison dont il était propriétaire à Montmartre, au 15 de la rue Ravignan, et déploré qu'il l'ait littéralement laissé pourrir. Rue Boileau, la vaisselle n'était jamais faite et le ménage encore moins. Pleines de rouille et autres substances peu ragoûtantes, les toilettes empestaient. Mon père avait pourtant largement les moyens de payer une employée de maison, mais il préférait vivre dans la saleté la plus immonde que débourser le moindre sou. Dans ses dernières années, il s'habillait comme un clochard et des voisins compatissants lui apportaient des vivres, pensant qu'il n'avait pas de quoi se nourrir. Un soir où je dînais avec lui, une lueur inhabituelle fit briller son regard lorsqu'il me révéla qu'il avait trois comptes en banque, et me remit des documents à ce sujet au cas où il lui arriverait quelque chose. Mais, insista-t-il, je ne devais pour rien au monde en parler à ma mère, encore moins à ma sœur.

N'ayant aucun secret pour ma mère, je lui transmis sans tarder les précieux relevés d'identité bancaire. Elle se mit aussitôt en tête de nous faire reconnaître par notre père, ma sœur et moi, afin que nous ayons droit à son héritage, et se rendit régulièrement chez lui sous prétexte de faire son ménage, pour lui démontrer l'obligation morale d'une telle démarche. Il ne voulut d'abord rien entendre, mais elle le harcela tant et si bien qu'il finit par céder. Il y avait dans sa pièce de séjour un piano électrique dont il jouait parfois. Un jour, ma mère eut un geste maladroit en l'époussetant et le fit tomber, ce qui mit mon père en fureur. « Partez, lui ordonna-t-il en montrant la porte. Je ne veux plus jamais vous voir. » « Ta mère est bien dévouée, devait-il me confier peu après, mais, dès qu'elle arrive, j'ai envie qu'elle s'en aille. » Je tiens de ma grand-mère – qu'il supportait aussi mal – qu'un jour où il déjeunait à Aulnay, ma mère était arrivée à l'improviste. Cela se passait peu après leur rupture et force est de reconnaître que, par moments, ma mère devenait un véritable dragon qui faisait peur à tout le monde, y compris à ses propres enfants. C'est probablement ainsi qu'elle apparaissait à mon père, car il se précipita dans la chambre de mes grands-parents qui donnait sur le jardin et sauta par la fenêtre pour lui échapper, au risque de se briser les os. Ma mère a beaucoup pâti de son avarice dont je perçus sur le tard le caractère pathologique, mais, à l'en croire, c'était un grand sentimental à la larme facile. Quand il était encore amoureux d'elle et qu'elle refusait de le voir, il lui chantait au téléphone : « *Je suis seul ce soir / avec ma peine...* »

Sous quel fallacieux prétexte acceptai-je de rencontrer ce jeune homme qui me déplut au premier regard ? Quel mensonge avait-il inventé ? Je ne sais plus. Nous étions installés dans la pièce à musique de la rue Hallé et son discours était si confus que je crus avoir affaire à quelqu'un de dérangé dont je devais me débarrasser au plus vite. Il s'accusait de me spolier et je me demandais où il voulait en venir, jusqu'à ce que, de fil en aiguille, je finisse par comprendre que mon père lui donnait de l'argent. Impatientée, je lui dis que cela ne me regardait en rien et que ses scrupules étaient infondés. Manifestement, ce triste individu cherchait à s'infiltrer, mais ses motivations me parurent obscures et le demeurèrent. J'abrégeai l'entretien.

La vérité éclata peu après grâce à un ami de Jacques qui vendait des voitures de luxe. J'ai oublié les connexions qui lui permirent de m'apprendre que le jeune homme en question venait frimer dans son garage et se vantait d'être entretenu par mon père. La révélation de l'homosexualité de quelqu'un n'a rien de choquant en soi, fût-elle celle de son propre père, mais le fait qu'à près de quatre-vingts ans celui-ci racole des jeunes gens me souleva le cœur, malgré la solitude et la souffrance qu'implique un tel avilissement.

Quand j'allais rue Boileau, il fallait prendre toutes sortes de précautions pour que mon père finisse par ouvrir sa porte. Il craignait manifestement quelque chose ou quelqu'un, et les raisons m'en apparurent clairement dès que je fus au courant de ses mœurs. On le retrouva un jour gisant, inconscient, au milieu de ses déjections. L'enquête établit qu'il avait été assommé par l'une de ses « victimes » en quête d'argent, comme le laissait supposer une commode éventrée, dans les tiroirs de laquelle on découvrit des bas résille et autres accessoires. Il mourut à l'hôpital le 6 février 1981, le matin du jour où je devais aller le voir, et je me sentis soulagée d'échapper au spectacle de sa déchéance – ma mère m'avait prévenue qu'il avait les cheveux longs, et plus toute sa tête. La psychanalyse établit une relation entre les matières fécales et l'argent, et mon père a été trucidé par quelqu'un venu lui soutirer ce qu'il avait toujours si jalousement gardé et caché. Sa mort m'apparut donc comme un étonnant raccourci de sa vie. Ainsi qu'il m'a été donné de l'observer depuis, il n'est pas rare que la façon dont on meurt ait un rapport saisissant avec la façon dont on a vécu.

Mon père a laissé quelques écrits inédits sur son enfance et ses années d'Occupation, mais sans le moindre mot sur sa vie personnelle d'adulte. Son frère Robert, qui était contre-amiral, a publié aux Œuvres françaises, en 1947, une biographie du père Victor D., mort à Dachau le 12 janvier 1945. La feuilletant récemment, je tombai sur le passage où, en 1928, ses supérieurs envoient enseigner à Évreux cet oncle exemplaire que je n'ai pas connu. J'avais parfois entendu le père de Jacques évoquer le collège de cette ville que l'un de ses propres frères avait dirigé. Au moment même où je me disais qu'il serait tout à fait extraordinaire que je tombe sur le nom de Dutronc, je lus les lignes suivantes : « Il [Victor D.] n'a pas la prétention d'emprunter la baguette à l'excellent maître de chapelle qu'est son ami M. Dutronc, mais il l'assiste de tout son pouvoir... »

*
* *

À la rentrée 1980, alors que Gabriel et moi projetions notre quatrième album ensemble pour lequel j'avais, entre autres, écrit le texte de *Voyou, voyou* sur une très jolie mélodie de Louis, je fus contactée par Pierre Lescure qui dirigeait alors la station radiophonique RMC. Il souhaitait me confier l'horoscope quotidien ainsi qu'une émission hebdomadaire. Je n'avais matériellement pas le temps de m'investir dans un album et d'assurer parallèlement tout le travail qu'impliquait une telle proposition. Aussi demandai-je à Jean-Pierre Nicola de collaborer avec moi ; cela mettrait un peu de beurre dans ses épinards et m'aiderait à progresser en astrologie tout en diffusant ses idées révolutionnaires à une plus vaste échelle que celle d'une revue spécialisée.

Mes activités domestiques et professionnelles sur fond de turbulences personnelles récurrentes, propices à l'insomnie, ne me permettaient guère de me reposer. Même les vacances ne m'en donnaient pas l'occasion. Les difficultés de cohabitation avec ma mère avaient été contournées d'une façon qui me culpabilise encore quand j'y pense. Son abnégation sans limites la poussa à nous proposer de passer l'été rue Hallé pour garder la maison, tandis que nous emmenions à Monticello les parents de Jacques, plus faciles à vivre qu'elle-même. Nous étions au moins six ou sept à table chaque jour, parfois quinze quand nous lancions ou rendions une invitation. Une aide-ménagère succincte m'évitait les grosses corvées, mais trop de choses m'incombaient. J'étais, bien sûr, heureuse de faire tourner la maison et d'avoir ma famille de cœur autour de moi, en même temps, je déplorais en mon for intérieur de ne plus voir Jacques que dans un cadre familial peu propice à raviver la flamme entre nous. Je ne réalisais pas encore que, quel que soit le cadre, même une bombe sexuelle ne peut lutter contre ces ennemis implacables que sont le temps et l'habitude si bien dénoncés par Michel Berger dans *Seras-tu là ?* Serge Gainsbourg aura répété à l'envi l'assertion de Balzac, selon laquelle en amour il y en a toujours un qui souffre et l'autre qui s'ennuie. L'impression de ne pas assez inspirer à Jacques ce qu'il m'inspirait lui-même me tourmentait sans cesse et, consciente que la souffrance de l'un ne peut que refroidir l'autre, je ne savais comment sortir de ce cercle vicieux.

Jean-François Adam, sous la direction duquel Jacques et Isabelle Huppert avaient tourné *Retour à la bien-aimée*, vint passer quelques jours en Corse. Apparemment désœuvré, il me tenait souvent compagnie. Il s'installait au bar de la cuisine pendant que je lavais la vaisselle et nous parlions de Françoise Dorléac. Entre autres... Un soir où je ne sais quelle marque d'animosité ou d'indifférence de la part du maître de maison me blessa plus que d'habitude, je pris la voiture sur un coup de tête dans l'espoir illusoire de l'inquiéter et d'échapper l'espace d'un instant à ce qui me ligotait. À mon retour, Jean-François, qui était resté à m'attendre, me témoigna une sollicitude inquiète qui, dans l'isolement où je me sentais, m'émut profondément. Il se suicida quelques mois après, ce que je mis sur le compte de ses difficultés professionnelles – son film n'avait pas marché – et des problèmes personnels allant de pair. Le voile du mystère qui avait entouré sa disparition se souleva légèrement beaucoup plus tard, j'ai oublié comment : un amour impossible et inavouable avait sans doute constitué la goutte d'eau nécessaire à son passage à l'acte. Un vertige me saisit toujours quand j'imagine la souffrance qui devait tourmenter sans répit Jean-François lorsque nous conversions à propos de tout et de rien. Sa bonhomie souriante ne laissait rien transparaître, faussant nos rapports du tout au tout, dans l'impossibilité où j'étais de soupçonner les émotions contradictoires et violentes dont il était la proie.

Après avoir vu Jacques dans *Violette et François* de Rouffio, Maurice Pialat me dit au téléphone qu'il le considérait comme le plus grand acteur de sa génération. Il le pressentait pour son film *Loulou* dont certaines scènes osées inquiétaient Jacques, et le rôle échut finalement à Gérard Depardieu. Pialat fit, lui aussi, un bref séjour en Corse. Je me souviens surtout de ses cernes noirs très creusés, stigmates de son insomnie chronique, ainsi que de sa propension à dénigrer tout et tout le monde avec une faconde qui n'appartenait qu'à lui. Aucun metteur en scène, aucun acteur ne trouvait grâce à ses yeux, et c'était tout à fait pittoresque de l'entendre décharger ainsi ses insatisfactions – puisque, bien entendu, il se mettait dans le même sac que tous ceux dont il disait pis que pendre. En même temps, il était extraordinairement sympathique. En 2002, alors que la détérioration de son état de santé n'était un secret pour personne, le hasard nous fit dîner un soir, Pialat et moi, dans le même restaurant. Il traîna des pieds jusqu'à ma table pour me prier de l'excuser auprès de Jacques de s'être mal comporté avec lui. Il avait tenu des propos très dépréciateurs sur son talent d'acteur, après qu'il eut obtenu un César pour son interprétation de Van Gogh, comme s'il lui en voulait de récolter ce genre de reconnaissance à sa place. Je mis toute ma force de conviction à lui assurer que Jacques l'aimait beaucoup, le comprenait et ne lui en voulait de rien, car je savais qu'il en était ainsi. Des larmes jaillirent de ses yeux et il retourna s'asseoir. La nouvelle de son décès nous parvint peu après.

Au début de l'année 1981, une petite boule apparut près de mon aisselle droite. Curieusement, alors que je suis exagérément alarmiste pour ce genre de chose, je n'y pris pas garde, pensant vaguement qu'elle disparaîtrait comme elle était venue. Il n'en fut rien et, un samedi où nous dînions ensemble, je demandai à ma belle-sœur Christiane, opérée de façon drastique d'un cancer du sein à l'âge de trente ans, si elle se souvenait de ses premiers signes d'alerte. Elle avait juste senti une grosseur de la taille d'un petit pois en faisant sa toilette, me répondit-elle. Ma propension à toujours envisager le pire me plongea aussitôt dans des affres inimaginables. Si jamais je m'en sortais à bon compte, me promis-je, je ferais en sorte d'être moins surchargée de travail et de ne plus passer ma vie à me rendre inutilement malheureuse. Le lundi à la première heure, j'appelai mon gynécologue, le Dr C., et passai une mammographie l'après-midi même. Le médecin qui vint me voir à la suite de l'examen se montra rassurant, mais quand les résultats confirmèrent son impression, sa secrétaire déclara que jamais le Dr C. ne me laisserait ainsi : je devais prendre tout de suite rendez-vous avec le chirurgien qui m'ôterait cette grosseur suspecte, car seule une analyse approfondie, après ablation de celle-ci, permettrait un diagnostic sûr. Le chirurgien recommandé me reçut sans attendre et me demanda d'emblée si je prenais la pilule ou si j'avais déjà suivi un traitement hormonal[1]. L'opération fut planifiée une semaine plus tard, alors que je devais assurer mes

---

1. Au moment où j'écris ces lignes, deux de mes relations ont eu un cancer du sein hormono-dépendant. L'une des deux en est morte après deux ans d'agonie. Toutes deux avaient pris un traitement hormonal au moment de la ménopause pour vieillir mieux.

émissions sur RMC et que l'enregistrement de mon album *À suivre...* venait de commencer.

N'envisageant plus le pire mais ne l'excluant pas davantage, j'en vins à me demander ce qui se passerait pour Jacques si je ne me réveillais pas de l'anesthésie, dès lors que j'étais propriétaire de nos murs tant parisiens que corses. Je consultai un avocat qui m'expliqua en quelques mots pourquoi il valait mieux nous marier. Lorsque je lui rapportai ses propos, Jacques suggéra que l'on se marie en Corse juste après mon opération. Ainsi, dit-il très gentiment, nous pourrions d'ores et déjà nous projeter dans quelque chose de plus gai que les inquiétudes et désagréments liés à mes problèmes de santé. Ni lui ni moi n'étions partisans du mariage, et nous venions justement de faire pour *Paris Match* une photo ouvrant un sujet de plusieurs pages sur les couples célèbres non mariés. Comment aurions-nous pu prévoir qu'elle ne serait plus d'actualité quinze jours après ?

Lorsque je partis pour la clinique, j'avais quelques émissions d'avance pour RMC et je pouvais me reposer sur Gabriel pour les séances d'enregistrement. On m'ôta un fibroadénome de la taille d'une noix et je me réveillai de l'opération en ayant très mal à l'endroit de l'ablation. De retour à la maison et sur le point de partir en Corse, j'appris que Thomas, sans doute « travaillé » par sa grand-mère maternelle, refusait de manquer la classe pour assister au mariage de ses parents. Apparemment peu emballée par cette officialisation, ma célibataire endurcie de mère me demanda avec une solennité agaçante de ne surtout pas me marier sous le régime de la communauté, alors que c'était le cadet de mes soucis et que réfléchir à ce genre de chose me paraissait mesquin. Son insistance fut telle que, de guerre lasse, je finis par lui promettre de suivre son conseil. C'est beaucoup plus tard que je compris le bien-fondé de ses raisons et lui sus gré de sa vigilance.

Le mariage eut lieu la veille du 1er avril 1981 et fut une sorte de condensé de ma relation à Jacques. Je ne me souviens plus des raisons qu'il invoqua, mais je dus faire le voyage aller sans lui. J'avais juste invité mes témoins : Jean-Pierre Nicola, accompagné de sa femme Yen, ainsi que Gabriel, venu avec sa jolie fiancée du moment, Muriel. Jacques l'éditeur et Yvette Étiévant, l'agent de Jacques l'acteur, devaient nous rejoindre. D'autres copains à lui étaient conviés et nos amis corses, François et Mimi Paoli, qui tenaient une boucherie à L'Île-Rousse, se chargeaient du buffet qui suivrait la cérémonie – civile uniquement. Au moment de nous rendre à la mairie, j'eus, sur le pas de la porte, une altercation avec mon futur époux : non seulement il ne s'était pas soucié des alliances[1] – seul bijou qui trouve grâce à mes yeux –, et cette marque de désinvolture m'affectait, mais il prévoyait d'emmener nos seuls témoins. Ne supportant que les petits comités, je vivais assez mal de toujours devoir le partager avec ses copains, mais, en l'occurrence, laisser à la maison tous ces amis qui avaient pris la peine de venir de Paris me paraissait impensable et j'étais au comble de l'exaspération.

J'eus gain de cause et le maire nous fit signer, en présence de tous les invités, notre contrat d'union pour le pire et le meilleur dont une grande partie était déjà derrière nous. La soirée illustra davantage encore ce qu'aura été notre relation. Je la passai à discuter avec mes amis et lui avec les siens. Il y eut quelques moments savoureux, dont me restent surtout en mémoire le discours humoristique de mon ami Fanfan le berger – son frère était et est encore le maire de Monticello –, ainsi que l'impossible découpage de la pièce montée en nougatine. Entre les charcuteries, le sanglier et les gâteaux, tout était trop lourd pour moi,

---

1. Quelques années plus tard, Serge entraînerait Jacques chez Cartier où chacun d'eux ferait l'acquisition d'alliances toutes simples en platine.

mais ce n'était pas important. J'étais heureuse que mon problème de santé semble derrière moi, heureuse d'être mariée avec l'homme que j'aimais et désirais le plus au monde. Rien d'autre ne comptait, même si je regrettais que notre petit Tom ne soit pas avec nous. Ma récente opération m'avait fragilisée et je montai me coucher vers une heure du matin en espérant que le jeune marié ne tarderait pas à me rejoindre. De dernier verre en dernier verre, il n'arriva que vers trois heures. Rien n'avait changé : sa proximité m'électrisait, mais il avait épuisé ses réserves autrement. Il s'endormit comme une masse, après avoir pris la peine de me demander à l'oreille si j'étais contente. On ne peut espérer une nuit de noces torride après quatorze années de relation, et malgré la tristesse envahissante de ce constat, la tendresse avec laquelle il posa la question me fit fondre.

Les contraintes médicales et professionnelles m'interdisaient de prolonger si peu que ce soit mon séjour à Monticello. Ne pouvant concevoir de faire le voyage du retour aussi seule que celui de l'aller, j'avais plusieurs fois demandé à Jacques s'il s'était occupé de son billet, sans jamais obtenir de réponse. Le jour de mon départ, force fut de constater qu'il ne s'était soucié de rien ou s'y était pris trop tard, et comme notre bref séjour en Corse avait été désespérément platonique, j'étais remontée contre lui quand nous prîmes congé à l'aéroport. « C'est bien la dernière fois que je me marie », lui lançai-je, sans montrer à quel point j'avais le cœur lourd, et espérant vaguement qu'il apprécierait mon humour. J'ai entendu récemment Jean-Marie déclarer à la radio qu'il n'y avait pas eu beaucoup d'hommes dans ma vie, mais que tous m'avaient fait attendre. C'était un résumé si saisissant de ma vie personnelle que je faillis éclater en sanglots.

12

Malgré les résultats rassurants de l'analyse du fibro-adénome, je ne fus guère en mesure de respecter les promesses que je m'étais faites. Il me fallait mener de front les émissions de RMC et terminer mon nouvel album. Gabriel, que je soupçonnais de vouloir garder la mainmise sur moi, m'avait fait signer chez Flarenasch, un label indépendant, dont le PDG, Alain Puglia, était en admiration devant lui. Déjà pour l'album précédent, où figuraient des chansons qui ne me convenaient pas, j'avais demandé à enregistrer *Tamalou*, une mélodie de Pierre Groscolas, aussi agréable qu'efficace, sur laquelle j'avais écrit un texte. Michel Jonasz et Alain Goldstein m'ayant expliqué qu'on ne pouvait mélanger les torchons avec les serviettes, j'avais dû me rendre à leurs raisons. Chez Flarenasch, je bénéficiai du soutien inattendu d'Alain Puglia, sensible comme moi à la mélodie de Groscolas, et Gabriel s'inclina de mauvaise grâce. Je demandai à Pierre de venir à la séance m'aider à le remettre dans le droit chemin s'il venait à s'en écarter. Le traitement à l'anglo-saxonne de sa maquette rendait l'ensemble absolument magique, et je misais autant sur la chanson que sur sa réalisation. Pierre arriva de sa campagne avec son matelas dans la voiture : il n'avait plus un centime et venait d'être expulsé de chez lui, sans autre recours que laisser son fils à son institutrice. Il prit place à mes côtés et nous prêtâmes anxieusement l'oreille à ce qui se passait avec les musiciens. Plus cela prenait forme et plus mon inquiétude grandissait. Ce que nous entendions était sec, raide et mécanique, sans une once de magie. À voix basse, je priai Pierre d'intervenir, mais Gabriel l'impressionnait, si bien que les choses allant de mal en pis, je dus lui dire moi-même qu'on s'éloignait beaucoup trop de l'esprit original de la chanson. Piqué au vif, Gabriel me désigna du doigt le pauvre Pierre dont c'était décidément la journée et me lança : « Si c'est une maquette que tu veux, pourquoi ne la fais-tu pas avec lui ? »

Après une telle sortie, nous ne pouvions plus que nous taire piteusement et, comme cela m'est trop souvent arrivé en séance, je me désespérais devant l'inadéquation de la réalisation. De même que je sais toujours, en général, quand une chanson sort du lot, j'ai aussi un sens développé de ce qui lui va ou ne lui va pas musicalement, sans être capable pour autant de l'expliquer avec des mots. Et quand je constate que la réalisation d'une chanson est à côté de la plaque, j'éprouve une réelle souffrance que relance chaque écoute de l'enregistrement, même des décennies plus tard. En l'occurrence, on aurait presque dit que le grand musicien qu'est Gabriel avait inconsciemment saboté une chanson qu'il n'aimait pas, alors que personne ne l'avait obligé à la réaliser. Malgré tout, depuis que nous enregistrions ensemble, ce fut la première fois qu'un titre eut un succès commercial, mais ma frustration n'en fut pas atténuée pour autant.

Globalement, cet album est l'un de mes moins intéressants, de mes plus hybrides, avec de mauvaises chansons ou des chansons ratées que je chantais aussi mal que possible. Les quelques perles – *Voyou, voyou*, *Rêve de starlette*, *À suivre...* – qui y figuraient ne rattrapaient pas grand-chose. Je ne sais pas s'il se vendit ou non car, ne me souciant guère des chiffres, je ne suis au courant du destin d'un disque que lorsqu'il marche très bien ou pas du tout.

*
* *

Quand François Mitterrand fut élu en mai 1981, ce qui n'eut guère l'heur de me réjouir, dans la mesure où j'appartiens à une génération dont les parents et grands-parents pensaient pis que pendre de cet homme et où je suis allergique au communisme, Jacques et moi eûmes la surprise de voir Thomas débouler avec un baluchon. Il voulait partir, car il avait entendu dire un peu partout qu'une telle élection menacerait directement l'école privée. Or, en l'espace de deux ans, il s'était beaucoup attaché à son collège. À sa décharge, il avait à peine huit ans ! Comme cela arrive systématiquement quand le pouvoir change de mains, la direction de RMC changea elle aussi. Pierre Lescure fut remplacé par Claude Villers qui ne s'intéressait guère à l'astrologie, mais n'osait pas me congédier. Il me présenta un mauvais projet que je n'étais pas en mesure de refuser et qui me gâcha la vie, m'obligeant à travailler sans répit, y compris le dimanche. Il s'agissait de diffuser, chaque après-midi, trois tranches enregistrées d'un temps minuté, différent selon la tranche, où l'on entendrait me répondre trois des six invités – un par question – interviewés tour à tour, le même jour, sur leur livre. Ces invités venant du monde scientifique ou parascientifique, on imagine le travail monumental que cela représentait : lire six livres par semaine sur des sujets que l'on ne maîtrise pas, et poser des questions ciblées à leurs auteurs me mit, malgré l'aide de Jean-Pierre Nicola, encore plus à cran que je ne suis naturellement portée à l'être.

Heureusement, Claude Villers fut remplacé l'année suivante par Simon Monceau qui savait qu'il vaut mieux ne pas demander aux poules de donner du lait ou aux vaches de pondre des œufs. Il s'enquit de mes souhaits. Je rêvais de faire une émission dans laquelle j'interviewerais une personnalité du monde de la chanson ou du cinéma sur la base de son ciel natal, tandis qu'une graphologue ferait de son côté un portrait psychologique à partir de son écriture. Je suivais depuis quelque temps des cours de graphologie grâce à Christian Dulcy – à l'époque, secrétaire général de la Société française de graphologie –, que j'avais rencontré en Corse grâce à notre ami commun Bertrand de Labbey, le nouveau maître d'Artmedia. Nos chemins s'étaient croisés au moment où j'envisageais de compléter les informations astrologiques, aux limites desquelles je me heurtais sans cesse, avec celles d'une autre science humaine. J'avais d'abord pensé à la morphopsychologie qui permet de déduire certains traits de base du caractère par l'observation du visage – de son cadre, de ses proportions, reliefs, méplats, etc. Christian me convainquit d'opter plutôt pour la graphologie et me dirigea vers la doyenne des graphologues, Germaine Tripier, que j'allai écouter religieusement chez elle, rue Molitor, dans le cadre d'un petit groupe d'étude composé de femmes entre trente et cinquante ans. Grâce à Christian, j'eus par la suite d'autres professeurs parmi les plus brillants de la Société de graphologie, et c'était absolument passionnant d'entendre des sommités telles que Jacqueline Berthelot, Jacqueline Pinon ou Catherine Colo analyser une écriture.

Simon Monceau me donna le feu vert et Anne-Marie Simond, dont j'avais également suivi les cours, accepta de se charger de la partie graphologique. On lui remettait un document écrit, en lui indiquant uniquement le sexe et l'âge de l'invité, dont elle découvrait l'identité en arrivant à l'émission. Sa déconnexion du monde du show-business était telle qu'elle n'avait de toute façon jamais entendu parler de la plupart des artistes. Jean-Pierre Nicola et moi préparions chacun de notre côté les questions suggérées par le thème astral[1], j'effectuais ensuite la synthèse du tout. Nous n'avions connaissance du travail d'Anne-Marie qu'après coup et étions, les uns et les autres, très intéressés de constater que nos approches, toutes différentes qu'elles fussent, nous amenaient sur le même terrain. L'émission était hebdomadaire et je l'intitulai *Entre les lignes, entre les signes*. Nous fîmes les deux premières avec Lio, qui débutait, et Daniel Balavoine, dont la chanson *La vie ne m'apprend rien* me bouleversait.

*
*　*

Depuis sa rupture avec Jane, fin 1980, nous voyions Serge Gainsbourg encore plus souvent. Il s'était pris d'affection pour Thomas et me téléphonait régulièrement pour que je le distraie de sa morosité, ce à quoi je parvenais plus ou moins, je ne sais comment. Au bout d'un moment de papotage à bâtons rompus, j'entendais ce petit rire bref qui n'appartenait qu'à lui, et c'était gagné. Provisoirement. Son mal de vivre faisait partie de lui et le départ de Jane l'avait décuplé.

Ma petite équipe était en émoi et la graphologue mortellement impressionnée, le jour où il franchit le seuil du studio de RMC pour participer à notre émission. Il arriva avec sa tête des mauvais jours, mais Nelly, l'assistante, émerveillée de l'avoir face à elle en chair et en os, eut l'imprudence de lui demander comment il allait. Il la fixa longuement d'un regard noir et finit par laisser tomber : « Mal. » Le ton était donné. Ses efforts ostensibles pour contenir, tout au long de

---

1. Le ciel de la naissance est un conditionnement et la façon dont il va être actualisé dépend des autres conditionnements qui sont ceux de tout être humain, ainsi que du degré de structure, d'intelligence et d'éthique du sujet.

l'interview, une agressivité sous-jacente me mirent mal à l'aise. Il s'exprimait de façon si hachée et avec de tels temps morts, que le réalisateur passa des heures au montage pour rendre le propos audible en rapprochant chaque mot et chaque phrase des précédents. Quand arriva le moment où Anne-Marie Simond lui lut son remarquable portrait graphologique, Serge se défoula sur elle. Ce fut un massacre : il réfuta une à une ses assertions avec sa mauvaise foi habituelle et à sa façon lapidaire, réductrice et déstabilisante. Le répondant intellectuel d'Anne-Marie fut provisoirement anéanti par le stress subi et elle n'en dormit pas de la nuit qui suivit.

Fatigué, Jacques m'avait prié de ne pas ramener Serge à la maison. Malgré mon aspiration à rentrer tout de suite après l'émission, je me sentais obligée d'accéder à la demande pressante de celui-ci d'aller prendre un verre au bar du Plaza tout proche. Son médecin, dont il ne suivait guère les prescriptions, lui avait interdit de boire et de fumer, mais il commanda d'emblée deux Singapore Sling. À peine étions-nous installés qu'il me dévisagea sans aménité et me lança sèchement : « Jane m'a quitté à cause de ma polygamie, et vous, comment vous faites ? »

Le ciel me tombait à nouveau sur la tête, quand bien même je me raccrochai à une interview où, quelques années plus tôt, Serge avait déclaré que leur commune monogamie à Jacques et lui les rapprochait. Je le lui rappelai et fis comme si je prenais son insinuation à la légère, mais je me sentais détruite et il ne se priva pas d'enfoncer le clou : quel était donc mon secret ? Comment arrivais-je à supporter ce que Jane n'avait jamais admis ? Je ne me souviens que de l'émotion qui me submergea et non de la façon dont je me défendis pour ne pas perdre la face. Quand arriva le moment de le ramener rue de Verneuil, Serge, apparemment inconscient des dégâts qu'il venait de provoquer, commença à me parler d'une arme à feu, récemment acquise, dont Bambou, sa nouvelle compagne, l'avait obligé à se débarrasser. Elle lui avait sauvé la vie, assura-t-il, soudain attendri à cette évocation, car la tentation de s'en servir était récurrente et il y aurait succombé tôt ou tard. Manifestement, il se trouvait ce soir-là dans ce genre de dispositions. Après avoir évoqué sa solitude et son incapacité à la supporter, il insista pour que je reste avec lui. Émue par sa détresse, je l'emmenai rue Hallé où, en nous voyant, Jacques laissa échapper un inaudible « J'en étais sûr ! ». Nous optâmes pour le restaurant de l'hôtel PLM Saint-Jacques où nous allions souvent et qui a changé de nom depuis.

Une fois sur place, Serge se mit en tête de confectionner un cocktail nécessitant des ingrédients introuvables que le sommelier mit longtemps à lui apporter. Quand enfin il eut ce qu'il voulait dans le shaker et commença à le secouer, il le fit tomber et en répandit tout le contenu sur la moquette. Thomas allait à l'école le lendemain et j'avais déjà renouvelé les tentatives pour accélérer le mouvement, lorsque Serge daigna enfin jeter un coup d'œil à la carte. Mais c'était pour étudier celle des vins dont aucun, bien sûr, ne lui convenait. Après que le malheureux sommelier eut réussi à obtenir l'autorisation d'ouvrir la cave, Serge s'y rendit avec Thomas, ravi, tandis que je me désolais intérieurement de voir s'éloigner de plus en plus le moment de dîner. Nous quittâmes le PLM vers vingt-trois heures et étions serrés comme des sardines dans la voiture, quand Serge, dont l'humeur retombait à vue d'œil, nous demanda tout à coup s'il pouvait dormir à la maison. Jacques me déposa avec Thomas avant d'aller se garer et je me précipitai pour préparer une chambre. Pendant que je m'activais, Jean Luisi, un ami de la famille, qui avait passé la soirée avec nous, m'annonça du rez-de-chaussée que Serge ne pouvait pas dormir sans somnifères et qu'ils partaient en acheter au drugstore.

À cette époque-là, il m'était impossible de m'endormir tant que Jacques n'était pas rentré. Il arriva vers cinq heures du matin ! J'avais eu tout le temps de ruminer les révélations sur sa prétendue polygamie et de m'indigner qu'il n'ait pas daigné me prévenir de ne pas les attendre, Serge et lui, quitte à inventer n'importe quel prétexte. Son mutisme habituel face à mes reproches m'exaspéra tellement que je lui arrachai ses lunettes et les jetai par la fenêtre. Excédé à son tour, il jura qu'on ne l'y reprendrait plus et qu'il ne reverrait jamais Serge. En fait, ce dernier avait réussi à les traîner, Jean et lui, un peu partout, entre autres dans un restaurant corse où ses provocations inconsidérées avaient éveillé les pulsions meurtrières d'un client originaire de l'île de Beauté. Chez Castel où ils s'étaient rendus ensuite, Serge avait jeté un cendrier à la tête de quelqu'un et failli déclencher un pugilat général. Nous apprendrions qu'il n'avait pas dormi de la nuit et entrepris à l'heure prévue – neuf heures du matin – la réalisation d'un film publicitaire. Comme Jacques, comme Johnny, il était une véritable force de la nature, et la remarque selon laquelle un corps fort est une calamité quand il a le dessus le concernait aussi. Au moins en partie.

Dans la semaine qui suivit, Serge téléphona, tout penaud, pour nous inviter à dîner au Vivario, le restaurant corse où son manque de tact aurait pu lui coûter cher. La présence de Charlotte l'obligerait à être raisonnable, m'assura-t-il. Buté, Jacques ne voulut rien entendre et j'ignore par quel miracle je parvins à le fléchir. Quand Serge arriva à la maison, il s'empressa de lui raconter qu'à cause de leur virée nocturne j'avais jeté par la fenêtre du rez-de-chaussée ses lunettes d'une valeur inestimable de cinq mille francs, qu'il n'avait jamais retrouvées. Grand seigneur, Serge signa aussitôt

un chèque du même montant, devenu depuis un exas-
pérant sujet de litige : Jacques soutient *mordicus* que
le chèque était à mon ordre – ce qui est illogique en soi –
et que je l'ai encaissé, alors qu'il sait bien que je suis incapable de ce genre de malhonnêteté ou de distraction !

Le dîner au Vivario se termina aussi mal qu'il avait
bien commencé. Ivres morts, Serge et Jean montèrent
sur une chaise et, sans se soucier le moins du monde
de la présence de Charlotte et de Thomas encore petits,
nous offrirent une pantomime obscène, parfaitement
scandaleuse. Mais nous étions tous, moi la première,
tellement en admiration devant le génie artistique de
Serge, qui, une fois à jeun, devenait un petit garçon
désarmant de gentillesse, que nous lui passions tout.

Parmi les souvenirs marquants laissés par cet enfant
terrible, il y eut le dîner rue de Verneuil où les deux
Jacques, Coluche et moi étions invités. Pendant que
Serge s'activait dans sa cuisine, nous réalisâmes qu'il
avait l'intention de nous servir à dîner sur la table basse
devant laquelle nous étions inconfortablement installés.
Ce n'était guère du goût de mes compagnons, de bons
vivants pour qui la gêne exclut le plaisir. Ils débarrassè-
rent en quelques secondes une table plus adéquate des
objets d'art qui l'encombraient, sans se douter du sacri-
lège qu'ils commettaient : la place de chaque objet avait
été minutieusement étudiée par Serge, dont l'esthétisme
était d'une intransigeance absolue. Quand il revint de la
cuisine et vit à quel point nous avions dérangé son ordre
– à ses yeux, cela revenait à barbouiller une toile de maître ou à briser un vase précieux –, il blêmit et dut fournir
un effort visiblement surhumain pour ne pas nous jeter
dehors. Heureusement d'ailleurs, car la soirée fut finalement très réussie.

Est-ce après ou avant ce dîner qu'il nous parla en long
et en large de son mirifique projet de film intitulé *Black-*

out, pour lequel il avait d'abord contacté Robert Mitchum, Alain Delon, Dirk Bogarde et autres acteurs prestigieux, qui lui opposèrent tous un refus poli ? En désespoir de cause, il se rabattit sur Jacques, alors très demandé. C'était assez indélicat de sa part, mais Jacques n'en prit pas ombrage et fut le seul – par amitié, je suppose – à accepter le rôle sans discuter, bloquant dans son planning les semaines prévues pour le tournage. La presse nous apprit peu après que le film se faisait avec quelqu'un d'autre. Jacques l'éditeur, qui ne plaisante pas avec l'amitié, le prit encore plus mal que Jacques l'acteur, plus fataliste. J'eus à nouveau Serge, penaud, au bout du fil : « Bon, pour Wolfsohn, c'est foutu, je sais qu'il ne me pardonnera jamais, mais pensez-vous qu'il me reste une petite chance auprès de Jacques ? » me demanda-t-il au comble de l'inquiétude. Pour la petite histoire, *Blackout* ne se fit pas.

Il téléphona en Corse, un été, et me parla avec excitation de son idée de génie de confier à Jacques et Charlotte Rampling les rôles principaux du nouveau film qu'il préparait en tant que réalisateur. Cette perspective gâcha mes vacances. Charlotte Rampling était à mes yeux la femme la plus séduisante au monde, et je ne pouvais me défaire de l'horrible pressentiment que, si elle tournait avec Jacques, c'en serait fini de notre relation. Je ne savais pas encore que l'attirance est bien plus compliquée qu'une simple affaire de séduction physique, et que lorsqu'une femme en prête à une autre, la gent masculine en général, son partenaire en particulier, ne partagent pas forcément son engouement. Une fois de plus, j'avais crié avant d'avoir mal : le film *Équateur* finit par se faire avec Francis Huster et Barbara Sukowa.

*
* *

En ce qui concerne les propositions de film qui tournent court, Jacques n'aura été ni plus ni moins épargné que la moyenne. Au début des années quatre-vingt, il eut vent que Steven Spielberg était à Paris et qu'Artmedia lui envoyait tous ses acteurs, du plus petit au plus grand, en vue du rôle principal de son prochain film : *Les Aventuriers de l'arche perdue*. Jacques était chez Artmedia, lui aussi, où la sympathique Yvette Étiévant, une comédienne reconvertie, s'occupait de lui. Assez mal d'ailleurs car, étant plus artiste que femme d'affaires, les cachets qu'elle lui obtenait étaient le plus souvent dérisoires et il n'osait s'en plaindre qu'en privé. Lors d'une soirée où j'étais présente, Yvette évoqua ce casting peu banal avec une pointe d'ironie. Elle était manifestement à mille lieues d'envisager d'y envoyer son poulain auquel la démarche consistant à courir après un rôle en faisant le pied de grue avec des dizaines d'acteurs professionnels était de toute façon radicalement étrangère. Un après-midi, Josée Bénabent, le contact de Spielberg en France, téléphona à la maison. Nous n'avions qu'une ligne et comme Jacques ne décrochait jamais, j'étais la standardiste de service, ce dont j'aurais préféré me passer, car devoir annoncer que je ne le trouvais pas à tel ou tel qui l'interpréterait forcément comme un refus de lui parler me mettait au supplice.

Josée m'expliqua que Steven Spielberg était venu à Paris pour rencontrer Jacques et personne d'autre. Elle avait travaillé avec lui sur *Antoine et Sébastien* et connaissait donc sa méfiance vis-à-vis des attachés de presse dont le mensonge et la manipulation sont les premiers outils de travail. Elle savait aussi à quel point la célébrité le laissait indifférent. À moins d'être un inconditionnel de son cinéma, la perspective de rencontrer Spielberg ne lui ferait ni chaud ni froid. Il accepta malgré tout de parler à Josée. La rencontre eut lieu et il fut tout de suite séduit par la gentillesse de Spielberg qu'il revit à Londres un peu plus tard, après avoir appris quelques pages de dialogue en anglais avec l'aide d'un coach. Mais la langue constituait un obstacle majeur et, pour tout arranger, la filiale anglaise d'Artmedia assura à Spielberg que Jacques n'était pas disponible dans les dates prévues pour le tournage. C'était de la désinformation pure et simple qui finit par parvenir aux oreilles de l'intéressé. Fort heureusement, il n'est pas du genre à entretenir des regrets inutiles à propos de ce qui ne devait pas se faire et j'imagine qu'il garde un bon souvenir des instants privilégiés passés avec le célèbre réalisateur américain.

*
* *

Claude Sahakian était un ingénieur du son exceptionnel et Gabriel avait tenu à travailler avec lui sur les trois premiers albums que nous fîmes ensemble. À cause de je ne sais quel différend, l'album *À suivre* dut se faire sans lui. Comme il fallait s'y attendre, la qualité du son y fut très inférieure à celle dont j'avais bénéficié jusque-là grâce à Claude. Entre-temps, il eut des problèmes d'oreille et consulta deux ORL qui lui recommandèrent de changer d'activité. Il acheta alors un vieil immeuble dans le XIXe arrondissement où il aménagea l'un des meilleurs studios de Paris, le studio + XXX, dont Gabriel et moi essuyâmes les plâtres au début des années quatre-vingt, en y enregistrant, avant la finition des travaux, l'album *Quelqu'un qui s'en va...* pour lequel il avait composé de sublimes mélodies.

Mais rien n'est jamais parfait. Gabriel venait de tomber amoureux d'une jeune journaliste qui ambitionnait d'écrire des textes. Aussi lui confia-t-il spontanément ses mélodies. Quand elle eut parolé la première, il me prévint qu'elle allait m'appeler et m'implora de ne pas la décourager si son texte ne me convenait pas. Ayant pâti lui-même de mes jugements à l'emporte-pièce, où, focalisée de façon excessive sur la chanson, je ne pensais pas assez à ménager sa susceptibilité et manquais du tact le plus élémentaire, il craignait manifestement que je blesse sa nouvelle compagne autant que je l'avais blessé lui-même sans le vouloir, et invoquait sa fragilité pour que je l'épargne le plus possible. Je le rassurai de mon mieux.

J'ai oublié les diverses péripéties de cette collaboration, mais non son point culminant. Les textes de la demoiselle n'étaient pas mauvais, simplement certains passages ne tombaient pas correctement sur la mélodie. Hélas, l'amour peut rendre aussi sourd qu'aveugle, car Gabriel ne voulut pas le reconnaître, tant et si bien que je dus, dès le premier jour de studio, le mettre dans la situation saugrenue d'aller devant mon micro chanter lui-même les passages litigieux. C'était le seul moyen pour qu'il se rende enfin à l'évidence. J'appris le lendemain qu'il s'était littéralement effondré après mon départ du studio. Grâce à mon travail de rafistolage, tout finit par s'arranger à l'amiable. Mes deux chansons préférées étaient *Quelqu'un qui s'en va* et *Mazurka*, malgré la mièvrerie des textes que Michel Jonasz reprocha d'ailleurs à Gabriel, en assurant qu'il aurait adoré écrire sur des mélodies aussi inspirées, ce qui suscite encore mes regrets quand j'y pense. Mais c'est *Tirez pas sur l'ambulance* qui bénéficia de la meilleure programmation radiophonique. Gabriel n'appréciait pas que Michel Berger reste ma référence majeure en matière de composition comme de production, et il m'avait présenté cette chanson en me lançant : « Tu veux du Berger, en voilà… » Ce pastiche très réussi bénéficia de surcroît d'une formidable réalisation, pleine d'énergie, qui contribua à son relatif succès.

Gabriel avait demandé à Alain Souchon de me faire une chanson. Je connaissais un peu Alain dont la personnalité est aussi attachante qu'on l'imagine. J'adorais et adore toujours ses chansons, mais je n'aurais jamais osé lui adresser ce genre de requête. Comme beaucoup d'enfants, Thomas, petit, avait craqué sur *Jamais content*, et nous étions allés ensemble applaudir son auteur à l'Olympia. De retour à la maison, nous avions parlé de son concert avec un enthousiasme si débordant que Jacques avait failli s'en agacer – il est vrai que, quel qu'en soit l'objet, l'excès d'enthousiasme refroidit les tempéraments réservés. Alain promit à Gabriel de tenter quelque chose. Il me téléphona un jour en m'annonçant qu'il allait me fredonner ce qu'il avait trouvé, tout en me prévenant que c'était très, très mauvais. Il s'agissait de *C'est bien moi*. C'était tellement moi, en effet, que malgré l'insistance de la maison de disques qui souhaitait en faire un single, chanter cette chanson à la télévision m'était tout bonnement impossible[1].

À peu près à la même époque, j'eus le coup de foudre pour *Ces petits riens*, une merveilleuse chanson d'une grande subtilité, composée et écrite par Serge en 1964. Je souhaitais la reprendre et Gabriel eut l'audace de proposer un autre pont musical de son cru, avec des harmonies différentes. Serge rechigna dans son coin mais fit preuve d'une émouvante humilité en acceptant les modifications – à vrai dire bienvenues – de Gabriel quand il les entendit.

Le livre de photos – superbes – de Bambou, qu'il venait par ailleurs de publier, me donna l'idée de lui demander de faire celle de ma pochette. La séance eut lieu au studio Mac Mahon de la rue des Acacias, où Jean-Marie avait tellement œuvré pour les revues *Salut les copains* et *Mademoiselle Âge tendre*, que je m'y sen-

---

1. La chanson commençait ainsi : « *J'voudrais qu'i'm'caresse / et i'm'caresse pas / J'veux qu'i'dise qu'i'm'aime et i'me l'dit pas / Ça m'rend malheureuse / ces différences-là / C'est bien moi d'aimer / c'garçon qui m'aime pas...* »

tais chez moi, mais l'impression que l'assistant de Serge faisait tout ou presque à sa place m'inquiéta. Non sans raison, puisque les diapositives me consternèrent. Il n'est pas facile pour un amateur de maîtriser le réglage des flashs électroniques. Les lumières étaient mauvaises et les photos aussi. Par chance, en les examinant soigneusement, je vis qu'une seule d'entre elles ferait une superbe pochette et j'en éprouvai un soulagement intense. Car comment dire à Serge, si sensible aux compliments, que rien de ce que son assistant et lui avaient fait ne trouvait grâce à mes yeux ? Son honneur était sauf, notre relation aussi. Nul ne pourrait imaginer au vu de l'élégant recto de l'album *Quelqu'un qui s'en va* qu'il s'agissait d'un miraculeux accident !

*
* *

De 1980 à 1984, Jacques enchaîna neuf films. Certains tournages se passaient à Paris ou dans les environs, d'autres en province ou à l'étranger. À la maison, le train-train de la vie quotidienne étouffait dans l'œuf mes aspirations à davantage d'intimité. Le soir, Thomas rejoignait Jacques dans sa chambre et ils regardaient ensemble des films avec Louis de Funès ou des émissions de Jean-Michel Ribes, tandis que je préparais le dîner que je leur montais ensuite sur un plateau. J'avais toujours le premier réflexe de me réjouir quand j'allais rejoindre Jacques en extérieurs, alors qu'il était prévisible que je déchanterais. Une équipe de film est un microcosme quasi familial où aucun étranger n'a sa place, et un tournage mobilise beaucoup trop ceux qui y participent pour qu'ils aient la moindre disponibilité vis-à-vis d'un visiteur, si cher soit-il à leur cœur. Par ailleurs, Jacques faisait en sorte de loger loin du reste de l'équipe, et je n'ai donc pas vu grand monde lors de mes rares venues. Sauf une fois, le jour même de mon arrivée sur le tournage de *Sarah* de Maurice Dugowson, où mon sentiment d'être de trop battit ses records. Nous nous trouvions dans un petit village du sud de l'Espagne et j'étais installée avec Jacques dans un café en plein air, lorsque, semblant surgir du néant, sa partenaire que je n'avais jamais rencontrée s'avança avec un tabouret qu'elle plaça face à moi. Elle s'y assit, mit ses mains sur ses hanches et me dévisagea d'un air provocateur comme pour me narguer, puis repartit sans que personne n'ait eu le temps de réagir. On imagine ma surprise, mon malaise – ceux de Jacques aussi sans doute ! – ainsi que les soupçons qui me vinrent à l'esprit, et que la suite des événements n'atténua guère, quand bien même on tenta maladroitement de me convaincre que cette belle jeune femme avait parfois des comportements étranges auxquels j'aurais eu tort de prêter attention.

Lorsque les tournages en extérieurs coïncidaient avec les vacances scolaires, j'emmenais Thomas avec moi. C'est ainsi que nous allâmes ensemble à Lodève où son père avait loué une maison en pleine campagne pendant le tournage de *Malevil* de Christian de Chalonge. J'essayais de l'intéresser à Carlos Castaneda dont, grâce à Gabriel qui m'avait ordonné de me procurer *Le Voyage à Ixtlan*, j'étais devenue une lectrice assidue. Mais il était encore petit, et seul l'accrochait le passage sur les pets plus puissants que le tonnerre des facétieux sorciers qui faisaient tourner l'auteur en bourrique pour tenter de déconditionner sa vision du monde. Il n'empêche que la graine était semée puisque, quelques années plus tard, il lut à son tour avec passion cet auteur prodigieux.

Juste avant le tournage, Jacques avait commencé à enregistrer son album *Guerre et pets* pour lequel Jacques l'éditeur avait eu l'impudence de donner à Serge et à Jacques Lanzmann les mêmes musiques à paroler. J'ai souvenir d'une séance où un quiproquo inimaginable à propos de je ne sais quelle chanson permit à ces derniers, outrés, de comprendre, aussi lentement que sûrement, l'indélicatesse dont ils étaient l'objet. Lanzmann portait d'horribles baskets violet phosphorescent avec des lacets jaunes, et je le revois collé contre le mur dans une posture de yoga, se répétant *ad libitum* entre ses dents qu'il ne devait pas perdre son calme. À la décharge de Wolfsohn, les faire travailler l'un ou l'autre constituait une mission impossible, et il avait dû enfermer maintes fois Lanzmann dans l'espoir d'en extirper quelques mots. Serge avait besoin – c'était la moindre des choses – d'être fortement motivé pour écrire et, bien qu'il ait déjà fait des textes formidables pour Jacques – *Les roses fanées*, *L'amour prison*, *L'hymne à l'amour*, etc. –, il était en panne sèche sur l'une des mélodies, sans doute parce qu'elle manquait d'intérêt. Wolfsohn lui fit promettre la remise du texte le samedi suivant, mais quand Jacques revint spécialement de Montpellier, où le tournage de *Malevil* venait de commencer, pour enregistrer la chanson en question, Serge n'avait rien fait et fut enfermé à son tour, pendant que l'éditeur fulminait et que le chanteur se taisait mais n'en pensait pas moins. Le texte se révéla insipide comme le montre la première phrase : « *J'ai pas d'paroles, Gainsbourg s'est fait la paire...* » Pour des questions de date butoir, Jacques l'enregistra malgré tout.

Le film *Tricheurs* de Barbet Schrœder, avec Bulle Ogier et lui, se tourna à Madère où Thomas et moi nous rendîmes. Les pistes de l'aéroport y sont les plus courtes du monde et mon aimable époux eut la délicatesse de m'en informer la veille de notre départ pour l'île, en me précisant qu'il y avait eu un crash sans aucun survivant quelques années plus tôt. Madère ne nous plut guère et le jour où nous en partîmes, Daniel – ami de la famille, plombier de son état et secrétaire improvisé depuis peu –, Jacques, Thomas et moi attendîmes que l'avion ait décollé en direction de Lisbonne pour laisser libre cours à notre joie : plus jamais nous ne remettrions les pieds dans cet endroit rébarbatif – d'accès surtout ! Nous logeâmes quelques jours près de Sintra, dans l'une de ces villas somptueuses, confisquées à leurs propriétaires par je ne sais quel gouvernement radical, et transformées en hôtels. Dans la journée, j'emmenais Thomas se promener dans la forêt enchantée qui nous entourait et où nous ne croisions jamais personne. C'est l'un des plus beaux paysages qu'il m'ait été donné de voir, un paysage de conte de fées avec ses arbres centenaires, sa végétation luxuriante, ses parcs fastueux, ses châteaux haut perchés et ses étangs grouillant de grenouilles et de crapauds que l'on s'attendrait presque à voir se transformer en princes charmants...

Nous devions passer une dernière nuit à Lisbonne avec Jacques, avant de retourner à Paris sans lui, et comme je ne connaissais que trop son indifférence apparente au fait que nous soyons ou non dans la même chambre ou le même lit, je le tannais régulièrement pour qu'il fasse le nécessaire à propos de l'hôtel. Quand, cédant à ma énième prière, il demanda à Daniel si les réservations avaient bien été faites, ce garçon serviable au point qu'on le surnommait « le saint-bernard », eut cette réponse édifiante : « Sûrement, mais c'est pas sûr... »

*

* *

Tricheurs sortit en 1984. C'était un film intéressant mais qui n'avait pas la dimension de *L'important c'est d'aimer*, ni même de *Malevil* à la suite duquel Jacques avait enchaîné les petits films. C'est sans doute la raison pour laquelle il n'eut aucune proposition pendant quatre longues années. Plusieurs personnes confiantes en sa créativité, dont Francis Huster qui m'avait entretenue à ce sujet après l'émission qu'on avait faite ensemble sur RMC, lui recommandèrent d'écrire un sujet à lui et de le réaliser. Il fit un scénario burlesque, intitulé *Les Pointus,* dont l'action se situait en Corse, et me demanda de le taper, ce qui me permit d'en apprécier l'originalité et la drôlerie. Mais ses efforts pour faire aboutir son projet constituèrent un parcours du combattant d'autant plus difficile et méritoire qu'il n'est pas dans son tempérament de démarcher et que, jusque-là, la vie l'avait toujours mis dans la position inverse de celui qu'on vient chercher. Les divers producteurs qu'il rencontra lui firent des promesses qu'ils ne tinrent pas. L'un d'eux, par exemple, lui expliqua qu'à cause du film onéreux qu'il était en train de produire, il ne pourrait financer le sien avant deux ou trois ans, mais s'engageait à le faire. Le projet fut également proposé à la Commission d'avance sur recettes qui le rejeta par deux fois. L'une de nos relations enfreignit le règlement et nous transmit la liste des heureux élus : aucun nom n'était français et Jacques en conclut plaisamment qu'il avait été trahi par le sien et devait songer à en changer.

Durant ces quatre années, il fut le plus souvent désœuvré, passant les journées et les soirées allongé sur son lit à fumer ses dispendieux cigares en regardant la télévision. Pour moi qui devais toujours faire mille choses à la fois et dont les rentrées étaient aussi aléatoires et moins importantes que les siennes, c'était aussi angoissant qu'irritant. Son sixième sens lui avait permis, bien avant que cela n'arrive, de se « voir » musicien, puis chanteur, puis acteur, mais le fait de ne rien avoir « vu » au-delà alimentait sa crainte de mourir jeune qui le reprit au point que je consultai, à sa demande, une voyante du quartier. Elle m'annonça qu'il n'en avait plus pour longtemps, deux ou trois ans, tout au plus. J'ai beau me méfier de ce genre de personne et ne pas prendre pour argent comptant leurs prédictions, je rentrai à la maison assez ébranlée, mais me gardai de rapporter à l'intéressé la funeste prédiction qui m'aida, je l'avoue, à me montrer plus patiente envers le mort vivant qu'il semblait devenu.

*
* *

Curieusement, lui et moi n'enregistrâmes qu'un single durant ces quatre ans. Le jour où Jacques partit au studio vers midi pour le sien, il m'annonça qu'il n'avait rien et revint en fin de soirée avec *Merde in France*, un petit chef-d'œuvre qu'il chanta dans toutes les émissions de télévision possibles, imaginables. Pour cela, il était flanqué de ses ballets armés de balais qui chantaient « cacapoum » et dansaient en agitant leur élégant accessoire selon une chorégraphie aussi hilarante qu'efficace. Il y avait l'inénarrable Jean Luisi, un acteur d'origine corse lié à Jacques depuis ses débuts dans le cinéma, mais aussi Gabriel Freitas, le mari d'Elvira, notre employée de maison – tous deux nous invitaient régulièrement à manger de la morue dans la loge de concierge qu'ils occupaient en face de chez nous –, leur fils Marco et Marcel le facteur. La chanson était irrésistible, les prestations télévisées jubilatoires et *Merde in France* eut un succès mérité.

De mon côté, j'avais renoncé à faire un album où, comme nous en étions d'abord convenus, Gabriel aurait composé toutes les mélodies et moi écrit tous les textes, pour la simple raison que je ne peux écrire qu'à partir d'une musique et que Gabriel prétendait ne pouvoir composer qu'à partir d'un texte. Louis Chedid s'étonna de mon inactivité discographique et, après que je lui en eus donné les raisons, m'apporta deux excellentes mélodies. Pour l'une d'elles, je repris un texte dont j'avais donné l'ébauche à Gabriel et l'adaptai en y apportant force améliorations. Lorsque je mis la dernière main à *Moi vouloir toi*, j'étais dans un état de surexcitation qui gagna Thomas au point qu'il prit part à mes petites trouvailles.

Louis, Marianne et leurs enfants, Matthieu et Émilie, habitaient désormais rue de la Poterne-des-peupliers, dans une maison dont le sous-sol était aménagé en studio. C'est là que j'enregistrai sous la direction de Louis et sur ses orchestrations, un peu sommaires, *Moi vouloir toi* et *Casse pas toute ma maison*. J'avais naïvement imaginé que mes prises de voix iraient beaucoup plus vite qu'avec Gabriel, mais elles requirent le double de temps et je sortis du studio honteuse en mon for intérieur d'avoir autant de mal à faire une voix correcte. Je n'avais pas réalisé à quel point les mélodies si accrocheuses de Louis étaient essentiellement rythmiques, et me poseraient les problèmes que je rencontre le plus souvent quand la mise en place ne souffre pas la moindre imprécision. Mais Marianne s'étonna dans l'autre sens : « Je connais mon Louis, dit-elle, c'est un lent ! »

Je croyais tellement dans le potentiel de *Moi vouloir toi* que je réussis à obtenir d'Alain Puglia les fonds nécessaires pour étoffer la réalisation de Louis qui ressemblait trop à une maquette. Des musiciens chevronnés, dont le batteur surdoué Manu Katché, amenèrent à la chanson ce qui lui manquait et elle bénéficia d'une bonne programmation radiophonique.

Comme Jacques, je fis toutes les émissions télévisées qu'on me proposait. Chaque fois que c'est possible, je demande de tourner ma prestation à la première heure de l'après-midi. D'abord parce que, me levant tôt, je suis au mieux de ma forme à ce moment de la journée, ensuite parce que je suis sûre d'attendre moins longtemps qu'en étant convoquée plus tard dans l'après-midi, où le tournage aura immanquablement pris beaucoup de retard. Jacques n'avait pas ce genre de considération et lorsque nous nous trouvâmes ensemble dans une émission de Michel Drucker, je fus témoin d'une situation exaspérante. Le chanteur qui le précédait, Axel Bauer, n'était jamais satisfait de ses prises et, à force d'exiger de recommencer, il dépassa de beaucoup le temps qui lui était imparti, tant et si bien que lorsque le tour de Jacques arriva, il ne restait plus qu'une vingtaine de minutes à lui consacrer : sa chanson fut donc expédiée et c'est ainsi que la plus mauvaise réalisation de *Merde in France* eut lieu dans un grand *prime time*, alors qu'il avait été bien mieux éclairé et filmé dans d'autres émissions moins importantes et moins regardées.

*
* *

Au cours des années quatre-vingt, il m'arriva de participer à des stages de psychologie dans l'espoir de remédier à mon mal-être. Seul le stage d'initiation au tarot de Marseille par le grand maître en la matière, Alejandro Jodorowski, valut le déplacement. Pour le reste, devoir m'adresser à un coussin comme si c'était ma mère ou mon père pour lui exprimer en public un ressentiment que je n'éprouvais pas, ou voir des quadragénaires en analyse depuis des années se prêter spontanément à ce jeu et finir par éclater en sanglots en criant « maman » ou « papa », tout cela me dérangeait plus qu'autre chose. Et puis la vie de groupe me pèse : il m'est difficile de partager une chambre avec d'autres personnes et tout aussi difficile de m'alimenter comme le commun des mortels. Je me souviens d'un psy américain dont les premiers mots concernèrent l'alimentation : « Vous êtes là pour des problèmes psychologiques divers, mais si vous commenciez par vous nourrir correctement, ça irait déjà mieux », fit-il valoir, aussi excédé que je l'étais moi-même devant les plats indigestes et sans aucun légume vert qu'on nous servait. Aussi renonçai-je aux stages d'autant plus vite qu'ils me posaient des problèmes insolubles d'organisation domestique. *Le Couple, sa vie, sa mort* de Jean-Georges Lemaire, que je lus comme un roman policier et qui analyse de façon approfondie les divers modes de fonctionnement de la relation de couple, m'aida beaucoup mieux que n'importe quel stage à comprendre les raisons de mes problèmes conjugaux.

À vrai dire, le décalage déjà évoqué entre moi, trop sur la brèche, et l'autre, qui ne l'était pas assez – je l'étais pour deux ! –, me fit souffrir des décennies durant. Avec le recul, je me dis que j'étais bien trop exigeante et pas assez réaliste pour aspirer sans cesse à partager avec l'homme de ma vie davantage de moments forts, comme si nous venions de nous rencontrer, alors que je faisais si peu d'efforts pour le surprendre… Paradoxalement, j'attendais qu'il m'aime telle que j'étais et éprouve les mêmes envies que moi, tout en n'ayant aucune confiance en mes moyens de séduction et comme si ma manière d'aimer était la seule valable. Je ne me rendais pas compte que mes dispositions à son égard restaient les mêmes à cause du manque apparent de réciprocité entre nous et de ma peur de le perdre, alors que tout dans mon attitude était fait pour le rassurer – et l'endormir. Il me semble que c'est au début des années quatre-vingt que je me fis couper les cheveux, histoire de voir si Jacques s'en apercevrait. À Josette Clotis qui se plaignait du peu de temps qu'il lui consacrait, André Malraux avait déclaré : « L'important n'est pas comment on est aimé, mais par qui. » Y penser m'aidait à prendre mon mal en patience, mais l'excès de travail d'un côté, les espoirs déçus de l'autre altéraient mon humeur et me repliaient sur moi-même.

C'étaient des années privilégiées pourtant ! Le sentiment amoureux est un moteur extraordinaire, même s'il faut le payer de tourments perpétuels, sans lesquels je n'aurais d'ailleurs écrit aucun texte de chanson. Et puis, voir grandir son enfant est irremplaçable. Thomas était très affectueux, très déterminé aussi : on ne lui imposait pas n'importe quoi, mais sans doute ne savais-je pas m'y prendre pour diriger son intérêt vers ce que je croyais bon pour lui. Malgré mes exhortations, il refusa d'étudier la musique et de pratiquer un art martial – je l'avais emmené assister à une séance d'aïkido avec des enfants. Quand il était petit, je lui lisais beaucoup de bandes dessinées, *Pif* et *Mickey* surtout. Après lui avoir relu inlassablement les mêmes choses, je m'aperçus un beau jour, bien avant l'école, qu'il savait lire sans avoir appris. Il rêvait toujours de me faire participer à ses jeux mais je n'ai aucune disposition pour cela, et lorsque j'avais enfin un peu de temps pour écouter les règles de celui auquel il souhaitait m'initier, j'étais si fatiguée qu'à son grand dépit je piquais du nez au bout de quelques minutes.

Il travaillait très bien à l'école et s'enticha de son professeur de sciences physiques que les enfants adoraient parce qu'il n'hésitait pas à répondre longuement à leurs questions, à la place du cours prévu. Je fis la queue à une réunion parents-élèves du collège Sévigné pour avoir un premier entretien avec ce Didier Barbier qui suscitait tant d'enthousiasme. « Je suis la maman de Thomas Dutronc », lui annonçai-je en m'asseyant devant lui. Il sursauta : « Quel enfant extraordinaire ! » s'exclama-t-il. Et de me vanter ses nombreux dons jusqu'à ce qu'une pensée lui traverse l'esprit : « Vous ou votre mari, vous êtes dans les maths ? » Il trouvait dommage que les dons de Thomas se perdent et vint lui donner des leçons particulières de logique à la maison. Je me postais parfois sur le palier en tendant l'oreille pour capter des bribes de ce que Thomas et Didier pouvaient bien se raconter. Le peu qui me parvenait de leurs conversations animées était un jargon incompréhensible qui m'impressionnait beaucoup.

J'emmenais de temps à autre Thomas au cinéma. Vers l'âge de dix ans, il se passionna pour Hitchcock et James Stewart fut longtemps son acteur préféré. Wim Wenders, qui faillit tourner avec Jacques, lui envoya des États-Unis un calendrier illustré par des photos de ce merveilleux acteur. Si j'essaie de rassembler mes meilleurs souvenirs de ces années-là, étrangement, celui qui émerge d'abord est ce dimanche après-midi où Thomas et moi étions allés voir *The Shop around the Corner* d'Ernst Lubitsch au cinéma Mac Mahon, dans l'avenue du même nom. C'est une comédie délicieuse, pleine de tendresse et d'humour, qui évoque un monde disparu – a-t-il jamais existé ? –, un monde sans cynisme, sans violence, dont les héros sont des gens simples et sentimentaux... Et cette époque aussi est définitivement révolue, où j'allais au cinéma avec mon petit garçon qui ne me lâchait pas la main et où mon cœur battait encore la chamade lorsque nous rentrions à la maison, à la seule perspective de retrouver son papa.

13

J'emmenais régulièrement Thomas se faire couper les cheveux dans le salon de coiffure de l'hôtel PLM-Saint-Jacques, tenu par Ivan, un homme de taille et de carrure imposantes qui tutoyait tout le monde. « Comment se fait-il qu'on ne t'entende plus ? » s'étonna-t-il un jour de l'année 1986. Je lui expliquai que les meilleurs mélodistes français tels que Goldman, Balavoine, Berger, Gainsbourg…, composaient pour eux-mêmes ou pour leur compagne, ou les deux, que les bons mélodistes étaient moins nombreux en France qu'en Grande-Bretagne ou aux États-Unis, et que j'avais par conséquent beaucoup de mal à trouver des mélodies. « Eh bien, moi, je connais un bon mélodiste français, m'assura-t-il, et je te l'envoie quand tu veux. » Deux jours plus tard, Jean-Noël Chaléat, co-compositeur des sublimes chansons *Géant* et *Palais royal* d'Alain Chamfort, débarquait rue Hallé avec deux maquettes très accrocheuses mais assez éloignées de mon univers. Je pris ses coordonnées sans me douter que je le rappellerais le surlendemain avec le texte de *VIP*, encore moins qu'il deviendrait vite l'un de mes meilleurs amis, au point que je le présente souvent comme mon frère adoptif.

Alain Puglia apprécia tout de suite *VIP* et *Jamais synchrones* que Jean-Noël et moi enregistrâmes dans la foulée. Rarement les choses se passent aussi vite, et en l'occurrence aussi bien, car ni lui ni moi ne fonctionnons aux rapports de force. *VIP* bénéficia d'une bonne programmation radiophonique et je fis la promotion télévisée de mon mieux, malgré ma difficulté croissante à effectuer une prestation qui se veut scénique, alors que j'avais quitté la scène vingt ans plus tôt. Défendre une chanson lente qui se suffit de gros plans était encore dans mes cordes, mais s'il s'agissait d'une chanson plus rapide, nécessitant d'être moins statique, cela n'allait plus du tout. Prendre des cours de gestuelle ou de danse, à l'instar de mes consœurs Sylvie et Sheila, me correspondait si peu que je songeais beaucoup plus sérieusement à arrêter, d'une façon ou d'une autre, un cirque pour lequel je me sentais de moins en moins faite.

Jean-Noël était amoureux de sa femme autant que moi de mon mari et cela facilita le développement d'une entente qu'aucune ambiguïté n'entachait : nous dînions les uns chez les autres et, malgré tous ses inévitables problèmes, la vie était encore simple et belle. À cette époque, je voyais assez souvent Bambou, dont la situation suscitait ma compassion. Un soir de l'année 1985, Serge téléphona pour m'annoncer sur un ton d'enterrement qu'il s'en séparait. Je tentai de dédramatiser en faisant valoir que ce n'était pas la première fois et que les choses allaient sûrement s'arranger. Mais il n'en fut rien. Bambou tomba enceinte au même moment et Serge lui trouva un très joli studio dans un immeuble ancien rénové de la rue Saint-Jacques, à deux pas du collège de Thomas. En réalité, ils continuèrent de se voir, tout en vivant chacun chez soi. J'avais tellement souffert de solitude pendant ma grossesse, puis pendant la première année de Thomas, que je manifestai à Bambou toute la sollicitude possible. Je finis même par la contacter les quelques fois où je sortais avec Jacques pour qu'elle se change les idées en notre compagnie si elle le souhaitait. Au début du mois de juillet 1987 – Lulu avait un an et demi –, nous allâmes ensemble applaudir David Bowie dans son *Glass Spider Tour* à La Courneuve et c'est pendant le trajet du retour qu'elle m'amena à l'inviter en Corse pour les vacances d'été.

Elle vint d'abord seule et je fus d'autant plus perturbée par son attitude ambiguë vis-à-vis de Jacques, que j'avais cru remarquer, à des signes imperceptibles, qu'elle ne lui déplaisait pas non plus. Il faut dire qu'elle était extrêmement jolie et que, malgré les aspects troubles et sulfureux de sa personnalité, sa façon de jouer les petites filles innocentes et fragiles attendrissait tout le monde, à commencer par moi. Quand Serge nous rejoignit, elle commença à se plaindre de maux d'estomac. Un matin, elle évoqua un ulcère et me pressa de faire venir le médecin que j'attendis à la porte du jardin pour l'informer, avant qu'il l'examine, de la toxicomanie notoire de Bambou : avait-elle vraiment un ulcère ou était-elle en manque ? En partant, il me confirma la deuxième hypothèse. Il lui avait donné de quoi se sentir mieux, mais, dans l'après-midi, elle alla si mal de nouveau qu'un ami de Jacques la descendit en catastrophe à L'Île-Rousse où le médecin la fit hospitaliser. À partir de là, elle se débrouilla pour que ce soit à Jacques qu'incombe la responsabilité soit de l'envoyer dans un centre de désintoxication, soit de lui procurer ce qu'il fallait pour ne plus être en manque. Quand elle téléphona à la maison, le hasard voulut qu'elle tombe sur moi. Elle recommença à se plaindre de son prétendu ulcère et je l'interrompis au bout d'un moment pour lui dire que j'étais au courant de tout, et que nous allions informer Serge de ce qui se passait, car le pouvoir de décision en ce qui la concernait ne revenait à personne d'autre qu'à lui. Elle eut alors une crise de panique, hurlant que Serge allait les tuer, le bébé et elle, s'il apprenait la vérité. J'eus beau lui répéter qu'elle le connaissait assez pour savoir qu'il était incapable d'une

273

chose pareille, je ne parvins pas à la calmer. Avait-il été violent avec elle lorsqu'il était sous l'emprise de l'alcool ? Quoi qu'il en soit, lorsqu'il fut mis au courant de la situation, il pleura en silence et son désarroi nous bouleversa.

Dès mon retour à Paris, Mireille m'invita à déjeuner pour savoir comment cela s'était passé avec Bambou en Corse. Après que je lui eus rapporté par le menu les faits évoqués – et pire encore –, elle m'ordonna de cesser toute relation avec elle. « C'est absolument impossible, m'écriai-je, ne serait-ce qu'en raison de l'amitié qui me lie à Serge ! – Si vous continuez de la voir, elle tombera dans les bras de Jacques, m'affirma-t-elle. – Cesser de la voir n'empêcherait rien, rétorquai-je, et quand bien même quelque chose se passerait entre eux, ce ne serait qu'une aventure sans lendemain… – Sans doute, admit-elle, sauf qu'il vaut mieux ne pas introduire le loup dans la bergerie, et si vous aviez vent de quoi que ce soit entre eux, vous seriez capable de faire sauter votre couple ! » Bien qu'ébranlée par la justesse de son argumentation, je ne pus, pour autant, me résoudre à suivre son injonction.

La même année, Jacques enregistrait un nouvel album, *CQFD*, pour lequel il demanda à Bambou de chanter avec lui une formidable reprise d'une vieille chanson, *Opium*. Il fut ensuite question que Wim Wenders réalise un clip avec eux deux à l'autre bout du monde. J'étais donc sens dessus dessous lorsque Mireille me téléphona. Bambou venait d'être appréhendée par la police alors qu'elle sonnait à la porte d'un dealer, tous les médias en parlaient et le clip ne se ferait pas, exulta-t-elle.

*

*   *

Depuis un an, j'étais attelée à la tâche ardue de préparer mon prochain album. Pendant les vacances d'été, j'avais écrit, sur une très belle musique de Jean-Noël, un texte où j'exprimais les tourments par lesquels je passais et qui s'intitulait *Je suis de trop ici*. Quelques années plus tôt, alors que je travaillais à la maison, une mélodie magique venant du deuxième étage m'était soudain parvenue aux oreilles. Après enquête, j'appris qu'il s'agissait d'une composition de Jacques. Il préparait alors son album *C'est pas du bronze*, et c'était bien la première fois que quelque chose transparaissait de son travail. Le lendemain, il vint me demander timidement si je me sentirais de faire un texte sur sa mélodie. J'écrivis *Partir quand même* en m'inspirant de sa peur de l'engagement, dont j'en arrive à me demander dans quelle mesure elle m'aura permis d'occulter une peur plus ou moins similaire chez moi.

Hélas, lorsque je vins à la séance d'enregistrement, Jacques n'arrivait pas à poser sa voix sur une orchestration totalement inadéquate. J'étais si contrariée que, au risque de le froisser, je ne pus m'empêcher de dire au responsable qu'un chanteur comme Julio Iglesias aurait tout de suite eu l'accompagnement idéal pour une mélodie pareille. Comment concevoir que j'aurais le grand privilège de la chanter avec cet immense interprète des décennies plus tard ? Jacques ayant finalement renoncé à la chanson, je décidai, courant 1987, de la mettre dans mon futur album, car je ne pouvais me résoudre à ce qu'elle reste dans les tiroirs : il fallait qu'elle existe.

*
* *

En 1984, Andrzej Zulawski accepta d'être l'invité de mon émission sur RMC. Cet homme supérieurement intelligent parle comme on écrit et j'utilisai son interview sans la retoucher pour le livre *Entre les lignes, entre les signes* qui sortit en 1986 dans l'indifférence générale et dont l'objectif était de transmettre l'apport pédagogique de mes meilleures émissions. Au moment de partir, il me demanda des nouvelles de Jacques et nous convînmes d'un dîner à la maison pour qu'ils se revoient. La compagne d'Andrzej, une artiste peintre polonaise, arriva avant lui. Sa beauté physique était d'autant plus éblouissante que celle de l'âme lui apportait un rayonnement d'une force et d'une douceur incomparables. Andrzej avait fait l'aller-retour à Nice afin de rencontrer Sophie Marceau qu'il pressentait pour son prochain film. Quand il nous rejoignit enfin, il passa une partie du dîner à en dire pis que pendre. Aussi fus-je surprise d'apprendre peu après qu'il quittait sa belle Polonaise pour elle. Lui qui qualifiait les actrices de « femmes-grimaces » avait-il cherché lors de ce dîner à se défendre de l'attrait que, contre toute attente, l'une d'elles lui inspirait malgré lui, ou s'était-il laissé aller à son sens critique exacerbé qui le braque d'abord sur les aspects négatifs des êtres ? À moins que Sophie Marceau ne se soit montrée sous un mauvais jour lors de ce premier rendez-vous ?

Deux ou trois ans plus tard, Andrzej vint en Corse proposer à Jacques le rôle masculin si difficile de *Mes nuits sont plus belles que vos jours*. Sophie Marceau l'accompagnait et je les revois sur la terrasse : devant elle, aussi muette et inexpressive qu'un sphinx, il extériorisait sa grande exigence et l'insatisfaction qui en est le revers, en dénigrant avec un brio rare à peu près tous les acteurs, toutes les actrices et de nombreux réalisateurs, exactement comme j'avais entendu Pialat le faire, sauf qu'Andrzej semblait avoir une plus haute idée de son propre cinéma. Il est vrai que son écriture cinématographique aura été d'une rare originalité.

Sophie Marceau était une jeune femme étrange. Belle à couper le souffle et cela dès le réveil, sans apprêt, sans maquillage, bien que trop jeune encore pour que la beauté de son âme soit déjà éclose, non seulement elle ne cherchait pas le contact, mais semblait l'éviter. Avec le recul, je me demande jusqu'à quel point la relation sadomasochiste qu'à en croire son film autobiographique, *Parlez-moi d'amour*, elle entretenait avec son séduisant Pygmalion ne la repliait pas sur elle-même. J'étais pourtant bien placée pour le percevoir et le comprendre, mais ce serait beaucoup plus tard, en lisant l'émouvant scénario de son premier film qu'elle avait envoyé à Jacques, que j'aurais l'impression de voir un coin du voile se lever.

*
* *

Cet été-là, nous avions également invité Susi dont les rondeurs spectaculaires et le langage cru révolutionnèrent tous les Corses qui la croisèrent. Les chats n'ayant pas encore envahi le jardin, nous prenions les repas dehors, assis sur des bancs, et Jacques venait tendre à Susi un coussin destiné à protéger son auguste instrument de travail, comme il s'amusait à le souligner. Lorsque je servais du jambon ou des côtelettes d'agneau, la cochonne se jetait sur le gras que chacun laissait dans son assiette et n'en faisait qu'une bouchée. Elle me parla un jour de son envie de séduire l'un des copains corses de Jacques. Je le lui déconseillai vivement. Non seulement elle ne m'écouta pas, mais le pauvre homme tomba désespérément amoureux d'elle – plus exactement, de l'univers factice qu'elle représentait, aux antipodes de l'austérité à laquelle il était accoutumé. Une autre fois, elle me demanda l'autorisation de dépuceler un ami de Thomas venu passer les vacances avec nous et qui n'avait que quinze ans. Je la lui refusai, mais elle ne m'écouta pas non plus et quand

Thomas, plus jeune d'un an, l'apprit, il ne cacha pas son dépit : pourquoi son copain et pas lui ? s'insurgea-t-il. Dès notre retour à Paris, il se précipita donc chez Susi avec laquelle il brancha ensuite un grand nombre de ses camarades. Est-il utile de préciser que je fus la dernière à l'apprendre ?

*
* *

Un jour de l'automne 1987, Jacques rentra prématurément d'un déjeuner. Il se sentait très mal et, après m'avoir fait ouvrir en grand la fenêtre de sa chambre alors que le froid était glacial et qu'il pleuvait des cordes, me pressa d'appeler deux ou trois médecins injoignables. Je dus me rabattre en désespoir de cause sur le Samu où je mis un temps fou à trouver quelqu'un. Le médecin urgentiste auquel Jacques eut finalement affaire diagnostiqua une crise d'angoisse et lui fit une piqûre de valium qui, après son départ, eut l'effet inverse de celui escompté : il fut pris de tremblements incontrôlables et se sentit de plus en plus mal. C'est à la suite de cette crise effrayante qu'il décida de ne plus boire une goutte d'alcool, mais sans se faire aider médicalement, comme ses amis et moi le lui recommandions. Dès qu'il fut privé de son exutoire majeur, il cessa de s'alimenter alors qu'il avait toujours eu un solide appétit. Plus exactement, il ne se nourrit plus que de saumon fumé et de yaourts. Évidemment, il maigrit au point que le bruit courut qu'il avait un cancer. À la maison, lui, déjà si peu expansif, sombra dans un mutisme total. Il n'ouvrait la bouche que pour se plaindre d'avoir la nuque prise dans un étau. J'étais totalement désarmée, ne sachant que faire pour l'aider, hormis lui conseiller de voir un médecin, ce qu'il refusait obstinément d'entendre.

Il tourna peu après avec Sophie Marceau sous la direction de Zulawski *Mes nuits sont plus belles que vos jours*. Son sixième sens l'avait averti que le film se ferait, puisqu'il en avait visionné mentalement une scène bien avant la signature de son contrat. Parallèlement, j'entamai l'enregistrement de l'album *Décalages*. J'aurais aimé en confier la production à David Richards, un réalisateur anglais qui travaillait à Montreux avec des artistes tels que David Bowie et Iggy Pop. Mais il n'était pas libre assez tôt aux yeux d'Alain Puglia qui tenait à ce que le disque sorte en mai. Je m'en veux encore aujourd'hui de ne pas avoir tenu tête à mon PDG : qu'est-ce que ça pouvait bien faire que le disque sorte au printemps ou en automne ? Gabriel me parla d'un ingénieur du son, Steven S., également réalisateur de l'album *Femmes je vous aime* de Julien Clerc, qui n'était guère une référence en soi. Le très civilisé Julien chercha à me mettre en garde au sujet de l'étrangeté de cet homme, mais ses allusions étaient trop vagues pour m'alerter. Lors de notre premier rendez-vous professionnel, j'exprimai à Steven mon désir d'une réalisation acoustique avec des pointures que je le croyais à même de contacter et d'engager. C'était la grande mode des machines et je souhaitais en sortir. Quelle ne fut pas ma surprise en arrivant au studio Guillaume Tell à Suresnes, où l'album se fit entre février et avril 1988, de constater la présence d'un gros appareil répondant au nom de « synclavier ». Il s'agissait d'un synthétiseur numérique sur le clavier duquel le même musicien jouait les parties de batterie, de basse et de cordes.

Non content de faire l'exact contraire de ce qui avait été convenu, Steven S. prétendait être ingénieur du son, alors que son incompétence en la matière allait se révéler au fil des jours. L'assistant du studio, Alain Lubrano, un jeune homme intelligent, sensible et discret avec lequel une relation professionnelle et amicale se développerait par la suite, exprima à Jean-Noël, qui coréalisait l'album, ses réserves sur les talents et l'honnêteté de Steven. L'ambiance en studio était pénible : les Anglais étouffaient au-dessus de dix-neuf degrés, température à laquelle je gèle. Les maigres sont souvent frileux et c'est amusant de constater qu'à l'inverse beaucoup de gros ont toujours trop chaud. Dès que ces messieurs bien en chair avaient le dos tourné, je me précipitai sur le thermostat pour monter la température qu'ils s'empressaient de faire redescendre à la seconde même où je sortais de leur champ de vision. Ils n'avaient pas d'horaires, commençaient à dix heures du matin, terminaient vers deux, parfois quatre heures, et s'accordaient à peine le temps d'une pause-repas. Bref, c'était le bagne. Jean-Noël et moi nous faisions réprimander comme des écoliers dès que nous échangions trois mots, et n'étions guère emballés par ce que nous entendions. Par exemple, la base rythmique de *La sieste*, dont j'avais écrit le texte sur une mélodie très accrocheuse de son cru, était d'une lourdeur insupportable, à l'image du musicien en charge du synclavier, une sorte de géant carré et pesant qui évoquait l'homme de Cro-Magnon. Il parlait très peu et, un jour où il délaissa quelques minutes l'appareil aussi massif que lui auquel il semblait collé, il s'excusa laconiquement : *Call of nature...*

Et puis, j'eus des difficultés inhabituelles à chanter juste sur presque tous les morceaux, ce qui accrut mes velléités chroniques de tout arrêter. Je refis *La sieste* ultérieurement avec Bernard Estardy. Il concocta une rythmique légère qui tournait bien et sur laquelle je chantai avec une facilité et un plaisir inversement proportionnels aux difficultés rencontrées pour la première version. Toutes les nappes de cordes du synclavier étaient légèrement fausses, m'apprit-il, et il ne fallait pas chercher plus loin la raison de mes problèmes.

Lors de ma longue hibernation en studio, Bambou vint me voir avec son petit Lulu. Quelques mois plus tôt, Serge était tombé de la scène où il se produisait en province, heureusement sans trop de dommages. Elle m'avait téléphoné pour m'en informer et me faire part de ses angoisses : que deviendrait-elle si le pire arrivait ? Je m'en émus au point de prendre mon courage à deux mains pour en parler à l'intéressé qui, comprenant immédiatement où je voulais en venir, m'interrompit : « D'une part, je ne me suis pas marié avec Jane et je ne me marierai pas avec Bambou, d'autre part, je suis superstitieux et je ne ferai pas de testament. » Mais il me téléphona quelques semaines plus tard au studio : « Vous allez être contente, me dit-il, j'ai acheté une maison à Bambou et vous êtes la première à le savoir. »

Étienne Daho, que j'avais rencontré dans les studios de RMC en 1982 et dont j'étais devenue l'amie autant que la fan, m'avait apporté trois mélodies pour ce nouvel album : deux composées par des musiciens de sa connaissance – *Vibrations*, *Arrêtons* – et la troisième – *Laisse-moi rêver* – par lui. Alors qu'il préparait son propre album, il vint un jour au studio me faire entendre une mélodie qu'il n'avait pas encore parolée et qui me transporta : « C'est ce que j'ai cherché toute ma vie ! » m'écriai-je. Il proposa spontanément de me la donner, mais c'était trop tard puisque nous avions commencé les mix et, même s'il avait été encore temps, je ne lui aurais pas « piqué » ce petit chef-d'œuvre qu'est *Heures hindoues*.

Pendant les prises de voix, Steven S. se permettait de faire des sauts de plusieurs jours à Londres, durant lesquels il passait de brefs coups de fil auxquels Jean-Noël répondait sur un ton débonnaire que tout allait bien. Un jour, en raccrochant, il eut à mon adresse et à celle d'Alain Lubrano qui remplaçait Steven à la console ce malicieux commentaire qui déclencha un fou rire général : « C'est un véritable père pour nous, ce Steven ! » En tant qu'ingénieur du son, Steven était censé assurer les mix de l'album, mais comme il nous soumettait le résultat en poussant le niveau sonore au maximum, ni Jean-Noël ni moi ne nous rendions bien compte de ce qu'il faisait. Malgré la lourdeur de l'orchestration, le choix du premier single s'était fixé à l'unanimité sur *Partir quand même*. Un hasard miraculeux me permit d'entendre cette chanson sur une FM avant la fin des autres mix. Il était tout à fait anormal qu'une station radiophonique, quelle qu'elle soit, dispose aussi prématurément de l'un de mes nouveaux titres, mais cette écoute inopinée me permit de constater que le son laissait gravement à désirer. J'alertai le directeur du studio, Roland Guillotel, qui demanda à écouter. Horrifié, il déclara qu'il ne laisserait jamais sortir de chez lui quelque chose d'aussi aberrant et me proposa d'appeler Dominique Blanc-Francard à la rescousse. Je connaissais Dominique de nom, car Serge m'en vantait régulièrement les mérites et ne pouvait s'en passer. À mon intense soulagement, Dominique était disponible et suffisamment séduit par les chansons pour accepter de sauver la mise. C'est ainsi que je fis sa connaissance. Sa personnalité et son talent me plurent tellement que je regrettai de ne pas l'avoir rencontré plus tôt et travaillai par la suite aussi souvent que possible avec lui.

Participer à des émissions télévisées de variétés me coûtait de plus en plus et l'idée d'arrêter qui me trottait dans la tête depuis longtemps, et que mes difficultés croissantes à chanter ne cessaient de relancer, s'imposa

avec force. J'étais en fin de contrat avec le label indépendant Flarenash dirigé par Alain Puglia auquel j'eus
peut-être tort de confier mon état d'esprit. Il suggéra
de présenter *Décalages* comme mon dernier album.
Convaincue que ce serait le cas, je donnai le feu vert.
L'album sortit en mai et l'absence de programmation
radio m'obligea à accepter toutes les émissions de télévision que l'on me proposait, grâce à quoi la chanson
Partir quand même réussit à tirer l'album qui se vendit
mieux que tous ceux que j'avais faits depuis plusieurs
années.

*

*   *

J'assurais parallèlement la promotion radiophonique
et journalistique qu'on me proposait. Au lendemain de
la réélection de François Mitterrand, deux jeunes journalistes travaillant pour une nouvelle revue musicale
qui n'irait pas au-delà de quelques numéros m'inter-
viewèrent à propos de mon album. Ils passèrent le reste
de l'après-midi avec moi, tant et si bien que la conversation dévia tout naturellement sur la politique qui ne
m'intéressait pas beaucoup plus que vingt ans plus tôt,
sauf que depuis l'arrivée de la gauche au pouvoir, bien
des choses m'agaçaient. J'évoquerai juste la propension
de certains socialistes en vue à jouer les procureurs en
brandissant des valeurs éthiques qu'ils sont les derniers
à respecter dans leur vie personnelle, ainsi que celle de
certains responsables à préconiser ou prendre des
mesures démagogiques aux conséquences économiques désastreuses. Et puis j'avoue qu'en dehors de quelques exceptions notables qui m'inspirent le plus
profond respect, la majorité des politiciens de gauche
me paraît manquer d'honnêteté intellectuelle au moins
autant que la majorité des politiciens de droite.

Au cours de mes quarante-six années d'activité professionnelle, les deux tiers des journalistes auxquels j'ai eu affaire m'auront posé des questions insipides pour mettre ensuite mes réponses à leur sauce, dénaturant ainsi, consciemment ou non, mes propos. Trop souvent, lorsque je tombe sur l'une de mes interviews, je suis sidérée tant par la médiocrité de la mise en forme que par le décalage entre ce que j'ai dit et ce qui en a été fait : rien qu'un mot à la place d'un autre peut modifier le sens général d'une phrase ou la rendre triviale. La presse écrite abonde aussi en redoutables spécialistes de ce montage pernicieux consistant à coller ensemble quelque chose que vous avez dit en début d'entretien avec quelque chose que vous avez dit à la fin sur un tout autre sujet, ce qui, en général, rend le propos incohérent, du moins pour le lecteur attentif. Sans parler des phrases tronquées, mises en exergue et extraites de leur contexte... Même si les bonnes surprises ne sont jamais exclues, venant souvent de là où on les attend le moins, je me méfie donc des journalistes, le hic étant qu'une fois face à eux ma spontanéité prend vite le dessus : j'oublie avec qui je suis et parle à bâtons rompus comme si je me trouvais avec de vieux amis.

C'est ce qui arriva avec les deux jeunes gens que je reçus en mai 1988 et avec qui je commentai la brûlante actualité du jour, d'autant plus librement que l'interview était derrière nous et que leur magazine traitait non de politique, mais de pop music – deux domaines qui s'excluent, en principe. Depuis l'avènement de la gauche au pouvoir, c'était pour moi un perpétuel sujet d'étonnement de constater l'extrême intolérance de ceux qui s'en réclament. Lors d'un récent dîner « gauche caviar », j'avais eu la témérité de tenir tête à une célébrité qui dénigrait en bloc les forces de l'ordre. Son simplisme haineux m'ayant agacée, j'avais rétorqué qu'en cette période d'attentats tout le monde était bien content qu'il y ait des policiers pour surveiller les écoles, ainsi que des démineurs pour désamorcer les bombes. « De toute façon, je vomis les gens qui votent à droite », avait coupé court la personnalité en question. Je ne me reconnaissais que dans l'écologie, laquelle – à mes yeux et dans l'absolu – n'est ni de droite ni de gauche, mais le fait de ne pas être à la botte du pouvoir en place suffisait sans doute à me cataloguer.

Cet incident illustrait si bien mon impression globale que je le rapportai à mes interlocuteurs sans me douter qu'ils en feraient leurs choux gras. Nous enchaînâmes sur Le Pen, à propos duquel je soulignai banalement qu'il disait tout haut ce que beaucoup de gens pensaient tout bas, tout en précisant que je ne donnerais jamais ma voix à ce genre d'individu. Lorsque nous arrivâmes sur le terrain glissant du racisme, je continuai d'enfoncer allègrement les portes ouvertes en faisant remarquer que tout le monde est contre le racisme, mais que ceux qui, sans en être victimes, s'investissent concrètement pour s'y opposer ont plus de mérite que les autres. Sur le terrain encore plus délicat de l'antisémitisme, histoire de sortir des sentiers battus, je suggérai que voir de l'antisémitisme partout en sème parfois les germes. Il faut dire que mes conditionnements ne m'ont inculqué ni le sens de la communauté ni celui de la famille et que, jusque-là, je n'avais jamais eu le réflexe de m'interroger sur les origines de qui que ce soit, *a fortiori* d'entretenir des préjugés à ce sujet. Depuis, j'ai pris davantage conscience des différences ethnico-socioculturelles qui séparent les êtres, tout en pensant que les affinités du cœur et de l'âme pèsent bien plus lourd dans la balance et ont le merveilleux pouvoir de transformer les oppositions en complémentarités.

Cet après-midi-là, je tins également des propos réducteurs, avec les mots caricaturaux auxquels on se laisse aller hors micro, sur certaines personnalités politiques, entre autres sur Jack Lang qui passait son temps à dénigrer le camp adverse avec un systématisme et une mauvaise foi qui m'exaspéraient. Je l'ai rencontré depuis et il m'a paru aussi sympathique dans le privé qu'il était, à l'époque, insupportable dans les médias, comme l'est tout politicien porté aux attaques tous azimuts et sans nuance qui font en fin de compte plus de mal que de bien aux causes qu'il est censé défendre.

Pas une seconde je ne soupçonnai mes interlocuteurs d'être assez malhonnêtes pour publier une causerie ponctuelle totalement hors sujet. C'est pourtant ce qu'ils s'empressèrent de faire et mes avis à l'emporte-pièce me valurent une triple casserole d'antisémite, de lepéniste et de réactionnaire dont je mis d'autant plus de temps à prendre conscience que rien dans mes propos ne la justifiait. Du moins à mes yeux. M'en voulant sans doute d'avoir divulgué une déclaration dérangeante pour une partie de son public, la célébrité s'acharna à me salir et son entourage fut encore plus virulent, allant jusqu'à plaindre Jacques Dutronc de « s'être fourvoyé avec une sorcière de la pire espèce ». Quelques années plus tard, mon pourfendeur réalisa la portée de son entreprise de démolition et demanda à des amis communs d'organiser un dîner au cours duquel nous enterrâmes la hache de guerre. Je ne suis pas rancunière, ou plutôt je pars du principe que les torts sont le plus souvent partagés et que la part de responsabilité personnelle dans ce qui nous arrive est toujours plus importante qu'on l'imagine. En l'occurrence, je suis la première à reconnaître la maladresse, la naïveté et, pour tout dire, l'imbécillité dont je fis preuve dans cette sordide petite affaire.

*

* *

C'est au cours de l'année 1988 qu'il m'arriva la dernière chose à laquelle je m'attendais. Lors d'un déplacement professionnel à l'étranger, j'eus le coup de foudre pour un homme particulièrement brillant et ambigu. La veille du jour où, dans un bouleversement indescriptible, je m'en rendis compte, on m'avait interviewée sur la relation de couple et à la question : « Seriez-vous capable de tout lâcher pour un nouvel amour ? », j'avais répondu sans l'once d'une hésitation qu'il ne pourrait y avoir d'autre amour pour moi que celui que je vivais déjà.

Dans les moments difficiles, je ne m'étais guère privée pourtant de tirer la sonnette d'alarme. Si notre relation continuait ainsi, menaçais-je stupidement mon codétenu[1], son inertie ne me ferait plus ni chaud ni froid. Mais je ne réalisais toujours pas que mon attitude variait aussi peu que la sienne, et mes avertissements n'avaient rien donné. Ce n'étaient que des mots, auxquels, de surcroît, j'étais la dernière à croire. Le séisme qui m'anéantit cette année-là sans que je l'aie jamais envisagé, encore moins souhaité, m'apparaît aujourd'hui comme un pied de nez de la vie qui prend un malin plaisir à casser les facteurs d'immobilisme que sont les belles certitudes.

Aussi peu coureur de jupons que j'étais séductrice, mon ami Jean-Noël tomba des nues quand, en pleurs, je finis par lui confier mes tourments. Bien que sa vie conjugale parût harmonieuse, il m'avoua un jour avec une pointe d'envie qu'il aimerait bien, lui aussi, vivre une grande passion. Le démon de midi ne se le fit pas dire deux fois et vint le dévaster peu après, ce qui nous rendit frère et sœur de malheur. Car la situation dans

---

1. Allusion à la chanson de Jacques *L'amour prison* dont Gainsbourg avait écrit le texte qui commençait ainsi : « J'ai connu ma codétenue... »

laquelle nous nous trouvâmes en même temps nous valut, à l'un comme à l'autre, des années de déchirement où nous détruisîmes, bien malgré nous, autant que nous fûmes détruits.

Longtemps après, quand l'envoûtement a cessé et que l'on se sent presque honteux d'en avoir été à ce point la proie, on réalise que l'être sur lequel une force inconsciente nous a polarisé à l'extrême, n'était que le support d'une problématique personnelle non résolue. « Si l'homme rencontre un mur, nous dit la spiritualité, c'est parce que le mur est en lui. S'il a en lui le mur de l'inertie, de la peur, de la révolte, de l'avidité, de l'orgueil, de la culpabilité, de l'inconséquence, etc., dès qu'il fera un pas, il s'y heurtera. Il faut donc qu'il se débarrasse de ce qui l'entrave[1]... »

La violence des sentiments relève des idéalisations et des dépendances excessives auxquelles porte l'immaturité affective. Je remercie aujourd'hui le ciel de ne pas avoir exaucé les prières que je lui adressais chaque jour de vivre concrètement la passion qui me ravageait : les dégâts auraient été pires encore. Par chance, l'homme pour lequel je me consumais à grand feu fut plus sage que moi, entre autres parce qu'il n'avait pas vraiment le choix. D'une certaine façon, j'étais prisonnière de la notoriété de mon couple et de ce qu'il véhiculait. Il aurait fallu une force exceptionnelle pour m'arracher à cette prison dorée. Être celui par qui le scandale et le malheur arrivent, porter un coup involontaire à un artiste respecté, a de quoi faire fuir n'importe qui !

Mon démon de midi m'obligea donc à vivre en condensé toutes les frustrations, tous les désespoirs que j'avais éprouvés auparavant sur le plan sentimental

_____
1. Omnia Pastor.

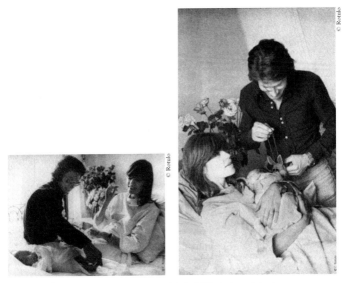

16 juin 1973. La maternité de l'Hôpital américain.
C'était définitivement le plus beau jour de ma vie.

Été 1973. Premières vacances du petit Thomas à la tomate à Monticello.

Mireille, Emmanuel Berl
alias Théodore et Thomas,
dans la maison de Cauvigny,
où il n'y avait pas l'électricité.

Thomas assis contre la verrière, dans le jardin de la rue Hallé.

La photo que je préfère de Thomas et son papa. Je l'ai faite en Corse.

À la Fondation Maeght, à Saint-Paul-de-Vence :
répétition pour René Koering.

1971.
Le studio CBE
à Paris : que des bons
souvenirs !

1973.
Avec Michel Berger
et Michel Bernholc :
la belle époque !

Je ne sais plus où j'ai pris ces photos de Jacques. À Paris, je crois.

1981. La mairie de Monticello : on se marie. Derrière moi, Yvette Étiévant.

1995. Londres : Damon Albarn.

2000. Hélène Grimaud et moi.

2000. Michel Houellebecq et moi. Dans le fond, Jacques Wolfsohn.
C'était juste avant un *show-case* au cours duquel Michel présentait son disque.

Alain Lubrano : cette photo que j'ai prise pendant le tournage du clip de « Si ça fait mal » bénéficie des lumières exceptionnelles de Lewis Furey.

Deux de mes meilleurs amis : Jean-Noël à gauche et Marco à droite.

Chez Davé, rue Saint-Roch : Susi et moi.

Plaisir : Hadi Kalafate, l'ami d'enfance de Jacques, et Didier Barbier, l'ex-professeur de sciences physiques de Thomas.

Juin 2005. Lugano : je ne suis pas peu fière de poser pour notre ami commun, Olivier Bellamy, aux côtés de Martha Argerich, Jacques Thelen et Piotr Anderszewski.

Avril 2000. Lausanne :
tournage du clip dans la gare et coup de vent imprévu.

Décembre 2005. Canada : en trois jours, j'aurai mis seulement trois
minutes le nez dehors, à cause de Marco qui me tannait.

L'une des nombreuses photos que j'ai prises de Thomas.
Je l'ai choisie parce que son expression me fait craquer.

et auxquels je restais accrochée comme l'assoiffé à son eau croupie. Il me fallait passer à nouveau par cet enfer pour comprendre une fois pour toutes en quoi, pourquoi ma perception de l'amour et mon attitude sur ce plan étaient inappropriées. Car, incapable de tirer les leçons du passé, je me positionnai vis-à-vis du nouvel objet de mes tourments de la même déplorable façon que vis-à-vis des précédents. À quarante ans passés, je restais sous l'emprise de mes premiers conditionnements : non seulement je reportais sur l'être aimé l'attachement terriblement exclusif et exacerbé par la peur de le perdre que j'avais éprouvé, enfant, pour ma mère, mais aussi le mélange de vénération, de soumission, de dépendance d'un côté, de prise en charge et d'abnégation de l'autre, qui avait caractérisé cette première relation affective.

La vie de couple demande de jouer sur plusieurs registres et je n'en avais qu'un ou deux à mon actif. En résumé, je me comportais tantôt en maman dévouée, tantôt en petite fille obéissante – l'une et l'autre, par définition, acquises et intouchables. De nombreux parents mettent dans la tête de leur enfant qu'ils l'aimeront davantage s'il se montre aussi exemplaire que possible. Une personne qui, comme moi, continue d'être régie par ce réflexe, poursuit de façon automatique les mêmes efforts auprès de son partenaire, en s'imaginant confusément qu'à l'instar de ses parents, il l'en aimera davantage, lui aussi. Elle lui reprochera ensuite d'être le frère ou l'enfant de sa femme, sans voir combien sa propre façon d'être favorise un tel état de choses. Il s'agit là d'un cercle vicieux dont la sortie est malaisée, puisque la femme maternante attire les hommes ayant besoin d'être maternés autant qu'elle est attirée par eux, les inclinations de l'un renforçant et entretenant celles de l'autre. Exactement comme les penchants masochistes induisent et alimentent les penchants sadiques. Fustiger ceux-ci sans mettre en cause ceux-là revient à se mettre la tête dans le sable.

Combien de fois l'idéalisation et la soumission béates de certains fans que les circonstances m'avaient amenée à connaître m'auront fait bouillir intérieurement et donné envie de les planter là, tout en sachant qu'à leur place, j'aurais été aussi tétanisée qu'eux ! Mais la relation sentimentale est d'une autre nature et il me fallut beaucoup de temps pour connecter l'hostilité ou la fuite des quelques hommes de ma vie à la pression inconsciente que j'exerçais sur eux. Je savais bien pourtant que, lorsqu'on est fragilisé par un sentiment de soi-même inconfortable, se sentir l'objet d'une attention et d'une attente excessives peut s'avérer pénible au point de bloquer l'élan, aiguillonner l'agressivité ou faire partir en courant.

C'est décidément un mystère bien étrange cette façon qu'a l'inconscient de nous diriger vers les êtres dont les failles sont exactement symétriques des nôtres, et qui possèdent les pièces manquant au puzzle de notre personnalité, tout comme nous disposons de celles qui leur font défaut. À la lumière de mes lectures et de mon vécu, je m'étais rendue à l'évidence que les souffrances dont la confrontation amoureuse est porteuse sont destinées à nous instruire sur nous-mêmes pour nous faire grandir, sans pour autant intégrer cette précieuse donnée, puisque, d'une histoire à l'autre, je ne parvenais pas à modifier des choix ni un comportement dont il était clair pourtant qu'ils déboucheraient sur les mêmes impasses.

Si la passion qui me submergea à la fin de l'année 1988 obéit au même schéma que les précédentes, elle m'éprouva davantage encore, dans la mesure où tout s'y opposait : l'éloignement géographique et la rareté des moments qui s'ensuivait, la transgression – ni lui

ni moi n'étions libres – et la clandestinité obligées...
Entre autres... La multiplication des obstacles intensi-
fie les sentiments, mais, au début, elle me valut de la
part de mon bel étranger une ambivalence dans les brè-
ches de laquelle je me glissais au prix de transes et
d'efforts inouïs. J'avais beau me contenir le plus possible, la tension extrême dans laquelle les impossibilités
accumulées me mettaient devait transparaître malgré
moi et agir sur lui comme un répulsif.

Puis, assez vite, je me heurtai à une rétractation
totale et touchai le fond. C'est une loi quasi mathéma-
tique : plus l'état d'exacerbation et de malheur trahit le
caractère irrépressible de l'attirance, plus cela provoque chez celui qui en est l'objet un recul effrayé qui
donne tout loisir à sa raison de reprendre les rênes. Si
j'avais inspiré une folle passion aussi visible que la
mienne, j'aurais battu en retraite, moi aussi. Et dire
que je m'étais tellement évertuée à analyser les règles
du jeu amoureux pour mieux comprendre le pourquoi
du comment de mes problèmes sentimentaux ! Comment d'ailleurs tout cela m'aurait servi à quoi que ce
soit, dès lors que j'avais perdu la tête ?

L'ambivalence du bel étranger refit surface quelques
petites fois, alimentant mes fantasmes, mais la rétractation prévalut sans que j'arrive à me délivrer de
l'emprise tragique qui me détruisait. On ne parle pas
assez du crime impuni qui consiste à tuer avec des
mots. Les coups assassins se mirent à pleuvoir, mais je
comprenais – confusément d'abord, avec plus d'acuité
ensuite – qu'en l'occurrence, c'était la seule façon dont
mon bourreau pouvait se défendre : de lui-même parfois et, la plupart du temps, de moi et du danger que
je représentais sur tous les plans. La seule façon aussi
qu'il avait de me faire redescendre sur terre, pour mon
bien et celui de mes proches.

Inquiet, Jean-Marie me recommanda la prudence. Il craignait que je lâche Jacques pour du vent et me fit valoir que si jamais une telle velléité me traversait l'esprit, cela reviendrait à le laisser tomber au moment précis où, en renonçant à l'alcool, il accomplissait son premier et difficile geste d'homme. Comment, moi qui ne sais pas mentir, réussis-je à dissimuler que j'aimais désespérément ailleurs ? Comment confesser qu'à force d'être restée sur ma faim, j'avais reporté mon appétit sur des miettes encore plus indigestes et comptées que celles dont j'avais dû me suffire jusque-là ?

*
* *

Chaque dimanche, Jacques allait déjeuner avec ses parents. Thomas, alors en pleine adolescence, l'accompagnait. Je me souviens comme si c'était hier de l'émotion indescriptible qui me tordit le cœur, un jour, en regardant par la fenêtre mes deux petits hommes mal fagotés s'éloigner dans la rue. C'était comme si je les abandonnais à leur insu... Comme si je m'excluais moi-même du trio indissociable que nous formions jusque-là. Je pensai à ces cauchemars où l'on a beau appeler et tendre les bras, les êtres qu'on aime le plus au monde sont devenus hors d'atteinte : ils ne vous entendent ni ne vous voient plus. Il me semblait saccager ce que la vie m'avait offert de plus précieux et de plus sacré. J'étais écartelée. Quoi que je fasse, quoi qu'il arrive désormais, rien n'était plus pareil, rien ne serait jamais plus comme avant...

14

Fin août 1988, à mon retour de Corse, Serge Gainsbourg m'invita à dîner. Dans le taxi qui nous amenait à l'hôtel Nikko où il avait réservé une table au restaurant Les Célébrités, j'eus l'impression qu'il perdait la tête, tellement son discours était incohérent et répétitif. Combien de fois l'avais-je entendu déclarer qu'il se « flinguerait » s'il devenait gâteux ! Nous y étions, mais il ne s'en rendait évidemment pas compte. Il voulut d'abord aller au bar et, transgressant une fois de plus les interdits médicaux, prit deux cocktails. Quand nous passâmes à table, il commanda un Petrus pour moi et du Cointreau pour lui. Consternée, je lui fis valoir que le vin de qualité était beaucoup moins nocif que les liqueurs et qu'il ferait mieux de boire ce sublime grand cru de Bordeaux qu'à mon grand regret je ne pourrais finir. Ce fut peine perdue. J'ai souvenir d'une ambiance très pesante. Serge ne toucha pas à son assiette et je ne savais comment le dérider. Il semblait d'ailleurs sourd et aveugle à tout, prisonnier qu'il était du mal-être qui le minait.

Quelques mois plus tôt, il était passé au Zénith devant un public extraordinairement nombreux et enthousiaste. Serge jouissait d'une popularité considérable, il était le pape incontesté de la chanson française qu'il avait révolutionnée, entre autres, en faisant sonner les mots comme personne avant lui, et sa personnalité hors normes d'écorché vif, supérieurement intelligent, talentueux et provocateur fascinait autant qu'elle touchait. Mais il n'était pas un artiste de scène et sa dernière prestation fut pathétique. Son concert à peine terminé, il m'envoya chercher et je me retrouvai seule avec lui dans une loge somptueuse, aménagée jusque dans le moindre détail selon ses directives. Il était manifestement impatient que je le complimente alors que j'ai un mal fou à dire le contraire de ce que je pense. Je me souviens seulement de mon embarras profond, non de la façon dont je me sortis de cette impasse. Tout l'amour que le public envoya à Serge ce soir-là lui fit beaucoup de bien, mais quand on lui montra la vidéo du spectacle, ce qu'il vit de lui-même le catastropha au point que je me suis souvent demandé s'il n'aurait pas été préférable, pour lui comme dans l'absolu, que son Zénith n'ait jamais eu lieu.

Au début de l'année 1989, ses médecins détectèrent une petite boule dans son foie. Ils diagnostiquèrent un abcès et proposèrent de l'enlever un mois après. Un soir où nous dînions avec nos conjoints respectifs dans un restaurant italien de la rue Lesueur, Serge s'alarma soudain : et s'il avait un cancer du foie ? « Si c'était le cas, m'écriai-je, on n'aurait pas attendu si longtemps pour vous opérer ! » La logique de ma remarque le rasséréna et la soirée se poursuivit normalement. Mais le lundi 10 avril, jour de l'hospitalisation, Bambou me téléphona affolée. On venait de lui annoncer que Serge avait bel et bien un cancer du foie. Les médecins n'en avaient parlé à personne pour éviter les fuites susceptibles de lui mettre la puce à l'oreille, et, s'ils ne l'avaient pas opéré plus tôt, c'était à cause du très mauvais état de son cœur qui risquait de lâcher pendant l'anesthésie.

Le cœur ne lâcha pas, la durée du séjour en réanimation fut plus brève et la sortie de l'hôpital plus rapide que prévu. Je revis Serge au bar de l'hôtel Raphaël où il aimait descendre. La privation d'alcool lui avait rendu ses esprits et les kilos perdus le faisaient flotter dans la curieuse salopette trop courte dont il était vêtu. J'ai encore en mémoire son émouvante silhouette de dos : il avait l'air d'un petit garçon de soixante ans dont la fragilité sautait aux yeux et serrait le cœur. Il survécut deux ans à son opération sans se douter qu'il avait un cancer. Deux ans durant lesquels je m'attendais en permanence à la nouvelle de sa disparition. Quand je pensais à lui, en particulier quand je me trouvais dans son quartier, une grande tristesse m'envahissait à l'idée que chaque jour nous rapprochait de celui où il ne serait plus là.

Il y eut une soirée mémorable avec Étienne Daho et Bambou. Au milieu du dîner, celle-ci fut prise d'angoisse parce que Serge ne répondait pas au téléphone alors qu'il couvait une grippe. Nous interrompîmes nos agapes pour nous rendre séance tenante rue de Verneuil. Serge n'était pas rentré et nous l'attendîmes dans l'entrée du Galant Verre, le restaurant en face de chez lui. Quand enfin il fut là et nous ouvrit la porte, je fus saisie par son aspect : son teint était cireux, il transpirait et avait l'air d'un zombie. Nous prîmes place dans son salon-musée et ne parvînmes pas à l'empêcher de vider une demi-bouteille de porto alors qu'il était sous antibiotiques. Tout à coup, il porta la main à sa poitrine en gémissant : « Mon cœur, mon cœur… », pendant qu'un liquide transparent coulait de sa bouche en jet continu. C'était cauchemardesque. Bambou courut chercher une serviette, tandis qu'Étienne et moi nous préparions stoïquement à assister aux derniers instants de notre illustre ami. Il refusait d'aller à l'hôpital, et ce n'est que lorsque nous eûmes l'assurance que Bambou resterait toute la nuit auprès de lui qu'Étienne et moi, très ébranlés, prîmes congé. Nous pensions apprendre son décès dans la nuit, mais quand j'eus

Bambou au bout du fil le lendemain matin, elle m'apprit que Serge s'était réveillé en chantant à tue-tête le tube de Claude François *Alexandrie, Alexandra...*

Le samedi 2 mars 1991, quelques amis vinrent dîner rue Hallé. L'un d'eux, Gilbert Foucaut, programmateur musical à la télévision, me téléphona, bouleversé, vers deux heures du matin. Dans le taxi qui le ramenait chez lui, il venait d'entendre à la radio que Serge était mort. On a beau s'attendre à une telle nouvelle, l'apprendre cause un choc inimaginable. Quelques jours plus tôt, Thomas était allé lui tenir compagnie à Vézelay et Serge lui avait parlé avec animation de l'album qu'il préparait. Le bruit courut qu'il était mort dans son sommeil et seule l'assurance que, s'il avait vécu plus longtemps, ses problèmes de santé auraient pris des proportions insupportables atténua notre peine. C'est terrible à dire, mais au point où il en était, mourir ainsi – vite et apparemment en douceur – était ce qui pouvait lui arriver de mieux. Nous fûmes sûrement très nombreux à avoir le sentiment que son départ signait la fin non seulement de toute une époque mais aussi de notre jeunesse.

*
* *

Un jour pas comme les autres, Thomas m'annonça qu'il avait quelque chose d'important à me dire. Il prit place sur mes genoux, mit son bras autour de mon cou et me confia qu'il était très heureux. Amoureux en secret depuis deux ans, il désespérait du moindre semblant de réciprocité, lorsque, contre toute attente, au cours d'une soirée arrosée au champagne, les inhibitions s'étaient envolées de part et d'autre et le miracle avait eu lieu. Il avait à peine seize ans ! Son nouveau bonheur ne pouvait que me rendre heureuse moi aussi, même si je réalisai avec un léger pincement au cœur que mon petit garçon n'en était plus un et venait d'effectuer un premier pas hors du nid. Lorsque nous rencontrâmes l'élue de son cœur, son père et moi sûmes avec certitude qu'elle était une vraie belle personne et nous l'adoptâmes sans réserve.

*
*   *

Ma mère continuait de venir régulièrement rue Hallé. Thomas et moi étions toute sa vie et l'idée de lui demander d'espacer ses visites ne m'aurait pas effleurée, même si notre relation me mettait de plus en plus sur des charbons ardents, au point de me nouer les tripes bien avant son arrivée. J'aurais eu horreur qu'elle se sente étrangère chez sa propre fille, en même temps elle se comportait un peu trop comme si elle était chez elle et cela me heurtait. Par exemple, lorsque Jacques et moi étions dans notre chambre, elle faisait irruption sans frapper, toujours, bien sûr, sous un prétexte désintéressé.

Elle avait plusieurs fois emmené Thomas et ses grands-parents paternels en Corse pour les vacances de Pâques, mais son caractère aussi directif que dynamique s'accommodait mal de la passivité de pépé et mémé Dutronc, laquelle masquait en réalité un certain inconfort de n'être pas chez eux, beaucoup de pudeur ainsi qu'une grande peur de déranger ou de mal faire. Sans parler des problèmes liés au grand âge : le père de Jacques avait treize ans de plus qu'elle et sa mère était déjà diminuée par l'emphysème qui allait l'emporter, mais ma mère à qui, finalement, tout le travail domestique incombait alors qu'elle n'aimait pas ça et n'avait pas l'habitude de la vie à plusieurs ne s'en rendait pas compte et lui reprochait de ne pas coopérer davantage. En dehors d'un amour inconditionnel pour leurs enfants et petits-enfants, tout séparait ma mère – trop fière, bardée de principes et de certitudes –, des parents trop humbles, mais plus souples et permissifs de Jacques. C'était d'ailleurs l'une des clés de ma relation avec lui : mon ordre appelait son désordre, mon anxiété sa décontraction... Et inversement.

Il arrivait de plus en plus souvent à ma mère d'afficher le mépris que Jacques avait fini par lui inspirer, malgré les circonstances atténuantes qu'elle imputait à des erreurs d'éducation sur lesquelles elle se répandait avec condescendance : « Ce pauvre Jacques, pas étonnant qu'il soit si peu loquace : sa mère interdisait à son père de lui poser des questions ! » Je me souviens, avec un effarement rétrospectif, encore plus grand que celui éprouvé sur le moment, du jour où elle ignora ouvertement la main qu'il lui tendit, un jour où il était rentré plus tôt que d'habitude. Peut-être avait-elle compris que s'il s'absentait si souvent l'après-midi, c'était pour l'éviter. Elle supportait sans doute mal de n'avoir aucune prise sur lui.

Peu après cet incident, elle m'expliqua en long et en large que les tractations financières de Jacques avec l'un de ses amis corses pourraient lui valoir des ennuis. Il ne se passait pas de jour sans qu'elle ait mille suggestions pratiques à faire, mille jugements critiques à porter, et c'était épuisant. Non seulement sa présence me mettait sous tension, mais alors que je suis plutôt active, son survoltage permanent me transformait en chiffe molle. Je lui fis remarquer qu'il avait plus de quarante ans et que ses transactions avec ses amis ne regardaient que lui. Elle le prit mal et les choses dégénérèrent rapidement. Après qu'elle se fut défoulée en s'appesantissant sur le mauvais exemple que Jacques donnait à son fils, je ne pus m'empêcher d'observer qu'elle était mal placée pour intenter ce genre de procès, étant donné le père peu reluisant qu'elle-même avait trouvé pour ses filles. « Oui, mais moi, je ne me suis jamais mariée ! » éructa-t-elle, la bave aux lèvres et ne contenant plus sa fureur.

En plus de quarante années, il était déjà arrivé plusieurs fois que ma mère se braque contre moi parce que j'avais, sans m'en rendre compte, par pure maladresse, froissé sa susceptibilité qui la portait parfois à interpréter de travers ce que je disais, plus rarement parce que je m'étais « rebellée » – un bien grand mot pour traduire l'irritation suscitée par certaines situations désagréables. Il me revient en mémoire qu'elle m'en avait beaucoup voulu que je lui reproche de surgir sans prévenir ni sonner rue Saint-Louis-en-l'Isle, au petit matin, alors que j'étais encore couchée et aurais pu ne pas être seule. Elle s'était levée aux aurores pour aller de son propre chef à l'École de puériculture chercher les bocaux dont j'avais besoin pour des analyses médicales en rapport avec ma grossesse. Cet exemple illustre la situation de « double contrainte » dans laquelle elle me mettait en permanence sans le vouloir, sans le voir surtout. Sous couvert de m'être utile, elle violait, mine de rien, mon intimité, tout en me rendant impossible la moindre objection. Comment faire comprendre à une mère qui se donne un mal fou pour faciliter la vie de sa fille chérie qu'il y a des limites à ne pas franchir ?

Lorsque, à bout de patience, je laissais percer mon énervement au lieu de lui manifester la gratitude que justifiaient *a priori* les services qu'elle ne cessait de me rendre sans que je les lui demande, je m'en mordais les doigts aussitôt et sentais monter la culpabilité : car que faisais-je d'autre, au fond, que la renvoyer au désert affectif d'où elle venait ? La blesser était la dernière chose que je souhaitais pourtant, mais je ne pouvais pas non plus continuer de lui dire amen et la laisser m'envahir à sa guise *ad vitam aeternam* !

Une fois braquée, elle se métamorphosait en un personnage terrifiant, dur et imperméable, que je détestais. En général, cela ne durait pas plus de deux ou trois jours, durant lesquels je tentais vainement de l'amadouer en touchant le fond du mal-être. Mais ce fameux jour où elle condamna mon mariage, je perçus confusément que nous avions franchi le point de non-retour. Pleine d'une colère nourrie sans doute de nombreux griefs accumulés, ma mère rentra chez elle d'où elle me téléphona, sur ce ton sec que j'avais redouté toute ma vie, qu'elle ferait déposer mes dossiers chez moi car elle ne voulait plus en entendre parler, ni de quoi que ce soit d'autre me concernant. Depuis mes débuts dans la chanson, ses connaissances en comptabilité l'avaient amenée tout naturellement à s'occuper de mes finances – déclarations de revenus et autres –, ainsi qu'à gérer ma petite société éditoriale. Il me revient d'ailleurs qu'elle s'était fâchée avec chacune des banques auxquelles elle avait eu affaire, m'en faisant changer au fur et à mesure, sans m'en donner la vraie raison.

Je courais en permanence après le temps, et la perspective de devoir mettre le nez dans quelque chose d'aussi rébarbatif que mes comptes m'accablait. Mais c'est le caractère apparemment définitif de cette rupture qui m'affectait plus que tout. Mes tentatives habituelles de dédramatisation furent inutiles. Peut-être ma mère cherchait-elle à me démontrer que j'avais beaucoup plus besoin d'elle qu'elle de moi, alors qu'en réalité c'était le contraire : en dehors de mon entourage et moi-même, elle n'avait aucun ami, aucune relation. Elle n'était plus toute jeune non plus, souffrait depuis quelque temps de petites anomalies physiques inexplicables, et quand bien même Thomas continuerait de lui rendre visite à Montmartre, elle se condamnait elle-même à un vide abyssal qui brisait le cœur. Fallait-il que j'aie dépassé les bornes ! Du moins dans son esprit. Car il m'apparaît plus clairement avec le recul qu'en lui posant une limite, autrement dit en choisissant Jacques contre elle – c'est ainsi, assurément, qu'elle percevait les choses –, j'avais eu ma première réaction d'adulte. Et, lorsque la coupure du cordon ombilical s'effectue avec un tel retard, elle ne peut que mal se passer.

En y repensant aujourd'hui, je réalise aussi que la présence de Jacques agissait comme une sorte de révélateur des défauts d'une mère que j'avais idéalisée pendant une trentaine d'années. Je supportais de moins en moins non seulement son ingérence et sa directivité excessives, mais aussi cette façon qu'elle avait de nous traiter de haut, Jacques et moi, comme si nous étions des enfants attardés, alors que tout dans son comportement contribuait à m'empêcher de grandir. De son côté, elle ne pouvait que ressentir très douloureusement mon agacement, et il lui était plus facile de l'imputer à la prétendue mauvaise influence de Jacques que de s'interroger sur l'inadéquation de ses propres attitudes. Sa susceptibilité à fleur de peau et la crainte qu'elle m'inspirait m'interdisaient la moindre mise au point, comme le prouvait sa réaction disproportionnée quand je m'étais permis de lui signaler que les affaires de son gendre ne la concernaient pas. Notre relation était déséquilibrée ainsi que le prouvait l'impasse dont elle ne devait hélas plus sortir : ma mère continuait de focaliser son existence sur moi et me faisait des scènes de jalousie comme si nous étions un couple, alors que je n'étais plus dans un rapport fusionnel avec elle depuis longtemps. Heureusement, il lui restait Thomas qu'elle adorait et qui le lui rendait bien. De son propre aveu, elle ne se sentait bien qu'avec les enfants ou les personnes très âgées – les parents de Jacques excepté –, autrement dit avec les êtres faibles et dépendants : entre les deux, les rapports se gâtaient tôt ou tard…

*
* *

301

Fin 1988 me parvint une lettre impersonnelle m'informant du non-renouvellement de mon contrat avec RMC. Au bout de sept années de bons et loyaux services, cette façon de congédier quelqu'un me parut peu aimable, mais j'appris que le tiers du personnel de la station était viré aussi cavalièrement que moi. Pour la première fois depuis plus de vingt-cinq ans, je me retrouvai libre de tout engagement professionnel. Durant les longs mois d'enregistrement de l'album *Décalages*, j'avais sympathisé avec le jeune assistant, Alain Lubrano. Une malformation cardiaque le fragilisait et donnait envie de l'aider. J'appris qu'il composait des mélodies et fus tellement séduite par ce qu'il me fit entendre que je lui proposai un accord éditorial qui lui permettrait de se consacrer à la composition et d'arrêter le travail de studio trop épuisant pour lui. C'est ainsi que commença une association professionnelle houleuse mais enrichissante. Notre vision du monde, nos goûts artistiques s'opposaient en tout et, comme nous sommes aussi butés et soupe au lait l'un que l'autre, il arrivait souvent que nous nous raccrochions au nez, mais nous finissions toujours par surmonter nos multiples différends.

Alain Puglia connaissait mon intérêt artistique pour Alain Lubrano qu'il avait croisé au studio. Il me proposa de diriger, dans le cadre de sa société de production Flarenash, un label dont Alain serait le premier artiste. Bien que celui-ci ne se sente pas prêt, une telle offre ne se refusait pas. Rester quant à moi dans mon domaine de prédilection, la chanson, mais de l'autre côté de la barrière, était ce qui pouvait m'arriver de mieux et je me lançai dans mes nouvelles activités de directrice artistique avec beaucoup d'énergie et d'enthousiasme. Je ne me rendais pas compte que je mettais le doigt dans un engrenage aux innombrables prises de tête dont, quelques années plus tard, je serais intensément soulagée de sortir.

Tout mon temps fut d'abord accaparé par la nécessité de sélectionner une dizaine de bonnes mélodies avec et pour Alain, ainsi que d'écrire les textes de plusieurs d'entre elles. Évidemment, nos divergences ne me facilitèrent ni cette tâche ni les suivantes. Les séances d'enregistrement codirigées par Alain et Dominique Blanc-Francard m'ont laissé un souvenir mitigé. Les séances de voix surtout. Alain avait quelques tics vocaux que j'aurais aimé gommer et sa voix me semblait plus agréable lorsqu'il ne la timbrait pas. De son côté, il ressentait assez mal mes recommandations, allant jusqu'à m'accuser de vouloir le faire chanter comme moi. Bref, l'ambiance n'était pas des plus sereines, et, à tort ou à raison, j'eus l'horrible impression de me battre contre quelqu'un dans son propre intérêt. Cette lutte aussi paradoxale qu'épuisante reprit de plus belle à propos de la pochette où il nous fallait tomber d'accord non seulement sur la photo, mais aussi sur le lettrage et la mise en page. Et puis, il y eut la promotion télévisée : je ne pouvais m'empêcher de prodiguer à mon « poulain » certains conseils pour que ses prestations soient aussi efficaces que possible. Il les rejetait le plus souvent au nom de nos différences de génération et de style artistique, dont je ne mesurais pas assez l'importance. Je reconnais aujourd'hui que la position de ce pauvre Alain par rapport à moi était intenable et regrette d'avoir autant manqué de lucidité à ce sujet.

Ma nouvelle activité dut se savoir assez vite, puisque, du jour au lendemain, je reçus d'innombrables maquettes de débutants en mal de maisons de disques. Je mis un point d'honneur à les écouter une à une et constatai la médiocrité de plus des neuf dixièmes d'entre elles. Je perdais donc un temps considérable pour un travail parfaitement ingrat, tout en me disant que mes premières chansons avaient été très mauvaises, elles aussi, et que, si je n'étais pas assez consciencieuse, je risquais de passer à côté d'un artiste intéressant. Aujourd'hui encore, même si cela m'arrive moins souvent, recevoir des CD d'inconnus déclenche chez moi un réflexe d'accablement. L'indigestion a fini par anéantir l'espoir qu'un trésor s'y cache peut-être. Après avoir empilé les maquettes dans un coin sans trouver le temps de les écouter, je finis immanquablement par les jeter au panier non sans culpabilité. C'est un peu comme si je piétinais en cachette le rêve de quelqu'un. Plus on vieillit, plus la disponibilité fait défaut non seulement pour écouter la moindre chanson, mais aussi pour envoyer un avis éclairé à son interprète. Bref, j'ai définitivement renoncé à ce genre de bonne action.

Malgré la somme de travail et de soucis que me valait ma collaboration avec Alain Lubrano, j'aspirais à signer une artiste féminine. Je ne sais plus comment j'atterris dans des pianos-bars et tombai un jour en extase devant les capacités vocales d'une jeune chanteuse dont j'ai oublié le nom. Mon Dieu, comme j'aurais aimé disposer pour moi-même d'un instrument aussi exceptionnel que sa voix ! Je revins souvent l'écouter avec divers amis et réussis à emmener dans la discothèque proche de la rue de Rennes où elle se produisait non seulement Jacques – ce qui, étant donné la difficulté à le traîner où que ce soit, relevait de l'exploit –, mais aussi Jean-Noël et Alain Puglia. À ma grande stupéfaction, et Jacques et Jean-Noël me déconseillèrent formellement de l'engager. D'après eux, il y en avait mille comme elle et il lui manquait l'essentiel : l'âme, l'émotion, une personnalité, un univers... Nous n'étions pas encore à l'ère des clones de Céline Dion ou de Lara Fabian et je me rendis avec regret à l'avis musicalement plus autorisé que le mien de Jacques et Jean-Noël. J'avais découvert le monde des pianos-bars avec ses chanteurs et chanteuses surdoués, auxquels peut cependant faire défaut le petit « plus » magique que l'on trouve chez des artistes dont la technique est moins au point et la voix moins parfaite, comme si l'excès de ceci allait de pair avec l'insuffisance de cela.

Parallèlement, j'avais quelques demandes en tant que chanteuse. La plus importante concerna un double album collectif, intitulé *Urgences*, dont les bénéfices iraient à la recherche sur le sida. Je proposai d'enregistrer *Même si ça fait mal*, la première chanson composée par Alain que je trouvais formidable et qui plut également à Fabrice Nataf, en charge du projet. Dani l'avait retenue quelques années plus tôt et bien qu'Alain n'en ait plus de nouvelles, j'eus du mal à vaincre ses scrupules en lui assurant que ma version resterait si confidentielle que Dani pourrait l'enregistrer à son tour quand bon lui semblerait. Quelque temps après, j'acceptai d'être l'invitée de l'émission de M6, *Fréquenstar*, qu'animait Laurent Boyer et pour laquelle il fallait chanter quelque chose en direct, ce qui ne m'était pas arrivé depuis plus de vingt ans ! Je contournai la difficulté en demandant à Alain de chanter avec moi *Même si ça fait mal*, devenu entre-temps *Si ça fait mal* parce que le titre était déjà pris.

Tourné à + XXX, l'extrait *live* du duo improvisé clôtura l'émission et toucha les personnes qui l'entendirent, à commencer par l'équipe, si bien qu'Alain Puglia nous demanda de l'enregistrer pour de bon afin de le rajouter en bonus à l'album d'Alain qui se vendait mal. Ce dernier bloqua sur le texte français du début des couplets et nous dûmes, en désespoir de cause, utiliser le « yaourt » anglais concocté pour la maquette. Par contre, il réussit le tour de force d'orchestrer cette deuxième version différemment de la première sans que l'une ait quoi que ce soit à envier à l'autre. La maison de disques étant partante pour un clip, je contactai Lewis Furey dont le travail avec Carole Laure m'éblouissait. Il commença par nous soumettre des idées saugrenues et irréalisables, comme celle de faire se percuter en plein vol deux avions supersoniques. Je prévins en riant Alain Puglia qu'il lui faudrait réviser son budget à la hausse.

Nous allions renoncer au clip, lorsque Lewis, qui s'apprêtait à partir au Canada pour fêter Noël en famille, me fit enfin une proposition beaucoup plus proche de ce que je lui avais suggéré lors de notre premier rendez-vous. Il s'agissait de jouer sur la télégénie des duettistes en mettant le paquet sur la lumière et les *close-up*, ainsi que de rester simple en se limitant à une idée visuelle. Quand il m'exposa celle qu'il venait d'avoir, je sus que c'était gagné : Alain et moi ponctuerions par intermittence ce que nous chantions en lançant un poing devant nous comme si nous voulions briser une glace imaginaire – ou l'écran – que le téléspectateur aurait l'illusion optique de voir voler en éclats. Ainsi fut dit, ainsi fut fait, et le clip de *Si ça fait mal*, dont le parti pris esthétique correspond très exactement à mes goûts, reste de loin celui dont je suis la plus fière. Quel dommage que l'alliance de la beauté et de la simplicité soit si difficile à réussir, et que l'on ne puisse en abuser sans risquer de le banaliser !

*
* *

En 1990, Jacques partit tourner *Van Gogh* sous la direction de Maurice Pialat. L'ambiance était difficile et, sans le recours de l'alcool, ses angoisses décuplèrent au point qu'il faillit craquer. Il vint à Paris consulter le médecin psychiatre recommandé par notre amie Dominique Modiano. Grâce aux antidépresseurs prescrits, il put reprendre le tournage, entouré et soutenu par quelques amis, dont Didier Barbier, le professeur de sciences physiques de Thomas que Pialat surnommait « Ribouldingue-Einstein » et auquel il fit jouer l'idiot du village. Didier ne supportait pas le manque de civi-

lité de Pialat. Entre autres amabilités, il eut droit à :
« Tu diras à ton maître – puisque tu es un valet – que
je l'invite à dîner, mais sans toi surtout. » Il finit par
perdre patience et plia bagage alors qu'il n'avait pas
encore tourné sa scène. Jacques réussit non sans mal
à le convaincre de rester. Le jour J, Didier alla se planter devant Pialat qui le dépassait de deux têtes : « Vous
êtes très antipathique et je ne vous aime pas », lui
déclara-t-il. « Ça tombe bien, parce que moi non plus,
je ne t'aime pas », riposta Pialat que ce genre de situation ne démontait guère. « Je suis là pour le chef », se
défendit le pauvre Didier, mais Pialat comprit « pour
le chèque ». Ces deux-là n'étaient décidément pas faits
pour s'entendre !

Un soir de pleine lune de l'année 1991, j'étais seule
avec Jacques dans la verrière où nous dînions parfois.
Il semblait ruminer de sombres pensées et ne disait pas
un mot. N'y avait-il rien qui puisse l'intéresser ? lui
demandai-je. « Rien », confirma-t-il. Rien qui soit susceptible de le faire vibrer, de l'émouvoir, de le rendre
heureux ? « Non... » Je ne connaissais que trop cet
ennui qui le plombait depuis toujours et qui me faisait
du mal car quand on aime, on souffre – on ne s'ennuie
pas. J'en déduisais qu'il devait m'aimer bien peu pour
se morfondre ainsi, mais depuis que les tourments du
démon de midi m'assaillaient, cette forme d'indifférence m'affectait moins. Ce soir-là, elle m'agaça et, histoire de mesurer le degré de sinistrose de mon vis-à-
vis, je le mis au courant de ce qui m'était arrivé trois
ans plus tôt. Puisque tout lui était égal, je pouvais bien
tout lui dire...

Sa réaction fut d'une violence à laquelle je ne
m'attendais pas venant de quelqu'un qui me donnait
depuis si longtemps l'impression de faire partie de ses
meubles. Un jour que je m'étais plainte à ma mère du
capharnaüm que devenait la maison à cause de lui qui

accumulait toutes sortes de choses, elle avait ironique-
ment remarqué que, s'il ne jetait rien, il ne me jetterait
pas non plus quand j'aurais vieilli. Pour l'heure, j'eus
l'impression que la révélation de mon coup de foudre
touchait surtout son instinct de possession, même s'il
était clair qu'il se sentait trahi et profondément blessé.
C'est ce soir-là qu'il se vanta de ne m'avoir jamais trompée. Il m'expliqua que s'il avait perçu le moindre risque
de tomber amoureux d'une tierce personne, il aurait
fait en sorte d'écarter le danger. Autrement dit, non
content de dissocier radicalement ce qui se passe en
dessous de la ceinture du reste, il prétendait contrôler
l'incontrôlable. De mon côté, je lui fis valoir qu'on ne
décide pas de tomber amoureux et que, lorsque l'on
s'aperçoit qu'on l'est, il est trop tard, le mal est fait à
son insu, sans qu'on l'ait voulu, encore moins décidé.
Il fallait me rendre à l'évidence : nos modes de fonctionnement opposés débouchaient sur des dialogues de
sourds.

À cette époque, je travaillais en tant qu'astrologue
pour un journal suisse, *Le Matin*, dont le rédacteur en
chef, Pierre Burky, organisa une journée à Lausanne
pour me présenter son équipe. Persuadé que j'étais
allée rejoindre celui qui l'avait supplanté dans mon
cœur et menaçant de le tuer, Jacques débarqua comme
un fou au Beau Rivage Palace où j'étais descendue,
mettant par terre le beau programme soigneusement
élaboré par Pierre, ravi malgré tout de le rencontrer et
de nous avoir tous les deux. Nous rentrâmes à Paris
dans la voiture de l'ami de Jacques qui l'avait amené,
et ce fut un voyage très éprouvant au cours duquel il
laissa libre cours à son chagrin. C'était le monde à
l'envers pour moi qui avais tant pleuré depuis notre
rencontre, et qui ne pouvais rien faire d'autre pour le
consoler que lui tenir la main.

D'un naturel anxieux, tout m'est prétexte à inquiétude. Jacques eut quelques accès de violence verbale qui m'effrayèrent. J'en parlai à la psychothérapeute que je consultais depuis que les changements dans ma vie me donnaient le sentiment de marcher sur un fil, au risque d'être précipitée dans le vide à chaque pas. Elle m'affirma qu'en cas de coup dur les tempéraments rebelles comme celui de mon célèbre conjoint s'en sortent toujours mieux que les tempéraments plus sages et dociles comme le mien. Cela ne me rassura qu'à moitié. La suite des événements sembla pourtant lui donner raison. Jacques demanda à sa maison de disques de lui louer une villa à la campagne afin de préparer son prochain album. La trouver et y emménager avec quelques copains non seulement lui changea un peu les idées mais l'aida à reprendre le dessus. En privé comme en public, il affichait désormais une froideur très embarrassante à mon égard, ce qui ne l'empêchait pas de m'inviter de temps à autre avec des amis communs à Plaisir où se trouvait sa nouvelle résidence, ni de revenir régulièrement rue Hallé, au gré de ses humeurs et de ses obligations. Si la rupture entre nous était patente, nous ne coupions pas les ponts pour autant, et ne l'avons d'ailleurs jamais fait.

Son producteur exécutif lui présenta un auteur du sexe faible qui lui remit deux textes formidables dont la noirceur et le cynisme témoignaient d'une longueur d'onde commune. Leur relation alla plus loin qu'une simple amitié professionnelle, et je ne me fis guère d'illusions : si j'étais restée aussi amoureuse de Jacques que je l'avais été pendant vingt ans, cela ne l'aurait sans doute pas empêché d'avoir une aventure avec cette talentueuse jeune femme. Il aurait juste été encore plus discret à ce sujet, mais les antennes de la jalousie m'auraient mise sur la piste et j'aurais souffert le martyre. Au lieu de quoi mon sentiment de culpabilité, qu'il ne ratait pas une occasion d'aiguillonner, s'en trouva atténué et je me sentis enfin un peu plus légère, un peu plus libre.

*
* *

Ma mère souffrait depuis pas mal de temps de curieux petits problèmes moteurs à un bras et à la main correspondante, mais il lui fallut consulter de nombreux médecins avant que le diagnostic tombe : elle était atteinte de la maladie de Charcot, dite aussi « sclérose latérale amyotrophique », dont les causes sont mal connues et l'évolution inexorable. Elle perdrait progressivement l'usage du bras atteint puis celui de l'autre, et la paralysie gagnerait les muscles respiratoires, la condamnant à mourir étouffée. On peut vivre sans jambes, mais pas sans bras, encore moins quand on est quelqu'un de très actif et indépendant. Il me semble que c'est après sa décision de me rayer de son existence qu'on lui fit ce terrible diagnostic, mais je n'en suis pas sûre. Car elle me téléphona pour que je lui trouve un médecin susceptible de l'euthanasier et je n'ai pas souvenir du ton cassant qu'elle employait désormais en permanence avec moi ni de la tension insupportable dans laquelle cela me mettait. Peut-être fut-ce occulté par l'extrême gravité de sa demande ? D'un autre côté, lorsqu'elle avait laissé éclater sa fureur, je suis quasiment certaine que je ne la savais pas gravement malade, encore moins condamnée. Les dates se mélangent, les souvenirs se brouillent, surtout quand ils sont dérangeants. D'autant plus d'ailleurs qu'à cette époque mon amour impossible me rendait aveugle et sourde à ce qui était sans rapport avec lui. Comme ces longues focales qui grossissent l'objet d'élection et rendent flou tout ce qui l'entoure.

Depuis toujours, ma mère et moi étions, l'une autant que l'autre, de farouches partisanes de l'euthanasie.

Nous avions regardé avec passion les émissions de télévision traitant de ce thème et ressenti la même indignation devant les positions, inhumaines à nos yeux, de certains médecins et autres notables qui fustigeaient le droit de mourir comme on l'entend. Les positions contre l'euthanasie m'ont toujours paru rétrogrades et dictées par l'éducation chrétienne qui nous conditionne encore, et contre laquelle il y aurait tant à redire. Le culte du martyre et l'idée de devoir aller au bout de souffrances atroces et irrémédiables continuent de dominer la pensée occidentale. À l'instar du Christ, il faut porter sa croix et vivre son calvaire jusqu'à la dernière seconde. La pionnière des soins palliatifs, le Dr Élisabeth Kübler-Ross, a refusé à sa mère devenue paraplégique l'aide que celle-ci implorait pour arrêter de vivre dans ces conditions. L'ironie du sort – à moins que ce ne soit le doigt de Dieu – a voulu qu'elle ait une fin de vie plus ou moins similaire et boive à son tour son calice jusqu'à la lie, comme elle avait jugé bon que sa mère le fasse[1].

Je pris contact avec certaines personnes que je croyais larges d'esprit et susceptibles de m'indiquer quelques pistes. Toutes réagirent négativement en me tenant des propos du puritanisme le plus politiquement correct qui soit. Par bonheur, le médecin traitant de ma mère lui promit de l'aider le moment venu, grâce à quoi elle vécut ses deux dernières années avec le confort psychologique de se dire qu'elle pourrait interrompre son épreuve quand bon lui semblerait.

Elle avait toujours eu une attitude extraordinairement désabusée et négative envers la vie, disant à qui

---

1. Le Dr Kübler-Ross a eu un parcours exceptionnel. Elle s'est, entre autres, beaucoup intéressée aux NDE (expériences de mort imminente) et a écrit des livres passionnants sur la mort et sur les soins palliatifs.

voulait l'entendre qu'elle n'y tenait pas, et je savais que seuls Thomas et moi, ainsi qu'à un moindre degré ma sœur, l'y raccrochions. Elle était également athée et méprisait ma croyance en un au-delà. Selon elle, ce n'était rien d'autre qu'une béquille pour les faibles. Autrement dit, j'étais faible, elle était forte et n'avait nul besoin de ces bêtises. Mes quelques tentatives pour lui faire valoir mon point de vue avaient été vaines. Conditionnée par la vision catholique et anthropomorphique d'un Dieu qui serait une sorte de père supérieur protégeant sa création en général, ses enfants en particulier, elle n'arrivait pas à dépasser le raisonnement simpliste selon lequel la souffrance inhérente à la condition terrestre est incompatible avec l'existence de Dieu. De mon côté, je n'arrivais pas à lui faire comprendre qu'il ne faut pas imaginer Dieu comme un bon vieillard à barbe blanche mais plutôt comme une forme de conscience suprême : entre le degré le plus élevé de conscience et le nôtre, la différence est probablement encore plus grande qu'entre le nôtre et celui du brin d'herbe ou du grain de sable... Je lui disais aussi qu'une bonne partie du malheur du monde vient de l'homme lui-même et de l'accumulation des erreurs humaines commises avant lui et autour de lui. Ces erreurs sont inhérentes à son ignorance, mais aussi à la liberté relative qui est la sienne : liberté de respecter ou de transgresser les lois de la vie, d'aller vers le haut ou vers le bas, entre autres... Elles sont nécessaires à son apprentissage aussi, dans la mesure où nos erreurs et nos épreuves nous forcent à évoluer. Je n'eus pas plus de succès en lui suggérant que l'âme n'est pas d'essence matérielle mais que, à partir du moment où elle s'incarne, son véhicule corporel[1] ne peut échapper aux lois du monde physique qui impliquent un espace-

---

1. Pour les bouddhistes, le cerveau n'est que le support physique de l'esprit qui peut s'en passer.

temps défini, autrement dit un commencement, une usure, une fin, et toute la souffrance qui va avec.

Quand les circonstances m'amènent aujourd'hui à discuter avec quelqu'un qui pense plus ou moins comme ma mère, j'insiste sur la nécessité de se montrer humble face au mystère du monde et de la création : qui sommes-nous pour décréter que Dieu n'existe pas, ou pour lui imputer tout ce qui ne tourne pas rond ? La notion de Dieu relève d'ailleurs du domaine de l'inconnaissable et non de l'inconnu. Je cite volontiers mon ami Trinh Xuan Thuan, un brillant astrophysicien, auteur de nombreux ouvrages : « L'univers est réglé avec une extrême précision, écrit-il[1]. Il faut un peu plus d'une dizaine de nombres pour le décrire : celui de la force de gravitation, de la vitesse de la lumière, celui qui dicte la taille des atomes, leur masse, la charge des électrons, etc., or il suffirait que l'un de ces nombres soit différent pour que tout l'univers, et nous par conséquent, n'existe pas. Une horlogerie très délicate, car à quelques décimales près, rien ne se passe et l'univers est stérile. Le big bang originel devait posséder une certaine densité. Les étoiles fabriquer du carbone. La Terre se trouver à une certaine distance du Soleil. L'atmosphère posséder une bonne composition. Tout cela était nécessaire pour que la vie apparaisse. Des milliers d'autres combinaisons étaient possibles. Les physiciens les recréent en laboratoire, mais aucune n'aboutit à la vie. Ce concours de circonstances est trop extraordinaire pour que le hasard en soit seul responsable. »

Comme il fallait s'y attendre, l'état de ma mère s'aggrava après notre clash. Les corrélations entre la maladie et le mal-être affectif ou psychique n'ont jamais

---

1. Trinh Xuan Thuan, *Le Chaos et l'Harmonie*, Fayard.

fait de doute dans mon esprit, mais j'étais trop embour-
bée dans mes problèmes sentimentaux pour m'y attar-
der. Ce n'est d'ailleurs qu'une quinzaine d'années plus
tard que je pris connaissance des livres si instructifs à
cet égard du Dr Philippe Dransart[1]. Ce médecin avisé
explique, force exemples à l'appui, que la maladie ne sur-
vient pas n'importe quand. En général, elle se déclare à
la suite d'un stress récent ayant provoqué une émotion
très douloureuse en résonance avec une souffrance
ancienne enfouie, l'une et l'autre impliquant l'image de
soi et opposant celle que nous aimerions donner à celle,
dérangeante, que l'extérieur nous renvoie.

La maladie ne frappe pas n'importe où, ni n'importe
comment non plus : les organes ou les fonctions qu'elle
affecte, ainsi que la façon dont elle les affecte, renseignent
sur la nature de notre souffrance psychique. C'est parce
que nous ne sommes pas à même de percevoir cette souffrance dans sa globalité, avec ses enjeux contradictoires,
qu'elle s'exprime dans le corps. Notre vision de la réalité
est faussée par les jugements conditionnés, partiaux et
partiels que nous portons sur ce qui nous blesse et sur
nous-mêmes. En diversifiant les angles de vision et en
aidant ainsi à voir plus clair, le décodage du langage méta-
phorique d'une somatisation peut contribuer à la guérison[2]. « Nous ne pouvons faire en sorte que les situations
traumatisantes que nous avons vécues n'aient pas eu lieu,
insiste le Dr Dransart, mais nous pouvons changer le
regard que nous portions sur elles jusque-là. »

À la lumière de cette approche, j'ai réalisé sur le tard
que la maladie de ma mère affectait les bras qui per-

---

1. Dr Philippe Dransart : *La maladie cherche à me guérir* ; *Nœuds et
dénouements* ; *7 questions sur le chemin de la guérison*, Le Mercure
dauphinois.
2. On ne peut évoquer en quelques lignes la pensée aussi subtile que
lumineuse du Dr Dransart, sans être très réducteur.

mettent d'« embrasser », d'accueillir « à bras ouverts », de « prendre à bras-le-corps »… Elle touchait les mains qui évoquent le fait de « tendre la main », « prendre en main », « perdre la main », « passer la main »… En se coupant radicalement de moi, elle se coupait aussi les ailes et, au bout du compte, « baissait les bras », ce qui revenait à renoncer à vivre. Finalement, elle n'avait trouvé sa place dans le monde qu'en tant que maman et voilà que je lui signifiais que je n'étais plus la petite fille qui lui obéissait au doigt et à l'œil, et que, quoi qu'elle en pense, Jacques n'était pas non plus un enfant gâté et irresponsable. Du moins pas seulement ! Elle avait mis tout l'amour, toute l'énergie dont elle était capable dans ce rôle maternel unique que je lui déniais désormais après une vie entière de sacrifice et de dévouement. Mais derrière ce qu'elle interprétait à tort comme un rejet de ma part qui l'anéantissait, n'y avait-il pas la douleur initiale du rejet que sa propre mère n'avait cessé de lui manifester, et dont elle n'avait jamais pris la mesure, empêtrée qu'elle était dans une reconnaissance exagérée vis-à-vis de cette femme peu aimante qui, malgré son souci excessif du qu'en-dira-t-on, avait supporté son statut honteux de fille mère ?

Hélas, je n'avais pas à ce moment-là les moyens intellectuels d'aller si loin dans l'analyse, ni même de tenter un dialogue avec ma mère. Quand j'eus connaissance de sa maladie, j'allai régulièrement lui rendre visite à Montmartre en lui amenant les pâtisseries dont je la savais friande, mais le mur dressé entre nous par nos incompréhensions respectives était devenu infranchissable et sa façon de jouer des rapports de force n'arrangeait rien. Par exemple, elle essaya de me mettre en demeure de la laver. L'idée de la voir nue et de la torcher comme un bébé m'était d'autant plus insupportable que je sentais d'instinct qu'il ne s'agissait pas là de la demande de quelqu'un qui n'a aucun autre recours – nous trouvâmes facilement un infirmier –, mais d'un défi qu'elle me lançait, d'une mise à l'épreuve qu'elle m'imposait, ce qui me bloquait encore plus. Inverser les rôles en s'occupant de sa mère comme d'un enfant était au-dessus de mes forces dans tous les sens du terme, et aujourd'hui que je ne suis plus très loin de l'âge qu'elle avait alors, je ne supporterais pas davantage de devoir me montrer à mon fils dans mon plus simple appareil et dans ma déchéance physique. Jacques, avec qui j'ai évoqué ce problème, n'a pas mes blocages, mais c'est quelqu'un de beaucoup plus basique, de moins émotif et de plus sensible que moi. Sans parler de sa relation à sa mère qui aura été très différente de la mienne.

*
*   *

Au printemps de l'année 1991, je partis deux semaines à Tokyo. Une grande chaîne de magasins m'avait choisie pour représenter la France dans le cadre d'une campagne publicitaire qui me permettait de défendre une chanson, *Profil*, spécialement conçue pour le Japon. J'en avais écrit le texte sur une musique d'Alain Lubrano, en m'inspirant de ce que j'imaginais de la condition féminine japonaise. Alain Puglia m'accompagna et je profitai de ce voyage pour passer trois jours dans un hôtel traditionnel, à une heure et demie de train de la capitale. J'en ai gardé un souvenir émerveillé. Le raffinement japonais me parut insurpassable et dormir à même le sol sur le fameux tatami et dans un vrai futon m'enchanta. Bien que les futons vendus en Europe n'aient pas grand-chose à voir avec ceux que l'on trouve dans leur lieu d'origine, j'ai définitivement adopté ce type de literie. J'ai adopté tout aussi définitivement le thé vert japonais découvert sur place et dont la poésie[1] me séduit.

---

1. Quelques noms de thés verts : « Mousse de jade liquide », « Perle de rosée », « Fleur de geisha »...

Lorsque je rentrai à Paris, la paralysie commençait à gagner le deuxième bras de ma mère et le moment était donc venu pour elle de mettre un terme à son épreuve. Elle en parla avec son petit-fils qui se rangea facilement à son point de vue. Le médecin à la tête de la courageuse équipe médicale qui acceptait d'euthanasier certains patients vint l'interroger longuement et accéda à sa demande après avoir constaté qu'elle avait toute sa raison et était farouchement déterminée à ne pas aller au bout de son martyre. Ils convinrent d'une date au début du mois de juillet, peu après le départ en vacances de Thomas qui était allé la voir chaque semaine depuis sa maladie et vint lui faire un dernier long câlin où il eut pour elle tous les gestes de tendresse dont elle avait besoin et que son visage fermé m'interdisait.

Chaque jour de la semaine précédant son décès programmé, ma mère prit les calmants qu'on lui avait prescrits. J'étais émotionnée et mal à l'aise quand je la vis pour la dernière fois, mais nous eûmes un échange comparable à ceux qui étaient devenus les nôtres depuis le clash : nous parlâmes de la pluie et du beau temps et n'en pensâmes pas moins. Elle me confia qu'elle se sentait décontractée grâce aux médicaments et éprouvait juste une légère appréhension comme avant de passer un examen. Lorsque je pris congé, alors que je me trouvais déjà sur le pas de sa porte, elle me fit une recommandation à propos de mes rentrées financières japonaises et de ma future déclaration de revenus. Je trouvai surréaliste que ce soient là ses derniers mots et compris plus tard que cette façon de se soucier de moi était sans doute la seule forme sous laquelle elle pouvait se permettre de m'exprimer son affection, exactement comme les friandises que je lui apportais témoignaient de la mienne. Peut-être avait-elle espéré que je lui fasse une grande déclaration d'amour en cet ultime instant, mais quelque chose dans son attitude continuait de m'en empêcher. Une amie s'était évertuée à me convaincre d'effectuer le pas vers elle dont je me sentais incapable, faisant valoir les regrets qui m'assailleraient une fois qu'il serait trop tard. J'ai toujours éprouvé une culpabilité confuse à propos de la façon dont la vie de ma mère et ma relation avec elle se sont terminées, mais je n'ai pas de regrets. Quand on ne peut pas, on ne peut pas. Point. Je déplore simplement d'avoir eu un blocage aussi insurmontable, sans surestimer ni sous-estimer la façon dont ma mère l'avait en partie provoqué et entretenu. Si une relation évolue mal, les responsabilités sont presque toujours partagées et c'est la relation elle-même qu'il faut mettre en cause, plus que l'importance du rôle joué par l'un ou l'autre dans sa dégradation. « Certains problèmes n'en seraient pas si tu laissais l'autre exister, a expliqué un guide spirituel[1]. Quant aux problèmes apparemment ou effectivement insolubles, il faut savoir que tous les problèmes ne sont pas à résoudre. On ne peut pas tout résoudre. »

Je ne dormis pas de la nuit et me rendis à Montmartre tôt le matin selon un scénario précis élaboré avec l'équipe médicale. L'euthanasie n'étant pas légale, tout devait se passer dans une discrétion absolue. On m'avait proposé d'être là au moment de la piqûre, mais ma mère, à qui j'avais posé la question, ne le souhaitait pas, ne voulant à aucun prix que je la voie morte. Je n'aurais pas aimé cela non plus. Lorsque j'arrivai à son domicile, le médecin m'attendait. Il avait recouvert le cadavre d'une serviette de bain et les pieds dressés à la verticale étaient le seul relief qu'on en distinguait. Tout s'était passé aussi bien que possible en de pareilles circonstances, m'assura-t-il. Je courus à la mairie pour la déclaration de décès et le rendez-vous avec le médecin

---

1. Omnia Pastor.

légiste, lequel, une fois sur place, ne se douta de rien. Malgré la détérioration de nos rapports, Jacques vint de lui-même me rejoindre et nous attendîmes ensemble, sans mot dire, la venue des personnes chargées d'enlever le corps. Ne voulant pas d'enterrement, ma mère avait fait le nécessaire pour le donner à la science. Étrangement, je n'éprouvai ni chagrin ni tristesse, juste un grand sentiment de soulagement : soulagement pour ma mère, parce que tout s'était déroulé selon son désir et sans accroc, soulagement pour moi qui me sentais libérée du poids de son ingérence et de ses jugements permanents.

*
* *

Je n'allai pas en Corse cet été-là, ni d'ailleurs les trois ou quatre suivants. Tout ce qu'il y a à régler après le décès d'un proche constituait une excuse suffisante, mais ce n'était pas la raison majeure. Mon amour impossible m'éprouvait trop, la relation avec Jacques devenait impossible elle aussi, et il était tout bonnement inenvisageable que je me retrouve à Monticello en train de trimer à longueur de temps comme je l'avais fait jusquelà. Thomas pouvait se passer de moi puisqu'il filait le parfait amour avec sa délicieuse compagne. Et puis – dois-je l'avouer ? –, j'espérais qu'en restant à Paris le nouvel objet de mes tourments viendrait me rejoindre ne serait-ce qu'un jour ou deux, ce qui ne fut pas le cas. Au fond de moi, je gardais l'impression culpabilisante de faillir sur tous les plans, mais mon état chronique de manque et de désespoir l'emportait sur toute autre considération. Mon seul recours était de me terrer à l'abri des regards, comme une bête malade.

*
* *

Dans la nuit du 28 au 29 décembre 1991, je fus réveillée par du bruit et aperçus un rai de lumière filtrant sous la porte de ma chambre. J'avais à peine eu le temps de m'inquiéter quand Jacques en tourna brutalement la poignée : « Ma maman est morte », lança-t-il sur un ton où je crus percevoir la tonne de reproches informulés qu'il entretenait à mon égard. Il ne me laissa pas le temps de réagir et partit rejoindre son père qui habitait à quelques rues de la nôtre, et s'était réveillé cinq minutes plus tôt avec sur son épaule la tête toute froide de son épouse décédée dans son sommeil. Nous décidâmes de ne pas en informer Thomas, très attaché à ses grands-parents, pour ne pas gâcher les vacances qu'il passait à New York avec sa dulcinée. Son retour était prévu peu avant l'enterrement et il serait bien temps de lui apprendre la triste nouvelle à ce moment-là. Dans l'église de la place d'Alésia où toute la famille Dutronc affligée était réunie, je m'aperçus à la fin de la messe que Thomas était allé se cacher derrière un pilier pour pleurer. J'en déduisis qu'il souhaitait rester seul avec son chagrin et me retins d'aller le serrer dans mes bras, ce que j'ai souvent regretté depuis. À quelques mois de distance, il avait perdu ses deux grand-mères qui le chérissaient, ainsi qu'un grand ami. Et pour son père et moi, l'année 1991 n'aurait pas été facile non plus : nous avions bien des deuils à faire nous aussi, et pas seulement celui des personnes disparues...

15

Les sorties arrosées avec Armande Altaï et Susi constituaient autant de récréations salutaires qui, l'espace
d'une soirée, me permettaient d'oublier mes tourments
ou plutôt de les voir de plus haut. Susi cherchait à me
déculpabiliser et y parvenait assez bien. Quant à
Armande, sa conversation était un régal et, cerise sur
le gâteau, elle me faisait les cartes une fois par an. Nous
allions souvent dans le petit restaurant chinois de la
rue Saint-Roch tenu par Davé, un vieil ami de la
cochonne qui se targuait, lui aussi, de voir l'avenir dans
les cartes. Quand il était d'humeur, il m'entraînait dans
son arrière-salle et me faisait des prédictions dont j'ai
tout oublié. Durant ces quelques années où j'allais si
mal, je devins accro aux cartomanciennes et aux
espoirs qu'elles faisaient miroiter. Cela me requinquait
et m'aidait à attendre que le temps assassin ait fait son
œuvre. Car n'être pas payé de retour attise d'abord les
sentiments, pour les éteindre lentement mais sûrement
ensuite. Un amour que rien n'alimente concrètement,
c'est comme quelqu'un qui ne se nourrirait qu'en rêve
ou en imagination : la mort par inanition met un terme
à des souffrances que l'on ne souhaiterait pas à son pire
ennemi.

Nous délaissâmes peu à peu Davé pour Le Petit Tonneau, situé rue Hallé, à cinq minutes à pied de chez

Susi et deux minutes de chez moi. D'un format très rebondi lui aussi, le maître des lieux, Éric, ne cachait pas son faible pour les rondeurs de la cochonne qu'il aurait épousée sur-le-champ si elle l'avait voulu. Il habitait au dernier étage de l'immeuble en face de son restaurant, et la dernière fois que je l'aperçus fut surréaliste : bloqué chez lui à cause d'une mauvaise chute, il guettait notre apparition par la fenêtre. Lorsque nous sortîmes, nous lui fîmes de grands signes d'amitié en criant son prénom tandis que Susi faisait jaillir à son intention et en pleine rue ses deux énormes seins de son soutien-gorge, comme pour les lui offrir. « C'est pour toi, Éric ! » s'époumonait-elle. Une scène que n'aurait pas désavouée Fellini...

Client un peu moins assidu que moi du Petit Tonneau, Jacques avait affublé Éric du pittoresque surnom de « Couillettes » et institué un rite consistant à ce que ses copains et lui-même palpent son entrejambe à chacune de leurs arrivées. Éric s'y pliait complaisamment en s'immobilisant dès que la joyeuse bande franchissait son seuil et en levant comiquement les bras en l'air et les yeux au ciel. C'était irrésistible. Un soir, un vent de folie souffla sur le restaurant. Je me souviens d'une farandole hallucinante entre les tables, où, devant les clients éberlués, M. Léon – le serveur haut comme deux pommes issu d'une grande famille cambodgienne – poursuivait Éric pour lui passer la main entre les cuisses. Nous nous aperçûmes trop tard que, contrairement à son habitude, M. Léon remplissait nos verres dès qu'ils étaient vides, et fûmes vite, tous autant que nous étions, dans un état d'ébriété avancée. Subitement, je me sentis si mal que je me précipitai aux toilettes, paniquée à l'idée de ne pas y arriver à temps. Une fois enfermée dans l'exigu réduit, je ne pus rien faire d'autre que rester pendant un bon quart d'heure affalée par terre, la tête au-dessus de la cuvette, sur le point de rendre l'âme en même temps que mon dîner. Inquiet, Étienne

Daho vint frapper timidement à la porte : « Ouvre-moi, ouvre-moi... », l'entendis-je implorer. « Je ne peux pas... », tentai-je d'articuler. « Je suis ton frère... Ouvre-moi... », insistait-il. Finalement, Jacques enfonça presque la porte et dut quasiment me porter jusqu'à la maison où je me mis à grelotter des heures dans mon lit. J'appris le lendemain qu'Étienne, qui tenait à nous inviter, ne se souvenait plus du code de sa carte de crédit et qu'en sortant du restaurant il était monté sans se poser de questions dans la voiture d'un parfait inconnu, croyant à tort qu'il s'agissait d'un ami à nous qui allait le ramener chez lui. Prise d'une intuition subite à cette évocation, je consultai fébrilement mes éphémérides qui me confirmèrent que la pleine lune avait bien eu lieu ce soir-là et qu'il fallait décidément s'en méfier.

C'est au Petit Tonneau qu'Armande et moi avons inlassablement remonté le moral de Susi que la vente à la découpe de son immeuble risquait de mettre à la rue. Son protecteur, un milliardaire américain, payait son loyer depuis longtemps, moyennant quoi elle devait se rendre chez lui, à Londres, quand il en exprimait le désir – deux ou trois fois dans l'année –, non seulement pour l'égayer mais aussi pour apporter quelques satisfactions lubriques à son fils qu'une overdose de drogue et d'alcool avait rendu tétraplégique et aveugle. Cette obligation lui inspirait un dégoût – auquel, en tant que cochonne, elle est rarement sujette –, non à cause du légume que ce malheureux était devenu, mais parce qu'elle le connaissait d'avant son accident et qu'il lui répugnait déjà. Armande et moi, dont les partenaires se comptaient sur les doigts d'une main, abondions donc dans le sens de l'ovni qu'était pour nous Susi sur le plan des mœurs : les services inestimables qu'elle aurait rendus à cette famille de dégénérés valaient haut la main que le milliardaire lui achète son appartement, et c'est d'ailleurs ce qu'après des mois de suspense infernal il finit par faire.

*
* *

Courant 1992, Armande me mit diplomatiquement en garde : « Ton visage se tient encore très bien, me dit-elle, mais tu atteins l'âge – j'avais quarante-huit ans – auquel il va commencer à s'abîmer. Il suffirait d'un peu de gymnastique faciale pour limiter les dégâts. » Elle gagnait sa vie en donnant des cours de chant qui se décomposaient en plusieurs parties dont l'une était consacrée à la gymnastique faciale qu'elle pratiquait donc elle-même depuis des années, plusieurs fois par jour, avec ses élèves. Elle avait ainsi développé au maximum les muscles qui empêchent la peau de s'affaisser et de se rider, si bien que lorsqu'elle fut connue de la France entière en étant pendant quelques années le professeur de chant de la *Star Ac* – l'émission de variétés la plus populaire de la télévision française –, tout le monde crut, à tort, qu'elle était passée par la chirurgie esthétique. Comme moi, Armande est une sédentaire-née et quitte rarement Paris. Nous convînmes que je mettrais à profit les prochaines vacances d'été pour bénéficier de son précieux enseignement.

Au mois de juin 1992, Michel Berger et France Gall sortirent un excellent album, *Double Jeu*, dont ils chantaient toutes les chansons en duo. J'écrivis une lettre à Michel où je lui fis part de l'enthousiasme que m'inspirait, comme toujours, la qualité de ses morceaux, de sa production et des voix. Deux ans plus tôt, il m'avait demandé de faire *Message personnel* en duo avec lui pour l'émission *Champs-Élysées* de Michel Drucker qui lui était consacrée. Ne l'ayant pas revu depuis longtemps, j'avais été frappée par son aspect prématurément vieilli, dégarni et un peu bouffi, alors qu'il ne touchait pas à l'alcool. Lorsque nous tournâmes la chanson, je fus très émue de constater qu'il était encore plus paralysé par le trac que moi. Peu après, j'appris fortuitement que sa fille Pauline était atteinte de mucoviscidose, une maladie génétique incurable, ce sur quoi France et lui s'étaient montrés d'une édifiante discrétion. Michel était la fragilité, la sensibilité incarnées et je reliai aussitôt l'impression inquiétante qu'il me fit en 1990 à cette épreuve beaucoup trop lourde pour lui et qui le minait depuis tant années.

La lettre qu'il envoya en réponse à la mienne me parut désabusée sur tous les plans : celui de l'évolution de notre métier où il déplorait que prime désormais la « rentabilité à court terme » et évoquait ses frustrations, ainsi que celui de la vie de couple, le sien passant manifestement par une crise comparable à celle que traversait le mien. « J'ai lu quelque part, m'écrivait-il, que beaucoup de gens fantasmaient sur nos deux couples, c'est-à-dire sur le fait de rester ensemble si longtemps. Ça m'a fait rire (ou pleurer, je ne sais plus). »

Le lundi 3 août 1992, en début d'après-midi, je me rendis chez Armande, rue Saint-Denis. Sa gymnastique faciale consistait à rester à genoux devant une grande glace pour articuler plusieurs fois de suite, de concert avec elle, des phrases aussi saugrenues que « Le loup de Léa a dit olé », en maintenant la bouche en cœur et les babines retroussées dans une immobilité absolue. Cela nous valait un visage si comiquement grimaçant que j'éclatais de rire à chaque fois. Armande se mettait à rire elle aussi en disant : « Sacrée Françoise ! » et les exercices tombaient à l'eau. Tant pis pour les rides !

Le combat perdu d'avance contre les ravages du temps m'avait mobilisée une petite heure, mais quand je rentrai chez moi, je m'aperçus qu'il y avait déjà une dizaine de messages sur mon répondeur. C'était si inhabituel – surtout en cette période de l'année – que j'eus aussitôt un mauvais pressentiment. Le bruit courait que Michel Berger serait mort, entendis-je dire sur le premier message la voix altérée de mon ami Gilbert Foucaut qui voulait savoir si j'étais au courant de quoi que ce soit. Refusant d'y croire et tremblant de tous mes membres, je pris connaissance des messages suivants qui confirmèrent l'affreuse nouvelle. En jouant au tennis chez lui dans le Midi, Michel avait eu un infarctus et était décédé avant l'arrivée des secours. Je pensai à la très belle pochette de son premier album qui figure un cœur éclaté... Je pensai aussi à l'une des chansons de son dernier album, *Jamais partir...*, et à *Paradis blanc* sur l'avant-dernier. Une pochette et des chansons étrangement prémonitoires...

Bernard de Bosson, PDG de la maison de disques et ami de la famille Berger, m'informa que, finalement, France, qui avait d'abord souhaité des obsèques dans la plus stricte intimité, venait de décider que tous ceux qui avaient connu et aimé Michel seraient les bienvenus au cimetière Montmartre où l'enterrement aurait lieu. Je m'y rendis comme un automate, n'osant imaginer la dévastation de la famille ainsi que celle de Véronique Sanson. Après l'émouvante allocution de Jacques Attali et l'insupportable mise en terre, j'allai serrer France dans mes bras et perçus, malgré moi, la densité de sa charpente osseuse : elle disposait assurément d'une force et d'une solidité inversement proportionnelles à celles de Michel qui, en dépit de sa fragilité, s'était toujours jeté à corps perdu dans le travail, composant chanson sur chanson, passant sa vie dans l'atmosphère confinée des studios et brûlant trop rapidement ses faibles réserves...

Le professeur Jean Hamburger, néphrologue célèbre dans le monde entier pour avoir pratiqué la première transplantation rénale et créé le premier rein artificiel, avait abandonné femme et enfants, encore petits, du jour au lendemain, sans explication. Le ressentiment qu'en avait conçu son fils Michel s'était étendu au monde des médecins qu'il évita le plus possible tout au long de sa courte vie. Les deux hommes que France avait réussi à rapprocher sur le tard moururent la même année, à quelques mois d'intervalle[1]. On retrouva dans les affaires de Michel une lettre de son père lui conseillant de consulter un cardiologue. Peut-être s'était-il alarmé, lui aussi, du visage anormalement « soufflé » de son fils.

* * *

La vie professionnelle de Jacques aura connu en permanence des hauts et des bas impressionnants. D'une certaine façon, il était l'opposé de Michel Berger, pensant plus à profiter de la vie qu'à se droguer de travail, attendant que les demandes viennent à lui, les provoquant rarement. Cette année-là, à la stupéfaction générale, son agent réussit à le convaincre de remonter sur scène. Le choix se fixa sur le Casino de Paris, une salle à dimensions humaines qui lui plaisait bien et où nous étions allés voir Serge et Jane. Je garde un souvenir pénible du soir de la générale. Nous étions en novembre et Jacques avait une angine. La famille Périer lui envoya un grand ORL qui examina sa gorge et décréta qu'en dehors de l'inflammation tout allait bien. Persuadé en son for intérieur qu'il allait incessamment sous peu payer le prix fort pour ses abus de tabac et d'alcool, Jacques se sentit provisoirement soulagé à cet égard. Hélas, malgré les médicaments, le soir où le Tout-Paris se pressait dans la salle, sa voix laissait tellement à désirer que ce fut un supplice pour moi de

---

1. Le professeur Hamburger mourut en février 1992.

l'écouter en imaginant ce qu'il devait souffrir de son côté, lui dont, en temps normal, les facilités vocales étaient insolentes et le timbre aussi exceptionnel que le phrasé.

Une visite médicale de routine était prévue après les vacances qu'il prit pour se remettre des émotions du Casino. Un matin très tôt, il se rendit comme convenu à l'hôpital de la Salpêtrière. À son retour, je prenais mon petit déjeuner dans la cuisine sans m'inquiéter outre mesure. « J'ai un cancer », me lança-t-il avec cette brutalité de ton à laquelle je n'arrivais pas à m'habituer et dont il usait désormais vis-à-vis de la traîtresse que j'étais devenue à ses yeux. Et de me raconter qu'on lui avait montré sur écran un grain suspect accroché à l'une de ses cordes vocales, en lui annonçant qu'il s'agissait d'un cancer. Trois jours après, il se fit enlever sous anesthésie locale le minuscule corps étranger qui s'avéra bénin. Qu'un médecin avise son patient d'un problème gravissime sans être sûr et certain de son diagnostic est tellement incroyable que je me demande encore si Jacques n'avait pas juste voulu me faire peur en exagérant les choses, comme il est parfois porté à le faire.

*
* *

À l'instar de sa mère, Thomas avait été reçu au bac à l'âge de seize ans, avec une mention « assez bien ». Ses dons le destinaient à poursuivre des études de mathématiques supérieures, mais ce qu'il imaginait de l'existence sur laquelle un tel cursus déboucherait l'arrêtait. Fort de son avance dans ses études et incertain quant à une orientation professionnelle précise, il s'inscrivit à l'université Paris-I et suivit les cours d'arts plastiques, option cinéma, du centre Saint-Charles, censés préparer à l'examen d'entrée de la FEMIS. Cela lui laissait assez de temps pour traîner avec les copains et toucher un peu à tout. Dans son enfance, il avait photographié la nature avec une science innée du cadrage et s'était beaucoup amusé à mettre en scène des petits films avec ses camarades. C'est donc tout naturellement qu'il se dirigea d'abord vers la photo et fit pour le programme du Casino de Paris des portraits très réussis de son père, pour lequel il s'essaya aussi à l'écriture de textes. Dans le même temps, l'un de ses amis, Jean-Pierre, l'initia à la guitare. Ces années où il se cherchait furent fécondes puisqu'elles débouchèrent sur sa découverte de Django Reinhardt et, au final, sur sa décision de se consacrer à la guitare.

Mal placés pour le raisonner, nous demandâmes à son oncle Philippe et à sa tante Christiane, plus au fait que nous des dures réalités de la vie, de conseiller leur neveu. Après leur entretien, Thomas était au bord des larmes : il préférait se suicider tout de suite que mener la vie dont on lui parlait, m'affirma-t-il. J'étais bien embêtée. Alors qu'il aurait eu les aptitudes requises pour aller au bout d'une filière difficile lui assurant la sécurité d'un emploi intéressant et bien rétribué, voilà qu'il lâchait la proie pour l'ombre en choisissant la voie où il y a le plus grand nombre d'appelés et le plus petit nombre d'élus, dans un créneau – le jazz manouche – où tous les guitaristes commencent à jouer au berceau, alors qu'il venait à peine de s'y mettre ! Je dus lui répondre que je ne pouvais aller contre sa volonté, mais qu'il ne fallait pas qu'il me reproche plus tard de l'avoir écouté. Bref, je lui demandais de prendre ses responsabilités pour me décharger des miennes. Histoire de me rassurer, je lui fis promettre de s'inscrire dans une école ou un conservatoire où il apprendrait au moins à lire et à écrire la musique, ce qui, dans mon esprit, lui permettrait toujours de trouver des petits boulots. Il ne suivit pas ma recommandation et je me fis du souci car je n'avais pas encore conscience de son aptitude à ne pas mettre la charrue avant les bœufs, tout en allant là où il fallait qu'il aille, vers les personnes bonnes pour son évolution.

*
* *

C'est au cours de l'année 1993 que l'on me contacta pour participer au nouvel album de Malcolm McLaren, un artiste britannique qui avait été le manager du groupe Sex Pistols à l'origine du mouvement punk, auquel je confesse humblement ne m'être jamais intéressée. Il s'agissait d'un concept-album autour de Paris et McLaren vint chez moi flanqué de Robin Millar, un musicien aveugle à l'allure austère qui coréalisait l'album. Je suis mal à l'aise quand on me présente une chanson, car neuf fois sur dix elle ne me touche pas, et le dire clairement en face, pour que personne ne perde de temps, n'est pas facile. Je me préparais donc mentalement au petit speech que je tente maladroitement de faire en pareil cas, mais ô surprise, la chanson *Revenge of the flowers* me plut autant que sa réalisation, très originale, et je donnai aussitôt mon accord pour l'enregistrer et écrire les quatre lignes en français que le tandem souhaitait. La séance de voix eut lieu dans le studio de Michel Berger, près du boulevard des Batignolles, un endroit de rêve que France avait aménagé avec un goût exquis et que je découvris à cette occasion.

En tant que PDG de Vogue, Fabrice Nataf finançait le projet. Il avait été auparavant le premier PDG de Virgin France et signé Étienne comme premier artiste. Ils durent comploter ensemble à mon sujet et organisèrent un dîner à La Closerie des lilas. Au dessert, comme il se doit, Fabrice me demanda pourquoi j'avais arrêté de chanter. Après avoir entendu mes sempiternelles explications sur l'épreuve que représentait pour moi le service après-vente, il me déclara de but en blanc qu'il était prêt à me signer sans obligation de promotion. « Nous ne vendrons pas un seul disque », observai-je. « Vendre est secondaire, l'important, c'est que les chansons existent », me fit-il valoir. Dans la bouche d'un PDG, cette assertion était édifiante, voire suspecte, mais elle me plut.

En dehors de ma collaboration avec Julien Clerc qui reste une heureuse exception, travailler pour les autres constituait une telle source de problèmes que je me sentais découragée. Grâce à Étienne, j'avais fait la connaissance de Guesch Patti et écrit deux textes pour elle, dont seul le moins bon avait été utilisé. À la demande de Jean-Noël, j'écrivis aussi un texte sur une excellente mélodie de sa composition qu'il souhaitait montrer à Johnny. Cela nous prit un an pour réussir à la lui faire entendre et requit toutes sortes de démarches. En désespoir de cause, nous prîmes contact avec son sympathique choriste, Éric Bamy, capable de chanter exactement comme Johnny, et lui fîmes enregistrer une maquette. Lorsque enfin l'idole eut cinq minutes pour l'écouter, elle n'accrocha pas et nous en fûmes pour nos frais. J'ai évoqué les prises de tête et de bec que me valait mon association avec mon cher ami Alain Lubrano. Bref, j'en arrivais à regretter l'heureuse époque où je ne me battais que pour ou contre moi-même, d'autant plus que certaines mélodies d'Alain me paraissaient faites pour moi, tout comme certaines boucles lancinantes de Rodolphe Burger, le leader du groupe Kat Onoma, dont j'étais une fan de la première heure et avec lequel une amitié se développait.

Fabrice Nataf m'invita à déjeuner pour réitérer sa proposition. Il évoqua les compositeurs susceptibles de m'apporter de bonnes mélodies : Laurent Voulzy, Julien Clerc... Je lui exposai mon envie de travailler avec des artistes moins célèbres, plus disponibles et

pouvant m'emmener dans une direction moins attendue, comparable à celle de mon album « orange[1] » dont
j'étais nostalgique. Il semblait ouvert à tout et je le quittai avec un mélange de perplexité et d'excitation. Après
m'être assurée qu'Alain et Rodolphe accepteraient de
travailler avec moi, je me dis que si je signais un nouveau contrat avec une maison de disques, je devrais,
contrairement à mon habitude, faire bien les choses et
demander à un bon agent de s'en occuper. Bertrand de
Labbey m'orienta vers Rose Léandri qui dirigeait
l'agence VMA « Voyez mon agent », que Jacques s'était
empressé de débaptiser « Volez mon argent ».

Je rencontrai plusieurs PDG, apparemment tous
prêts à me signer, mais Rose me conseillait d'aller chez
Virgin. Selon elle, Fabrice Nataf pouvait partir du jour
au lendemain de chez BMG, et Laurence Le Ny, la PDG
de RCA qui me faisait un pont d'or, n'était pas assurée
non plus de garder sa place. À l'inverse, Emmanuel de
Buretel, qui se trouvait à la tête de Virgin, le resterait
un bon bout de temps encore et, même s'il devait partir,
la société était suffisamment structurée pour que les
artistes n'en pâtissent pas. Je ne trouvais pas très correct que Fabrice Nataf m'ait relancée et que quelqu'un
d'autre bénéficie, en quelque sorte, de son initiative.
Aussi hésitai-je jusqu'à la dernière minute, d'autant
plus qu'il me téléphonait régulièrement et que son
humour me mettait en joie. Mais la voix de la raison
l'emporta et mes remords à son sujet s'envolèrent
quand j'appris, peu après, son départ de Vogue. Même
topo pour Laurence Le Ny qui partit encore plus vite
de chez RCA. Je n'ai jamais regretté d'avoir signé chez
Virgin où j'ai trouvé tout le soutien professionnel et
amical dont j'avais besoin.

---

1. C'est ainsi qu'on appelle l'album où figurent *Où est-il ?*, *L'éclairage*,
Prisons, *Et si je m'en vais avant toi*, etc. à cause de sa pochette orange.

Parce que je suis toujours taraudée par l'angoisse de ne pas être à la hauteur des musiques dont on me fait cadeau, je n'attendis pas d'avoir signé un contrat pour commencer à travailler. La mère d'Alain Lubrano à laquelle il était très attaché souffrait d'un cancer dont elle allait mourir dans l'année. Il m'apporta une mélodie triste et lancinante comme je les aime, avec un couplet original écrit par lui et directement inspiré par le drame qu'il vivait. Le titre en était *Le danger* et serait par la suite celui de l'album. Je mis toutes mes ressources intellectuelles et affectives pour compléter au mieux ce texte si chargé émotionnellement, en mariant ce qui déchirait Alain avec ce qui me déchirait moi-même. Mon amour impossible continuait de me torturer et l'un de mes meilleurs amis, Gilbert, avait le sida. Lui et moi étions allés ensemble applaudir Laurent Voulzy au Casino de Paris. Arrivée en avance, je m'étais garée dans une petite rue perpendiculaire à la rue de Clichy et attendais que l'heure tourne, lorsque je vis Gilbert passer. Sans doute parce qu'il n'en avait plus pour longtemps et que l'idée confuse de ce qu'il ressentait me bouleversait, sa silhouette voûtée, comme écrasée par son épreuve et tendue vers sa fin proche, reste mon souvenir visuel le plus fort de lui. La dernière fois que je lui rendis visite à l'hôpital Saint-Antoine, en mars 1994, il était amaigri mais ne semblait pas aller trop mal et se focalisait sur le voyage qu'il prévoyait de faire en Bretagne, le week-end suivant. Le vendredi, il me téléphona : les médecins ne l'autorisaient pas à sortir et il touchait le fond. « Je n'en peux plus, je n'en peux plus », l'entendis-je dire dans un souffle avant de raccrocher. Je tentai sans succès de le rappeler le lendemain et les jours suivants. Le mercredi, son compagnon me téléphona pour m'annoncer qu'il était décédé dans la nuit d'une embolie pulmonaire.

Je n'allai pas en Corse non plus cette année-là. Depuis que j'étais assurée d'avoir un contrat avec une maison de disques, j'arrivais tant bien que mal à écrire un texte par mois et pouvais d'autant moins me permettre de casser le rythme que Rodolphe m'avait donné début juillet l'une de ces boucles magiques dont il a le secret, et que je n'avais pas la moindre idée des mots que je pourrais mettre dessus. Durant l'isolement qui, seul, permet de s'immerger dans une musique pour tenter d'en capter l'esprit, je crus percevoir une parenté entre l'atmosphère étrange de cette mélodie et celle des romans de Marguerite Duras dont j'avais encore en mémoire *Le Vice-Consul*, *Le Ravissement de Lol V. Stein* et *L'Amant*... À la mi-juillet, dans la soirée, une sorte d'alchimie se fit dans mon esprit entre l'orage qui venait d'éclater, le désespoir qu'avait provoqué une rencontre inopinée avec l'objet de mes tourments accompagné d'une nouvelle conquête, l'heure indiquée par ma montre et Marguerite Duras... C'est ainsi que j'écrivis *Dix heures en été*. Après avoir peaufiné le texte, je me demandai si le titre n'était pas aussi celui d'un roman de Duras et effectuai des recherches dans ma bibliothèque. Il me fallut un bon bout de temps avant de tomber sur un vieux livre broché aux pages jaunies, sorti trente-quatre ans plus tôt, et dont je ne gardais aucun souvenir, malgré son titre : *Dix heures et demie du soir en été*. Je le relus d'une traite : il décrivait très exactement les émotions violentes et douloureuses par lesquelles je passais et que j'avais cherché à condenser dans mon texte.

*
* *

Début août, alors que je m'attaquais à l'écriture de *La beauté du diable* sur une autre boucle tout aussi magique et hypnotique de Rodolphe, je reçus une lettre en provenance d'Allemagne. Le sol se déroba sous mes pieds au fur et à mesure que je la déchiffrais. En gros, un psychosociologue de l'administration allemande m'informait que ma sœur était atteinte de schizophrénie paranoïde et se claquemurait depuis des lustres. L'alerte avait été donnée par les voisins et il devait avoir accès à elle pour lui expliquer la nécessité de se faire soigner. Il espérait que je pourrais la convaincre de lui ouvrir sa porte, faute de quoi il serait obligé de pénétrer chez elle par effraction. Étant donné la nature de la psychose, il ne comptait pas vraiment sur l'efficacité de ma démarche, mais devait tout tenter avant d'en arriver à une pareille extrémité.

Cela faisait plus de vingt ans que je n'avais pas vu Michèle et que nos rapports se bornaient à deux cartes postales dans l'année, plus exceptionnellement quelques coups de fil – lors de la maladie de notre mère, par exemple. Début janvier, pour les vœux de bonne année, elle m'avait envoyé une lettre dont l'incohérence aurait dû m'alerter davantage. « Si par hasard tu apprenais ma mort, n'oublie pas de me faire autopsier et de faire rechercher le cyanure sur mon cadavre... Fais attention, toi aussi, à ne pas mourir empoisonnée comme Dalida... », m'écrivait-elle, entre autres. Habituée à ses lubies, je l'avais lue distraitement, me contentant dans ma réponse de lui conseiller d'aller voir un médecin. C'en était resté là et j'avais tellement d'autres soucis en tête que je n'y pensai plus.

Pleine d'appréhension, je composai son numéro de téléphone. La conversation commença normalement, comme si nous nous étions vues la veille, mais dès que j'abordai prudemment la raison de mon appel et prononçai le nom de Herr Senft, ma sœur se mit à me parler sur un autre ton, en allemand et sur le mode du vouvoiement, m'accusant de faire partie du complot dont elle était l'objet de la part du KGB, pour finir par me raccrocher au nez. J'en rendis compte au psycho-sociologue qui me donna quelques informations effrayantes complétées par le « sanglier », son ex-compagnon et ex-employeur, que j'eus ensuite au téléphone et qui était la seule personne ayant accès à elle. C'était d'ailleurs la raison pour laquelle Herr Senft, craignant qu'elle se coupe de cet unique contact avec l'extérieur, avait préféré que ce soit moi qui prenne le risque d'évoquer sa visite. Michèle avait tapissé ses murs de papier alu par crainte de caméras et de micros cachés ; hiver comme été, elle restait postée sur son balcon pour surveiller les allées et venues autour de son immeuble, ainsi que l'immeuble en face d'où, selon elle, la secrétaire de l'éditeur qu'elle s'était mis en tête d'épouser cherchait à lui tirer dessus ; elle n'ouvrait plus son courrier, persuadée que les enveloppes contenaient du cyanure ; son ex lui apportait ce dont elle avait besoin mais devait goûter aux aliments devant elle ; elle ne se nourrissait d'ailleurs plus que de gâteaux secs, perdait ses dents et était d'une maigreur effrayante ; elle faisait des lavages à grande eau au milieu de la nuit, etc. Le sanglier évoqua l'enfer qu'il avait vécu avec elle lorsqu'ils étaient ensemble, par exemple ses fréquentes irruptions dans son bureau où elle lui faisait du chantage au suicide devant tout le monde ; il m'apprit aussi qu'elle avait vite dilapidé la somme considérable dont elle avait hérité de notre père en la confiant à un escroc qui parlait de monter un cabinet de voyance avec elle et de l'épouser, mais s'était volatilisé une fois l'argent transféré sur son compte ; elle ne travaillait plus, n'avait aucune couverture sociale, bref, le désastre était total.

La question se posait de la faire revenir en France, mais la seule idée de la revoir au bout de tant d'années et d'être confrontée à sa folie – par définition ingérable – me déstabilisait de fond en comble. En même temps, je mesurais l'ampleur d'un malheur qui reproduisait ses premiers conditionnements : au fond, sa présence dérangeait tout le monde et personne ne voulait d'elle. C'était une situation cornélienne. Je demandai conseil à mon amie Marie-Claire, une femme d'exception qui, à l'âge de quarante ans, avait lâché son activité d'avocate pour faire des études de médecine et s'était spécialisée en psychiatrie. Elle me mit en garde : il y avait tellement de malades mentaux que si les autorités médicales sentaient la moindre brèche chez la famille de l'un d'eux, elles s'empressaient de le lui faire prendre en charge. Elle me recommanda de ne rien faire qui me mette le doigt dans un engrenage dont je n'arriverais pas à sortir. Il était de toute façon plus simple de traiter Michèle sur place dans un premier temps. Ainsi fut dit, ainsi fut fait. Elle fut internée de force et revint chez elle après quelques semaines de traitement. Selon le sanglier, elle avait repris du poids et allait mieux sur tous les plans. Cela ne me rassura guère : paranoïaque comme elle l'était, elle refuserait de continuer le traitement destiné à calmer ses délires et tout serait à refaire. La suite des événements me donna raison.

*
* *

Sur le plan professionnel, les choses continuaient d'avancer. J'avais l'impression d'écrire mes meilleurs textes, aidée en cela non seulement par la qualité des mélodies d'Alain, de Rodolphe et un peu plus tard de Jean-Noël, mais aussi par un mal-être en quête d'exutoire. En novembre 1994, Alain me fit rencontrer quelques jeunes ingénieurs du son, pas assez chevronnés pour mon goût, ainsi que les musiciens avec lesquels il comptait travailler. Ses maquettes comme celles de Rodolphe étaient si abouties que leur confier à l'un comme à l'autre la réalisation de leurs morceaux allait de soi. En décembre, nous fîmes l'aller-retour à Bruxelles pour rencontrer le directeur et l'un des ingénieurs du son du célèbre studio ICP. Ce premier contact m'a laissé un souvenir mitigé : John et Djoum me manifestèrent une méfiance bien compréhensible et ce n'est que lorsque j'évoquai la société Virgin qu'ils s'ouvrirent davantage. Mais mon contrat n'était pas signé – il le serait trois jours plus tard –, et leur attitude peu engageante me donna l'impression d'être une sorte de *has been*. Cette image m'est renvoyée depuis longtemps par certaines situations ou certaines personnes, et le malaise que j'en éprouve parfois ne me semble pas imputable à un amour-propre démesuré qui me vaudrait une susceptibilité particulière. Simplement, mon inconfort intérieur est resté tel qu'un rien suffit à le relancer.

Début 1995, je regardais la télévision en zappant, lorsque je tombai en arrêt devant un jeune homme au charisme et au charme saisissants qui s'exprimait sur MTV. C'était la fin de son interview mais quelques secondes avaient suffi pour m'accrocher : il s'agissait de Damon Albarn, le leader du groupe Blur qui avait beaucoup de succès outre-Manche ainsi qu'en France. Difficile à croire : pas plus tard que le surlendemain, je tombai des nues en recevant un fax m'informant que le groupe souhaitait faire quelque chose avec moi et voulait savoir si j'étais intéressée. La semaine suivante, Damon Albarn, son bassiste Alex James et Dave Rowntree, le batteur, déboulaient chez moi. Damon – que je surnommai aussitôt « Démon » – avait envie que nous reprenions ensemble son tube *La comédie*, en y rajoutant de vraies cordes. Il pensait à John Barry pour les écrire et je me mords encore les doigts d'avoir, comme à mon accoutumée, manqué de la plus élémentaire présence d'esprit : John Barry était si célèbre et *a priori* si inaccessible que les membres du groupe n'y croyaient pas eux-mêmes, alors qu'il aurait suffi que j'en parle à Jane, sa première épouse et la mère de leur fille Kate, pour qu'au moins un premier contact soit possible. Je proposai mon ami Khalil Chahine, un grand guitariste ainsi qu'un excellent producteur dont j'appréciais sans réserve le travail et, un mois plus tard, nous prenions ensemble l'Eurostar pour la première fois. À ma grande consternation, les cordes étaient si chargées qu'elles me firent penser à un gâteau rendu indigeste par trop de crème. Elles furent enregistrées dans le mythique studio d'Abbey Road et je fis ma voix le lendemain au studio Maison Rouge dans les pires conditions. Pour je ne sais plus quelle raison, il n'était pas possible d'entendre la rythmique et je devais chanter avec le seul support des cordes dégoulinantes que Damon avait voulues. L'inverse aurait mille fois mieux valu ! De plus, le mix était censé se faire dans le même studio dont Khalil mesura tout de suite l'insuffisance technique, ce qui le contraria au point qu'il parla de se désister. Force est de reconnaître que l'enregistrement n'est globalement pas très bon et que ma participation n'a strictement rien apporté à la chanson, au contraire ! Mais Damon et ses acolytes en étaient si fiers et semblaient attacher une telle importance à mon appréciation que je ne leur ai jamais fait part de mes réserves. Je ne regrette pourtant pas le délicieux bain de jouvence que fut cette aventure. Damon Albarn, dont le petit air de famille avec Jacques et Thomas nous troublait pareillement Khalil et moi, est un artiste surdoué et un garçon brillant, désarmant de tendresse et de charme.

*
* *

Les enregistrements pour mon premier album Virgin à ICP se firent en plusieurs étapes tout au long de l'année 1995. Le studio nous logeait et je découvrais le confort d'être débarrassée des obligations domestiques et n'avoir rien d'autre à penser qu'au travail. Je me réveillais avant les autres, qui finissaient tard, et garde la nostalgie de mes marches matinales solitaires dans les environs d'ICP. Les jardins de l'abbaye étaient à quelques minutes à pied. Quelques minutes de plus et je me retrouvais en plein bois avec les écureuils, les lapins et les oiseaux. Toujours aussi mal dans ma tête et dans mon cœur, je découvris ainsi l'apaisement que procure l'immersion dans la nature et me rendis compte qu'il s'agissait ni plus ni moins d'une forme de méditation. D'où qu'elle vienne, l'harmonie qu'implique la beauté a un effet bénéfique sur les cœurs en perdition.

Les rapports professionnels avec Alain comme avec Rodolphe n'étaient pas de tout repos. Par exemple, au moment d'enregistrer *La beauté du diable*, Rodolphe s'avisa qu'il y avait un pied de trop à une phrase de mon texte. J'allai dans ma chambre chercher sa maquette pour lui prouver que j'avais respecté sa ligne mélodique, mais il n'en démordit pas, et comme il m'était impossible de modifier la phrase critique, je commençai à chanter dans une ambiance à couper au couteau. Quand je vins écouter, la figure de Rodolphe s'était allongée et, alors qu'il est la courtoisie et la gentillesse personnifiées, je l'entendis murmurer comme pour lui-même : « C'est atroce ! » Sur le moment, ce n'était guère stimulant, malgré tout je ne peux m'empêcher de rire chaque fois que j'y pense. De plus, je voulais chanter certaines fins de phrases du refrain sans les articuler, ce contre quoi tout le monde s'insurgea. Mais j'étais sûre de mon fait et lors d'une pause où il n'y avait plus que Djoum et moi dans la cabine, je refis les choses à mon idée et ne l'ai jamais regretté.

Le morceau *Dix heures en été* comportait un long pont instrumental. Sur la maquette, Rodolphe l'avait meublé en jouant le thème mélodique avec une guitare saturée aiguë du meilleur effet. Pendant les séances, j'attendis vainement ce magnifique solo et, quand je m'étonnai de son absence, constatai qu'il n'en était plus question, ce qui, quoi qu'en pense Rodolphe, donnait une fâcheuse impression de vide. Je ne me rappelle plus comment je réussis à le convaincre de le jouer, mais je le revois assis devant la console et semblant au supplice, à en croire ses grimaces et ses contorsions. Il accouchait manifestement dans la douleur d'un enfant non désiré !

Rodolphe autant qu'Alain, moins souple, répugnent à refaire à l'identique ce qu'ils ont concocté sur leurs maquettes. À l'inverse, quand quelque chose me paraît aussi inspiré qu'efficace dans une première version, il me semble impératif de le retrouver dans l'enregistrement définitif. Voilà un sujet de discorde, tout au moins de discussion sans fin entre certains réalisateurs et moi. Par ailleurs, Rodolphe me laissait me balader vocalement à ma guise sur ses boucles, tandis qu'Alain, dont les mélodies sont plus rythmiques, ne tolérait pas le moindre écart de ma part. Les séances de voix de *L'obscur objet* et des *Madeleines* que je n'arrivais pas à mettre en place correctement furent éprouvantes et je n'en garde pas un bon souvenir.

*
* *

L'album *Paris* de Malcolm McLaren obtint un certain succès en France, grâce au titre-phare interprété par Catherine Deneuve. En avril 1995, alors que j'avais déjà commencé les enregistrements pour l'album *Le Danger*, tous les participants furent invités à une fête donnée à New York en l'honneur de la sortie américaine du disque. Jean-Noël continuait d'aller aussi mal que moi pour les mêmes raisons, aussi lui proposai-je de m'accompagner. Au moment de l'arrivée à New York, nous fûmes pris dans une tempête. Je voyais par le hublot les nuages passer à toute vitesse et les trous d'air étaient tels que je m'attendais à ce que nous soyons précipités, d'un instant à l'autre, dans l'eau noire de l'océan Atlantique, à quelques mètres seulement en dessous de nous. Si nous nous sortions de ce mauvais pas, me promis-je, je ne voyagerais plus en avion que lorsque ce serait absolument indispensable. Il y avait eu une grève du service de restauration et quand nous arrivâmes à l'hôtel, il était trop tard pour déjeuner. Affamés, nous errâmes dans la luxueuse Cinquième Avenue et les rues alentour en quête de nourriture. Finalement, nous trouvâmes une cafétéria vide de clients où nous achetâmes deux petits pains à la cannelle. Nous étions à jeun depuis une dizaine d'heures et ce petit pain me parut si délicieux qu'il m'arrive encore d'en rêver.

La fête débuta vers vingt-trois heures dans un hôtel particulier dont tous les étages étaient envahis par une foule compacte. À un certain moment, je perdis Jean-Noël et me fis accoster par une Américaine joviale qui m'affirma en anglais qu'elle m'avait reconnue. Cela me flatta, mais elle rajouta aussitôt : « Vous êtes Françoise Sagan. » Je lui assurai en riant que non, jusqu'à ce que Jean-Noël surgisse en m'appelant par mon prénom. Et la dame de s'écrier, triomphante : « Je le savais !... »

Quand nous sortîmes de ce lieu surpeuplé, cela faisait presque vingt-quatre heures que nous étions debout. La température extérieure avait baissé d'une quinzaine de degrés et nous ne trouvions pas de taxi. Cela me valut une otite qui se déclara dans la nuit. Le lendemain, avant de reprendre l'avion, nous déjeunâmes avec Amina, une chanteuse magnifique que j'étais allée applaudir au New Morning quelques années plus tôt, et son compagnon, le producteur Martin Meissonnier. Ce fut un moment chaleureux qui – avec le petit pain – reste la seule justification à mes yeux de ce voyage éclair, par ailleurs parfaitement inutile. Mention spéciale au commandant de bord qui amorça la descente sur Roissy beaucoup plus tôt que prévu – dès le survol de la pointe de la Bretagne – par égard pour mon oreille malade qui s'en porta très bien. Quand je rentrai rue Hallé, je trouvai dans mon courrier un CD de *Revenge of the flowers* où l'on avait gardé ma voix et remplacé la rythmique de qualité sur laquelle j'avais chanté par une rythmique vaguement disco du plus mauvais goût. J'en pleurai de rage… Je crois profondément qu'il y a une réalisation idéale pour chaque chanson et que, lorsqu'on a été assez inspiré pour la trouver, il faut s'y tenir, mais Malcolm McLaren appartient à cette race de musiciens-joueurs-faiseurs qui ne peuvent s'empêcher de multiplier à l'infini les réalisations d'un même morceau, au point que lorsqu'ils ont réussi à le dénaturer, ils sont les seuls à ne pas s'en rendre compte.

*
* *

L'album *Le Danger*, dont je tire une grande fierté, bénéficia d'une excellente presse qui n'eut aucun impact sur les ventes. Je me souviens qu'au moment de sa sortie, alors que j'avais eu, entre autres, la première page du journal *Libération* et que le Virgin Megastore affichait mon nom et mon portrait sur les Champs-Élysées, je faisais la queue à l'entrée de la salle de l'Olympia parmi les fidèles venus applaudir France Gall, lorsque l'une de ses fans s'adressa à moi : « Nous vous apprécions beaucoup, vous aussi, me dit-elle, c'est dommage que vous ayez renoncé à chanter. ». Cela montre à quel point la promotion d'un disque est devenue difficile. Pour la majorité des chanteurs, obtenir la programmation radiophonique nécessaire à la découverte de leur travail est devenu impossible. Dans la catégorie « chanson française », si l'on ne fait pas partie des *happy few* qui vendent un million d'albums, le mieux que l'on puisse espérer se borne à quelques passages sur France Inter. En résumé, malgré la promotion presse, télévision et radio intensive à laquelle je m'attelai des mois durant, tant en France qu'à l'étranger, *Le Danger* eut un succès d'estime mais fut un échec commercial cuisant.

Au printemps 1996, je rentrai d'Ostende où avait eu lieu le tournage du clip de *Mode d'emploi*, la chanson choisie comme premier single. Mon agenda était surchargé et, soucieuse de garder la forme, je sortais le moins possible. Je fis une exception le 20 mai pour fêter avec Susi l'anniversaire d'Armande. De retour à la maison, j'écoutai les messages téléphoniques et mes cheveux se dressèrent sur ma tête : ma sœur avait débarqué à la gare de l'Est ! Elle me suppliait de lui acheter un appartement sur un ton désespéré qui fendait le cœur et sans donner la moindre indication pour la rappeler.

Depuis un an, j'avais été en contact régulier avec le sanglier, lequel n'en pouvait manifestement plus d'être son seul lien avec le monde. D'autant moins que tantôt elle le suppliait de l'épouser, tantôt elle le prenait pour un membre éminent de la Gestapo. Comme prévu, elle avait arrêté les médications, pensant qu'il s'agissait de produits destinés à l'empoisonner. Je tentai de le joindre, mais sa ligne téléphonique était occupée et le demeura pendant des semaines, ce qui ne laissait aucun doute sur une initiative que j'aurais été mal venue de lui reprocher : comme Michèle s'était mise à imaginer que, si elle revenait en France, la Gestapo la laisserait tranquille, il avait sans doute été facile à son ex de se débarrasser du boulet qu'elle représentait pour lui, en la mettant dans le train pour Paris. On me rapporterait par la suite qu'elle n'avait ni papiers, ni bagages, ni argent, pas même un manteau... Rien ! Si : juste un billet d'aller sans retour.

Après une nuit blanche, je rameutai les quelques amis susceptibles de m'aider et téléphonai à la préfecture de police. La directrice d'un hôtel proche de la gare de l'Est me contacta quelques jours plus tard. Le soir de son arrivée à Paris, Michèle avait réussi à apitoyer un passant qui lui avait donné de quoi payer une nuit à l'hôtel et restait depuis enfermée dans sa chambre, sans s'alimenter, persuadée que la Gestapo était à ses trousses et ne voulant parler qu'à moi. J'avais en tête la mise en garde de mon amie Marie-Claire et refusai de me rendre sur place. Qu'aurais-je pu faire de toute façon ? Finalement, quelqu'un de fiable me conseilla de recourir à SOS Psychiatrie. Le médecin dépêché par ce service força la porte de la chambre d'où il me téléphona : il venait de faire une piqûre calmante à Michèle qui n'arrêtait pas de dire qu'il lui avait inoculé le virus du sida comme si elle récitait une litanie. Étant donné son état, il la faisait immédiatement hospitaliser à Sainte-Anne.

Je partais le lendemain à Berlin, d'où je devais me rendre ensuite à Cologne. D'autres voyages professionnels étaient prévus, entre lesquels il fallait trouver le moyen de sauver le clip catastrophique de *Mode d'emploi*. Sans parler de la maison à faire tourner. Les terribles raisons de la façon dont Michèle me surinvestissait tout à coup ne m'échappaient pas, mais je ne me sentais pas en mesure d'y répondre comme elle l'espérait, et c'est d'ailleurs ce qui me tuait, même si son internement me tranquillisait provisoirement. « Aider n'est pas une affaire de bonne volonté, enseigne la spiritualité, mais de pouvoir. »

Face à un problème qui me dépasse, je suis du genre à vouloir trouver au plus vite une solution, quitte à forcer les événements pour évacuer le stress excessif qui s'ensuit. Beaucoup plus instinctif, calme et sage que moi, Jacques se contente en pareil cas de se terrer en faisant le mort. Peu à peu, je me suis rendu compte qu'une telle attitude vaut mieux que ruer dans les brancards. Quand on ne sait pas quoi faire, il est préférable d'essayer de lâcher prise en attendant qu'une décision s'impose d'elle-même – qu'elle vienne de l'extérieur ou de soi-même. Les exhortations de Jacques allant dans ce sens me firent le plus grand bien. Début juillet, je le rejoignis en Corse où je n'étais pas allée depuis longtemps. C'est là que je reçus un coup de fil du médecin qui s'occupait de ma sœur. Elle s'était cassé le col du fémur en tombant de son lit et avait dû subir une intervention chirurgicale. Il souhaitait organiser un rendez-vous avec elle, lui et moi. Je ne demandais qu'à parler du problème de Michèle avec un spécialiste, mais pas en présence de celle-ci. Je fis valoir que la revoir dans de telles conditions et après tant d'années était pour l'instant au-dessus de mes forces. Il ne voulut rien entendre : c'était lui et elle... ou rien. Je restai sur mes positions.

Fin juillet, je repassai par Paris avant d'aller seule au Japon assurer la promotion de mon album. Sur le répondeur, j'avais un message enjoué de ma sœur me disant qu'elle attendait impatiemment que Jacques et moi venions la voir à Sainte-Anne. Elle avait prévenu le personnel hospitalier de notre visite imminente et des photos dédicacées que nous ne manquerions pas de distribuer. Je n'en fermai pas l'œil de la nuit et lui envoyai un mot, avec l'argent liquide qu'elle me réclamait, pour l'informer de ce qui m'obligeait à m'absenter. Dans l'avion, le simple fait de m'éloigner géographiquement du lieu du problème me rasséréna un peu, même si c'était reculer pour mieux sauter. J'atterris à Tokyo en début d'après-midi, avec deux nuits blanches derrière moi, et me couchai dès mon arrivée à l'hôtel pour être réveillée au bout de quelques minutes par la sensation que mon lit tremblait de partout. Tokyo se situant dans une zone à hauts risques sismiques, j'eus d'abord très peur. Après coup, je réalisai que seuls mon manque de sommeil et ma nervosité étaient en cause : le séisme avait lieu à l'intérieur de moi.

C'était un dimanche, les rendez-vous professionnels commenceraient le lendemain, et je me trouvais isolée à l'autre bout du monde, dans une ville inconnue, mais cela ne me déplaisait pas, au contraire. Je tentai quelques pas dehors et y renonçai vite à cause de la chaleur, insupportable en cette période de l'année. Il faisait encore lourd quand je ressortis à la nuit tombée. De la fenêtre de ma chambre, j'avais aperçu un temple et me mis en devoir de gravir l'escalier aux marches trop larges qui y menait. Les grilles étaient fermées et la contemplation du mystérieux lieu de culte me retint quelques minutes. Je me sentais tellement sur un fil en redescendant l'escalier que je pris des précautions de petite vieille pour que les pavés des marches ne me jouent pas de mauvais tour. La rue était mal éclairée et lorsque, soulagée de ne pas être tombée, je fis enfin quelques pas sur le trottoir, je ne vis pas que celui-ci changeait brusquement de direction. J'en ratai le bord et tombai lourdement. Le pied droit affreusement enflé et douloureux, je regagnai l'hôtel en claudiquant. De toute évidence, ce petit accident qui me handicapa plusieurs semaines n'était pas anodin et le Dr Dransart de Grenoble, dont je n'avais pas encore lu les livres, aurait pu m'instruire de tout ce qu'il recouvrait et dont seule, à l'époque, la troublante similitude avec la chute de ma sœur me perturbait. Peut-être étais-je à un tournant de ma vie que je refusais de voir et de prendre... Sans doute la situation cauchemardesque de ma sœur et mon impuissance à la régler comme elle l'aurait souhaité me révolutionnaient-elles au point que je perdais littéralement pied et ne tenais plus debout...

16

À mon retour en France, j'enchaînai avec une nouvelle série d'obligations et de déplacements professionnels qui me menèrent à Lausanne, Montreux, Séville, Rome… Entre deux avions, je devais trouver le temps de rédiger et d'enregistrer une rubrique astrologique quotidienne, travail astreignant que j'allais assurer pendant cinq années consécutives sur la station radiophonique RFM. En octobre, je me rendis seule au Canada. Le poids des ans amplifiait l'impression déstabilisante de n'être plus dans la course et *vice versa*. Mon désarroi culmina un soir où, dans ma chambre d'hôtel, je tombai par hasard sur l'une de mes interviews télévisées, réalisée la veille. L'interview elle-même était d'une platitude consternante, et je me mordis les doigts de m'être contentée de renvoyer bêtement la journaliste à l'inanité de ses questions au lieu d'avoir tenté de les tirer vers le haut. Surtout, les lumières ne m'avantageaient guère : cette créature entre deux âges, aux traits tirés, au visage revêche, trop pâle, trop maigre, terne et fatiguée, ne correspondait décidément plus du tout à l'image publique qui avait contribué à mon succès. Il fallait me faire une raison : la grâce de la jeunesse m'avait quittée et je vieillissais mal.

Nicole, une jeune attachée de presse canadienne fort sympathique, me pilotait. Nous passions beaucoup de temps ensemble et lors du trajet en voiture de Montréal à Québec où j'aperçus les feuillages des érables super-bement rougis par l'été indien, elle évoqua son frère qu'elle adorait et qui, progressivement, s'était mis – ô coïncidence ! – à développer les symptômes d'une schizophrénie paranoïde. Elle l'avait spontanément recueilli chez elle, mais, peu à peu, son existence était devenue si infernale qu'elle avait fini par le jeter à la rue et couper tous les ponts entre elle et lui. Nous arrivâmes à Québec. La beauté de l'architecture de la ville et de l'embouchure du Saint-Laurent m'inspira un fugace sentiment de sérénité. L'espace d'un instant, j'eus le fantasme de dénicher une petite résidence dans la région et d'y passer le restant de mes jours.

Quelque temps plus tard, la femme d'une personnalité que je connaissais de vue me consulta en tant qu'astrologue. Après avoir écouté mes réponses à ses questions, elle m'apprit en pleurant qu'elle avait décidé, la mort dans l'âme, de quitter un mari qu'elle aimait toujours, parce qu'il était atteint de paranoïa, que leur vie commune était devenue insupportable et qu'elle était assurée de devenir folle à son tour si elle restait avec lui. La jeune Nicole et cette femme éplorée me confirmaient ce que mon instinct et mes craintes me soufflaient depuis le début. Le proche d'un malade mental se trouve lui aussi dans une impasse. L'aider ne peut se faire qu'au détriment de son propre équilibre et, par voie de conséquence, de celui de ses proches. La préservation d'un équilibre aussi fragile exigeait-elle de rejeter à la mer quelqu'un qui se noie ? N'y avait-il aucune autre alternative que s'enfoncer avec lui ou le laisser s'enfoncer tout seul ?

Jean-Marie, dont le frère cadet s'était suicidé et dont le demi-frère était mort d'overdose, m'interdit de culpabiliser. Mais seules les basses réalités matérielles purent atténuer la mauvaise image de moi que me renvoyait ma détermination à ne pas revoir Michèle. Je ne pouvais être à la fois au four et au moulin, l'aider financièrement et, en même temps, l'assister psychologiquement. Concilier vie professionnelle et vie privée était déjà si difficile et me mettait sous pression depuis tant d'années ! Je n'avais pas encore lu l'assertion qui m'aurait sans doute aidée d'Omnia Pastor : « Quant aux problèmes apparemment ou effectivement insolubles, il faut savoir que tous les problèmes ne sont pas à résoudre... Tu peux décider d'intervenir comme tu peux décider de ne pas intervenir, l'important est d'avoir regardé le problème objectivement. »

Le cas de ma sœur fut jugé par le tribunal d'instance de Paris. Elle relevait désormais d'un cabinet de curatelle et disposait d'une tutrice. Lorsque celle-ci souhaita me rencontrer, je l'invitai à dîner au Petit Tonneau avec son compagnon. Jacques eut la gentillesse de se joindre à nous et ce fut un dîner convivial où le tutoiement fut vite utilisé par la sympathique tutrice qui s'appelait Janine et était d'origine africaine. Mise en confiance, je lui dis que je ne demandais qu'à rendre la vie matérielle de Michèle plus agréable, par exemple en lui procurant par son intermédiaire un ordinateur, des livres, des disques, des vêtements... « C'est tout ou rien, coupa-t-elle. Seuls les virements bancaires te sont autorisés. Pour le reste, occupe-toi de ton fils et de ton mari. » Elle eut sans doute maille à partir avec ma malheureuse sœur peu après, car elle me téléphona pour me brosser un tableau effrayant de ses aspects manipulateurs, agressifs, autoritaires, et me réitérer sa recommandation. Je me sentis vaguement confortée dans mon refus d'un contact direct, et dormis un peu moins mal pour la première fois depuis des mois.

*
*   *

À quatre-vingt-neuf ans, Mireille s'était laissé convaincre de remonter sur scène. J'allai l'applaudir au théâtre de Chaillot avec le père de Jacques, heureux de retrouver un peu de sa jeunesse, ainsi qu'avec Thomas que la découverte d'un univers musical et poétique aussi original enchanta au point qu'il revint plusieurs fois avec différents copains. Depuis un petit infarctus, Mireille avait de sérieux problèmes de mémoire et c'était aussi émouvant que drôle de la voir assise devant son piano, dans sa somptueuse robe bleue de Christian Lacroix, tendre le cou pour essayer de déchiffrer les textes que lui brandissait, écrits en grosses lettres, Bla-Bla, son secrétaire, qu'un paravent situé derrière la queue du piano dissimulait au public. En septembre, elle se produisit au théâtre de La Potinière et je retournai l'applaudir avec des amis.

Fin décembre, je venais de terminer le tournage d'une émission de Canal + retraçant mon parcours professionnel et en entamais la promotion, lorsque Jean-Pierre Blamangin, alias Bla-Bla, m'informa que Mireille était hospitalisée pour une grippe qui dégénérait en pneumonie. Le dimanche 29, j'appris par le journal de midi sur France Inter qu'elle nous avait quittés. Les obsèques eurent lieu le 3 janvier 1997 par un froid glacial, au cimetière Montparnasse où je me rendis avec Thomas. Les quelques enterrements auxquels je serai allée m'auront fait la même impression abstraite dès lors qu'il s'agissait d'amis que je ne voyais pas trop souvent, tant ils restaient vivants dans mon esprit. Ces dernières années, la perte de la mémoire du passé récent qui affectait Mireille rendait toute communication impossible et, quand je la voyais, je devais faire un effort pour que la petite fille perdue et amnésique qu'elle était devenue n'occulte pas l'immense artiste qui marquerait à jamais l'histoire de la chanson française, ni la femme pleine d'humour qui m'avait prodigué tant de judicieux conseils dont j'aurais eu bien besoin à propos de ma sœur. Je me suis garée récemment rue Montpensier où elle a vécu. En dehors du Mercure Galant, rue de Richelieu, dont le nom n'est plus le même, rien n'a changé et les ombres de Colette, Jean Cocteau, Théodore et Mimi rendent le charme des lieux plus envoûtant encore. J'ai marché jusqu'au 36. En levant la tête, je m'attendais presque à voir la fenêtre du dernier étage s'ouvrir, la tête bouclée de Mireille apparaître et ses bras me faire de grands signes : tout allait bien, elle était saine et sauve, je pouvais rentrer chez moi...

*
* *

Encore plus belle en réalité qu'à l'écran, Jane Birkin est la femme la plus fantasque et la plus drôle qu'il m'ait été donné de rencontrer. Dans les années quatre-vingt, Anne-Marie Simond, la graphologue chargée de faire pour l'émission *Entre les lignes, entre les signes* un portrait psychologique de l'invité sans en connaître l'identité, eut une expression horrifiée lorsque nous lui présentâmes l'écriture de Jane et refusa catégoriquement de l'analyser, sous prétexte qu'elle frisait la psychopathologie. Notre insistance fut telle qu'elle finit par se résigner à faire le travail pour lequel elle était payée. Nous devions enchaîner l'émission de Jane avec celle d'un autre invité dont l'écriture sobre, élégante et rythmée était un modèle d'équilibre et d'authenticité qui devait séduire sans réserve notre graphologue maison, peut-être même la faire fantasmer sur le scripteur. L'émission avec Jane fut étincelante de vie, de fantaisie, d'esprit. À l'inverse, celle avec l'artiste qui lui succédait s'avéra incroyablement terne et ennuyeuse. Mortelle...

« Les circonstances extérieures sont tout juste l'épanouissement de ce que nous sommes... », assure Sri Aurobindo. La personnalité surréaliste et tragi-comique de Jane la prédispose à vivre des situations surréalistes et tragi-comiques, tout au moins à privilégier cet aspect des choses quand elle parle d'elle. Par exemple, lors d'une émission radiophonique où Zazie et moi, qui avions participé à son album étions conviées, elle nous raconta à sa façon pittoresque et exaltée qu'elle avait trouvé dans le vestibule de son nouvel appartement le cadavre du chien de Serge, déterré du jardin de sa précédente demeure qui venait d'être cambriolée. Il s'agissait de Nana, le bull-terrier mort de cirrhose à force d'avoir lapé le fond des verres de son maître.

Philippe Lerichomme avait été le producteur exécutif de Serge. Jane, qui ne faisait pas la différence entre l'organisation des séances d'enregistrement et la réalisation artistique, le chargea de celle-ci pour son album *À la légère*. Lorsque son nouveau producteur me proposa d'écrire pour elle, je contactai Alain Lubrano qui m'envoya une jolie mélodie accrocheuse sur laquelle je commençai à plancher, taraudée par l'angoisse grandissante que rien ne me vienne à l'esprit. La première phrase mélodique ne comportait que trois pieds – le cauchemar pour un auteur –, mais j'eus finalement le déclic en me disant que le mot « désolée » est l'un de ceux qui sonnent le mieux dans la bouche d'une Anglaise. En pensant ensuite à la personnalité si particulière de Jane, j'eus l'idée de faire tourner mon texte autour de la pleine lune et des excès qu'elle favorise chez quelqu'un d'irrationnel. La chanson était réussie, mais fut, comme le reste de l'album, gâchée par une réalisation inadéquate ainsi que par la très mauvaise idée qu'eut Lerichomme de demander à Jane de chanter encore plus haut qu'elle ne chantait déjà, ce qui l'obligeait à s'égosiller à un point quasi insupportable pour les oreilles sensibles. Il allait pourtant de soi qu'il aurait fallu, au contraire, lui suggérer de chanter plus bas !

Au moment de la sortie de l'album, une photo collective fut organisée avec la plupart des auteurs-compositeurs qui y avaient participé. Ce fut un après-midi jubilatoire où je fis la connaissance de Miossec avec qui je sympathisai. Nous étions tous vêtus du même élégant costume cravate et, pendant la pose, Jane, plus exubérante que jamais, jetait ses bras dans tous les sens, jusqu'à ce qu'Alain Souchon s'exclame comiquement : « Attention, Jane, tu es en train de prendre "mon lapin" à pleines mains ! » Je riais d'autant plus que, placée à côté de lui, j'étais aux premières loges pour observer, non sans dégoût, l'énorme monstre canin de Jane – le fameux bouledogue péteur –, venu de lui-même s'installer à côté de nous, se précipiter brusquement sur Alain pour lui lécher goulûment les mains avec sa grosse langue baveuse.

*
* *

Virgin projetait un album de reprises de standards de jazz, interprétés exclusivement par des interprètes féminines. Iggy Pop eut vent de l'opération et voulut y participer. Pour ne pas s'écarter de l'esprit du projet, il fut convenu qu'il ferait un duo avec une interprète féminine. Le choix se porta d'abord sur Marianne Faithfull et je dus à son désistement d'être sollicitée à mon tour. Peu avant, j'avais été très touchée par le film *Une lueur dans la nuit* de David Seltzer, avec Michael Douglas et Melanie Griffith, dont l'action se situe pendant la dernière guerre mondiale. L'une des scènes les plus émouvantes que je me repassai un nombre incalculable de fois a lieu dans un dancing où l'on entend une chanteuse reprendre *I'll be seeing you* dans le style des années quarante, avec la voix parlée irrésistible de Melanie Griffith couvrant par intermittence la chanson. J'avais enregistré le tout sur le petit magnétophone de mauvaise qualité que j'utilisais pour mes interview astro, et l'écoutais souvent, les larmes aux yeux. Quand on me parla du projet Virgin, *I'll be seeing you* me vint aussitôt à l'esprit, non seulement parce que la mélodie me faisait vibrer, mais aussi parce que tout en étant répertoriée dans la catégorie jazz, elle semblait dans mes cordes.

Dans sa jeunesse, Iggy avait eu une brève aventure avec Susi qui me l'avait amené à dîner rue Hallé. Je lui trouvais des points communs avec Jacques, hélas absent ce soir-là : la réserve, le côté basique, instinctif, roublard, le goût pour les jeunes femmes orientales – n'excluant pas à l'occasion les cochonnes... Lorsque j'eus Iggy pour la première fois au téléphone à propos de notre duo, il n'avait aucune idée précise, si ce n'est qu'il ne fallait pas une musique trop jazzy car, me confia-t-il de sa voix grave inimitable : *I'm not too good at it*... Comme, de mon côté, je me voyais mal rivaliser avec Ella Fitzgerald, cela tombait à pic ! Je craignais qu'il rejette mon idée de *I'll be seeing you* du simple fait que ce standard, inconnu en France, est l'un des plus repris aux États-Unis, mais à ma grande joie, il fut tout de suite d'accord, sans doute parce que le style mélodique convenait à son talent méconnu de crooner. Thierry Planelle, le directeur artistique de Virgin, suggéra Rodolphe pour la réalisation. Le style du morceau m'avait tout de suite fait penser à Khalil, mais Thierry insista et comme le vertige me saisit toujours à l'idée que mon choix ne soit pas le bon, je lui laissai la lourde responsabilité du sien.

Fin août 1997, à mon retour de vacances, je rejoignis Rodolphe à Bruxelles pour l'enregistrement de la rythmique dont il m'avait envoyé plusieurs aperçus convaincants à Monticello. Les voix se firent à + XXX, à Paris. Jacques et Thomas se trouvaient en Corse et, la veille au soir, seule dans la grande maison devenue soudain lugubre, je commençai à me sentir mal. Chanter avec Iggy Pop, ce n'était pas rien et mes doutes sur ma capacité à être à la hauteur battirent des records. Quand j'arrivai au studio, Rodolphe, qui vénère Iggy, n'en menait pas large non plus et nous nous jetâmes sur les globules huileux à base de fleurs, censés calmer les angoisses, qui se trouvaient dans mon sac. Iggy arriva à l'heure, flanqué de sa dernière fiancée asiatique en date. Pendant la première prise, destinée à la mise au point des retours et de la balance dans le casque, sa voix laissa un peu à désirer, ce qui me fit reprendre confiance en mes petits moyens. Chanter ce standard avec lui s'avéra finalement un plaisir pur : au bout de quatre prises, on avait tout ce qu'il fallait en ce qui le concernait et il fallut deux prises supplémentaires pour que j'aie le ton adéquat dans la partie parlée. Dix ans plus tard, notre duo de *I'll be seeing you* reste l'un des enregistrements dont je suis la plus fière. La réalisation de Rodolphe est parfaite, la performance vocale d'Iggy exceptionnelle, et même si la mienne ne peut lui être comparée, l'ensemble est magique. Au moins pour moi...

*
* *

Quelques jours avant mon départ pour la Corse, j'avais reçu la visite de Simone Harari. Elle produisait pour France 2 *Cap des pins*, une série vaguement inspirée de la série américaine à succès *Les Feux de l'amour* et recherchait une chanson pour le générique. Les délais étaient très courts et afin de comprendre ce qu'elle voulait, je lui fis entendre un instrumental d'Eric Clapton découvert quelques jours plus tôt, tout à fait par hasard, chez le disquaire à côté de chez moi. Il s'agissait de la face B de je ne sais quel single, curieusement intitulée *Theme from a movie that never happened*. Malgré le côté un peu bateau du pont, son romantisme m'avait touchée, à tel point que j'envisageais d'en faire une chanson pour mon prochain album auquel je commençais à songer. Simone fut séduite elle aussi. Il ne restait plus qu'à écrire un texte et obtenir l'autorisation de l'éditeur. Contrairement à ce que j'imaginais, la deuxième entreprise fut encore plus difficile que la première.

Je passai mes vacances d'été à concocter le texte. J'imaginais qu'on en montrerait la traduction à Clapton, ce qui m'incita d'une part à mettre la barre encore plus haut que d'habitude, d'autre part à m'inspirer de la tragédie de son petit garçon de cinq ans, tombé par la fenêtre d'un gratte-ciel, et de ce qu'enseigne la spiritualité pour nous aider dans nos épreuves. De Corse, alors que nous étions début août, il me fallut aussi trouver pour la fin du mois un musicien valable auquel je n'avais qu'un travail ingrat de reproduction à proposer. Michel Bernholc, le vieux complice de Michel Berger, était disponible. De son côté, Thomas se sentait à même de reproduire les arpèges de guitare et la perspective de cette première collaboration artistique m'enchantait. Sous la houlette de Dominique Blanc-Francard, les séances à + XXX se déroulèrent dans la bonne humeur. J'éprouvai juste, au final, une frustration indéfinissable que je ne parvins à préciser qu'une fois de retour chez moi, en comparant l'arrangement de Bernholc à celui de Clapton : le crescendo des nappes qui arrivent au deuxième couplet changeait tout. J'étais consternée. Nous essayâmes de rattraper les choses au mix, en reproduisant artificiellement le crescendo en question, mais l'effet n'était pas le même.

L'éditeur ne m'avait pas encore donné son feu vert et me réclama une copie de l'enregistrement qui eut l'heur de lui plaire. Par chance, la diffusion du premier épisode de la série fut repoussée d'une semaine. Trois jours avant la date butoir, alors que Simone et moi nous arrachions les cheveux, Emmanuel de Buretel[1], qui connaissait personnellement Clapton et avait pris les choses en main, me fit savoir que celui-ci était tout à fait d'accord pour que j'utilise son morceau comme bon me semblait. Il me demanda de remercier téléphoniquement un certain Assaad Debs qui avait été un intermédiaire efficace.

---

1. Grand PDG de maison de disques, producteur, éditeur de musique.

Assaad Debs est d'origine libanaise et nous brisâmes la glace en évoquant avec nostalgie un souvenir commun de jeunesse : les concerts de Stockhausen dans les grottes de Jeïta, à côté de Beyrouth. Le dimanche suivant, Clapton en personne me passa un coup de fil. Il était stupéfait que je connaisse son instrumental qu'il croyait totalement inédit et qu'il avait composé pour un film avec Michelle Pfeiffer qui ne s'était jamais fait. Il me dit le plus grand bien de mon texte dont on lui avait donné une traduction et alla même jusqu'à me proposer ses services en tant que guitariste si j'en avais besoin. C'était le monde à l'envers et je ne me souviens pas de ce que je lui répondis tant l'émotion me submergeait. Ce n'est pas tous les jours que l'on parle à « Dieu[1] », alors quand ça arrive, on se sent plus ver de terre et, en tant que tel, privé de parole que jamais !

Assaad Debs me rappela peu après pour me dire que Clapton souhaitait m'inviter à son concert au Zénith. Je m'y rendis avec Jean-Marie, Jean-Noël, Thomas et sa compagne. Peu familiarisés avec les environs de la porte de la Villette, nous nous perdîmes lamentablement, ce qui nous fit rater la première partie, assurée par Bonnie Raitt, et arriver pile au début de l'entracte dans un état de nerfs indescriptible. Assaad Debs vint se présenter et m'impressionna par son extrême élégance sur tous les plans, autant qu'il m'embarrassa en me proposant d'aller aussitôt saluer Clapton. Ce genre de situation met au supplice la grande timide que je suis restée. Je tentai d'y échapper en prétextant qu'il ne fallait pas le déranger juste avant son entrée en scène, mais Assaad me soutint le contraire et m'entraîna dans les coulisses. Comme beaucoup de gens nés au printemps, Clapton est confondant de naturel, ce qui me mit aussitôt à l'aise, quand bien même l'entendre déclarer qu'il avait été l'un de mes admirateurs dans sa

---

1. Eric Clapton est surnommé *God* par les Anglais.

jeunesse me gêna à bien des égards. Nous échangeâmes quelques mots et il me demanda de revenir *backstage* après son concert pour que je lui présente Thomas. J'avais à peine regagné ma place qu'il entra en scène au milieu des clameurs et joua en solo les arpèges de *Theme from a movie that never happened* à mon évidente intention. Cela me fit encore plus d'effet qu'Annie Lennox et tout le public de Bercy entonnant le premier couplet de *Tous les garçons et les filles* d'une seule voix.

*
* *

Le lendemain du vingt-quatrième anniversaire de Thomas que nous avions fêté joyeusement à la maison, je dînai au Petit Tonneau avec Jean-Noël et Philippe Cau, de passage à Paris. C'était un kinésithérapeute nantais, rencontré sur le plateau de *La Marche du siècle* de Jean-Marie Cavada consacrée au dalaï-lama où il nous avait fallu patienter deux bonnes heures avant l'arrivée du saint homme que j'admirais et admire toujours profondément. Nous avions surtout parlé de médecine ayurvédique, mon voisin occasionnel décrétant que j'appartenais au type *Vata* ou « vent » et me développant longuement la vision indienne du tempérament « vent » – dont la traduction française « air » serait sans doute plus appropriée –, ce qui me faisait rire intérieurement à l'idée des jeux de mots que Jacques n'aurait pas manqué de faire en entendant notre étrange conversation. Ce soir-là, faisant fi des difficultés inhérentes à nos types respectifs, nous nous étions laissé tenter par une salade de tomates du jardin très aillée. J'étais censée passer le reste de la soirée seule et m'apprêtais à me coucher, lorsque Thomas me téléphona : il aurait dû se trouver à Plaisir avec son père, mais venait de le faire transporter par le Samu aux urgences de l'Hôpital américain à cause d'une crise subite de tachycardie. Je me précipitai à Neuilly au comble de l'angoisse, tout en déplorant les effets secondaires de l'ail. J'apprendrais par la suite qu'avant son accélération cardiaque, Jacques avait ingurgité une pizza gigantesque et bu une trentaine de bières glacées ! À mon arrivée, il avait suffisamment récupéré pour m'invectiver sans ménagements à propos de mon haleine pestilentielle. Quand je revins le lendemain, il prenait l'air sur une chaise roulante et mon cœur se serra à sa vue : son teint était gris, son visage émacié, il semblait avoir rétréci et vieilli d'un seul coup. À cinquante-deux ans, comme beaucoup d'hommes de cet âge ayant abusé des bonnes choses, il allait devoir se plier aux pénibles médications et limitations inhérentes aux problèmes cardiovasculaires. Sa belle et insolente jeunesse était définitivement derrière lui.

Au début de l'année, il avait passé une IRM destinée à élucider les raisons des violentes douleurs dont il souffrait depuis quelque temps à la cuisse droite : on lui avait trouvé la tête du fémur nécrosée et la question se posait de l'opérer, mais les avis à ce sujet restaient partagés. Les anticoagulants qu'il devait prendre chaque jour rendaient encore plus problématique une chirurgie lourde dont les chances de réussite étaient cependant de 99 %, et qui fut finalement fixée au 9 décembre. Les semaines précédentes, il alla régulièrement à l'hôpital se faire prélever son propre sang pour qu'on puisse le transfuser en cas de besoin. Bien qu'il n'en parlât jamais, je croyais deviner son angoisse de ne pas se réveiller ou de devoir affronter diverses complications plus cauchemardesques les unes que les autres, mais peut-être s'agissait-il d'une simple projection de ma part. Pratiquée par le Dr L., l'opération se déroula aussi bien que possible, l'opéré se réveilla rapidement et, comme il ne tarda pas à houspiller les uns et les autres, je m'empressai de rassurer par téléphone les amis qui s'inquiétaient de son état. Au bout d'un mois, sans rééducation, il était à nouveau sur pied.

*
* *

Curieusement, à peu près en même temps, les douleurs que je ressentais dans les genoux depuis quelques années en montant et descendant toute la journée les escaliers de la rue Hallé s'aggravèrent, m'obligeant à claudiquer lamentablement. Comme Jacques pour sa hanche, je commençai par passer des radios qui ne donnèrent rien et, certaine d'avoir un problème, demandai à son chirurgien de me prescrire une IRM. « Heureusement que vous pesez cent grammes, me dit-il au vu des résultats, ce serait une catastrophe sinon. » Les escaliers m'étaient désormais interdits et je ne devais pas trop marcher non plus, histoire de limiter autant que possible la progression des dégâts. Quand je lui appris que j'habitais une maison de trois étages – quatre avec le sous-sol où se trouvaient la machine à laver et les bouteilles de bordeaux –, il me regarda fixement : « Vous devez déménager le plus rapidement possible, m'asséna-t-il, pour Jacques aussi cela vaudra mieux. »

Il me fit passer un examen supplémentaire, appelé « gonométrie », qui indiqua que la jambe dont je souffrais n'était pas correctement axée. Selon le médecin, même minime, un défaut d'axe provoque une usure prématurée des cartilages, surtout si l'on abuse des escaliers ou autres sports. Bien que familiarisée avec les théories de Françoise Mézières[1], je prenais ainsi concrètement conscience de quelque chose d'essentiel que l'on n'enseigne pas à l'école et à quoi je pense chaque fois que je vois des malheureux s'adonner au jogging en croyant bien faire, alors que leurs genoux qui louchent, leurs reins cambrés, leur nuque incurvée, et j'en passe, indiquent clairement une structure corporelle incorrecte : imposer un forcing physique, quel

---

1. J'ai eu connaissance de ses théories grâce aux livres de Thérèse Bertherat qui s'en inspire pour son « antigymnastique », en particulier dans son livre *Le corps a ses raisons*, Le Seuil, 1998.

qu'il soit, à une mauvaise structure ne peut qu'en aggraver les travers. On nous rebat les oreilles avec la nécessité de davantage de sport à l'école et tout au long de la vie, sans tenir compte de cette incontournable réalité. Seule, à ma connaissance, la méthode globale de Françoise Mézières commence par le commencement : observer la structure du corps, noter en quoi elle s'écarte de la forme idéale et travailler patiemment à la corriger par des postures personnalisées adéquates.

*

* *

Khalil Chahine est un guitariste hors pair et un ami. Il me demanda un jour de tenter un texte sur une très belle mélodie de sa composition qui m'inspira tellement que j'écrivis *Clair-obscur* en moins d'une semaine. Lorsqu'il vint écouter le résultat, je m'attendais à ce qu'il soit aussi content que moi, mais son expression resta fermée. Finalement, il m'avoua qu'il ne supportait pas le mot « amour » – dont je reconnais volontiers qu'il est l'un des plus « bateau » qui soient. Il fallait impérativement l'ôter des phrases où il figurait, me déclara-t-il sans ambages. Manque de chance, mon texte était en bronze – ce qui n'est pas toujours le cas – et il était donc exclu de le modifier en quoi que ce soit. Le premier pont disait : « *Il a fermé à double tour / pour pas souffrir, pour pas pleurer / car il croit que l'amour peut tuer.* » Et le deuxième concluait ainsi : « *Il ouvrira sa porte un jour / pour voir le ciel, pour respirer / et l'amour entrera sans frapper.* » Notre dialogue de sourds me perturba plus que je ne saurais dire. Je ne dus mon salut qu'aux amis de Khalil qui apprécièrent mon texte et lui recommandèrent de le laisser tel quel.

Destiné au deuxième album de Khalil, *Turkoise*, sorti en 1991, *Clair-obscur* fut chanté par un choriste dont l'interprétation ne me plut qu'à moitié. À la fin des années quatre-vingt-dix, je devais envisager un second album pour Virgin et j'angoissais. J'avais bien deux ou trois bonnes chansons inédites d'Alain, mais j'étais loin du compte. Surtout, partant du principe que les albums qui se suivent ne doivent pas trop se ressembler, il me fallait m'éloigner du style rock de *Danger* et revenir à celui qui me ressemble davantage des ballades mélancoliques. Malheureusement, les mélodies qui me parvenaient étaient médiocres. De déception en désarroi, l'idée me vint de reprendre *Clair-obscur*, malgré l'étendue vocale que ce morceau requiert et dont je ne dispose pas. Après quelques tentatives sur mon petit quatre pistes où je jonglai avec les octaves, j'eus l'impression que je pourrais y arriver et téléphonai à Khalil pour lui en parler. Il me convoqua à son lieu de travail et je me retrouvai seule avec lui pour chanter sa mélodie, sans les conditions de confort du studio où je fais en sorte que personne ne puisse me voir et où le retour de voix dans le casque est réglé de façon à faciliter le chant. C'était le lundi de Pâques, il neigeait à gros flocons, le chauffage ne fonctionnait pas et j'étais gelée. Malgré tout, l'essai nous sembla concluant et nous prîmes la décision d'enregistrer *Clair-obscur* pour mon prochain album, sans nous douter que c'en deviendrait le titre.

Deux mois plus tard, à la soirée anniversaire de Thomas chez sa compagne, je fis la connaissance de Babik, excellent guitariste et fils de Django Reinhardt, né comme moi en 1944. Il avait raconté à Thomas qu'il était incarcéré à Fresnes lorsque j'y avais chanté à mes débuts et que cela l'avait marqué. Des tas de choses se sont effacées de ma mémoire, mais pas le choc entre le monde de l'innocence absolue que je représentais et celui de ces « mauvais garçons » qui écoutèrent mes chansonnettes naïves dans un silence respectueux. Ce que j'entrevoyais du fossé qui me séparait d'eux m'impressionnait étrangement et je découvrais, des décennies plus tard, que la fascination avait été réciproque. Au moins pour Babik. Ce soir-là, Babik et Romane, autre grand guitariste et professeur de Thomas, jouèrent avec lui plusieurs morceaux, dont, à mon intention, *Tears*, l'une des compositions de Django qui me touche le plus et que Jacques m'avait fait découvrir dans la merveilleuse version de Mark Knopfler et Chet Atkins. Peu à peu, l'idée germa de tenter une adaptation de cette belle mélodie. J'obtins l'accord de Babik et suai sang et eau pour trouver des paroles qui en respectent l'esprit.

*
* *

Parallèlement, j'avais commencé à m'occuper du déménagement auquel je songeais déjà avant mon problème de genou, parce que la maison tombait en ruines et qu'il valait mieux ne pas attendre que je sois encore plus mal en point pour une telle entreprise. Le père comme le fils furent d'abord très hostiles à l'idée de quitter la rue Hallé. Mais le diktat du Dr L. ne laissait aucune alternative et quand Thomas comprit que si nous vendions la maison ce serait pour acquérir un appartement pour ses parents et un autre pour lui, il ne se tint pas de joie. Les dieux ou les anges furent avec moi, une fois de plus. Je trouvai immédiatement une acheteuse. Nos voisins avaient une jeune amie qui travaillait dans la finance et convoitait la maison. Curieusement, elle vint la visiter avec sa mère, comme moi au même âge, vingt-quatre ans plus tôt. Une fois l'affaire conclue, j'étudiai toutes les revues immobilières possibles, imaginables, et visitai une dizaine d'appartements par semaine. Tout était hors de prix et rien ne me convenait vraiment dans la mesure où j'avais à cœur que notre future habitation nous offre, à Jacques et moi, assez d'autonomie pour avoir chacun un espace où recevoir qui nous voudrions sans nous déranger mutuellement.

À la mi-juillet 1998, je lus une annonce à propos d'un grand appartement très bien situé dans un quartier élégant de Paris et dont le prix annoncé défiait toute concurrence. Sans doute y avait-il un os, ce que me confirmèrent aussitôt deux agents immobiliers avec lesquels j'étais en contact, puisque, selon eux, l'appartement en question ne trouvait pas acquéreur depuis deux ans. J'allai le visiter : c'était un vaste duplex en bon état et disposant d'un ascenseur intérieur. Le vendeur m'apprit que le propriétaire, un Chinois de Taiwan, venait d'accepter une proposition ferme d'un montant encore inférieur à celui de l'annonce. « Pour des raisons personnelles, me dit-il, je préférerais traiter avec vous. Si vous êtes intéressée, vous devrez juste vous décider très rapidement. » Jacques, que son sixième sens focalisait d'ores et déjà sur les lieux tels que je les lui avais décrits par mail, revint de Corse pour les voir. En entrant avec nous dans le gigantesque hall de l'immeuble agrémenté d'un surprenant patio, Thomas qualifia l'endroit de « rock and roll » et nous enjoignit d'y habiter. Un mois après la signature de la promesse de vente de la maison, je signai celle de ce nouvel appartement. M. Ye, le propriétaire chinois, ne faisait rien sans consulter son devin, me révéla le vendeur. Ce dernier lui avait demandé de ne plus aller en France ni où que ce soit en Europe, puis conseillé d'accepter la proposition d'achat à moins d'un tiers du prix normal. C'est parce que son meilleur ami s'était tué en voiture et avait été l'un de mes fans que le vendeur fit de moi la bénéficiaire de la situation. N'ayant pas encore découvert l'os redouté et m'attendant à de mauvaises surprises, je ne me rendis compte de ma chance que lorsque je rencontrai les gens du syndic : tous les acheteurs potentiels avaient été découragés par l'absence de fenêtres au rez-de-chaussée et j'avais fait une affaire incroyable, m'assurèrent-ils.

*
*　*

Fin septembre, Thomas dénicha un charmant petit duplex dans le IVe arrondissement, à une minute de l'île Saint-Louis où il avait fait ses premiers pas. Il ne nous restait plus qu'à affronter l'épreuve du déménagement lui-même, ce à quoi j'allais employer les trois derniers mois de l'année. Malgré ma gonarthrose galopante, je tenais à transporter moi-même mes précieux livres comme mes précieux disques, et fis à cet effet plusieurs allers-retours, parfaitement contre-indiqués, entre la rue Hallé et ma future demeure. Au même moment, Sylvie Vartan s'était mis en tête de faire un trio avec Étienne et moi dans un grand show télévisé dont elle était la vedette. Je chargeai Étienne de lui transmettre que j'avais d'autant moins envie d'apprendre la chanson choisie par elle, *Quelqu'un qui m'ressemble*, qu'elle ne m'emballait guère et que toute mon énergie, mon temps et mes pensées étaient accaparés par le déménagement. C'était mal connaître Sylvie et son mode de fonctionnement, aux antipodes du mien. Je n'ose jamais demander quoi que ce soit à qui que ce soit, à moins d'avoir de sérieuses raisons de penser que je ne mettrai pas l'autre personne dans l'embarras. Si, malgré tout, je sens la moindre réticence, non seulement je n'insiste pas, mais je me sens affreusement gênée. Rien de tel avec Sylvie. Une fois qu'elle a décidé quelque chose, il est hors de question de ne pas le concrétiser. Mon ami Marco de Virgin m'avertit qu'elle ne voulait pas entendre parler de mon refus et allait me téléphoner. Toujours sur répondeur, je me faisais fort de résister à la pression d'où qu'elle vienne. Incroyable mais vrai, la seule fois où, sur le point de sortir, je décrochai sans attendre de savoir qui cherchait à me joindre, je tombai sur elle. Jean-Marie viendrait parler de son livre de photos dans lequel elle et moi figurions, et il était inconcevable que je ne sois pas présente, argumenta-t-elle. C'était si inconcevable, en effet, que je rendis les armes. Assurément, ce que Sylvie veut, Dieu le veut aussi !

Le tournage eut lieu dans les studios de Saint-Denis. J'étais convoquée en tout début d'après-midi, ce qui me permettrait d'être de retour chez moi avant le soir pour dîner tôt avec Thomas qui tournait le lendemain aux aurores dans le premier film de Valérie Lemercier, élégamment intitulé *Le Derrière*. Hélas, l'attente fut beaucoup plus longue que prévu. Nous en profitâmes pour répéter le play-back dans la loge de Sylvie où, très vite, Étienne, elle et moi fûmes pris de fou rire. Jean-Marie nous aida ensuite à tuer le temps en nous montrant son livre dont la sélection de photos, la mise en page et les légendes étaient superbes. Mais l'heure tournait, rien ne se passait, et je commençais à bouillir intérieurement. Mon taxi arriva comme prévu à dix-sept heures, alors que rien n'était fait encore ! Quand enfin le trio fut en boîte, il ne restait plus que la séquence avec Jean-Marie qui n'aurait dû prendre qu'un petit quart d'heure. Je ne me souviens plus pourquoi il n'en fut pas ainsi et lorsqu'à dix-neuf heures trente, heure à laquelle j'étais censée dîner avec Thomas, on ne voulut toujours pas me laisser partir alors que la séquence était tournée, je me contenais depuis si longtemps que j'explosai, quitte à laisser à tout le monde le souvenir d'une vieille diva irascible. Il n'y avait pas que la détermination de Sylvie qui me faisait défaut, la patience qui en découle et dont elle fit preuve ce jour-là n'est pas mon fort non plus !

Quelques mois plus tôt, j'avais eu une mésaventure assez cocasse avec elle. Son producteur, Philippe Delettrez, m'avait contactée, embarrassé. L'un de mes textes,

La vérité des choses, s'était glissé, il ignorait comment, parmi d'autres destinés au prochain disque de Sylvie. Je l'avais en effet envoyé quelques mois plus tôt à l'un de ses collègues, sur la demande de celui-ci, à l'intention de Jeanne Moreau dans l'optique d'un nouvel album, qui finalement ne se fit pas. Sylvie me téléphona à son tour pour me remercier chaleureusement à propos de mon texte, en me rappelant que cela faisait des années qu'elle m'en réclamait un. Devant tant d'enthousiasme et de gratitude, je n'osai lui avouer qu'il s'agissait d'un malentendu, ni que j'avais écrit le texte en question sur une musique et prévu d'enregistrer moi-même la chanson. J'appelai aussitôt Alain, le compositeur, pour le mettre au courant et lui faire valoir que mon amitié avec Sylvie valait bien une chanson. Il avait sa voix des mauvais jours et acquiesça du bout des lèvres. Forte de ce feu vert, je remis la maquette au producteur qui partait rejoindre Sylvie à Los Angeles. Le lendemain, à la première heure, Alain m'appela, très remonté : ses musiques étaient tout ce qu'il avait, il y mettait toute son énergie, toute son âme, et il était hors de question d'en donner une à Sylvie Vartan qui était peut-être mon amie mais pas la sienne. L'ennui, lui répliquai-je, c'est que le producteur est dans l'avion avec la maquette. Il resta de marbre : à moi de me débrouiller. La veille, l'une de ses ex avait réussi à s'introduire chez lui et s'était emparée d'un couteau de cuisine pour le trucider. Il s'en était tiré avec une entaille au doigt et un stress terrible qui expliquait le manque de réaction dont il avait fait preuve lors de mon coup de fil. Je rappelai la maison de disques. Il n'y avait pas d'autre moyen de prévenir Delettrez que d'envoyer un fax à son hôtel, mais rien ne garantissait qu'il l'aurait à temps. Le suspense dura quelques jours, jusqu'à ce que, de retour à Paris, ce dernier me raconte que son avion ayant beaucoup de retard, il avait prévu de se rendre directement au studio où Sylvie enregistrait, mais qu'à la dernière seconde une impulsion subite l'avait incité à se rendre d'abord à son hôtel. Là encore, les dieux s'étaient montrés efficaces !

Eddie Vartan, le frère de Sylvie, que j'estimais beaucoup, m'appela ensuite pour me dire qu'il aimait mon texte et allait tenter de le mettre en musique, mais faute d'inspiration, les choses en restèrent là. Lors de notre séance d'enregistrement de *Quelqu'un qui m'ressemble* pour son émission, Sylvie m'avertit qu'elle ne lâchait pas l'affaire et comptait bien trouver une musique adéquate pour son prochain disque. « Donner c'est donner, reprendre c'est voler », me dit-elle, mutine, pour couper court à mes protestations. Cela n'ébranla en rien ma ferme intention d'enregistrer *La vérité des choses* sur le disque que je devais faire l'année suivante. D'autant moins d'ailleurs qu'il y avait peu de chances qu'elle le sache jamais.

*
* *

Le déménagement se passa aussi bien que possible et comme l'appartement de Thomas n'était pas encore prêt, il dormit quelque temps dans celui de ses parents, ce qui rendit moins brutale la transition entre la vie à trois et celle à deux – si l'on peut appeler « vie à deux » celle que je menais avec mon drôle de mari. Le premier soir où je me retrouvai seule à ma table de travail devant la baie vitrée donnant sur le ciel et la verdure, j'étais épuisée mais heureuse d'avoir pour la première fois depuis vingt-quatre ans un espace à moi et à ma convenance. En même temps, je sentais monter une angoisse de mort : comme si tout cela était trop beau pour être vrai, comme s'il allait falloir payer ce cadre de rêve par une catastrophe quelconque. Il est vrai que, d'une façon ou d'une autre, le dernier acte de ma vie se jouerait là...

17

Jacques devait un album à sa maison de disques et se trouvait, lui aussi, confronté au manque de mélodies. Pour lui comme pour moi, l'idée germa spontanément de se tourner vers de grandes chansons oubliées. Nous étions loin de nous douter que le marasme sur le plan du renouvellement mélodique était général et qu'au même moment des artistes tels que George Michael ou Bryan Ferry enregistraient, sans s'être concertés, des standards des années trente. Je me rendis à la Fnac dans l'espoir d'y dénicher des trésors du passé, et revins avec un album de Jean Sablon et un double CD de Mireille. En réécoutant leur savoureux duo de *Puisque vous partez en voyage*, j'eus la brusque et intime conviction que Jacques et moi devions et pouvions nous l'approprier. C'était comme si Mireille, de là où elle était, me plantait cette idée dans la tête. Jacques fut tout de suite d'accord et nous convînmes de faire deux versions : l'une, féminine, pour mon album, l'autre, masculine, pour le sien. Ce projet m'enchanta et je me revois au printemps 1999, marchant avec ravissement dans un coin désert du bois de Boulogne, au milieu des arbres et des buissons en fleurs, et fredonnant l'irrésistible mélodie de Mireille dans un état de totale exaltation.

Je demandai à Jean-Pierre Sabar d'assurer la réalisation et obtins non sans mal qu'il prenne Thomas à la guitare rythmique. Cela me semblait symboliquement important : l'affection que Mireille nous avait toujours manifestée impliquait notre triple participation à l'enregistrement de sa chanson. Avec le temps, Jean-Pierre devenait fantasque. Il disparaissait souvent et tant son apparente désinvolture que la banalité de sa rythmique commencèrent à m'inquiéter, jusqu'à ce qu'en toute fin de séance le miracle se produise. Il se mit au piano et fit deux prises qui apportèrent d'un seul coup la magie et le swing manquants. Quelques mois plus tard, Ivan Cassar, le musicien le plus demandé du moment, fit une orchestration écrite, très impressionnante, que joua une grande formation de jazz. Je voyais là l'occasion inespérée de rattraper toutes les faiblesses de la version précédente, mais le résultat global fut si décevant que les choses n'allèrent pas plus loin. La tournerie et la magie qui, au-delà des quelques maladresses, faisaient l'attrait de la première version n'étaient pas au rendez-vous de la seconde.

Jacques et moi enregistrâmes le duo ensemble et revînmes séparément sur ce qui n'allait pas. En l'absence de Jean-Pierre qui nous jugeait sans doute assez expérimentés pour nous débrouiller sans lui, je me trouvai dans la situation surréaliste d'assumer la direction artistique des opérations. Jacques mit avec beaucoup d'humilité tout son cœur au service de la chanson et fut extraordinairement coopératif. Emmanuel de Buretel devait me dire un jour à son sujet : « C'est qu'il en faut à un dinosaure pareil pour bouger ! » L'extrême sélectivité assortie d'un certain sentiment d'infériorité qu'il y a chez lui et qui, au fond, me caractérise aussi raréfie en effet au maximum les sujets d'intérêt, mais se traduit, quand l'intérêt est éveillé, par une implication maximale d'où tout semblant de vanité est exclu. À une ou deux remarques qu'il me fit à demi-mot, je compris, non sans émotion, qu'il lui importait autant d'être à la hauteur de la chanson que de ne pas me décevoir. Mais la tonalité était basse pour lui, il butait toujours sur les mêmes petits problèmes et ce ne fut pas une partie de plaisir. La phrase « Puisque nous nous quittons ce soir » en particulier lui donna du fil à retordre, la difficulté consistant à chanter « nous nous » de façon naturelle, sans que cela sonne « nou-nou ». Je la lui fis refaire un nombre incalculable de fois et m'apprêtais à déclarer forfait, lorsque Thomas qui me secondait aussi discrètement qu'efficacement intervint pour me dire à l'oreille qu'on ne pouvait laisser la phrase ainsi. Et moi d'emprunter le discours rebattu des directeurs artistiques, consistant à féliciter après chaque mauvaise prise le chanteur pas dupe, libre à lui d'y retourner s'il pense pouvoir faire mieux, bla-bla-bla... Vingt fois sur le métier remettez votre ouvrage... C'est ce à quoi Jacques s'employa sans compter, jusqu'à ce que la phrase soit enfin irréprochable. Heureusement, car lorsqu'un enregistrement comporte une imperfection, si minime soit-elle, on n'entend plus qu'elle et cela aurait un peu gâché une interprétation dont le charme me fait fondre chaque fois que je l'entends.

Pour le clip, Jean-Marie proposa un synopsis dont toute l'action se passait en limousine, ce qui, vu l'omniprésence du train dans le texte, nous arrêtait. Surtout, la directrice du marketing et Rose, notre agent, privilégiaient un autre réalisateur. Jacques était bloqué à Lausanne par le tournage du film de Claude Chabrol *Merci pour le chocolat*, avec Isabelle Huppert, et c'est donc dans la gare de cette ville que le clip se fit. Je portais un superbe manteau long de Jean-Paul Gaultier, sous lequel je dus mettre un si grand nombre de vêtements pour ne pas souffrir du froid que ma silhouette en devint lourde et engoncée. Au final, la réalisation trop au premier degré et sans aucun plan intéressant nous déplut. Nous regrettâmes de ne pas avoir imposé Jean-Marie qui n'aurait eu aucun mal à faire mieux.

Nous n'apparûmes que dans trois émissions de télévision, et je garde surtout le souvenir de *Tapis rouge*, un grand *prime time* de Michel Drucker qui se tourna à Roland-Garros en mai 2000, un an, jour pour jour, après l'enregistrement de *Puisque vous partez en voyage*. Dans la loge, Jacques avait bu une ou deux coupes de champagne dont l'effet se fit sentir pendant l'interview qui succéda au duo. Coupant court aux questions plus ou moins conventionnelles de Drucker, il annonça subitement qu'il avait une importante déclaration à faire, à savoir que « tous les joueurs de tennis ont une petite bite ». Bien qu'à jeun, je m'empressai d'ajouter que je n'étais pas en mesure de confirmer un tel scoop. Continuant sur sa lancée, Jacques précisa que c'était exactement le contraire pour les chanteurs, ce que je confirmai d'un air entendu. Drucker, qui semblait beaucoup s'amuser, enchaîna en parlant du service de je ne sais plus quel joueur célèbre et je ne pus m'empêcher de demander s'il évoquait là son service trois pièces. Évidemment, ce plaisant aparté fut coupé au montage et il ne resta que le duo dont la réalisation était infiniment plus vivante et naturelle que celle du clip.

Décousu et inégal, l'album *Clair-obscur* se vendit bien grâce aux efforts de la maison de disques qui s'offrit le luxe d'un affichage dans tout Paris, grâce aussi, bien sûr, au duo, très porteur, avec Jacques. Le succès de *Puisque vous partez en voyage* me fit envisager secrètement tout un album de standards français des années trente en duo avec lui. Je n'en avais encore parlé à personne, lorsque, un soir où j'étais allée applaudir l'ami Souchon au Casino de Paris, j'appris que Patrick Bruel, à côté de qui j'étais assise, enregistrait un nouvel album alors que le dernier en date était encore en exploitation. Devant mon étonnement, il m'expliqua que ce serait un album de reprises. Je renonçai instantanément à mon idée et bien m'en prit, car la mode des reprises se généralisa et mieux valait l'avoir précédée que la suivre.

*
* *

Parallèlement, je continuai à travailler en tant qu'astrologue. Richard Pellard, un disciple de haut niveau de Jean-Pierre Nicola, me demanda de faire dans le cadre de sa revue spécialisée *Astrologos* le travail que j'avais effectué pendant huit ans sur RMC : interviewer des personnalités sur la base de leur ciel natal. Il tablait sur la sorte de « sésame » qu'était mon nom, sans réaliser ce qu'il m'en coûtait d'appeler telle ou telle célébrité pour solliciter une interview.

Fin 1999, les médias branchés ne cessaient d'inviter un nouveau venu dans le monde des lettres, Michel Houellebecq, et d'en chanter les louanges. Le battage autour de lui était si excessif que, dans un premier temps, cela me braqua. Jusqu'à ce que je regarde pour de bon l'énergumène et sois aussi séduite par l'originalité de son discours et de sa façon d'être que touchée par la souffrance et la solitude que je crus percevoir chez lui. D'habitude, c'était Richard qui me demandait d'interviewer tel ou tel – Philippe Delerm, Jean d'Ormesson, Frédéric Beigbeder, etc. –, mais après avoir lu avec un vif intérêt *Les Particules élémentaires*, je pris l'initiative de lui proposer Michel Houellebecq. Sans me faire trop d'illusions, j'envoyai une lettre de demande à celui-ci en passant par sa maison d'édition. Mon téléphone sonna peu après et j'entendis au bout du fil une voix encore plus chuchotée qu'avait été celle de Serge me demander sur un ton incrédule si c'était bien moi. Michel Houellebecq a un côté oiseau blessé très émouvant. En même temps, il est hilarant – à l'image de ce qu'il écrit, où sa façon si particulière, laconique, distanciée, simple et vraie, d'exprimer le tragique de la condition humaine peut, paradoxalement, être d'une grande drôlerie. Il se trouvait qu'il aimait mes chansons et nous étions finalement aussi impressionnés l'un que l'autre de nous adresser la parole.

Il me raconta une histoire invraisemblable que j'ai oubliée à propos de son année de naissance : selon lui, il y en avait deux en circulation et comme il était né à la Réunion, la vérification de son état civil paraissait impossible. Après avoir monté les thèmes pour les deux dates, Richard et moi nous mîmes d'accord sur le plus ressemblant, et rendez-vous fut pris pour l'entretien. Celui-ci eut lieu le deuxième dimanche de l'année 1999. Michel arriva chez moi en début d'après-midi. Je lui offris le verre de whisky dont il avait besoin pour se sentir mieux, allumai mon petit magnétophone et lui posai ma première question. Il prit une longue inspiration : « Je savais que ce serait dur ! » souffla-t-il. Je devais souvent tendre l'oreille, tellement il parlait bas, et lorsque j'abordai le thème difficile de la paternité, le whisky aidant, l'émotion le submergea. Mais l'heure tournait, Jacques était à son étage et comme nous avons l'habitude de dîner tôt, je craignais qu'il s'impatiente. Au moment de prendre congé, Michel exprima le désir de le rencontrer s'il était là. Je descendis parlementer avec l'intéressé qui, allongé immobile sur son lit et donnant l'impression d'un gisant auquel ne manquait plus que le crucifix entre les mains, refusa tout net de voir qui que ce soit. J'expliquai à Michel qu'il dormait et que ce serait mieux de faire les présentations une autre fois. Nous gagnâmes la sortie, mais il se trompa de direction et fonça droit dans la chambre mal éclairée du maître des lieux auquel la cocasserie de la situation ne pouvait échapper. Quand bien même il devait fulminer intérieurement que l'on viole ainsi sa sacro-sainte intimité, il fit bonne figure et serra la main que Michel, aux anges, lui tendait.

Lorsque je commençai à décrypter les quatre heures d'entretien, mon sang se glaça : la voix de mon interlocuteur était par moments si faible que le magnétophone avait très souvent cessé de tourner et une partie de ses propos manquait. Heureusement, j'avais encore en mémoire ce qu'il m'avait confié et je réussis à reconstituer laborieusement l'ensemble ainsi qu'à le transcrire d'une manière que l'intéressé cautionna. Ce fut l'une de mes meilleures interviews. Quelques années plus tard, un certain Denis Demonpion, journaliste au *Point*, me contacta à propos d'une biographie de Houellebecq à laquelle il travaillait, et m'apprit que les coordonnées de naissance sur lesquelles je m'étais basée étaient fausses. Il m'envoya un document venant de Mme Houellebecq mère qui se piquait de faire de l'astrologie. À peu de chose près, les dominantes du thème correspondant aux nouvelles coordonnées étaient les mêmes que celles à partir desquelles j'avais fait mon interview.

Michel et moi nous revîmes quelquefois. J'ai souvenir d'un soir où, après m'être maquillée et changée, je descendis au rez-de-chaussée cinq minutes avant l'heure convenue de son arrivée. Nous avions encore notre chatte, Cassette, vieille et malade, et, quand j'arrivai dans la cuisine, je vis qu'elle avait fait à côté de son plat et me dépêchai de tout nettoyer, espérant en mon for intérieur que mon invité arriverait en retard. Hélas, il sonna à vingt heures tapantes et je lui ouvris la porte en m'excusant à l'avance si je sentais l'eau de Javel. Je le fis entrer dans le séjour et quand je lui pris des mains le petit cartable qui semblait l'embarrasser, je m'aperçus avec horreur en le posant qu'il y avait une gigantesque mare de vomi devant nous. Aussi excédée que confuse, je dus m'armer de tous les accessoires de la soubrette pour remplacer celle-ci au pied levé devant un Michel impavide qui en avait vu d'autres !

Soucieuse de respecter ma promesse de le lui présenter, j'organisai un dîner au bar du Hilton avec Jacques qui eut la mauvaise idée de demander à Thomas et sa compagne de l'y rejoindre, sans m'avoir consultée à ce sujet. Il savait bien pourtant qu'il vaut mieux ne pas imposer à un grand timide trop de personnes inconnues à la fois. Mais il ne raisonnait pas ainsi ; face à Houellebecq, son confort psychologique personnel exigeait la présence à ses côtés de quelques alliés sûrs. Michel arriva passablement éméché du Salon du livre et, peu encouragé par l'extrême réserve de Jacques, s'adressa exclusivement à moi. Nous eûmes d'entrée une discussion à propos de Brassens dont il dit pis que pendre, tout en portant mes propres textes aux nues. Atterrée, j'essayai de lui démontrer l'inanité de son jugement. « Vous vous sous-estimez tragiquement ! » commenta-t-il. Encore plus inconditionnel de Brassens que ses parents, Thomas se ferma comme une huître. De son côté, Jacques persista dans son mutisme et j'espérai juste que l'état de Michel l'empêche de se rendre compte de la mauvaise ambiance qui plombait le dîner. Il me téléphona le lendemain matin : « Vous me troublez beaucoup… », commença-t-il. Avais-je réussi à l'ébranler à propos de Georges Brassens ? Mais non. En feuilletant le livre d'astrologie moderne que je lui avais offert, il s'était reconnu dans les grandes lignes de son signe solaire – les Poissons. Brassens ainsi que Prévert restèrent un sujet de litige entre nous. Je ne comprends toujours pas que quelqu'un qui attache autant de prix à la bonté et à la compassion rejette ainsi deux artistes merveilleusement créatifs et dotés de ces précieuses qualités au point qu'elles illuminent toute leur œuvre.

Michel entreprit d'enregistrer un disque avec ses poèmes et m'appela à ce moment-là. Bertrand Burgalat était son producteur officiel, mais l'envie le prenait brusquement de travailler aussi avec Jean-Claude Vannier qu'il venait de rencontrer, ce que Burgalat ne prenait pas très bien. Comment sortir de cet effroyable dilemme ? Qu'est-ce que j'en pensais ? Pouvais-je venir l'après-midi même au studio où il enregistrait ? L'inconfort que j'éprouve lorsque je ne suis pas à ma place me fait refuser la plupart des invitations, mais Michel est si farfelu que je ne pus résister à l'attrait de la situation surréaliste dans laquelle j'étais sûre à l'avance de me trouver, une fois de plus, grâce à lui. Je ne fus pas déçue. Burgalat et Vannier semblèrent, à juste titre, aussi surpris l'un que l'autre de me voir. Michel évoluait entre nous à sa façon suave d'enfant que la vie gâte pour la première fois, et l'on ne savait pas trop où finissait l'ingénuité, où commençait la perversité, si toutefois il y en avait. Assise face à ces deux pointures que sont Burgalat et Vannier, je finis par me lasser du jeu. « Qu'attendez-vous de moi, Michel ? » m'enquis-je. « Mais oui, qu'attends-tu de Françoise, renchérit Burgalat. Veux-tu qu'elle nous bénisse ? » Je me saisis de la perche tendue. « Je vous bénis solennellement, dis-je, geste à l'appui, en m'adressant à Bertrand et Jean-Claude. Michel, poursuivis-je, je vous accorde l'autorisation de travailler avec Jean-Claude si Bertrand n'y voit pas d'inconvénient. »

Son livre *Plateforme* parut juste avant les attentats de septembre 2001 et il me téléphona peu après ceux-ci. Le scandale provoqué par ses propos au sujet de la religion musulmane – « la plus conne du monde », selon lui – l'obligeait à se cacher quelque part dans le Sud-Ouest. Il venait d'acquérir un petit chien qu'il adorait, m'expliqua-t-il, et qui était objectivement si adorable qu'il était sûr qu'on allait le lui voler. Pouvais-je prendre le premier train pour venir le chercher et l'amener à ses beaux-parents qui habitaient en banlieue parisienne et en prendraient soin ? Malgré toute l'affection que Michel m'inspirait, je me voyais mal faire des heures de train avec son animal domestique, si irrésistible soit-il ! « Pourquoi ne demandez-vous pas ce service à votre attachée de presse que vous aimez tant ? » me défendis-je. « Parce que je suis fâchée avec elle », me répondit-il sombrement. Il m'en avait souvent vanté les mérites, me disant, non sans humour, qu'elle le comprenait si bien qu'il la suivait partout comme un toutou. Je voulus en savoir plus. « Elle m'a demandé de m'excuser officiellement auprès de l'islam et j'ai refusé », m'expliqua-t-il d'une voix triste. J'appelai à l'aide Susi la cochonne qui se dit prête pour l'aventure, mais il trouva une autre solution.

Lorsque Denis Demonpion sollicita mon témoignage pour la biographie de Michel Houellebecq qu'il prétendait faire en accord avec lui, j'accédai de mon mieux à sa requête, par amitié pour ce dernier. Comme tous les gens qui ne savent pas mentir, je crois trop souvent ce que l'on me dit. L'idée ne me vint pas à l'esprit de vérifier auprès de l'intéressé – par ailleurs injoignable – s'il était au courant. Quand la biographie parut, je fus consternée de découvrir qu'elle était non autorisée et que mes propos y étaient dénaturés du tout au tout. Mais le plus éprouvant fut de lire une déclaration de Michel qui accusait ses amis de l'avoir trahi, ainsi que d'imaginer sa déception. Cela me peina durablement, car j'éprouve autant de tendresse pour l'être humain en souffrance qu'est Michel Houellebecq que d'admiration pour le grand écrivain qu'il est aussi.

*
* *

À la rentrée 2000, je conversai au téléphone avec la productrice de *Vivement dimanche*, Françoise Coquet, lorsqu'elle me signala que je passais sur la chaîne d'information LCI. Ce ne pouvait être qu'une rediffusion d'une interview faite avant les vacances, que ma crainte de m'être mal exprimée m'avait empêchée de regarder jusque-là. J'allumai la télévision. L'interview était terminée et, négligeant d'éteindre le téléviseur, je retournai à ma table de travail qui m'oblige à lui tourner le dos. Tout à coup, des intonations et un timbre de voix très particuliers me firent dresser l'oreille, sans me détourner pour autant de mes occupations. Puis, comme mon oreille traînait malgré moi, j'entendis ce que cette voix étrange disait et fus si impressionnée par l'intelligence du propos que je me retournai. Quelle ne fut pas ma stupéfaction de découvrir sur l'écran un visage d'une telle beauté et d'une telle luminosité que j'eus le sentiment d'avoir affaire à un ange ou à une extraterrestre. Fascinée, je regardai la fin de l'interview et découvris qu'il s'agissait d'Hélène Grimaud, une jeune pianiste classique qui élevait des loups. J'étais loin d'entrevoir l'importance que ce véritable coup de foudre aurait dans ma vie.

Peu après, la chaîne Canal+ me proposa une carte blanche pour laquelle je demandai un extrait d'un document, quel qu'il soit, sur la belle Hélène. L'un des réalisateurs avait récemment effectué un reportage chez elle, à South Salem, dans l'État de New York, et contacta son agent de l'époque, le sympathique Jacques Thelen. Un duplex fut organisé au cours duquel je pourrais l'interviewer. J'achetai tous ses disques, consultai Internet et planchai jusqu'à la dernière seconde sur mes questions. Étrangement, j'avais l'impression qu'en termes d'évolution Hélène était beaucoup plus âgée que moi et l'idée de lui parler me tétanisait, mais tout se passa très bien et quand vint le moment de prendre congé, elle exprima ses regrets que nous en restions là.

Comme il fallait s'y attendre, l'émission de Canal + n'utilisa que trois minutes de notre conversation, aussi contactai-je ma copine Édith, journaliste à *Paris Match*, pour lui demander si l'interview dans son intégralité l'intéressait. « À condition, me répondit-elle, de l'illustrer avec une photo d'Hélène et toi. » Hélène passait justement en coup de vent à Paris, le 1er mars, à l'occasion de la sortie de sa version de mon concerto préféré, le n° 2 de Rachmaninov. Rendez-vous fut pris à son hôtel, avenue Mac-Mahon, pour que Jean-Marie nous immortalise en cinq minutes. Quand nous fûmes en face l'une de l'autre, elle me prit spontanément dans ses bras et, l'espace d'une seconde, j'eus l'impression qu'elle allait me briser les côtes. J'aurais dû m'y attendre : si menue que soit son apparence, tout pianiste classique est obligatoirement doté d'une force physique peu commune, en particulier dans les mains et les avant-bras ! Quand, en plus, il s'agit d'une écologiste active qui dépèce elle-même des daims sauvages pour nourrir ses loups …

Elle m'appela quelques semaines plus tard et me proposa deux places pour un concert à la Cité de la musique où elle jouerait le concerto n° 4 de Beethoven, dont je ne tarderais pas à réaliser que son interprétation est la plus magistrale qui soit. J'y allai avec Thomas et lorsque la fine et gracieuse silhouette d'Hélène apparut au milieu de l'orchestre symphonique, j'eus un choc indicible : tant de responsabilité sur d'aussi frêles épaules ! Je retins mon souffle pendant tout le concerto, tellement j'étais transcendée non seulement par la musique, mais aussi par le talent et la présence de cette soliste d'exception dont l'intensité qu'elle met dans son jeu – comme en tout – est saisissante. J'ai observé qu'Hélène est déjà ailleurs avant son entrée en scène, au point de ne plus vraiment voir ce qui l'entoure, et qu'elle se trouve littéralement dans une sorte de transe pendant l'interprétation d'une œuvre, comme si elle était connectée à l'au-delà. Je pense d'ailleurs qu'elle l'est. Au moment précis où l'exécution s'achève, c'est infiniment troublant de la voir redescendre sur terre et revenir à elle. J'imagine que tous les grands musiciens sont dans un état second quand ils jouent, tant il est vrai qu'en cherchant à atteindre l'âme de la musique pour nous la transmettre, ils font ni plus ni moins office de médiums.

Le lendemain du duplex, je m'étais dépêchée de réserver six places pour des amis et moi-même à Pleyel où Hélène était programmée le 18 avril 2001 dans le concerto de Schumann. Elle me téléphona des États-Unis, la veille de son départ, pour que nous déjeunions ensemble dès son arrivée à Paris et me donna rendez-vous à son hôtel, non loin de la salle Pleyel. Je nous revois dans la rue du Faubourg-Saint-Honoré, en quête d'un restaurant. Hélène venait d'arriver et, en prévision de la répétition à laquelle elle se rendrait directement, traînait derrière elle sa petite valise montée sur roulettes en marchant d'un pas si vif que je peinais à la suivre. Je m'engouffrai à sa suite dans la première et immonde pizzéria venue, surprise qu'elle ne fasse pas davantage attention à son alimentation. La Brasserie lorraine était toute proche pourtant, mais je n'eus pas la présence d'esprit de l'y emmener. Elle était intriguée par mon mode de vie – avoir une activité discographique sans faire de scène –, et la tentation la taraudait de renoncer, elle aussi, à la scène pour être plus souvent chez elle, auprès de ceux qu'elle aimait. Nous parlâmes astrologie. Le journaliste de LCI qui l'avait interviewée m'avait raconté une histoire à dormir debout selon laquelle la date figurant sur son état civil n'était pas la bonne et, quand je la lui rapportai, elle ne démentit pas. Peut-être craignait-elle – à tort – que son ciel de naissance ne la dévoile trop[1]...

---

1. On ne peut jamais savoir comment quelqu'un actualise son ciel natal qui n'informe que sur des réflexes, des sensibilisations, des problématiques...

C'était la deuxième fois que j'assistais à un concert de musique classique et je ne comprenais pas trop pourquoi le ou la soliste, pour qui le public paye et se déplace, passe systématiquement avant l'entracte. Les hiérarchies de l'administration ne sont pas celles du bon peuple ! Mais, ce soir-là, un imprévu bouscula l'ordre établi. Quelqu'un vint annoncer qu'Hélène ne se sentait pas bien et ne jouerait qu'en deuxième partie si elle se rétablissait d'ici là. Étant donné ce que j'avais vu dans son assiette quelques heures plus tôt, j'étais persuadée qu'elle souffrait d'une intoxication alimentaire. Nous subîmes je ne sais plus quelle pesante symphonie et fûmes heureux d'apprendre après l'entracte qu'elle était remise et allait interpréter, comme prévu, le concerto de Schumann. Je ressentis en l'entendant et en la voyant les mêmes émotions fortes qu'à la Cité de la musique. Après l'avoir félicitée et implorée de ne pas renoncer à la scène, j'emmenai dîner Marco Sabiu – le pianiste et orchestrateur du chanteur irlandais Perry Blake –, venu exprès de Milan pour applaudir Hélène qu'il idolâtrait, avec son amie Tanita Tikaram dont nul n'a oublié le tube planétaire *Twist in my sobriety*.

Je rentrai chez moi assez tard et m'endormis comme une masse pour me réveiller vers quatre heures du matin. La sonnerie de mon portable, que j'utilise uniquement quand je sors, retentit au moment où je revenais de la salle de bains. Peu habituée à m'en servir, j'avais oublié de l'éteindre. Ce ne pouvait être qu'Hélène. Je me précipitai vers mon sac mais ne trouvai pas à temps le pervers petit objet. Hélène – car c'était bien elle – me laissait un message pour me dire qu'elle ne se sentait pas bien et me demander de la remplacer au pied levé, le lendemain matin, dans l'émission *Le Fou du roi* animée par Stéphane Bern sur France Inter. Je retrouvai dans mon agenda le nom de son hôtel dont je réussis à obtenir le numéro par les renseignements. Elle était dans le hall en compagnie d'un ami, Stéphane Barsacq, un jeune éditeur que je ne connaissais pas encore et à l'insistance duquel on devrait, deux ans plus tard, le premier et formidable livre d'Hélène, *Variations sauvages*. Pour l'heure, elle s'apprêtait à appeler le Samu, mais je la mis en garde et, après qu'elle m'eut décrit ses symptômes, pris la responsabilité de téléphoner au cardiologue de Jacques, le Dr U. Je réveillai sa femme qui crut que Jacques se mourait et, affolée, me passa son mari. Curieusement, tous deux étaient allés quelques semaines plus tôt écouter Hélène à la Cité de la musique. Jean-Pierre U. me dit qu'il allait lui envoyer un médecin fiable. Mais il ne réussit pas à le trouver et dut se déplacer lui-même.

Après avoir passé les contrôles nécessaires à l'Hôpital américain, Hélène m'appela vers huit heures du matin pour me rassurer. Il était clair qu'elle ne prenait pas assez le temps de récupérer et avait beaucoup trop de sommeil en retard. Une nouvelle répétition l'attendait à Pleyel, l'après-midi même, avant son deuxième concert. Elle m'apprit le lendemain qu'après avoir dormi deux heures, elle était allée téléphoner au Dr U. comme il lui avait recommandé de le faire à son réveil, et qu'ensuite ç'avait été le trou noir. Vers dix-sept heures, inquiets de ne pas la voir à la répétition, son agent et le staff de sa maison de disques fonçaient à son hôtel et la trouvaient étendue par terre. Bien qu'elle se sente beaucoup mieux, ils firent pression sur le Dr U. pour qu'il interrompe séance tenante toutes ses activités et ne lâche pas Hélène d'une semelle jusqu'à la fin du concert. Grand, mince, le regard bleu délavé, Jean-Pierre U. a quelque chose de lunaire dans son apparence et cela me fit rire qu'il se soit retrouvé à son corps défendant dans une situation aussi improbable. J'apprendrais par la suite qu'il avait été le dernier cardiologue de Sviatoslav Richter, l'un des plus grands pianistes de tous les temps.

Cette rencontre inattendue avec Hélène eut une importance considérable pour moi, dans la mesure où elle m'incita à écouter davantage de musique classique ainsi qu'à m'intéresser à d'autres grands pianistes. Je m'adonnai même rapidement au vice consistant à comparer inlassablement des interprétations pianistiques différentes d'une même œuvre, comme si j'espérais percer ainsi certains secrets. En quoi, pourquoi, préférais-je, à tel moment précis, tel jeu plutôt que tel autre ? Et cette main gauche bien en relief dans telle interprétation, pourquoi disparaissait-elle dans telle autre ? À cause du jeu de l'interprète ou du mixage de l'enregistrement ? Si la nature de ma sensibilité expliquait mes préférences pour un compositeur ou une œuvre, dans le domaine de l'interprétation, mon manque de culture musicale ne me permettait pas toujours de bien situer la frontière entre l'intensité et une certaine raideur ou, à l'inverse, entre la fluidité et une relative superficialité. Était-elle ou non justifiée l'impression dérangeante dont je ne pouvais me défaire que tel pianiste à certains moments de l'adagio du concerto n° 1 de Chopin se laissait emporter par sa virtuosité au point que ses notes se vidaient soudain de leur substance et sonnaient faux ?

Dans le livre *Les Rythmes du zodiaque* que je mis plus de deux ans à écrire, j'illustrai mon propos en citant certains traits de pianistes célèbres représentatifs de leur signe – la Capricorne Clara Haskil ne supportait pas les compliments, le Capricorne Michelangeli n'aimait pas les applaudissements, le Poissons Richter jouait dans l'obscurité et allait servir la musique dans les coins les plus reculés de la Sibérie, là où on l'attendait le moins, la Gémeaux Martha Argerich prône la liberté, la spontanéité, la fantaisie, etc. Un brillant journaliste du *Monde de la musique classique* et de Radio Classique, Olivier Bellamy, lut le livre et me contacta. Nous devînmes vite amis et il me fit découvrir et rencontrer des musiciens aussi fantastiques que Renaud et Gauthier Capuçon, Nicholas Angelich, Nelson Freire et l'immense Martha Argerich... Il me présenta également Piotr Anderszewski, un pianiste surdoué à la personnalité hors normes, avec lequel les circonstances me permirent de développer un lien d'amitié. Piotr m'a entraînée au Théâtre des Champs-Élysées écouter Grigory Sokolov, l'un des quelques pianistes trouvant grâce à ses oreilles. À tort ou à raison, les grands artistes classiques me semblent plus givrés que les plus givrés des chanteurs de variétés. Il est vrai que leur art n'a rien de comparable[1]. La grande musique ouvre à une autre dimension, déstabilisante par essence, et le mode de vie qu'elle impose dès l'âge le plus tendre est un véritable carcan fait de travail, de discipline et de dépassement de soi constants, qui favorisent certains déséquilibres. Tenter toute sa vie d'accéder à la transcendance est une mise à l'épreuve permanente du support physique de l'esprit qu'est le cerveau. C'est un peu comme si l'on branchait une ampoule de deux cent vingt volts sur un courant de mille volts ou plus : cela ne peut se faire impunément.

*
* *

« *Avec le temps, on n'aime plus...* », chante Léo Ferré. Je dirais plutôt qu'on aime autrement. Ma relation à Jacques prenait la forme d'une amitié particulière. Qu'aurions-nous pu espérer de mieux au bout de trente-trois ans ? Courant 2000, il s'ouvrit à moi de sa détresse : il éprouvait un brusque retour de flamme, dont il ne me donna pas les raisons – les connaissait-il seulement ? – pour une femme qu'il avait fait beaucoup

---

1. Beaucoup de gens ignorent que la différence entre art mineur et art majeur tient à ce que, contrairement au premier, le second requiert une longue et difficile initiation.

souffrir à une époque où il était trop malheureux lui-même pour rendre heureux qui que ce soit. Quand il m'en parla, elle devait lui dire par téléphone, en fin de soirée, si elle acceptait ou non de renouer, et il m'invita à dîner au Pergolèse, près de la maison, pour tromper une attente qui s'annonçait éprouvante.

Nos dîners en tête à tête au restaurant avaient été trop rares pour mon goût, mais nous n'en étions plus là et cette invitation inattendue me parut l'occasion de lui parler sérieusement. L'élue de son cœur, qui devait avoir atteint la quarantaine, s'était contentée de si peu dans le passé qu'il ne pouvait rester dans le vague comme il n'y était que trop porté, ni compter sur ses seuls beaux yeux pour la récupérer et la garder. Divorcer, l'épouser, tout au moins vivre avec elle et lui faire un enfant si elle le souhaitait, s'imposait. Bref, je le renvoyai à son problème d'engagement, mais, de toute évidence, il n'avait pas envisagé la situation sous cet angle. « Je ne divorcerai jamais », m'affirma-t-il l'air buté, sans se soucier le moins du monde de mon éventuel avis sur la question. Bien qu'il m'ait pris tendrement la main comme au bon vieux temps, dont lui et moi resterions éternellement nostalgiques, son assertion me parut commandée moins par le souci de me ménager que par une difficulté congénitale à remettre certaines choses en question, une sorte de résistance au changement que l'on confond parfois avec la fidélité, notion bien commode pour masquer diverses formes d'inertie. L'idée de me rendre officiellement ma liberté devait le déranger aussi, et il n'était peut-être pas prêt à lâcher la sécurité que, bon gré mal gré, je représentais, sans parler de l'attachement au passé, dont je subodorais qu'il lui importait au moins autant qu'à moi : même si ces ennemis implacables de la relation de couple que sont la solitude, le temps qui passe et l'habitude[1]

---

1. Allusion à la chanson de Michel Berger *Seras-tu là ?*

avaient eu raison de la nôtre, chacun continuait d'incarner aux yeux de l'autre ses plus beaux paradis perdus.

S'il tenait vraiment à renouer avec cette femme, insistai-je, il lui faudrait revoir de fond en comble le mode relationnel qui avait été le sien jusque-là avec le sexe opposé. Mais il ne m'écoutait pas. Mon propos était-il trop dérangeant ou son esprit trop accaparé par l'espoir d'être exaucé ou la peur de ne pas l'être ? Quoi qu'il en ait été, la réponse de la personne en question fut négative, ce qui n'était guère étonnant s'il avait seulement évoqué ses états d'âme personnels. En mon for intérieur, je le déplorai. Je préférais de loin le voir sinon heureux avec une autre, du moins plus vivant grâce à elle, qu'éteint avec moi... Notre relation n'était plus satisfaisante depuis longtemps, mieux valait qu'il se lance dans une nouvelle aventure qui lui apporterait le piquant dont il avait besoin tout en l'obligeant à évoluer.

Le marasme fut de courte durée. Quelques mois plus tard, alors qu'il se trouvait en Corse, Jacques m'annonça qu'il était très heureux. L'expression lui ressemblait si peu que je n'en crus pas mes oreilles. Il éprouvait des sentiments partagés pour une femme de quinze ans plus jeune, rencontrée sur un tournage. C'est ainsi que j'appris l'entrée de Sylvie D. dans sa vie. J'admirerais par la suite la sûreté de l'instinct qui l'attirait vers une femme idéale pour lui : belle, courageuse, débordante d'énergie, toujours prête à sauter dans un avion pour le rejoindre et capable de cuisiner, réparer un toit, rempailler une chaise, édifier un muret, peindre, coudre, panser, mille autres choses encore... Il m'arrive de plaisanter en disant qu'elle sait tout faire... sauf des chansons.

Une sorte de dédoublement salutaire me permet de percevoir assez souvent la cocasserie des situations auxquelles je me trouve mêlée. J'ai ainsi été témoin d'une conversation édifiante entre Sylvie et Jacques à propos d'une perceuse électrique dont les détails techniques n'avaient de secret ni pour l'un ni pour l'autre. Assurément, j'étais exclue de la totale complicité que je sentis entre eux à cette occasion ! Je me souviens aussi que Sylvie et moi sommes tombées d'accord et avons bien ri quand, un jour où Jacques se morfondait seul en Corse, j'en arrivai à la conclusion que nous n'étions pas assez de deux et qu'une troisième « fiancée » s'imposait pour un meilleur roulement. À la décharge de l'intéressé, la maturité aidant, il semble faire pour Sylvie un peu plus d'efforts qu'il n'en aura faits pour moi. Je n'en conçois aucune amertume, au contraire, puisque je l'encourage à en faire davantage : elle lui est dévouée corps et âme, et sa situation par rapport à moi est peut-être moins confortable, psychologiquement, que la mienne. Détachée de certains désirs par la force des choses et la faiblesse de l'âge, je ne connais plus les affres de la jalousie. On devrait toujours non seulement accepter mais se réjouir qu'une autre apporte à l'homme de sa vie ce que l'on n'est plus à même de lui donner, tant il est vrai, comme l'a si drôlement dit l'inénarrable Claude Sarraute[1], qu'avoir des relations physiques avec son vieux mari revient quasiment à commettre un inceste.

---

1. Claude Sarraute, journaliste et fille de l'écrivain Nathalie Sarraute.

18

Dans l'après-midi du 11 septembre 2001, Thomas me téléphona pour que j'allume la télévision. En voyant les avions percuter les tours du World Trade Center, je ne pus m'empêcher de pleurer : les Occidentaux de ma génération auraient connu un monde beaucoup moins terrifiant que celui qui attendait leur descendance. En même temps, je me raccrochai aux enseignements des maîtres spirituels : une âme s'incarne dans un certain milieu, à une certaine époque, en fonction de l'évolution qu'elle a à accomplir pour elle-même, mais aussi de l'évolution qu'elle est susceptible de provoquer ou de favoriser autour d'elle.

J'appelai Jean-Marie, qui évoqua Ben Laden dont je n'avais jamais entendu parler, et moi qui ne m'intéressais que très superficiellement à la politique, je commençai à m'informer sur l'histoire du Proche-Orient afin de comprendre un peu mieux pourquoi et comment on en était arrivé là. Chacun voit midi à sa porte et selon les conditionnements qui sont les leurs, les historiens, les politiciens et les journalistes donnent des versions différentes, parfois opposées, des mêmes faits. La sélection qu'ils en font est orientée : ils mettent en avant les uns en prenant soin de minimiser les autres, voire de les occulter, au gré de leur idéologie. « Nous défendons nos idées parce que nos idées nous défendent », écrit Arthur Janov. Et voilà pourquoi les débats d'idées peuvent être si irrationnels, subjectifs et réducteurs, allant jusqu'à prendre un tour violent, comme s'il s'agissait d'une question de vie ou de mort. Les positions politiques de la plupart des gens m'ont toujours paru commandées avant tout par la force de leurs affects, une force d'autant plus aveuglante qu'elle est inconsciente. Se greffe là-dessus une ignorance de la politique et de l'économie qui les empêche d'avoir une vision globale objective de ce qui se passe et les rend faciles à manipuler par les politiciens capables de faire vibrer leurs cordes sensibles et de défendre leurs intérêts particuliers à court terme.

Malgré tout, je compris vite que la part de responsabilité des gouvernements occidentaux dans le merdier du Proche-Orient était majeure. Au fond, les Occidentaux n'avaient pas cessé de brandir la supériorité théorique des valeurs universelles qu'ils donnaient l'impression de s'approprier, tout en menant depuis des lustres des politiques si scandaleusement amorales vis-à-vis des autres peuples du monde, ceux du Proche-Orient en particulier, qu'ils en avaient perdu toute crédibilité et étaient la pire publicité qui soit pour la propagation de leur sacro-sainte démocratie. Nos dirigeants auraient dû méditer ces mots d'Omnia Pastor : « Quoi que tu dises, quoi que tu fasses, quoi que tu veuilles transmettre, il faut que tu sois la chose. Rien ne peut être donné si tu n'es pas ce que tu transmets, sans quoi la chose transmise n'est pas vivante et n'a donc aucune vibration, aucun effet. »

*

*   *

Entre autres activités, Thomas animait une émission cinématographique sur le Câble. Fin août, on lui proposa de tourner au sommet du World Trade Center une émission spéciale consacrée aux films de Bruce Willis. Par chance, il avait eu vent de menaces terroristes sur les vols à destination de New York et refusa de s'y rendre. Il apprit la nouvelle des attentats par quelqu'un de la production qui le remercia : sans son refus, ils seraient peut-être tous morts puisque le projet prévoyait de débarquer à New York autour du 10 septembre et de filmer le lendemain aux aurores.

Parallèlement, il travaillait sans cesse la guitare, fréquentait assidûment d'excellents guitaristes manouches avec lesquels il jouait régulièrement en privé comme en public, et allait parfois rendre visite au meilleur d'entre eux, Biréli Lagrène, qui vivait près de Strasbourg. Début 2002, il me téléphona pour m'annoncer que Biréli partait en tournée mondiale et lui proposait de remplacer l'un de ses musiciens que sa peur de l'avion obligeait à se désister. C'était la meilleure chose qui puisse lui arriver et je ne me tenais pas de joie et de fierté, tout en m'inquiétant – on ne se refait pas ! Prendre un train ou un avion aux aurores pour se produire tard le soir, passer sans transition du froid des pays de l'Est à la chaleur de ceux du Sud, s'alimenter n'importe comment à n'importe quelle heure, boire des coups après le concert pour décompresser, tout cela requiert une bonne résistance physique et je n'étais pas sûre que celle de Thomas soit à toute épreuve.

De mon côté, je m'étais attelée à une tâche dont j'avais sous-estimé la difficulté : écrire un livre qui me permette d'apporter ma petite pierre à l'édifice de l'astrologie moderne. Depuis des années, j'entrais dans mon ordinateur des réflexions de nombreuses personnalités. Celles nées sous un même signe semblaient s'être donné le mot, car, à peu de chose près, elles disaient toutes la même chose. Mon objectif était d'expliquer ce qu'est concrètement un signe zodiacal et sur quoi l'on se fonde pour lui imputer tel type de réflexe et de sensibilisation lorsqu'il est occupé par le Soleil ou des planètes au moment de la naissance. Un choix judicieux des propos tenus par des célébrités marquées par le signe traité étayerait mon propos, tout en le rendant plus attractif.

L'ennui, c'est que le champ de l'astrologie est si vaste et si complexe que tenter d'en mettre ne serait-ce qu'une petite parcelle à la portée du lecteur n'est pas une mince affaire. Par ailleurs, plus j'avançais dans mon travail, plus je constatais un décalage important entre le début et la suite de mes écrits, qui m'obligeait à revenir perpétuellement en arrière. Je passai un peu plus de deux années devant mon ordinateur, quasiment huit heures par jour et sept jours sur sept, dans un état de grande tension. Je ne réalisai qu'après coup à quel point rester assise toute la journée et fonctionner en circuit fermé est nocif. Le livre, intitulé *Les Rythmes du zodiaque* – car un signe n'est rien d'autre qu'un rythme donné par le rapport jour-nuit –, sortit le 7 mai 2003. Les revues féminines sur lesquelles je comptais – *Elle*, *Marie-Claire*… – refusèrent d'en parler sous prétexte qu'il était trop compliqué, et je me trouvai dans la situation aberrante de faire des interviews pour la presse « bas de gamme ». Guillaume Durand et Thierry Ardisson m'invitèrent à défendre mon livre dans leurs émissions de télévision respectives, mais je ne fus pas à la hauteur. Je n'avais pas encore compris qu'il faut savoir avant chaque interview ce que l'on veut faire passer et ignorer purement et simplement les questions qui vous emmènent là où vous risquez de vous égarer. Parler en public m'a toujours été difficile, mais traiter d'un sujet aussi méconnu et méprisé que l'astrologie devant des gens qui ne vous écoutent pas ou guettent le moindre mot qui s'y prête pour ridiculiser votre propos et amuser l'auditoire s'avéra au-dessus de mes forces.

Le 19 mars 2003, je dînai à l'hôtel Costes avec Bernard Chérèze, directeur de la programmation musicale de France Inter, et Jean-Luc Hees, encore à la tête de la station. La déclaration de guerre des États-Unis à l'Irak était imminente et il s'excusa de devoir laisser son portable allumé. Biréli et sa petite troupe jouaient justement à New York et allaient bientôt rentrer à Paris. Jean-Luc venait d'interdire à sa fille, qui se trouvait également là-bas, de prendre l'avion en un moment aussi critique. Je devais en faire autant avec Thomas, me recommanda-t-il avec insistance. Cela me tourmenta au dernier degré. Comment Thomas aurait-il pu se désolidariser de ses amis musiciens et se permettre financièrement de prolonger son séjour outre-Atlantique ? Surtout, je savais bien que mon anxiété chronique avait toujours pesé sur lui et je ne voulais pas l'inquiéter inutilement, une fois de plus. Finalement, je gardai mes doutes torturants pour moi et il rentra à Paris comme prévu, sans le moindre problème.

À l'occasion de la sortie de mon livre, Jean-Luc Hees m'offrait une journée sur France Inter. Nous devisâmes plusieurs fois au téléphone et eûmes une réunion pour préparer cette journée, fixée au 27 mai. Il fut décidé, entre autres, d'inviter Bruno Monsaingeon qui avait très bien connu Glenn Gould et tourné des documents exceptionnels sur lui et d'autres grands virtuoses, dont Richter. L'astrologie serait abordée dans la tranche horaire de dix à onze heures, animée alors par Patricia Martin, et Frédéric Encel viendrait apporter sur le problème Israël-Palestine des lumières, *a priori* moins objectives que celles d'Edgar Morin, indisponible. « Y a-t-il un homme politique qui vous intéresse ? » me demanda incidemment Jean-Luc. J'estimais depuis longtemps pour leur intelligence pragmatique et leur honnêteté intellectuelle Raymond Barre et Michel Rocard, mais, depuis quelques années, les mêmes qualités me frappaient chez Hubert Védrine que j'écoutais religieusement chaque fois qu'il s'exprimait dans les médias. Je continue de penser qu'il voit plus clair et plus loin que tout le monde. Contrairement à la plupart de ses confrères, il a assez de réalisme pour ne pas être prisonnier d'une idéologie à œillères et assez d'éthique pour ne pas s'abaisser à faire de la démagogie politicienne.

Quand j'arrivai aux aurores du 27 mai à la Maison de la radio, j'étais un peu inquiète, sans plus. Après avoir annoncé le programme de la journée à la fin du journal du matin de Stéphane Paoli, je gagnai au pas de course un autre studio pour enchaîner avec l'émission de Rebecca Manzoni. Quelle ne fut pas ma stupéfaction de me trouver nez à nez avec Hubert Védrine ! Oh là là, pensai-je, heureusement que personne ne m'a avertie de sa venue, car je n'en aurais pas dormi de la nuit ! Par chance, Benjamin Biolay était là. Nous nous connaissions depuis l'album d'Henri Salvador *Chambre avec vue*, sorti fin 2000, et comme nous appartenons plus ou moins à la même famille artistique et que je l'aime beaucoup, sa simple présence me stimula. Finalement, je m'en sortis moins mal que si j'avais passé la journée et la nuit précédentes à me creuser la tête pour savoir quoi dire, sans perdre la face, à un homme aussi impressionnant d'intelligence qu'Hubert Védrine.

J'eus le privilège de rencontrer Michel Rocard l'été suivant. Il avait épousé en troisièmes noces une Corse originaire de Monticello et lorsqu'ils furent tous deux de passage au village, des relations communes proposèrent de les amener un soir à la maison. Nous devions être une quinzaine à table, mais j'avais perdu l'habitude de faire des grands dîners et ne m'en sentais plus capable. Jacques me rassura : il suffirait de faire boire tout le monde et personne ne se préoccuperait de ce qu'il y avait dans son assiette. Ce fut donc une soirée très arrosée. La chaleur humaine et la convivialité de Michel

Rocard m'inspirèrent d'emblée une vive affection. Il mit tout de suite Thomas à l'aise en abordant avec beaucoup d'humour la difficulté d'être un « fils de... » dont, en tant que fils d'un grand chercheur, il était bien placé pour parler. À un certain moment, il évoqua la complexité de la politique et utilisa l'exemple frappant du travail des enfants dans le tiers-monde. Le réflexe occidental de boycottage des produits de ce type d'exploitation est à double tranchant, nous expliqua-t-il. Des familles entières ont désespérément besoin de cette faible source de revenus : la leur supprimer revient à les plonger dans une misère encore plus noire que celle qu'elles connaissent déjà. Contrairement à ce que l'on croit, il arrive que les bons sentiments fassent autant de mal que les mauvais !

*

*   *

Fin octobre de cette année-là, j'allai à l'Olympia applaudir Benjamin Biolay ainsi que sa femme Chiara qui chantait avec lui. On m'avait placée à côté de l'illustre maman de celle-ci, Catherine Deneuve, qui, malgré l'interdiction du médecin de sortir de chez elle à cause d'une méchante grippe, tenait à être là. Le lendemain matin, je n'entendais plus de l'oreille droite et téléphonai au cabinet ORL dont, par chance, je n'étais pas une patiente assidue, pour me faire enlever le cérumen qui bouchait probablement mon oreille. « Vous n'avez pas de bouchon de cérumen, m'annonça le Dr E. après m'avoir examinée. Il faudrait vous hospitaliser au plus tôt. » J'étais atteinte de surdité soudaine, un problème dont les causes sont mal connues : elles peuvent être virales, vasculaires, tumorales... Aujourd'hui, je pense que c'était un signe avant-coureur de la maladie que l'on me diagnostiquerait deux mois plus tard.

Jacques se trouvait en Corse où Jean-Marie l'avait rejoint. De retour à la maison, j'étais oppressée et téléphonai là-bas pour raconter mes malheurs. Après avoir raccroché, l'appartement où je me sentais si bien jusque-là me parut trop grand, trop sombre, en un mot : sinistre. N'entendre que d'une oreille est très angoissant et je n'ai plus dormi dans l'obscurité depuis lors, ne baissant les stores qu'à moitié pour que me parvienne un peu de la lumière et des bruits rassurants du dehors. Un peu de vie, en somme.

Je passai le lendemain et le surlendemain en hôpital de jour avec des perfusions de corticoïdes, médications que j'avais réussi à éviter jusque-là, et des inhalations de carbogène. Le premier jour, mon audition n'avait guère progressé, mais, à la fin du second, tout était miraculeusement rentré dans l'ordre. J'appris que plus vite on traite la surdité soudaine, meilleures sont les chances de guérison et je frémis rétrospectivement à l'idée d'en avoir été victime un samedi matin, ce qui, en me faisant perdre trois jours, aurait compromis mes chances de récupérer une audition normale.

Hélas, ce n'était là que le début d'une longue série d'ennuis. Quelques semaines plus tard, en me maquillant, je m'aperçus que j'avais l'arrière de l'œil droit anormalement rouge. Consulté par téléphone, l'ophtalmologue me prescrivit des gouttes qui n'eurent aucun effet. Les fêtes de fin d'année approchaient et, en son absence, je vis sa remplaçante qui se contenta de me prescrire d'autres gouttes. Le 3 janvier 2004, je passai un coup de fil au Dr C. de retour de vacances, pour lui signaler que j'en étais toujours au même point. Il parut embêté et me demanda de faire un saut. Après m'avoir examinée en grommelant plusieurs fois dans sa barbe : « Je n'aime pas ça du tout » et posé des questions sur les analyses de sang effectuées à l'occasion de ma surdité soudaine, il fit pivoter son siège : « Bon, ce n'est pas la peine de tourner autour du pot, me lança-t-il, vous avez un lymphome. » J'eus l'impression d'entendre ma condamnation à mort et fis un malaise vagal, en bredouillant des excuses – la petite salle d'attente était archicomble. À partir de là, l'enfer – toutes proportions gardées, puisqu'il en est de pires – commença. Le soir même, je me rendis à l'hôpital le plus proche de chez moi pour me faire examiner des pieds à la tête, nue comme un ver, sous une lumière crue, par un dermatologue qui tenta gentiment de me réconforter. Jacques m'avait accompagnée et serait présent par la suite, avec ou sans Sylvie D., chaque fois que j'en ressentirais le besoin. Les examens allaient s'enchaîner, plus pénibles et anxiogènes les uns que les autres. La biopsie de la conjonctive de l'œil ayant confirmé le diagnostic du Dr C. et permis de préciser qu'il s'agissait du lymphome de MALT, je relevais désormais de l'hématologie-oncologie.

La secrétaire de l'hématologue me fixa un rendez-vous assez éloigné dans le temps, mais elle me rappela après avoir reçu mon dossier pour avancer ma consultation au lundi suivant – nous étions vendredi –, ce qui confirma à mes yeux la gravité de mon état. Elle transmit mes angoisses à l'hématologue qui chercha à me rassurer : quelques séances de radiothérapie et il n'y paraîtrait plus... Que m'avait-il dit là ! Je passai un week-end cauchemardesque et, lorsqu'il me reçut, lui déclarai tout net que je ne voulais pas de rayons. « Je vais sans doute vous faire sourire, lui expliquai-je, mais les acupuncteurs auxquels j'ai eu affaire m'ont tous parlé d'un excès de chaleur dans le haut du corps. Or que me proposez-vous ? D'envoyer une chaleur intense sur une zone déjà trop chaude en temps normal, et qui, actuellement, souffre d'une forme d'inflammation. – Vous ne me faites pas sourire », répondit le Dr N. avec un sérieux qui lui valut aussitôt ma confiance. Il prit la peine de consulter plusieurs confrères attachés à d'autres hôpitaux et finit par dénicher au Mans un spécialiste du lymphome de MALT, farouchement hostile à la radiothérapie de la conjonctive et pas seulement à cause de ses redoutables effets secondaires. Tous deux me proposèrent une chimiothérapie de pointe dont les chances de succès étaient de 80 % et qui consistait à me perfuser des anticorps monoclonaux. Du chinois pour moi, mais on est bien obligé de se reposer sur les spécialistes.

Je n'avais pas encore passé la moitié des examens, quand, le samedi 17 janvier, Jacques, Thomas, sa compagne et moi fêtâmes mon anniversaire dans un grand restaurant. À un certain moment, Thomas se leva de table et je compris après coup que c'était pour aller pleurer discrètement. Non seulement son grand-père qu'il adorait allait très mal – il mourrait l'été suivant –, mais on ne savait pas trop ce que j'avais, je me demandais avec angoisse si je serais encore là l'année prochaine et il devait se le demander aussi, quand bien même j'avais essayé de ne pas trop l'inquiéter. Je ne supportais pas qu'il ait de la peine, encore moins à cause de moi, et quand il revint s'asseoir, nous fondîmes tous les deux en larmes en nous tenant la main. Au bout d'un moment, pleurer à chaudes larmes dans le cadre idyllique du 59, le luxueux restaurant d'Alain Ducasse, nous parut, vu de l'extérieur, si incongru que nous éclatâmes de rire.

C'est dans ces circonstances que j'écrivis sur une magnifique mélodie composée par Alain Lubrano et Pascale Daniel le texte *Tant de belles choses* qui commençait ainsi : « *Même s'il me faut lâcher ta main / sans pouvoir te dire à demain / rien ne défera jamais nos liens…* » Le chagrin de mon grand Tom et l'angoisse à propos de ma maladie me torturaient tellement que je ne pouvais penser à rien d'autre. Je voulais laisser un message d'espoir sur la vie et sur la mort que Thomas pourrait écouter et qui lui ferait du bien quand je ne serais plus là. Mais il était trop à vif pour s'ouvrir à un texte aussi chargé émotionnellement – au contraire de son père qui ne put s'empêcher de pleurer en écoutant la chanson pour la première fois et me téléphona pour me le dire, ce qui me toucha profondément.

La chimiothérapie n'eut pas d'effets secondaires désastreux visibles et vint à bout de la rougeur de la conjonctive. Cela me rassura, mais en partie seulement, car si la médecine officielle peut faire des miracles pour éradiquer certains symptômes, elle ne se préoccupe pas assez de leurs causes premières. Il me semblait étrange de passer des contrôles médicaux chaque trimestre sans qu'aucun traitement ne me soit administré dans l'intervalle pour fortifier mon terrain et m'éviter ainsi les risques de récidive. Aussi me tournai-je vers les médecines douces dans l'espoir qu'elles remplissent ce rôle. Parallèlement, j'essayai de réviser plus ou moins ma façon de vivre qui péchait à certains égards. J'appartiens à cette peu enviable catégorie de gens qui, parce qu'ils « ont peu de mouvements de vie, ont un esprit des plus agités au point d'avoir des réactions disproportionnées à la moindre émotion, au moindre événement[1] ». Pendant deux ans, je fis en sorte de marcher plus que d'habitude dans la nature en respirant à fond. J'essayai de mettre toutes les chances de mon côté, mais entre les moments de fatigue accablante, la nécessité de ménager mes genoux, les intempéries et les obligations en tout genre, les choses n'étaient pas toujours faciles à gérer.

*
* *

1. Omnia Pastor.

Ma vie professionnelle m'aida aussi à passer le cap. Le directeur artistique de Virgin appréciait Thomas et souhaita qu'il participe à la production de quelques-unes des chansons de mon futur album. C'était un choix risqué car jouer d'un instrument et réaliser une chanson sont deux activités différentes, et il n'avait jamais pratiqué la seconde. Et puis, les tensions en studio sont parfois terribles et plus difficiles à vivre avec un proche qu'avec quelqu'un d'autre. Mais Thomas s'en tira merveilleusement, et dans cette période troublée où j'avais l'impression de marcher sur un fil avec une épée de Damoclès au-dessus de la tête, rien ne pouvait mieux exorciser mes angoisses que les mettre en musique, ainsi que retrouver l'atmosphère, toujours aussi magique à mes yeux, du studio. Le confinement me réussissait finalement beaucoup moins que l'activité et les contacts, sans doute parce que ceux-ci permettent une meilleure circulation des énergies.

En février, alors que je n'avais pas commencé ma chimiothérapie, je partis à Lille avec mon ami Marc Maréchal – dit « Marco » – pour remettre à Hélène Grimaud une victoire d'honneur lors de la cérémonie des Victoires de la musique classique. Je me passionnais pour Richter depuis peu et fus très impressionnée de me trouver dans les coulisses face à un monstre sacré de même envergure, son compatriote Rostropovitch, qui avait joué avec lui. Olivier Bellamy était présent. Il projetait de tourner un reportage sur moi pour France 3 et Stéphanie, la ravissante fille de Martha Argerich, filmait déjà, caméra à la main, mes séances en studio. Martha Argerich est considérée comme la plus grande pianiste classique vivante et je l'ai assez écoutée pour percevoir en quoi sa réputation est plus que fondée. Comme tout grand musicien, elle a un son exceptionnel, avec cette particularité rare de faire swinguer la musique classique quand elle s'y prête. Olivier organisa une soirée chez lui où il me la présenta. Elle voulut savoir si j'aimais Schubert. Hélas, à cette époque, je ne connaissais pas encore assez ce compositeur que j'ai appris à aimer depuis, et je la déçus peut-être en évoquant ma préférence pour Chopin. J'appréciais tellement la version d'Hélène du concerto n° 4 de Beethoven que c'était mon grand regret de ne pouvoir la comparer avec ce que Martha en aurait fait. Olivier m'expliqua qu'elle avait découvert cette œuvre toute jeune en l'entendant jouer par Claudio Arrau, et avait été si éblouie par son interprétation qu'elle n'avait jamais pu s'y attaquer à son tour. Étrangement, elle avait le sentiment que si elle jouait ce magnifique concerto, elle mourrait. Olivier la côtoyait régulièrement et elle lui demandait des nouvelles de ma santé, ce qui me touchait beaucoup. Nous sommes de la même génération et elle-même avait eu de gros problèmes quelques années auparavant dont, par bonheur, elle semblait totalement remise.

Le 9 février 2004 naquit Lisa, la fille de mon ami Alain et de sa compagne Sophie. Alain qui, à cause de sa pathologie cardiaque et d'une affectivité compliquée, s'était tristement résigné à ne jamais avoir d'enfant me mit dans les bras sa minuscule nouvelle-née dont je n'imaginai pas une seconde la place qu'elle prendrait rapidement dans mon cœur. Sophie et lui devaient de leur côté avoir une idée assez vague de tout ce que ce petit être d'exception allait apporter dans leur existence. La vie continuait.

*

* *

À la fin du mois de mai de cette année-là, Sylvie D., qui était en Corse avec Jacques, me téléphona : je devais rappeler de toute urgence la gendarmerie de L'Île-Rousse à propos de ma sœur. Comme chaque fois qu'il était question d'elle, je me sentis déstabilisée de fond en comble. Confusément, j'entrevis qu'elle avait fait une fugue et réussi à aller jusque là-bas, Dieu seul savait comment. Je demandai à Sylvie d'informer les gendarmes qu'elle relevait d'un cabinet de tutelle et qu'il leur fallait contacter son curateur ou sa tutrice. Après avoir raccroché, je cherchai vainement à les joindre de mon côté. Janine, la tutrice, était hospitalisée pour cause de récidive grave d'un cancer qu'elle traînait depuis longtemps, le répondeur du cabinet de tutelle en indiquait la fermeture et le cabinet de remplacement n'était au courant de rien. J'étais donc plongée dans des abîmes d'angoisse et de perplexité quand Sylvie me rappela : « Je suis désolée, s'excusa-t-elle, mais il faut vraiment que vous appeliez la gendarmerie de L'Île-Rousse. J'ai cru comprendre que votre sœur est décédée. » Je fus prise de tremblements incoercibles, donnai les coups de fil nécessaires et j'appris qu'alertée par les voisins, la police avait trouvé Michèle morte, chez elle, à Paris. En cherchant partout, les policiers étaient tombés sur mon adresse en Corse et s'étaient mis en rapport avec la gendarmerie de la ville la plus proche. Le décès remontait à plus d'une semaine et le corps reposait à la morgue.

Ma sœur avait-elle eu une crise cardiaque ou bien la disparition subite de sa tutrice comme de son curateur l'avait-elle plongée dans un désarroi tel qu'elle s'était suicidée ? Je préférais ne pas le savoir et courus dans un état de total bouleversement jusqu'à l'entreprise de pompes funèbres la plus proche. N'ayant jamais eu à m'occuper de ce genre de choses, je pris les options que j'aurais aimé que l'on prenne pour moi, entre autres celle de la crémation, et fus sidérée par le coût de l'ensemble des opérations. Qui, en dehors de quelques privilégiés, dont j'avais la chance de faire encore partie, était en mesure de sortir une somme pareille ?

J'évite de demander à mes amis des services susceptibles de les embarrasser, mais je savais qu'Alain n'hésiterait pas à me rendre celui de venir avec moi au cimetière s'il était libre. Depuis le décès de François Périer, je revoyais de temps en temps sa veuve, ma chère Colette, qui tint absolument à m'accompagner, elle aussi. Les obsèques eurent lieu le 1er juin. Colette, Alain et moi attendîmes dans une petite pièce du crématorium que l'incinération ait lieu. J'avais apporté deux CD concoctés par mes soins avec les adagios de musique classique les plus beaux que je connaisse et nous les écoutâmes religieusement. S'ouvrir de tout son être à des musiques inspirées, qui sont une expression déchirante de la dimension divine que nous ne parvenons pas à atteindre et qui est pourtant en chacun de nous, est la forme de prière et d'élévation que je préfère. Quand on me remit l'urne encore chaude entre les mains, c'était une situation si inconcevable qu'une sorte de vide se produisit dans ma tête, comme s'il fallait impérativement me déconnecter de la réalité que j'étais en train de vivre. Nous marchâmes jusqu'au colombarium et une fois l'urne déposée dans sa niche, le prénom « Françoise » gravé sur la plaque située juste au-dessus me sauta aux yeux. Je ne pus m'empêcher de penser que, dans la mort comme dans la vie de ma sœur, ce prénom s'obstinait à la reléguer au sous-sol. J'espère seulement que, de là où elle est, l'ironie du sort l'aura fait rire et qu'elle m'a pardonné mes manquements vis-à-vis d'elle, tout comme la tristesse de sa pauvre vie a effacé les siens de ma mémoire. J'aime penser que la dureté de son karma passé lui vaudra – lui vaut peut-être déjà – une réincarnation plus douce, moins douloureuse que la précédente.

*

*   *

Fin 2004, je partis au Canada avec Marco et beaucoup d'artistes prestigieux pour un grand *prime time* qui se tournait à cent cinquante kilomètres de Montréal, dans un hôtel tout en bois, perdu au beau milieu d'une campagne enneigée. Henri Salvador faisait partie du voyage. Nous ne nous étions pas revus depuis un ou deux ans et il me parut fatigué. J'appris qu'à la suite d'un malaise cardiaque on lui avait posé un pacemaker. Henri me semble le prototype du grand artiste chez qui l'égocentrisme et une certaine immaturité constituent le revers du talent et de la célébrité. En même temps, il me manifestait une sorte de déférence timide qui m'émouvait autant qu'elle m'étonnait. C'était tellement plus à moi d'être impressionnée qu'à lui ! Son coup de foudre pour Thomas et la complicité entre eux qui s'ensuivit ne pouvaient que m'aller droit au cœur. Lorsque, vieillissant et seul, il s'était rapproché de Jean-Marie, puis avait demandé à rencontrer ses petits-enfants par le sang – une filiation à laquelle mon contexte me porte à ne pas attacher trop d'importance –, il ne réalisait pas la responsabilité qu'il prenait. Et puis il rencontra Catherine : sa vie durant, il avait eu besoin d'une femme forte, à la fois maman et papa, qui le chouchoute et prenne en charge tout ce qui sortait du cadre artistique ou du principe de plaisir. Jacqueline, la femme de sa vie, avait magnifiquement tenu ce rôle et Catherine comprit vite qu'elle était à même de prendre une relève qu'elle assuma parfaitement, contribuant à rendre les dernières années d'Henri aussi heureuses que possible.

En 2001, Jean-Marie publia un livre bouleversant, *Enfant gâté*, où il racontait l'histoire peu banale de son enfance et de sa double filiation, afin d'exprimer son amour et sa gratitude à son père malade et âgé, auquel il put lire les passages qui lui tenaient à cœur. La façon dont il évoquait son géniteur était pleine de tendresse, elle aussi. Henri venait de vendre plus d'un million d'albums. Il crut – ou on lui fit croire – que Jean-Marie, qu'il ne connaissait pas assez pour savoir à quel point c'est quelqu'un d'affectif et de désintéressé, profitait bassement des circonstances pour s'enrichir sur son dos, en étalant sur la place publique une situation vis-à-vis de laquelle lui-même s'était montré d'une totale discrétion. Henri a toujours eu un problème avec l'argent et soupçonnait peu ou prou tout le monde d'être intéressé. Il coupa les ponts et ignora honteusement le mal qu'il faisait ainsi aux enfants de Jean-Marie qui avaient été si heureux de se découvrir un deuxième grand-père tel que lui. Mais c'est Jean-Marie qui souffrit le plus de ce revirement. Comme il l'a dit lui-même : « Mes enfants ne sont pas des jouets avec lesquels on s'amuse un jour et que l'on jette le lendemain. » Il fit une dépression nerveuse et son amie la plus proche, Julie Andrieux, m'ayant alertée, j'écrivis une longue lettre à Henri où je lui exposai aussi diplomatiquement que possible les vraies raisons de la démarche de Jean-Marie, dans l'espoir de l'émouvoir et de l'inciter à lire son livre. Je ne suis pas sûre que ma lettre lui ait été remise. En tout cas, il ne m'en a jamais parlé et les choses en restèrent là.

La première fois que Jean-Marie l'avait invité à dîner chez lui, Henri était arrivé avec des cadeaux pour tout le monde, destinés en partie à pallier l'inconfort de se trouver parmi des personnes beaucoup plus jeunes et qu'il connaissait à peine. Jean-Marie nous invita également, Jacques et moi, au déjeuner où il lui présenta ses petits-enfants qui lui ressemblent physiquement tous les trois. Chacun d'eux reçut un cadeau somptueux et aucun nuage ne semblait devoir assombrir un jour les suites logiques de cette émouvante réunion. Mais Catherine arriva et ce fut comme si Henri ne pouvait faire autrement que focaliser son affection sur elle, à l'exclusion de toute autre personne. Au Canada, lors d'un dîner où j'étais assise entre eux deux, il me parla à l'oreille du manque d'eau dont l'humanité souffrirait de plus en plus. Grâce à ses réserves considérables, le Canada serait à l'abri de ce fléau, ce pourquoi, me confia-t-il, il allait acquérir un appartement à Montréal pour Catherine, afin qu'elle ait un endroit sûr où aller quand il ne serait plus là. Il semblait excité comme un enfant. Et c'est bien ce qu'il était à certains égards : un vieil enfant, incapable de devenir le père ou le grand-père que Jean-Marie avait imaginé qu'il serait.

Thomas et moi sommes allés ensemble à son dernier concert au Palais des Congrès : pour Henri avant tout, mais aussi pour notre cher ami Khalil qui, par admiration, avait accepté de l'accompagner à la guitare dans sa dernière tournée, au cours de laquelle il le vit interrompre en pleurs sa magnifique chanson *Tu sais je vais t'aimer*… qu'il fut incapable de reprendre, tellement le chagrin le submergeait – celui de devoir quitter la vie et Catherine peut-être ? En sortant du Palais, Thomas et moi déplorâmes de ne pas avoir dîné avec lui depuis longtemps et convînmes d'organiser quelque chose. Henri me téléphona début janvier, aussi timide que d'habitude, pour m'annoncer qu'il allait enregistrer *Partir quand même*, ce qui me fit une joie immense que j'allai aussitôt partager avec Jacques : nous étions sûrs que sa version serait la meilleure de toutes, plus exactement que cette chanson aurait enfin avec Henri la version qu'elle méritait, d'autant plus qu'il l'enregistrerait aux États-Unis avec un grand producteur américain. Je lui fis part de notre désir à Thomas et moi de l'inviter à dîner dès que possible. Il en serait très heureux, m'assura-t-il, je devrais juste le rappeler dès son retour à Paris, à la fin du mois, mais, claironna-t-il joyeusement avant de raccrocher : « C'est moi qui invite ! » Fin janvier, j'attrapai une méchante crève et le lendemain du jour où j'avais demandé à Thomas de me proposer quelques dates pour Henri, j'étais sur le point de me garer place Vendôme, à deux pas de chez lui, lorsque j'entendis la nouvelle de son décès. Sur le moment, le bouleversement et la tristesse prirent le pas sur le soulagement de savoir qu'il était parti très vite, après une longue et belle vie.

*
* *

Le soir du dernier vendredi d'octobre 2005, en revenant d'une séance d'acupuncture, j'eus, par intermittence, des sensations inquiétantes dans la région du cœur. Je cherchai dans le dictionnaire de médecine les symptômes des divers problèmes cardiaques possibles, mais ne trouvai rien qui ressemble aux miens et réussis à m'endormir après avoir pris la précaution de laisser sur ma table de chevet le numéro de téléphone de l'hôpital. Le lendemain matin, les sensations étaient encore là. En prenant mon petit déjeuner, je sentis que ça n'allait décidément pas et appelai Jacques en Corse, qui me transmit le numéro de son cardiologue, le fameux Dr U., de service à l'hôpital ce matin-là. Il me donna rendez-vous vers dix heures. Le marché le plus proche de chez moi se tenant le samedi, mon frigidaire était vide. Aurais-je la force de faire les courses nécessaires pour le remplir ? Je pris le risque, mais une fois devant les fruits et légumes, j'eus une douleur plus atroce que les précédentes, mon panier m'échappa des mains et je fis un malaise vagal carabiné. Un inconnu charitable m'emmena gémissante aux urgences. Je souffrais tellement que je pensais ma dernière heure arrivée. En même temps, je me disais qu'il valait beaucoup mieux mourir vite qu'agoniser pendant des mois, mais de même que la force de la douleur balaye tout, dans les moments où elle me laissait un court répit, le chagrin de quitter mon fils et de lui en faire balayait la peur de mourir. « Que ressentez-vous ? » s'enquit curieusement l'aide-soignant qui me collait des patchs sur tout le corps. « Je suis très triste, lui répondis-je sur le point d'éclater en sanglots. À cause de mon fils », bredouillai-je.

J'entendis le Dr U. dire dans son portable que c'était très grave et crus qu'il parlait à Jacques de mon état. Alerté par son père, Thomas arriva avec sa compagne et me prit dans ses bras en me caressant la tête sans rien dire. Il y mettait tant de tendresse et j'étais si bouleversée que je fondis en larmes. Son départ pour l'île Maurice avec ses amis musiciens était prévu le lendemain et il proposa de tout annuler, mais je refusai catégoriquement quand je sus que je souffrais d'un déchirement de la plèvre qui ne mettait pas mes jours en danger. Ce problème affecte en général les adolescents grands et maigres, m'apprirent les médecins. « C'est exactement mon profil », leur dis-je en riant.

*
* *

L'eau a coulé sous les ponts depuis. Il fallait m'habituer bon gré mal gré à fonctionner au ralenti ainsi qu'à prendre en patience tous ces symptômes bizarres qui obscurcissent d'un seul coup votre ciel parce que vous ne savez pas s'ils vont repartir comme ils sont venus, ou s'ils annoncent une nouvelle série de catastrophes – ou pire encore. On espère tous mourir le plus tard possible, sans réaliser qu'à partir d'un certain âge la machine commence à avoir des ratés de plus en plus éprouvants qui se succèdent sans vous laisser le temps de souffler. À peine une brèche semble-t-elle colmatée, qu'un autre signal d'alarme retentit et ainsi de suite… Peut-être est-ce pour que l'esprit la quitte avec moins de regrets que la prison du corps devient de plus en plus invivable avec le temps ?

Alain Bashung lut quelque part que s'il me fallait choisir une chanson entre toutes, ce serait *Que reste-t-il de nos amours ?* de Charles Trenet. Il me fit demander si j'accepterais de la chanter avec lui en direct dans une émission de télévision. Je ne m'en sentais pas capable. « Quel dommage qu'il ne m'ait pas proposé de l'enregistrer ! Je serais venue en courant ! » dis-je à mon ami Marco qui servait d'intermédiaire. Il n'en fallut pas plus pour que Virgin ait l'idée d'un album entier de duos. Voilà qui n'était guère original, mais si j'avais eu envie de chanter, c'était aussi pour approcher les artistes que j'aime. Et voilà qu'on m'offrait sur un plateau la possibilité de rencontres improbables. Je repris, tout excitée, le chemin du studio.

J'eus ainsi le grand bonheur de rencontrer pour la première fois des monstres sacrés aussi différents qu'Alain Delon et Julio Iglesias. Globalement, j'aime beaucoup cet album – intitulé *Parenthèses* parce que je n'avais pas prévu de le faire et que l'expérience ne risquait pas de se renouveler. Je ressentis une très forte émotion en entendant la voix mythique de Julio – enregistrée chez lui en Espagne – chanter *Partir quand même*, mais garde un faible pour le duo avec Alain Delon, *Modern style*[1], où, sur une base rythmique très inspirée de Rodolphe Burger, il me donne la réplique avec sa colère rentrée d'écorché vif qui sert idéalement un texte d'une grande originalité et d'une grande noirceur. Grâce à Khalil et Thomas, la chanson d'Henri *Le fou de la reine*, mal réalisée sur son album *Chambre avec vue*, prend sa véritable dimension. Le duo avec un jeune Anglais, Ben Christophers, où nous reprenons ensemble sa sublime chanson *My beautiful demon*, est, quant à lui, le plus beau de tous et l'un de mes meilleurs enregistrements. Mais c'est de la séance avec Alain Bashung que je garde le souvenir le plus ému. Sa créativité jamais en défaut m'impressionne depuis toujours ; en même temps, dans la vie de tous les jours, c'est quelqu'un de timide, humble et taciturne, pour qui j'ai beaucoup d'affection. Quand notre duo fut en boîte, je

---

1. Musique de Jean Bart et texte d'Yves Sarda.

lui avouai que je ne m'étais pas sentie tranquille à l'idée non seulement de chanter avec lui, mais de m'attaquer à une chanson aussi sacrée que celle-ci. « Il en va des grandes chansons, comme des très belles femmes, me fit-il laconiquement remarquer, il ne faut pas trop les respecter. »

*
* *

Thomas allait son chemin avec passion, intelligence et courage. Ce n'était pas facile de me tenir au courant de ses multiples activités car il ne m'en parlait guère, étant toujours par monts et par vaux. Le plus souvent, j'apprenais par des tiers ce qu'il faisait. Par exemple, un matin où, au retour des vacances d'été, il m'avait demandé d'attendre son plombier devant chez lui pour lui remettre ses clés, ce dernier m'annonça qu'il irait, début octobre, au concert de Biréli Lagrène à l'Olympia auquel Thomas participait. Je tombai des nues et, de retour chez moi, réussis à me procurer *in extremis* deux strapontins *via* Internet. Ce serait la troisième fois qu'il jouerait dans cette salle mythique. Quelques années plus tôt, il avait accompagné Étienne à la guitare dans une chanson, puis était passé avec son groupe, les AJT, en première partie de Matthieu – M. Archicomble, la soirée Biréli fut un grand moment sur tous les plans. J'étais évidemment tétanisée lorsque, après avoir fait son solo, cet immense guitariste passa le relais à Thomas qui, loin de paraître troublé, enchaîna avec un visible et audible bonheur. Le lendemain, Khalil me mailait : « Ton fils n'a pas démérité, son solo dans *Minor swing* était formidable, d'autant qu'après ce génie absolu qu'est Biréli, il fallait en avoir des *cojones* ! » Début 2007, Thomas anima plusieurs soirées dans le mythique club de jazz le Duc des Lombards. J'assistai à l'une d'elles, et je fus éblouie par son aisance et la qualité globale de la soirée où il présentait de jeunes guitaristes, puis jouait avec le redoutable Tchavolo Schmitt devant un public averti et enthousiaste. Peu avant, conseillé par Matthieu, il avait monté un spectacle avec ses amis musiciens, parmi lesquels le fidèle et talentueux Jérôme Ciosi. Je me rendis au premier d'entre eux qui eut lieu à Nanterre, fin septembre 2006, ainsi qu'à ceux qui suivirent à Paris. Mes inquiétudes à propos de son avenir s'atténuaient quelque peu.

En mai 2007, nous fêtions avec une semaine de retard l'anniversaire de son père et étions tous assez éméchés lorsqu'il me rejoignit dans la cuisine et s'ouvrit de ses angoisses : il venait de signer un contrat avec une maison de disques, était conscient qu'il jouait gros et devait apporter quelque chose de personnel, mais ne savait pas bien quoi encore. Un album instrumental a peu de chances d'accrocher le grand public et il pensait contourner le problème en invitant des chanteuses qu'il accompagnerait à la guitare. Mais en dehors de Marie Modiano, déjà contactée, il n'avait pas d'idées précises sur les interprètes vers lesquelles se tourner, ni sur les morceaux à leur proposer. Si j'avais des suggestions, que je n'hésite pas à lui en faire part... Je passai un certain temps à chercher des noms que je lui communiquai par mail. Puis je n'entendis plus parler de rien et restai dans l'expectative, me retenant de l'appeler par crainte de le déranger pendant une séance de répétition ou d'enregistrement. Son père et moi l'aperçûmes deux ou trois fois pendant les vacances d'été en Corse, entre autres lors d'un dîner convivial dans cet endroit de rêve qu'est la Signoria, à quelques kilomètres de Calvi. Nous savions juste qu'il continuait de travailler à son album, mais comme il semblait vouloir rester discret à ce sujet, nous ne lui posions pas de questions.

412

À la rentrée, Marco m'apprit qu'un *showcase* était prévu en Corse à la mi-septembre et je téléphonai à Jacques le lendemain du jour dit pour savoir comment cela s'était passé. « Je n'y suis pas allé, me répondit-il, parce que ma présence l'aurait perturbé, mais je discute en ce moment avec un photographe qui y était et a trouvé ça formidable. Il paraît qu'il a très bien chanté », ajouta-t-il, une pointe d'étonnement dans la voix. Je crus à une blague, mais ce n'en était pas une et nous découvrîmes ainsi qu'en l'espace de trois mois, Thomas avait écrit, composé et enregistré plusieurs excellentes chansons. De retour à Paris, il me fit déposer un échantillon de son disque. Plus quelqu'un m'importe, plus mon sens critique s'exacerbe et ma première écoute pâtit de ce travers. Mais, très vite, je tombai sous le charme de l'univers personnel plein de tendresse et d'humour de ce premier album. La qualité des musiques m'emplit d'admiration, et la façon si jolie et si originale dont mon lutin préféré dit des choses qui vont bien plus loin qu'elles n'en ont l'air me bouleverse.

Les émissions de télévision se succédèrent, les tournées suivirent, l'album se vendit bien et ce fut un immense bonheur pour moi qui savais tout le travail qu'il y avait derrière que les efforts de Thomas soient récompensés et son talent reconnu. Je l'ai entendu dire dans une interview que son ambition était de partager avec les autres des musiques qui font du bien. Une ambition aussi belle ne peut que lui attirer les bonnes grâces des êtres invisibles qui veillent sur nous et qui l'aideront, j'en suis sûre, à la concrétiser aussi longtemps qu'il le faudra.

*
*   *

Le printemps que j'attends toute l'année passe de plus en plus vite et mon cœur se serre en pensant au peu de fois qu'il me reste à voir refleurir les lilas, quand bien même je veux croire que leur beauté, comme toute forme de beauté, nous donne un aperçu de l'au-delà. Chaque fois que je le peux, j'emplis mes yeux du spectacle féerique de la nature : les jacinthes bleues de mars, les magnolias roses et les tulipes rouges d'avril, le muguet, les roses, les pivoines…, toutes ces merveilles qui contribuent à faire de notre planète le paradis terrestre dont parle la Bible, un paradis que beaucoup d'êtres humains ont saccagé, et que d'autres – grâces leur soient rendues – ont respecté et entretenu. Quand je ne suis pas trop fatiguée et que le temps le permet, je vais me promener au parc de Bagatelle. En semaine, à l'heure du déjeuner, on y croise juste quelques jardiniers, des paons et des canards. J'y ai repéré quatre arbres dont je me suis arbitrairement instituée l'amie : d'abord le houx dans une petite contre-allée ; plus loin, le hêtre pleureur qui surplombe l'étang et fait face de l'autre côté au gigantesque hêtre pourpre. Je vais régulièrement les saluer et les complimenter. S'il n'y a personne en vue, j'entoure de mes bras, l'un après l'autre, le tronc puissant de chacun des deux hêtres, pour qu'il me donne un peu de son énergie si c'est en son pouvoir, et je le remercie en partant.

Mais mon arbre préféré se tient discrètement à l'écart et ne ressemble à aucun autre. Sans doute parce qu'il vient d'ailleurs. Son tronc peu épais soutient une multitude de branches longues et fines qui retombent en courbes gracieuses à une certaine distance du sol. C'est sûrement pour les protéger qu'il les a hérissées de feuilles dures et pointues. Il s'appelle le « désespoir des singes » et je ne sais pas s'il m'attire parce que je suis un peu de sa famille ou parce qu'il me fait penser aux hommes qui m'ont désespérée. Eux aussi décourageaient l'approche en se rendant inaccessibles ou en lançant des piques. Fragiles comme ils l'étaient, que pouvaient-ils faire d'autre ?

Paris, mars 2007 – juillet 2008

Quelques mots…

... signés

Yves Montand 419

Jacques Prévert 420

Serge Gainsbourg 421-427

Patrick Modiano 428-430

Michel Berger.. 431

Claude Nougaro.. 432

Karlheinz Stockhausen 433

Dominique Aury (Pauline Réage) 434

Mireille 435

Ça je sais pas... — Ça c'est un palmier. c'est à dire la côte quoi!

HOTEL MÉTROPOLE
ROYAT
(AUVERGNE)
TÉLÉPHONE 91-60-18

Ce Jeudi 11H

c'est toi
en train de pleurer!

Ma petite "Friponne" Jolie

Je te confie mon magnétophone — Je n'ai plus de place dans ma valise — Peux tu me le descendre jusqu'à St Paul? Ceci n'est pas une obligation si tu ne pourras pas venir à St Paul, je te le reprendrai à Milan — Pour la Douane je te signale que le reçu est sur un des petits fatant sur le Côté — fait un bon voyage — sois prudente — ne pense pas trop à moi... ne tire pas la langue aux conducteurs qui arrive en sens inverse — Bref! — Conduis toi Comme un vrai artiste en un mot Comme France Gall — Je t'embrasse. Maman Yves

À Françoise
Hardy.
J.P.

✳ **Une plante verte.**

Dans les serres de la ville une plante verte
chante la vie.

/autres/

Françoise Hardy

/ chante /

Elle écrit les paroles, les mots de ses chansons et
c'est cela à jouer : reines de l'enfance, de
la jeunesse, de la tendresse coupées par le
noir noir noir de la lucidité.
Elle chante ~~le~~ le désarroi des
amours d'aujourd'hui,

~~la joie~~

la liberté dangereuse de l'amour libéré ✳,
le tourment le lancinant de l'amour séparé.
la vie d'une fille comme tant d'autres", c'est
Et elle si elle chante, ~~toutes~~ tout mise,
~~simplement~~ tout vrai — si elle est dans le
/dit-elle/
~~vent~~ vent". "en reste de moi où elle est dans le
vivre
~~toute~~ le temps et un visage ~~vivre~~
rapide, indifférent ~~absent~~ et lent.

Dans les serres du temps, ~~Françoise~~
~~Hardy~~, une belle ~~fille~~ toute droite
chante entre eux en souriant.
Chante l'amour perdu, retrouvé,
fatigué et l'on est sous le charme
D'autres attendent sous l'orme,
regardent le temps passer, sans
voir ce qu'il y a dedans.

~~Françoise~~
sous le charme de Françoise Hardy
on entend ~~palpiter~~ palpiter la vie
~~Jacques Prévert~~

Joclle 65

∧

aucun boeing sur mon transal
aucun bateau sous mon transal
je cherche en vain la porte exacte
je cherche en vain le mot „exil"

                    au refrain

2

je chante pour les transistors
le recit de l'etrange histoire
de mes amamours transistores
de belle au bois dormant qui dort

au refrain

3

tu sais ces photos de l'asie
que j'ai pris's a deux cents asa
maintenant que tu n'es pas la
leurs couleurs vives ont pali

au refrain

4

j'ai cru entendre les hélices
d'un quadrimoteur mais hélas
c'est un ventilateur qui passe
au ciel du poste de police

                    au refrain

refrain

Je l'aime et je crains
de m'égarer
et je sème ~~des~~ des grams
de pavots
sur les pavés
de l'anamour
l'anamour
l'anamour
l'anamour

425

l'amour en rêve
l'amour c'est
c'qu'on peut faire
de mieux
alors pourquoi son entier
il s'en pa
sse des choss
a deux
lorsqu'on s'retrouve en prive
tirer les
verrous
fermer les
labours

commence la vie privée
d'la tête aux
genoux
comme des
papous
on se laisse dériver

(c'est) l'amour en
prive
l'amour en
prive

l'amour c'est
c'qu'on peut faire
de mieux
alors pourquoi s'en priver
tu m'aimes
je t'aime
nous deux
on se le dit en prive
tires les
verrous
on viole
d'un coup
nos propres les trouvees
d'la tete aux
genoux
des baisers
partout
on se casse de rever

(c'est) l'amour en
prive
l'amour en
prive
) ad libitum

Paris, le 28 mai 70

Chère Françoise,

J'espère que le Québec t'a apporté la joie
de vivre et l'optimisme que tu attendais de
ce merveilleux pays.
Cette nuit j'ai rêvé que Léna et moi, nous partions
au Canada pour te rejoindre. Mais arrivés à
Québec, personne ne voulait nous dire où tu étais
exactement. Alors nous nous asseyions sur nos valises
et nous nous mettions à pleurer.

A Paris, tout se passe pour le mieux. J'ai pris
de fructueux contacts dans les bars corses de
Pigalle pour en finir avec "qui tu sais". ~~Il~~
~~Illlll~~ Je me suis mis d'accord avec un ancien
légionnaire. Hier soir, nous avons fait une première
tentative. Nous avons attendu "qui tu sais",
devant son domicile, rue Rodier, et nous l'avons
agressé. Il a réussi à s'enfuir mais il a perdu une
oreille dans la bagarre. (Léna a dû déjà te l'écrire.)

Nous comptons l'achever aujourd'hui sur son lit
d'hôpital.

428

Sois tranquille, Françoise. A ton retour en France, il ne
sera plus là pour te persécuter. Ce ne sera plus qu'un
mauvais souvenir. Tu seras LIBRE.

A part cela, tout va bien. Je tousse beaucoup et
j'ai maigri de quinze kilos. Mais ce n'est pas grave.

Nous attendons ton retour.

ton frère de lait.

Patrick

P.S. Si jamais Pierre David ou quelqu'un d'autre
te manquait de respect, télégraphie moi. J'interviendrai.

le 18 août 192

Chère Langoisse,

Je suis à la montagne (à cause de mes
poumons.) Ce n'est pas très gai. Je t'enverrai
d'ailleurs très prochainement une photo de
moi en tenue d'alpiniste : culotte de peau,
crampons, béret, piolet, alpenstock. Tu verras,
je suis très séduisant.

A part cela, je finis ma pièce. J'espère te la
faire lire d'ici peu. A mon retour, je te téléphonerai.
Léna m'a parlé des deux disques que je devais prendre
chez elle.

A bientôt. Haut les cœurs ! affectueusement

ton frère de lait

Patick.

P.S. Tu vois que j'avais raison : Jardin n'est pas
le fils de Paul Morand. Par contre, moi, je suis
le fils d'Alain Cuny et d'Alice Sapritch (c'est
lugubre.)

430

MICHEL BERGER

Le Message Personnel chanté
ensemble était un souvenir qui
me manquait, voilà, c'est fait.
j'espère que tu trouveras ces chansons
à la hauteur. ♡ Michel

Chère Françoise

Que te dire maintenant ?
La vérité :
Tes chansons sont belles. Elles sont
comme une vitre emperlé de pluie
avec derrière un visage de jeune
fille.

Dans la cohue des « copines »
que l'on tutoie, je vous dis,
Mademoiselle Hardy, que vous
avez beaucoup de talent.

Claude Nougaro.

Dear Françoise, I have to write in English.
Your letter is wonderful. Please try to get into
our concert on January 21st and 22nd in
Théâtre de la Ville (MOMENTE) – I will
conduct. The Baby is protected by other
forces than you think! It will be a being
which has got a Body from you and it's
father – but it's real self will be unknown
to all of us – to you too – until it opens
itself to the others. No fears! If you are in
trouble: Please call me or write to me! Now,
I have only very short time – before I go on tour!
Yo

Chère François Hardy, merci de
votre lettre (jamais je n'en ai reçu
une aussi réconfortante, au point
que j'ai à peine y croire — bien sûr !)
.T merci du texte. Je me vois un peu
gommée, dans les précisions trop
repérables, pardonnez-le moi.

Merci de tout. De votre présence,
de votre beauté, de votre si grand
gentillesse. Je vous ai beaucoup de
gratitude.

Très amicalement
Dominique Aury.

ma France préférée

et cela depuis bientôt
" 50 ans "

je déteste écrire -- sauf
quelques notes de musique..
et encore --
comment ai-je pu faire
mon livre ? (ce chef d'œuvre)

embrassez le Docteur et le
roman   [signature]